Market Access in der Medizintechnik

Tino Schubert · Tobias Vogelmann
Hrsg.

Market Access in der Medizintechnik

Mit vielen praktischen Tipps

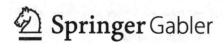

Hrsg.
Tino Schubert
LinkCare GmbH
Stuttgart, Deutschland

Tobias Vogelmann
LinkCare GmbH
Stuttgart, Deutschland

ISBN 978-3-658-23475-1   ISBN 978-3-658-23476-8 (eBook)
https://doi.org/10.1007/978-3-658-23476-8

Die Deutsche Nationalbibliothek verzeichnet diese Publikation in der Deutschen Nationalbibliografie; detaillierte bibliografische Daten sind im Internet über http://dnb.d-nb.de abrufbar.

Springer Gabler
© Springer Fachmedien Wiesbaden GmbH, ein Teil von Springer Nature 2019

Springer Gabler ist ein Imprint der eingetragenen Gesellschaft Springer Fachmedien Wiesbaden GmbH und ist ein Teil von Springer Nature.
Die Anschrift der Gesellschaft ist: Abraham-Lincoln-Str. 46, 65189 Wiesbaden, Germany

Vorwort

Tino Schubert, Geschäftsführer LinkCare GmbH, und Olaf Winkler, Leiter Referat Gesundheitssystem beim Bundesverband Medizintechnologie e.V.

Kaum ein anderes regulatorisches Thema wird derzeit in der deutschen Gesundheitslandschaft so stark diskutiert, wie die Rahmenbedingungen im Bereich der Medizintechnik. Dabei wird die Dynamik in diesem Bereich weiter zunehmen, getrieben durch die Digitalisierung im Gesundheitswesen und dem Eintritt neuer Marktteilnehmer, wie Google, Apple oder Amazon. Hinzu kommt, dass die Grenzen zwischen verschiedenen medizinischen Produkten immer fließender werden. Dies zeigt sich bei der Kombination von Arzneimitteln und Medizinprodukten zu neuen Produktkategorien aber auch bei Diagnostika oder Softwaresystemen, die mit oder ohne ärztliche Entscheidungsoptionen ausgestattet sein können. Sogenannte Kombinationsprodukte kennt das deutsche Gesundheitswesen zwar schon länger, bspw Derivate, die menschliches Blut enthalten und sowohl nach dem Medizinprodukterecht als auch nach dem Arzneimittelrecht reguliert sind. Die Frage, wie diese Produkte nach der Zulassung im Kontext der gesetzlichen Krankenversicherung (GKV) sozialversicherungsrechtlich eingeordnet werden und darüber hinaus wie die Erstattung in der GKV geregelt ist, hat unmittelbar Auswirkungen darauf, welche Erstattungspreise die Hersteller in Deutschland durchsetzen können. Diese Fragestellung wird zudem durch die neuen Anforderungen der derzeit häufig diskutierten Medical Device Regulation (MDR) und der frühen Nutzenbewertung nach § 137h SGB V sowie der Erprobungsregelung nach § 137e SGB V komplexer. Dabei wird die Nutzenbewertung von Methoden mit Medizinprodukten für den Marktzugang an Bedeutung gewinnen und weitere notwendige Investitionen in den betroffenen Unternehmen nach sich ziehen. Das Wechselspiel aus medizinisch-technischen Fortschritt und regulatorischer Anpassung wird gerade kleine und mittlere Unternehmen (KMU), die im Bereich der Medizintechnik hauptsächlich anzutreffen sind, vor große Herausforderungen stellen. So sind die Bereiche Regulatory Affairs und Market Access schon heute stark wachsende, hoch spezialisierte Berufsgruppen und erweitern den Personalstamm von Unternehmen zunehmend.

Darüber hinaus streben auch Regulierungsbehörden auf europäischer Ebene Veränderungen an, die die Harmonisierung der Nutzenbewertung von Medizinprodukten zwischen europäischen Ländern zum Ziel haben, bspw. das Health Technology Assessment Core Model. Solche Bestrebungen werden durchaus ambivalent bewertet, da auf der einen Seite eine Harmonisierung der Nutzenbewertung den Aufwand der Hersteller in verschiedenen Ländern reduzieren sollte, aber auf der anderen Seite bereits zu Beginn des Produktlebenszyklus nicht unerhebliche Finanzmittel für die Durchführung von Studien aufgebracht werden müssen, die kleine, regionale Hersteller vor große Herausforderungen stellen. Darüber hinaus können komplexe Prüfverfahren auch den Markteintritt verzögern. Nationale Regierungsbehörden wie der Gemeinsame Bundesausschuss (G-BA) oder der Spitzenverband Bund der Krankenkassen, aber auch Verbände und Interessensvertreter der unterschiedlichen Parteien streben hingegen weiterhin einen nationalen Umgang mit Verfahren der Nutzenbewertung an und fordern eine differenzierte Einordnung von Medizinprodukten insb. der neuen digitalen Produkte [1].

In dieser Gemengelage zwischen medizinisch-technischem Fortschritt mit der Verschmelzung von Produktkategorien oder gar neu entstehenden Klassen für bspw. „digitale Produkte" auf der einen Seite und den regulatorischen Reaktionen des Gesetzgebers auf der anderen Seite, ist der Marktzugang in der Medizintechnik in Deutschland zu organisieren.

Zum Aufbau des Buches

Das Buch *Marktzugang in der Medizintechnik* setzt sich aus verschiedenen Beiträgen von Autoren zusammen, die das Thema Marktzugang und Erstattung von Medizinprodukten[1] durch die gesetzliche Krankenversicherung zum Gegenstand haben. Alle Autoren bringen ihre praktischen Erfahrungen im Zusammenhang mit dem Marktzugang von Medizinprodukten in ihre Beiträge ein. Damit unterscheidet sich dieses Buch auch von anderen am Markt befindlichen Büchern. Dabei verwenden wir im gesamten Buch eine breite Definition des Marktzugangs. Dieser geht über die bloße Zulassung als Möglichkeit des Inverkehrbringens hinaus, sondern beinhaltet auch den Zugang zu Anwendern, Zuweisern, Patienten und Kostenträgern wie der gesetzlichen Krankenversicherung.

Zunächst gehen wir auf ausgewählte Stellen der Zulassungsbedingungen ein, hierbei berücksichtigen wir auch spezifische Neuheiten der neuen Medizinprodukteverordnung (Kap. 1). Neben Hinweisen zur Erstellung von Dossiers, die für die klinische Bewertung und das Marktnachbeobachtungssystem von besonderer Relevanz sind (Kap. 2), gehen wir insbesondere dezidiert auf Fragen der Nutzenbewertung von Medizinprodukten ein (Kap. 3). Über einen kurzen Abstecher der neuen regulatorischen Grundlagen gemäß MDR und der frühen Nutzenbewertung von Medizinprodukten (Kap. 4) kommen wir zu spezifischen Ansätzen des Marktzugangs: der Zugang über Selektivverträge (Kap. 5), die Vorbereitung eines Marktzugangs über Piloten in der Produktentwicklung, bspw. in Praxiskliniken (Kap. 6), sowie anzustellende Überlegungen beim Marktzugang in verschiedenen

---

[1] Die Wörter Medizintechnik und Medizinprodukt werden im Buch synonym verwendet.

Ländern (Kap. 7). Wir gehen ferner der Frage nach, wie mit einer impliziten nachträglichen Verweigerung des Marktzugangs resp. der Erstattung auf regionaler Ebene durch die gesetzliche Krankenversicherung umgegangen werden kann (Kap. 8). Abgeschlossen wird das Buch, indem wir aufzeigen, wie Sie mit Daten aus der Versorgungsrealität den eigenen Marktzugang erfolgreicher gestalten und welche Bedeutung die Evidenzgenerierung hat, die nicht nur durch die MDR sondern auch aufgrund der Regelungen des SGB V von Medizinprodukteherstellern gefordert wird (Kap. 9).

Der Anspruch aller Autoren war es, Ihnen als Leser auch Empfehlungen und praktische Hilfestellungen mit an die Hand zu geben, daher werden Sie an verschiedenen Stellen des Buches hierzu Hinweise finden. In erster Linie richtet sich das Buch daher an Market-Access- und Reimbursement-Spezialisten, an Marketingverantwortliche, an Regulatory Affairs und Führungskräfte in der Medizintechnikbranche.

Literatur

1. BVMed – Bundesverband Medizintechnologie e.V. (2018) DIGITALE MEDIZIN – Diabetes Gesellschaft: „Eine neue Kategorie von Medizinprodukten entsteht". https://www.bvmed.de/de/technologien/magen-und-darm/ddg-zu-digitaler-medizin-eine-neue-kategorie-von-medizinprodukten?pk_campaign=tsr_CHK&pk_kwd=startseite_tsr-aktuelles-gT_mi_ddg-zu-digitaler-medizin-eine-neue-kategorie-von-medizinprodukten. Zugegriffen am 10.05.2018

Inhaltsverzeichnis

Herausgeber- und Autorenverzeichnis

Über die Herausgeber

 **Tino Schubert,** Gesundheitsökonom (Diplom) Tino Schubert ist seit 2016 Geschäftsführer der LinkCare GmbH. Er berät Unternehmen der Medizintechnik und pharmazeutischen Industrie insbesondere zu Fragen der Nutzenbewertung, des Marktzugangs und der Kommunikation mit Autoritäten im Gesundheitswesen. Sein Gesundheitsökonomie-Studium absolvierte er an den Universitäten Bayreuth und Valencia und promoviert derzeit zum Doktor der medizinischen Wissenschaft.

 **Tobias Vogelmann,** Volkswirt (Diplom) Tobias Vogelmann ist seit 2016 Geschäftsführer der LinkCare GmbH. Er berät Unternehmen der Medizintechnik und pharmazeutischen Industrie insbesondere in Fragen der Versorgungsforschung mittels Real World Evidence Daten und des Erstattungsmanagements. Sein Studium der Volkswirtschaftslehre absolvierte er an den Universitäten Mannheim und Lausanne und promoviert derzeit nebenberuflich zum Doktor der medizinischen Wissenschaft.

Mitarbeiterverzeichnis

Birgit Burgstaller Mallinckrodt Pharmaceuticals, Berlin, Deutschland

Antonis Kontekakis Mallinckrodt Pharmaceuticals, Frankfurt am Main, Deutschland

Janine Leonhardt IVM plus GmbH und MVZ Saale-Klinik GmbH, Halle (Saale), Deutschland

Viktor Makowski Hologic Deutschland GmbH, Wiesbaden, Deutschland

André Roeder TETEC AG, Reutlingen, Deutschland

Theresa Schareck Hochschule für Angewandte Wissenschaften, Hamburg, Deutschland

Tino Schubert LinkCare GmbH, Stuttgart, Deutschland

Tanja Simic mhplus Betriebskrankenkasse, Ludwigsburg, Deutschland

Tobias Vogelmann LinkCare GmbH, Stuttgart, Deutschland

York Zöllner Hochschule für Angewandte Wissenschaften, Hamburg, Deutschland

Marktzugang in der Medizintechnik

Tino Schubert

Inhaltsverzeichnis

Zusammenfassung

Die Herausforderungen im Marktzugang für Medizintechnik, definiert als die Zulassung und die Erstattung durch die GKV in angemessener Höhe, nehmen stetig zu. Zum einen sieht die neue EU-Regulierung der Zulassung erhöhte Anforderungen an den Nachweis des Nutzens und der Sicherheit von Medizinprodukten vor. Zum anderen sind die Regelungen des GKV-Zugangs, auch im Vergleich zu Arzneimitteln, differenzierter. Dies erfordert eine frühe Auseinandersetzung mit den sozialversicherungsrechtlichen Regelungen vor Markteintritt. Ein professionelles Market Access Management ist daher auch für kleine und mittelständische Medizintechnikunternehmen unabdingbar, um mit ihren Produkten eine schnelle Marktdurchdringung zu angemessenen Preisen zu erzielen.

T. Schubert (✉)
LinkCare GmbH, Stuttgart, Deutschland
E-Mail: ts@link-care.de

© Springer Fachmedien Wiesbaden GmbH, ein Teil von Springer Nature 2019
T. Schubert, T. Vogelmann (Hrsg.), *Market Access in der Medizintechnik*,
https://doi.org/10.1007/978-3-658-23476-8_1

1.1   Einleitung

Professor Peter Oberender prägte den Begriff „Wachstumsmarkt Gesundheit" [21]. Dieser spiegelt sich insbesondere auch im Bereich der Medizintechnik wider, der zusammen mit der Pharmabranche 10.2 % des deutschen Außenhandelsüberschusses im Jahr 2017 erwirtschaftete, wie der Bundesverband Medizintechnologie e.V. (BVMeD) in seinem jährlich erscheinenden Branchenbericht darstellt [5]. Im Jahr 2017 lag der Gesamtumsatz der Medizintechnikunternehmen mit mehr als 20 Beschäftigten im produzierenden Gewerbe bei 29,9 Mrd. €. Das entspricht einem Wachstum von etwa 2,5 % in einem Jahr. Dabei spielt insbesondere die Exportquote von rund 65 % eine übergeordnete Rolle (im Jahre 2017) [5]. Zum Vergleich lag die Exportquote (Export/Bruttoinlandsprodukt) der Bundesrepublik Deutschland 2017 bei 39,2 % [22]. Im Jahr 2016 betrug der Auslandsumsatz somit 19,1 Mrd. €. Deutschland ist dadurch der drittgrößte Markt für Medizinprodukte nach den USA und China. Die Zielländer des Exports sind EU-Länder (41,6 %), Nordamerika (19 %), Asien (18,6 %) gefolgt von anderen europäischen Nicht-EU-Ländern (9,3 %). Der Inlandumsatz stieg 2017 ebenso um etwa 1,9 % auf 10,8 Mrd. € [5].

Dass die Branche rund ein Drittel ihres Umsatzes mit Produkten erzielt, die weniger als drei Jahre alt sind, zeigt zudem deren hohes Innovationspotenzial. Nach Angaben des Europäischen Patentamtes in München führt die Medizintechnik die Liste der Technologiebereiche mit im Jahr 2017 13.090 (2016: 12.263) weltweiten Patentanträgen an. Patentanmeldungen aus Deutschland liegen hier auf dem zweiten Platz hinter den USA [6]. Des Weiteren investieren Medizintechnikunternehmen in die Forschung und Entwicklung im Schnitt ca. 9 % ihres Umsatzes. Zum Vergleich liegen die Ausgaben für Forschung und Entwicklung in der gesamten deutschen Wirtschaft bei etwa 2,94 % [23]. Die Beschäftigungszahlen (etwa 210.000 Personen) in Medizintechnikunternehmen zeigen, dass diese Branche außerdem ein wichtiger Bestandteil des Arbeitsmarktes ist. Dabei sind 93 % der Unternehmen mittelständisch und beschäftigen weniger als 250 Mitarbeiter. Die Anzahl der Arbeitsplätze steigt kontinuierlich. Der Bundesverband Medizintechnologie berichtete mit Verweis auf einen Bericht des Wirtschaftsforschungsinstituts WifOR im Auftrag des Bundesministeriums für Wirtschaft und Energie (BMWi) von einem durchschnittlichen Wachstum in der gesundheitswirtschaftlichen Branche von 3,8 %. Das entspricht einer Bruttowertschöpfung der Branche von rund 350 Mrd. €. Dabei liegt das jährliche Wachstum speziell in dem Wirtschaftszweig Medizintechnik und Medizinprodukte bei rund 3,3 % und entspricht in etwa dem Wachstum in der Gesamtwirtschaft (2,8 %) [5]. Zum Vergleich verzeichnet die Automobilindustrie, die einen großen Anteil an der Bruttowertschöpfung in Deutschland (4,5 %) hat, ein Wachstum von 4,6 % [8].

Wichtige Kennzahlen der Branche im Überblick:

- Umsatz 2017 in Euro: 29,9 Mrd.
- Exportquoten 2017: rund 65 %
- Patentanmeldungen 2016: 1323 (nach Ländern betrachtet entspricht dies Platz 2)
- Mitarbeiterzahl 2017 < 250: bei rund 93 % der Unternehmen

1.2   Markzugang in Deutschland

Maßgeblich für die Frage der Zulassung, also der Frage, ob ein Medizinprodukt überhaupt in Deutschland in den Verkehr gebracht werden darf, ist die Sicherheit und Leistungsfähigkeit der verwendeten Medizinprodukte. Der Nachweis hierüber wird durch das Medizinproduktegesetz (MPG) und die europäischen Richtlinien und Verordnungen, allen voran die MDR, auf die auch der Beitrag von Simic Kap. 4 eingehen wird, geregelt. Neben MDR und MPG ist zudem das Sozialgesetzbuch V (SGB V) und dessen Regelungen maßgeblich im deutschen Gesundheitssystem: Während MDR und MPG die Grundsatzfrage der Zulassung für den deutschen Markt lösen, wird durch das Sozialgesetzbuch abgegrenzt, welche Medizinprodukte unter welchen Bedingungen durch die gesetzliche Krankenversicherung in Deutschland finanziert werden. Unser Verständnis von Marktzugang ist daher nicht auf die Zulassungsfrage beschränkt, sondern weiter gefasst. Wir definieren den Marktzugang eines Medizinproduktes als den regelhaften Absatz eines Produktes auch gegenüber der gesetzlichen Krankenversicherung (GKV). Denn ein zwar zugelassenes, aber mangels Abrechnungsgrundlage nicht erstattungsfähiges Medizinprodukt kann den theoretisch vorhandenen Marktzugang nicht für sich nutzen. Vor diesem Problem stehen derzeit insbesondere E-Health-Anbieter.

Bevor wir uns mit den Grundlagen des Marktzugangs für Medizinprodukte im deutschen Gesundheitswesen beschäftigen, soll zunächst eine zentrale Frage vorab beantwortet werden. Der medizinisch-technische Fortschritt, der auch zu einer Kombination von Produkten führt oder ganz neue Produkttypen (z. B. Gentechnologien) hervorbringt, lässt die Frage komplexer werden als sie zunächst erscheint:

„Was ist ein Medizinprodukt?" Die Antwort auf diese Frage findet sich im Gesetzestext des MPG.

▶ **Definition** Medizinprodukte sind gemäß § 3 des Medizinproduktegesetzes (MPG) „alle einzeln oder miteinander verbunden verwendeten Instrumente, Apparate, Vorrichtungen, Software, Stoffe und Zubereitungen aus Stoffen oder andere Gegenstände einschließlich der vom Hersteller speziell zur Anwendung für diagnostische oder therapeutische Zwecke bestimmten und für ein einwandfreies Funktionieren des Medizinproduktes eingesetzten Software".

In Abgrenzung zu einem Arzneimittel wird die Hauptwirkung des Medizinproduktes zudem nicht mittels pharmakologischen, immunologischen oder metabolischen Mitteln erreicht, sondern in der Regel durch physikalische Prozesse.

Diese Definition klingt zunächst einleuchtend und klar, ist sie aber durch die Digitalisierung und der nicht immer eindeutigen Abgrenzung zu Arzneimitteln, bspw. bei Kombinationsprodukten, nicht immer: Eine dieser Sonderformen stellen bspw. „Arzneimittel für neuartige Therapien (ATMP)" dar, zu denen auch die biotechnologisch bearbeiteten Gewebeprodukte (Tissue Engineered Products) hinzugerechnet werden. Arzneimittel für neuartige Therapien sind regulatorisch als Arzneimittel und nicht als Medizinprodukt eingestuft, obwohl sie der oben genannten Definition folgend ihre Wirkung eher durch physikalische Prozesse als durch pharmakologische, immunologische oder metabolische Mittel erzielen. Auf dieses spezielle Thema wird der Beitrag von Roeder Kap. 7 explizit eingehen.

Im Bereich Software, Medical Apps und Telemedizin wird die Definition ebenfalls differenzierter: Bei der Unterscheidung zwischen medizinischen Apps, die als Medizinprodukt gelten, und Gesundheits-Apps, die keinen speziellen Regulierungen unterliegen, entscheidet der Zweck des Produktes darüber, wie die App eingeordnet werden muss: Bringt die App bspw. einen eigenen medizinischen Nutzen in Bezug auf Diagnostik oder Therapie mit sich, werden Behörden dies als Indiz für ein Medizinprodukt werten, eine sogenannte Medical App. Hierauf deuten auch Begriffe wie „Screening" in der Zweckbestimmung der Produktbeschreibung hin.

Noch komplexer wird die Frage, was ein „Medizinprodukt" ist und wie dieses erstattet werden kann, im Rahmen der sozialversicherungsrechtlichen Einordnung. Eine einheitliche Erstattungsgrundlage für die Medizinprodukte, wie in § 3 MPG definiert, existiert in der GKV nicht (siehe Abschn. 1.3). Im maßgeblichen SGB V gibt es vier explizite Erstattungsregelungen, die das Wort „Medizinprodukt" beinhalten: Die Regelungen für arzneimittelähnliche Medizinprodukte in § 31 SGB V, die Erprobungsregelung für Methoden, die maßgeblich auf dem Einsatz eines Medizinproduktes beruhen in § 137e Abs. 6 SGB V, die Bewertung von Methoden mit Medizinprodukten hoher Risikoklassen nach § 137h SGB V und die Erstattung von Hilfsmitteln nach § 139 Abs. 5 SGB V. Es gibt aber neben den explizit genannten Erstattungswegen noch weitere Wege in die GKV-Erstattung von Medizinprodukten. Abschn. 1.3 wird die einzelnen Wege detaillierter beleuchten.

Wir sehen an dieser Stelle, dass die Frage „Was ist ein Medizinprodukt?" mit einer regulatorischen Auseinandersetzung beginnt. Aber auch wenn der Marktzugang über die Zulassungsfrage hinaus die sozialversicherungsrechtliche Einordnung zu berücksichtigen hat, damit eine Kommerzialisierung des Medizinproduktes erfolgen kann, ist der erste Schritt für den Marktzugang die Zulassung.

Von der Klassifizierung zur Konformitätsbewertung

Die Grundlage für den Marktzugang (d. h. Inverkehrbringen, Marktbereitstellung und Inbetriebnahme) von Medizinprodukten in Deutschland bildet die am 25.05.2017 in Kraft getretene Verordnung (EU 2017/745) über Medizinprodukte (MPVO bzw. MDR) sowie die Verordnung über In-vitro-Diagnostika (IVDVO bzw. IVDR). Die MDR ersetzt damit die Verordnung 90/385/EWG zu aktiven Implantaten und die Verordnung 93/42/EWG zu Medizinprodukten, während die IVDVO die Verordnung 98/79/EG über In-vitro-Diagnostik-Medizinprodukte ersetzt. Die MDR umfasst eine dreijährige Übergangszeit und gilt damit erst ab dem 26.05.2020 verpflichtend. Sie enthält 10 Kapitel und 17 Anhänge. Der Beitrag von Simic Kap. 4 in diesem Buch geht auf relevante Unterschiede insbesondere zur Medical Device Directive (MDD/93/42/EWG) ein und stellt auf besonders praxisrelevante Herausforderungen der MDR ab.

Tab. 1.1 Systematik der Verordnung über Medizinprodukte/Medical Device Regulation (MDR). (Quelle: eigene Darstellung)

Kap.	Inhalt	Anhang	Inhalt
1	Geltungsbereich & Begriffsbestimmung	I	Sicherheits- und Leistungsanforderungen
2	CE-Kennzeichnung	II	Technische Dokumentation
3	Registrierung und EUDAMED	III	Überwachung nach Inverkehrbringen
4	Benannte Stellen	IV	EU-Konformitätserklärung
5	Klassifizierung und Konformitätsbewertung	V	CE-Konformitätskennzeichnung
6	Klinische Bewertung und Prüfungen	VI	UDI System
7	Vigilanz und Marktüberwachung	VII	Anforderungen an Benannte Stellen
8	Kooperation zwischen Mitgliedstaaten	VIII	Klassifizierungsregeln
9	Datenschutz, Finanzierung, Sanktionen	IX	Qualitätsmanagementsystem
10	Schlussbestimmungen	X	Baumusterprüfung
		XI	Produktkonformitätsprüfung
		XII	Bescheinigungen Benannte Stellen
		XIII	Verfahren für Sonderanfertigungen
		XIV	Klinische Nachbeobachtung
		XV	Klinische Prüfungen
		XVI	Produktverzeichnis gem. Art. 1 Abs. 2
		XVII	Entsprechungstabelle

Tab. 1.1 gibt einen Überblick über den Aufbau der MDR. Details hierzu können der Verordnung (EU) 2017/745 direkt entnommen werden [11].

Die für Medizinproduktehersteller wohl relevantesten, denn zeitaufwändigsten Änderungen im Vergleich zur MDD lassen sich aus der MDR wie folgt zusammenfassen:

1. Die MDR sieht wesentlich höhere Anforderungen in der klinischen Bewertung vor. Der Hersteller muss im Rahmen der Nutzen-Risiko-Bewertung nachweisen, dass die verwendeten Daten belastbar und zuverlässig sind. Eine ausführliche Überprüfung der Fachliteratur ist erforderlich. Alle verfügbaren relevanten klinischen Daten sowie sämtliche Lücken im klinischen Nachweis müssen ermittelt und analysiert werden. Vergleichen Sie hierzu insbesondere das Kap. 6 und Artikel 61 (1, 2, 3) sowie Anhang XIV (Teil A) der MDR.

2. Turnusmäßige Erstellung und Übermittlung eines Periodic Safety Update Report (PSUR) an die Benannten Stellen. Hersteller müssen regelmäßig aktualisierte Berichte über die Sicherheit von Produkten der Klassen IIa (bei Bedarf bzw. mindestens alle 2 Jahre) und der Klassen IIb und III (mindestens einmal im Jahr) erstellen. Diese Berichte sollen zukünftig Patienten, Anwendern und Regulierungsbehörden auch über die europäische Datenbank (EUDAMED) einsehbar gemacht werden. Vergleichen Sie hierzu insbesondere die Kap. 7 Artikel 86 der MDR.

3. Scrutiny-Verfahren (Konsultationsverfahren oder frei übersetzt „Vier-Augen-Prüfung") für implantierbare Produkte der Risikoklasse III und bestimmte aktive Produkte der Klasse IIb als zusätzliche Prüfung. Vergleichen Sie hierzu insbesondere die Kap. 5 insbesondere Artikel 54 der MDR.

4. Einführung einer Unique-Device-Identification(UDI)-Kennzeichnung (Kennzeichnung, EUDAMED-Datenbank), mit der die Rückverfolgbarkeit von Medizinprodukten verbessert werden soll. Vergleichen Sie hierzu insbesondere das Kap. 3, insbesondere Artikel 27 bis 30, der MDR.

5. Änderung der Klassifizierung von Software, stofflichen Produkten sowie wiederverwendbaren chirurgischen (chirurgisch invasiven) Instrumenten. Vergleichen Sie hierzu insbesondere den Anhang VIII der MDR, der in drei Kapitel eingeteilt ist. Aus Kap. 1 lesen Sie die Definitionen heraus, aus Kap. 2 die Anwendungsregeln und Kap. 3 führt die 22 Klassifizierungsregeln aus.

Aber losgelöst von diesen neuen Anforderungen ist auch nach Einführung der MDR der wichtigste Schritt für den Marktzugang die CE-Konformitätskennzeichnung. Nach wie vor gilt hier der Grundsatz der Herstellerverantwortung, d. h. der Hersteller bescheinigt mit dem CE-Kennzeichen, dass das Medizinprodukt den Anforderungen der MDR bzw. der IVDVO entspricht. Dies ist auch ein großer Unterschied im Vergleich zur Zulassung im Arzneimittelbereich, wo dies durch eine Zulassungsbehörde, der Europäischen Arzneimittel-Agentur (European Medicines Agency – EMA), erfolgt.

Die CE-Kennzeichnung basiert auf der Zweckbestimmung der Medizinprodukte und folgt dem Gedanken, dass ein hohes Risikopotenzial, d. h. Medizinprodukte bei denen Gefahr für Leib und Leben bestehen kann, mit einer hohen Klassifizierungsstufe zu versehen sind. Hierfür wurde in der MDR eigens der Anhang VIII geschaffen, der Vorgaben und Definitionen für die Einordnung vornimmt. Insgesamt kennt die MDR vier Risikoklassen, dabei spielen die Dauer der Verwendung des Produkts sowie die Frage, ob es sich um ein invasives Produkt handelt oder nicht, eine zentrale Rolle.

Tab. 1.2 stellt Beispiele für Medizinprodukte der jeweiligen Risikoklasse dar. Für die korrekte Einordnung der Medizinprodukte in der jeweiligen Risikoklasse können Sie sich zentrale Fragen bezüglich der Anwendung Ihres Produktes beantworten. So erhalten Sie eine erste Einschätzung, wo ihr Medizinprodukt wohl am ehesten einzustufen ist. Beispielsweise wäre für eine sehr wahrscheinliche Einordnung Ihres Produktes in der Risikoklasse I, alle nachfolgenden Fragen mit NEIN zu beantworten:

Tab. 1.2 Beispiele von Risikoklassen für Medizinprodukte. (Quelle: eigene Darstellung)

Risikoklasse	Risikopotenzial	Beispiele
I	Gering	Gehilfen, Brillen, Fixierbinden
IIa	Mittel	Hörgeräte, Zahnkronen, Kontaktlinsen
IIb	Erhöht	Knochenzement, Empfängnisverhütung, Lasergeräte
III	Hoch	Brustimplantate, Herzschrittmacher, Stents

1. Handelt es sich um ein invasives Produkt? Handelt es sich um ein nichtinvasives Produkt für die Aufbewahrung oder Durchleitung von Blut oder andere Körperflüssigkeiten?
2. Handelt es sich um ein nichtinvasives Produkt zur Veränderung der biologischen oder chemischen Zusammensetzung von menschlichem Gewebe, Zellen, Blut oder anderen Körperflüssigkeiten oder für den In-vitro-Gebrauch?
3. Handelt es sich um ein invasives Produkt im Zusammenhang mit Körperöffnungen und mit Anschluss an ein aktives Produkt der Klasse IIa oder höher?
4. Handelt es sich bei Ihrem Produkt um eine Software, die Informationen für diagnostische oder therapeutische Zwecke bereitstellt?

In gleichem Maße lassen sich aus dem MDR-Regelungsrahmen speziell basierend auf den Klassifizierungsregeln im Kap. III des Anhangs VIII, auch Fragen für die anderen Risikoklassen ableiten und somit eine systematische Prüfung vornehmen. Die MDR kennt insgesamt 22 Regeln für die Klassifizierung. Wie Sie aber bereits an diesen einfachen Fragen für die Risikoklasse I festgestellt haben, sind Begrifflichkeiten wie die Zweckbestimmung und eine Funktionsbeschreibung Ihres Medizinproduktes dabei von besonderer Bedeutung.

Was bedeuten bspw. Begriffe wie „vorübergehend", „kurzzeitig", „langzeitig", „invasiv", „aktiv", „nichtinvasiv" und „chirurgisch invasiv" im Kontext der Anwendung Ihres Medizinproduktes? Die MDR stellt auch hierfür Definitionsregeln auf und versucht, möglichst umfassend Abgrenzungen vorzunehmen, die sicher auch immer wieder vom medizinisch-technischen Fortschritt überholt werden. Dennoch können Sie analog der obigen Fragen für die Risikoklasse I auch einen Fragenkatalog für die anderen Risikoklassen erstellen, um so schnell und fokussiert die Anforderungen ableiten zu können. Eine dieser Anforderungen, die für alle Risikoklassen eine wichtige Bedeutung hat, weil hierüber die Einhaltung der grundlegenden Sicherheits- und Leistungsanforderungen nachgewiesen wird, ist die klinische Bewertung des Produktes. Diese beinhaltet die systematische Recherche der wissenschaftlichen Fachliteratur. Die ermittelten relevanten klinischen Daten und Lücken im klinischen Nachweis müssen ausgewertet und analysiert werden. Dabei dürfen nur Daten zu einem technisch, biologisch und klinisch vergleichbaren Produkt berücksichtigt werden, wobei technische Vergleichbarkeit eine ähnliche Bauart und Anwendungsbedingungen bedeutet. Es muss sich um den gleichen klinischen Verwendungszweck handeln. Diese Bewertung ist genau definiert und der Hersteller muss hierfür auch einen Plan für die klinische Bewertung („clinical evaluation plan") erstellen und pflegen. Ein Ergebnis dieses Planes kann auch sein, klinische Daten zu erzeugen, also eine klinische Prüfung durchzuführen, um den entsprechenden Nachweis über den Produktnutzen zu belegen (vgl. Abb. 1.1). Klinische Prüfungen sind (bis auf wenige Ausnahmen) Pflicht für implantierbare Produkte und Produkte der Risikoklasse III, Art. 61 (4) MDR. Die MDR versteht sich, analog eines PDCA-Zyklus im Qualitätsmanagement, als ein lernendes System, das den Produktlebenszyklus des entsprechenden Produktes begleiten soll.

Abb. 1.1 Zusammenhang
klinische Bewertung, klinische
Prüfung und
Marktüberwachung

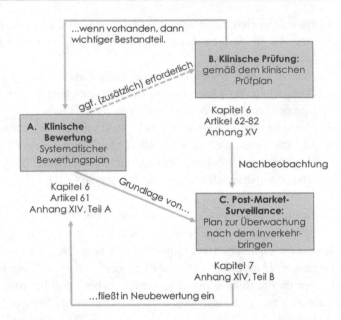

► Entwickeln Sie einen Entscheidungsbaum, indem Sie sich von einer Frage zur nächsten bewegen und somit gut eingrenzen können, in welcher Risikoklasse Ihr Medizinprodukt wohl landen wird. Es ist essenziell, hierüber frühzeitig eine Einschätzung zu haben, da von der Wahl der Risikoklasse Dokumentations- und Nachweispflichten und der Aufbau eines Qualitätsmanagementsystems als auch eines Marktüberwachungssystems abhängen, die Sie frühzeitig, d. h. nicht erst im Zuge der Zulassung, initiieren müssen.

Neu in der MDR im Vergleich zur MDD ist die Regel 11 als Kategorisierungsgruppe einzuordnen, die sich explizit mit dem Thema Software beschäftigt und bei der man vor dem Hintergrund immer stärkerer Digitalisierungsanstrengungen im Gesundheitswesen künftig wohl noch einige Anpassungen erwarten dürfen wird. Der Anwendungsbereich Software bezieht sich dabei nicht auf Steuerungssoftware, sondern zielt ausschließlich auf eine sogenannte unabhängige Software (Stand-alone-Software) ab. Eine Stand-alone-Software wird zu einem Medizinprodukt durch Erfüllung der *therapeutischen* oder *diagnostischen* Zweckbestimmung. Einen therapeutischen Zweck hätte die Stand-alone-Software, wenn biologische Funktionen im Zusammenhang mit der Behandlung oder Linderung einer Krankheit stehen oder diese erhalten, verändert, ersetzt oder wiederhergestellt wird. Ein diagnostischer Zweck läge vor, wenn die Stand-alone-Software Informationen für die Erkennung, Diagnose, Überwachung oder Behandlung von physiologischen Zuständen, Gesundheitszuständen, Krankheitszuständen oder angeborenen Missbildungen liefert [17]. Handelt es sich hingegen um eine Steuerungssoftware, so ist gemäß MDR die Software derselben Klasse zuzuordnen, wie das Produkt, dessen Anwendung hiervon beeinflusst wird. Eine Stand-alone-Software kann allen Risikoklassen zugeordnet werden. Experten vermuten, dass die Regel 11 der MDR allerdings so ausformuliert worden ist, dass es schwerfallen wird, eine Software im Gesundheitswesen zu finden, die als Medizinprodukt eingeordnet und der Risikoklasse I zuzuordnen ist [12]. Sobald die Software bspw. Informationen für diagnostische oder therapeutische Entscheidungen liefert, was ja eine Kernfunktion eingesetzter Software im Gesundheitswesen sein sollte, wird diese der Risikoklasse IIa zugeordnet. Kontrolliert die Software physiologische Prozesse, wird diese der Klasse IIb zugeordnet. Als Beispiele für ebendiese unabhängigen Softwaresysteme können genannt werden: Medikationssoftware, Alarmierungssoftware bei Überschreitung von Referenzwerten, bspw. Blutzuckermesssystem, Bestrahlungsplanungssoftware und Chemotherapieplanungssoftware. Aber auch Risikoprognose-Software, bspw. zur Bestimmung des Risikos von Trisomie 21 oder zur Herzinfarktrisikoberechnung, können hierunter fallen [17].

▶ Wenn Sie als ein Anbieter eines E-Health-Produktes vorab prüfen möchten, ob Ihr Produkt als Medizinprodukt eingestuft werden muss, schauen Sie zunächst auf die Seite des Bundesinstituts für Arzneimittel und Medizinprodukte (BfArM), dass auf seiner Homepage eine Orientierungshilfe für Medical Apps herausgegeben hat und auch Beispielfälle für eine Einstufung aufführt [4].

Sollten die Entscheidungen, die aus der Software abgeleitet werden, allerdings den Tod oder eine irreversible Verschlechterung des Gesundheitszustandes verursachen können oder einen chirurgischen Eingriff nach sich ziehen, wird die Software mindestens in Risikoklasse IIb oder sogar in Risikoklasse III eingeordnet, so der Wortlaut des Anhang VIII, 6.3. Regel 11 der MDR. In der Literatur wird zu Recht darauf hingewiesen, dass diese Einordnung nicht ganz stringent ist und bezüglich der Kernidee, das Risikopotenzial mit der Risikoklasse zu beschreiben, Fragen aufwirft. Zum einen bedeutet dies, dass bspw. eine Software zur Aufzeichnung und Übermittlung von Fieberwerten der Klasse III zuzuordnen wäre, da ein Todesfall theoretisch bei einer Fehlfunktion nicht ausgeschlossen werden kann. Zum anderen kann es bei der Überwachung eines Schlaf-Apnoe-Syndroms theoretisch auch zu tödlichen Zwischenfällen kommen, diese Software wird aber aufgrund der Beschreibung „Kontrollieren von physiologischen Prozessen" in der MDR explizit der Klasse IIb zugeordnet [12]. Hier wird es in Zukunft sicher weitere regulatorische Anpassungen geben, sodass gerade der E-Health-Markt und Medical Apps alsbald vor den nächsten Veränderungen stehen werden. Die erforderliche medizinische Zweckbestimmung liegt im Übrigen nicht vor, wenn sich die Funktion der Software auf Archivierung, Datenkomprimierung, Suchfunktion oder Kommunikation beschränkt [17].

Beispiel

Regel 11 der MDR differenziert in der Softwarekategorie nicht, ob es sich um eine Selbstdiagnose bzw. -therapie oder eine Diagnose bzw. Therapie durch eine beruflich hierzu qualifizierte Person handelt. Insofern wird auch für Medical Apps künftig die Beteiligung einer Benannten Stelle für ein Konformitätsbewertungsverfahren verpflichtend sein und kann den Aufwand insb. für IT-Start-ups prohibitiv werden lassen. Derzeit prominente Beispiele, wie bspw. *Tinnitracks*, die von Krankenkassen in Sonderverträgen oder auch über deren Satzungsleistungen finanziert werden, stehen vor neuen Herausforderungen. Anwendungen wie Tinnitracks waren in großer Mehrzahl als Risikoklasse I eingestuft und werden durch die MDR nun sehr wahrscheinlich in Risikoklasse IIa hochgestuft. Medical Apps wie *Selfapy* oder *Deprexis*, die psychische Gesundheit betreffend, könnten je nach therapeutischer und diagnostischer Zweckbestimmung künftig sogar noch höher eingestuft werden. Krankenkassen setzen wiederum für die Erstattung voraus, dass das CE-Kennzeichen aktuell ist und eine Zulassung als Medizinprodukt besteht.

Nachdem der Hersteller die Risikoklasse festgelegt hat, wird ein entsprechendes Konformitätsverfahren eröffnet, dass umso aufwändiger ist, je höher die entsprechende Risikoklasse des Produkts des Herstellers ist. Für Produkte der Risikoklasse I gelten bspw. die Selbstzertifizierung und damit ein sehr geringer Aufwand. Bei allen anderen Risikoklassen kommen die Benannten Stellen ins Spiel, die sogenannten Konformitätsbewertungsstellen (z. B. TÜV Süd). Der Hersteller stellt dafür einen Antrag und versendet die technische wie klinische Dokumentation, die von der Benannten Stelle entsprechend bewertet wird. Sofern keine Nachfragen seitens der Benannten Stelle mehr bestehen, erhalten Sie eine Konformitätsbescheinigung, die unterschiedlich lang aber für maximal 5 Jahre ausgestellt wird. Danach ist eine Rezertifizierung erforderlich. Diese Bescheinigung ist die zentrale Voraussetzung dafür, dass der Hersteller die Konformitätserklärung aussprechen und damit das CE-Kennzeichen anbringen kann. Erst wenn diese Voraussetzungen gegeben sind, darf das Medizinprodukt in Verkehr gebracht werden.

▶   Der Hersteller entscheidet im Übrigen, mit welcher Benannten Stelle er zusammenarbeiten möchte. Dennoch ist auch dieser Schritt gut zu überlegen, da nur eine Benannte Stelle ausgewählt werden darf und ein Wechsel sehr wahrscheinlich mit einem hohen administrativen Aufwand einhergehen wird. Weiteren Aufwand können Sie reduzieren, wenn Sie die Auswahl der Benannten Stelle danach ausrichten, ob diese auch die Zertifizierung Ihres Qualitätsmanagementsystems durchführen kann. Zu beachten ist auch, dass Sie gerade für den Nachweis der Sicherheit und Zuverlässigkeit umfangreiche Tests durchführen müssen und eine technische Dokumentation hierüber zu führen haben. Hierfür sind je nach Produktart auch eigene spezifische internationale Normen (DIN ISO) maßgebend, die von den Benannten Stellen geprüft werden. Fragen Sie daher explizit, ob die Benannte Stelle Ihrer Wahl mit dem Indikationsgebiet oder der technischen Anwendung Ihres Produkts bereits Erfahrungen gesammelt hat. Dies spart Ihnen wichtige Zeit für Rückfragen, die Sie für wertschöpfende Tätigkeiten nutzen können. Welche technischen Tests und Prüfungen durchzuführen sind, ist höchst unterschiedlich geregelt. Aber auch hier liegt es in der Natur der Sache, dass der Aufwand, bspw. die Anzahl der Tests, umso höher ist, desto höher die Risikoklasse in der das Produkt eingeordnet ist.

Mit der MDR wurde zudem für implantierbare Produkte der Klasse III sowie bestimmte aktive Produkte der Klasse IIb (solche, die als Hochrisikoprodukte eingestuft werden – z. B. Insulinpumpen) eine weitere regulatorische Hürde eingeführt: das sogenannte Konsultationsverfahren oder auch Scrutiny-Verfahren genannt, mit einem Expertengremium der Kommission („medical device coordination group"). Die Benannten Stellen legen diesem Expertengremium einen Begutachtungsbericht der klinischen Bewertung vor, den sogenannten „clinical evaluation assessment report" sowie die Dokumentation des Herstellers über die klinische Bewertung, auf dessen Basis entschieden wird, ob noch vor der Zertifizierung zusätzlich zu den Unterlagen ein wissenschaftliches Gutachten zu erstellen ist. Das bedeutet in der Konsequenz, dass die Zertifizierung durch die Benannten Stellen dann erst fortgesetzt werden darf, wenn dieses Expertengremium hierfür die Freigabe erteilt. Sofern ein Gutachten zu erstellen ist, kann die Benannte Stelle bspw. erst nach 60 Tagen die Zertifizierung wieder aufnehmen, denn solange hat das Gremium Zeit, den Bericht zu erstellen. Dies wird eine relevante zeitliche und damit finanzielle Verzögerung des Markteintritts für viele Hersteller bedeuten. In ihrer *Time-to-market-Strategie* sollten Sie als Hersteller daher mindestens einen weiteren Puffer von 120 Tagen einpreisen, da das Verfahren immer auch Rückfragen und Informationsnachlieferungen nach sich ziehen kann.

Marktüberwachung als Grundlage für den Marktverbleib
Nachdem das Konformitätsbewertungsverfahren abgeschlossen und das Medizinprodukt in Verkehr gebracht worden ist, obliegen dem Hersteller regelmäßig weitere Prüf- und Meldepflichten. Diese sind zum Teil wieder in eigenen dafür vorgesehenen Verordnungen hinterlegt, bspw. der Verordnung über die Erfassung, Bewertung und Abwehr von Risiken bei Medizinprodukten. Meldungen sind an die zuständigen Bundesoberbehörden zu richten, d. h. entweder an das Bundesinstitut für Arzneimittel und Medizinprodukte (BfArM) oder an das Paul-Ehrlich-Institut (PEI).

Prüf- und Meldepflichten sowie Dokumentationspflichten lassen sich im Rahmen des ohnehin zu erstellenden Marktüberwachungssystems integrieren. Die in der MDR in Kap. 7 geregelte Post Market Surveillance (PMS), ein Verfahren, das auch als strukturierte Langzeitbeobachtung bezeichnet wird, sieht eine Reihe von Prüfungen vor. Ein zentrales Thema ist hierbei die klinische Nachbeobachtung (Post Market Clinical Follow-up, PMCF) oder alternativ eine Begründung, warum eine klinische Überwachung nach Inverkehrbringen nicht erforderlich ist. Auf das Thema klinische Bewertung und Nutzenbewertung wird im Beitrag Kap. 3 nochmal explizit eingegangen, weshalb an der Stelle nur erwähnt sein soll, dass alle Unterlagen, die Sie mit dem Marktzugang erstellen, so zu planen sind, dass diese dauerhaft geführt und Dritten zugänglich gemacht werden können. Genau diese Aufgabe kann durch ein strukturiertes und konsequent geführtes Qualitätsmanagementsystem übernommen werden. Planen Sie die internen Market-Access-Personalstrukturen daher von Beginn an so, dass diese auch den Anforderungen der Marktüberwachung gerecht werden können, selbst wenn die eigentliche Aufgabe im Market Access mit Marktzugang abgeschlossen ist. In Abb. 1.2 sind die einzelnen angesprochenen Schritte zusammengefasst:

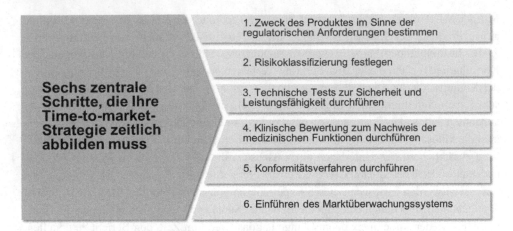

Abb. 1.2 Time-to-market-Strategie – sechs zentrale Schritte. (Quelle: eigene Darstellung)

Der Marktzugang in Deutschland ist, wie in anderen Ländern auch, von oben genannten hohen regulatorischen Anforderungen gekennzeichnet, die aber zumindest EU-weit Geltung haben, weshalb ein Produkt mit CE-Kennzeichen auch EU-weit in Verkehr gebracht werden kann. Bei der Frage der Nutzenbewertung und der Erstellung von entsprechenden Dossiers wird hingegen noch um eine Harmonisierung gerungen. Dennoch kristallisiert sich auch hier, wie der Beitrag von Zöllner und Schareck Kap. 2 zeigt, ein einheitlicher europäischer Handlungsrahmen heraus. Zuletzt hat die EU-Kommission im Januar 2018 wieder betont, die Nutzenbewertung neuer Arzneimittel und Medizinprodukte der Risikoklassen IIb und III sowie In-vitro-Diagnostika europaweit weiter zu vereinheitlichen [10], was unmittelbar auch Einfluss auf den Marktzugang in den einzelnen Ländern hätte. Deutschland, allen voran die davon unmittelbar involvierten Regierungsbehörden, stehen jedoch Harmonisierungstendenzen noch ablehnend gegenüber. Dies zeigt sehr deutlich ein einstimmiges Votum des deutschen Bundestages, der einen Vorschlag für eine EU-Verordnung über die Bewertung von Gesundheitstechnologien und die Änderung der EU-Richtlinie 2011/24/EU zum sogenannten Health Technology Assessment (HTA) als „im Detail nicht überzeugend" ablehnte. Vorab hatten sich bereits der G-BA und der Spitzenverband Bund kritisch zum Vorschlag der EU-Kommission geäußert [9].

1.3   Wege der Erstattung von Medizinprodukten

Nachdem Sie die Frage beantwortet haben, wie das Medizinprodukt regulatorisch einzuordnen ist und es ein CE-Kennzeichen erhalten hat, ist hieran anschließend die Frage der Erstattung durch die GKV zu beantworten. Die Beantwortung sollte selbstverständlich ebenfalls frühzeitig, d. h. idealerweise zu Beginn der Produktentwicklung und des Zulassungsprozesses, gestellt werden, weil die Antwort großen Einfluss darauf hat, ob Sie mit Ihrem Produkt am deutschen Markt wirtschaftlich erfolgreich sein können. Das

Erstattungssystem der GKV ist recht komplex und enthält eine Reihe von Interaktionen, die Sie im Vorfeld zu bedenken haben. Kernaussage an dieser Stelle ist, dass ähnlich wie im Arzneimittelmarkt, die Zulassungsentscheidung losgelöst von der Erstattungsentscheidung getroffen wird. Wie gehen Sie nun vor, um grob zu verorten welche Freiheitsgrade Sie bei der Festlegung des späteren Erstattungspreises haben werden?

1. Sie sollten sich erstens fragen, ob Ihr Medizinprodukt lediglich dem Selbstzahlermarkt angeboten werden kann, sodass es bspw. als individuelle Gesundheitsleistung (IGeL) in Anspruch genommen wird oder Patienten diese auch ohne ärztliche Leistung direkt bei Ihnen erwerben können („out-of-pocket"). Auch eine ausschließliche Bezahlung der Leistung über die private Krankenversicherung (PKV) könnte infrage kommen. Bei der Variante befinden Sie sich mit Ihrem Produkt typischerweise im zweiten Gesundheitsmarkt, der in den letzten Jahren auch deutlich gewachsen ist und sich im mehrstelligen Milliardenbereich bewegt [14]. Sie verzichten in diesem Fall auf eine Erstattung durch die GKV und lassen den Patienten Ihr Medizinprodukt selbst bezahlen. Dieser Weg wird aufgrund der wenig ausgeprägten Selbstzahlerbereitschaft im deutschen Gesundheitsmarkt am ehesten für relativ preisgünstige Medizinprodukte infrage kommen.

2. Bei der Selbstzahlervariante können Sie zwar schneller einen Cashflow auslösen, sind jedoch in der Menge, dem Zugang und ggf. auch der Preishöhe sehr eingeschränkt. Wählen Sie eine Vertriebsstrategie über die PKV, erreichen Sie maximal 10 % des Marktes, von dem ohnehin nur ein Bruchteil der Menschen (nämlich die Betroffenen) das Medizinprodukt in Anspruch nehmen könnte. Wählen Sie eine reine Selbstzahlervariante, werden Patienten auf Alternativen bei einem zu hohen Preis ausweichen bzw. diese bei ihrem behandelnden Arzt einfordern. Ferner ist diese Variante auch ausgeschlossen, wenn das Produkt Gegenstand einer medizinischen Leistung des Arztes ist (Ausnahme IGeL). Hier dürfen dem Patienten keine Kosten über die im SGB V definierten Zuzahlungen hinaus entstehen.

3. Wenn Ihr Produkt von der GKV erstattet werden soll, verändern sich die Verhältnisse grundlegend. Erstens zahlt nun ein Dritter (Vollkasko) und nicht mehr der Inanspruchnehmer (Patient) selbst. Sie kommen folglich von einer elastischen zu einer unelastischen Nachfragefunktion. Zweitens müssen Sie sich nun auf die Bedingungen des Systems einlassen. Das führt dazu, dass Sie zwar faktisch immer noch frei in der Preisfestsetzung sind, die Höhe des Erstattungspreises aber durch die regulatorischen Rahmenbedingungen definiert wird und Sie sich folglich mit Ihrem Preis hieran anpassen werden. Ihnen entstehen im Gegenzug Mengenvorteile und implizite Absatzgarantien.

4. Sie sollten sich bei einer Erstattung über die GKV fragen, ob Ihr Produkt im ambulanten oder stationären Bereich eingesetzt wird. Auch aus der Beantwortung dieser Frage resultieren unterschiedliche Zeiträume für die Preisdurchsetzung und die Höhe der akzeptierten Erstattungspreise. Im stationären Sektor gilt in Deutschland der sogenannte Verbotsvorbehalt. Das heißt, dass eine neue Untersuchungs- und Behandlungsmethode

erbracht und über die GKV abgerechnet werden kann (in Höhe der bereits etablierten Vergleichstherapie), solange kein gegenteiliger Beschluss des Gemeinsamen Bundesausschusses (G-BA) zu dieser Methode (s. § 137c SGB V), also ein Verbot, vorliegt. Im ambulanten Sektor gilt das Gegenteil. Hier besteht das sogenannte Verbot mit Erlaubnisvorbehalt. Das heißt, dass medizinische Leistungen, die nicht im einheitlichen Bewertungsmaßstab (EBM) abgebildet sind, erst dann erbracht werden dürfen, wenn der G-BA dies ausdrücklich erlaubt.

Somit ergeben sich für diese beiden Sektoren unterschiedliche Optionen, die bei der Produktentwicklung zu berücksichtigen sind. Im Kern lassen sich die verschiedenen Optionen aber in drei allgemeinen Prüfschritten zusammenfassen. Zunächst wird immer die Aufnahme in das bestehende Erstattungssystem geprüft. Falls das nicht möglich ist, stehen dem Hersteller verschiedene Prüfmechanismen für die Aufnahme in das Regelversorgungssystem zur Verfügung. Drittens wird bei besonderer Relevanz das Regelversorgungssystem selbst (also der G-BA) von sich aus prüfend aktiv, um die Erstattungsgrundlagen anzupassen.

Hieraus ergeben sich für die beiden Sektoren sieben Optionen:

1. Finanzierung des Medizinproduktes als Sachkosten im Rahmen bestehender EBM-Regeln
2. Aufnahme als neue Leistung in den EBM-Katalog nach Methodenbewertung
3. Aufnahme als neue Leistung in den EBM-Katalog nach der Erprobungsregelung
4. Aufnahme in das Hilfsmittelverzeichnis des GKV-Spitzenverbandes
5. Finanzierung des Medizinprodukte im Rahmen bestehender Diagnosis-Related-Groups(DRG)-Vergütung
6. Finanzierung über Entgelte für neue Untersuchungs- und Behandlungsmethoden zusätzlich zur DRG-Vergütung (NUB)
7. Aufnahme in den OPS-Katalog für künftige Aufnahme in die DRG-Vergütung

Option 1 beinhaltet eine Erstattung des Medizinproduktes durch die Arztpraxis, die das Produkt als Betriebsausgabe verbucht. Gegenüber der jeweiligen Kassenärztlichen Vereinigung (KV) kann der Arzt eine Vergütungsziffer gem. EBM-Katalog abrechnen, aus der er die Sachkosten mitabdecken muss, z. B. Sprechstundenbedarf (Pflaster, Kanülen).

▶ Der einheitliche Bewertungsmaßstab (EBM) ist das Gebührenverzeichnis für vertragsärztliche Leistungen. Gemäß § 87 SGB V bedeutet das: „Der einheitliche Bewertungsmaßstab bestimmt den Inhalt der abrechnungsfähigen Leistungen und ihr wertmäßiges, in Punkten ausgedrücktes Verhältnis zueinander; soweit möglich, sind die Leistungen mit Angaben für den zur Leistungserbringung erforderlichen Zeitaufwand des Vertragsarztes zu versehen."

Zudem enthält der Katalog bspw. für minimalinvasive Operationen auch Sachkostenpauschalen, die zusätzlich zu den Vergütungen des EBM abgerechnet werden können. In einigen

Fällen reicht jedoch die von der KV verteilte Vergütung nicht aus, um besonders kostenintensive Sachkosten für den Arzt kostenneutral auszugleichen. Dies wird regelhaft bei ambulanten Operationen der Fall sein. Hier kann dann eine Erstattung über sogenannte Sachkostenvereinbarungen erfolgen, die zwischen der KV und den Landesverbänden der Krankenkassen geschlossen werden. Ein Beispiel für eine solche Erstattung über eine Sachkostenpauschale wäre die Intraokularlinse [2]. Da diese Vereinbarungen aber regional getroffen werden, führen sie überregional zu unterschiedlichen Erstattungsgrundlagen und ggf. auch zu Ungleichheit in der Erstattung. Der Arzt trifft die Entscheidung über den Einsatz eines Medizinproduktes und muss sein Arzthonorar um die entstandenen Kosten reduzieren. Man kann annehmen, dass er in Regionen ohne explizite Sachkostenvereinbarungen auf Alternativen ausweichen wird, solange die Erstattungssituation des Produktes für ihn unklar ist oder nicht sichergestellt werden kann.

Option 2 beschreibt den Weg zur Erstattung über die Methodenbewertung des G-BA und dessen Bewertungsausschuss, wenn Sie mit Ihrem Medizinprodukt eine neue Technologie (Produktinnovation) in den ambulanten Markt einführen möchten, die von einem Arzt bisher noch gar nicht erbracht werden kann. Insofern wird eine *neue Behandlungsmethode* begründet. Das bedeutet, dass eine neue EBM-Ziffer gebildet werden muss, die diese neue medizinische Leistung abbildet. Der Begriff der „Behandlungsmethode" wird von der Rechtsprechung beschrieben als eine medizinische Vorgehensweise, der ein eigenes theoretisch-wissenschaftliches Konzept zugrunde liegt, das sie von anderen Therapieverfahren unterscheidet und dass ihre systematische Anwendung in der Behandlung bestimmter Krankheiten rechtfertigen soll (BSGE 82, 233, 237 = SozR 3-2500 § 31 Nr. 5 S 19; BSG SozR 4-2500 § 27 Nr. 18 RdNr. 21 mwN). „Neu" ist eine Behandlungsmethode grundsätzlich dann, wenn sie bislang nicht als abrechnungsfähige ärztliche Leistung im einheitlichen Bewertungsmaßstab für vertragsärztliche Leistungen (EBM-Ä) enthalten ist (BSG SozR 4-2500 § 27 Nr. 18 RdNr. 21).

Im Unterschied zur Gebührenordnung der Ärzte (GOÄ) für den privatärztlichen Bereich, erfordert eine Leistung, die zulasten der GKV erbracht werden soll, immer eine EBM-Ziffer. Erst wenn diese explizit vorliegt, kann der Arzt eine Abrechnung vornehmen und hierüber die Sachkosten wie oben beschrieben abgelten. Innerhalb der GOÄ gibt es hingegen die Möglichkeit, eine sogenannte Analogziffer zu verwenden, d. h. hier würde der Arzt eine Ziffer mit ähnlichem Leistungsgegenstand abrechnen und hierüber die Sachkosten decken. Sofern der Weg über eine EBM-Ziffer führen muss, ist ferner zu bedenken, dass dieser Weg ausschließlich durch die „Bänke" des G-BA initiiert werden kann, d. h. ein Einfluss des Medizinprodukteherstellers grundsätzlich gar nicht besteht. Zumindest eine der im G-BA vertretenen Interessen müsste sich aktiv per Antrag für die Methodenbewertung und Aufnahme einsetzen.

▶   Sofern Sie ein neues Medizinprodukt auf den Markt zugelassen haben, für dessen Einsatz der Arzt allerdings keine EBM-Ziffer abrechnen kann, weil diese nicht im EBM-Katalog enthalten ist, weichen Sie zunächst auf den privatärztlichen Gesundheitsmarkt aus. Suchen Sie hier Analogziffern gemäß den Regeln der GOÄ und schaffen sich somit zunächst über diese Nische einen ersten Umsatzerlös. Eine Erstattungsentscheidung seitens des Bewertungsausschusses des G-BA ist sehr zeitaufwändig.

Option 3 kommt zur Anwendung, wenn Medizinprodukte als Bestandteil einer neuen Untersuchungs- und Behandlungsmethode im Rahmen der sogenannten Erprobungsregelung gemäß § 137e SGB V in den ambulanten Bereich eingeführt werden sollen. Diese Regelung stellt ein Novum in der Sozialgesetzgebung dar, weil sie erstmals ermöglicht, direkt auf den G-BA Einfluss zu nehmen. Wird ein Antrag auf Erprobung seitens des Medizinprodukteherstellers initiiert, dann muss sich der G-BA diesem Antrag annehmen, was in einer Erprobung enden kann. Die große Unbekannte ist dabei die Dauer des gesamten Verfahrens. Der G-BA hat zwar innerhalb bestimmter Fristen zu entscheiden, allerdings genug „Hintertüren", das Verfahren bis zu 2 Jahre in die Länge zu ziehen, bevor die Erprobung überhaupt beginnen kann. In der Praxis gibt es aber Beispiele, bei denen Unternehmen auch nach fünf Jahren noch auf den Start ihrer „Erprobung" warten. Hinzu kommt, dass eine Entscheidung über die Erprobungsanträge nur einmal im Jahr erfolgt, wobei die Priorisierung des G-BA für die Antragsbearbeitung unbekannt ist. Seien Sie daher vorbereitet, denn sobald die Erprobung startet, werden die Leistungen und damit auch das zur Anwendung kommende Medizinprodukt bei den ausgewählten und an der Studie teilnehmenden Leistungserbringern durch die GKV bezahlt. Das bedeutet, Sie erhalten durch die Erprobung quasi ein bezahltes Randomized Controlled Trial (RCT), deren Ergebnisse Sie dann auch für andere Länder nutzen könnten. Im Unterschied zum herkömmlichen Weg der EBM-Ziffer-Beantragung erhalten Sie über diesen Weg also den ersten Umsatz über die teilnehmenden Studienzentren und können im Nachgang mit einer EBM-Bewertung rechnen, die sich auch am tatsächlichen Aufwand für die teilnehmenden Studienzentren orientieren wird. Ein Nachteil ist allerdings, dass sofort ein Invest erforderlich ist, d. h. Sie bezahlen als Hersteller die Studienkosten der Erprobung, da dies eine Voraussetzung für die Freigabe der Studie durch den G-BA ist. Scheitert die Erprobung allerdings, d. h. kann der Nutzen nicht hinreichend belegt werden, dann kann dies den vollständigen Ausschluss aus der Erstattungsfähigkeit durch die GKV bedeuten. Eine Erprobung kann im Übrigen auch im stationären Sektor initiiert werden.

Wenn Option vier relevant ist, wird Ihr Medizinprodukt als Hilfsmittel (sogenannte sächliche medizinische Leistung, die von zugelassenen Leistungserbringern abgegeben wird, z. B. Sehhilfen, Hörgeräte oder Prothesen) regulatorisch eingeordnet. In dem Fall muss eine Aufnahme in das Hilfsmittelverzeichnis erfolgen, damit dieses von der GKV erstattet werden kann. Um hier aufgenommen zu werden, muss der Hersteller für sein Produkt einen Hilfsmittelantrag beim Spitzenverband Bund der Krankenkassen (SpiBu) stellen. Die Anträge erfolgen produktspezifisch, d. h. es gibt verschiedene Antragsformulare für verschiedene Produktgruppen, aktuell sind das 33. Der SpiBu prüft und entscheidet, ob das Produkt als Hilfsmittel eingestuft werden kann und die notwendigen Nachweise erbracht wurden und in welcher Produktgruppe die Einordnung letztlich zu erfolgen hat. Fällt der Beschluss positiv aus, wird das Produkt in das Hilfsmittelverzeichnis der GKV aufgenommen und kann folglich darüber abgerechnet werden. Auch bei dieser sozialversicherungsrechtlichen Einordnung gab es in der Vergangenheit immer wieder rechtliche Fragen der korrekten Einordnung. So sind Hilfsmittel, die untrennbar mit einer neuen Untersuchungs- und Behandlungsmethode (NUB, s. oben) verbunden sind, erst nach einer Methodenbewertung durch den G-BA in das Hilfsmittelverzeichnis aufnehmbar.

Dies war in der Vergangenheit beim Diabetes-Messsystem (Flash Glucose Monitoring) „Freestyle Libre" von Abbott der Fall [7].

▶ Nutzen Sie die Onlineversion des Hilfsmittelverzeichnisses des Spitzenverbands Bund der gesetzlichen Krankenkassen, die Ihnen eine übersichtliche Aufstellung der Gruppen und aller dazugehörigen Hilfsmittel gibt. Prüfen Sie dann, ob Sie mit Ihrem Produkt eine eigene Produktgruppe definieren können, denn das würde Ihnen deutliche Verhandlungsvorteile schaffen.

Option fünf kommt zur Anwendung, wenn Ihr Medizinprodukt im stationären Sektor zum Einsatz kommen soll und für die dafür notwendige stationäre Prozedur ein sogenannter Operationen- und Prozedurenschlüssel (OPS) vorliegt, der in eine DRG führt. OPS-Codes gelten gemeinsam mit den Diagnosen und individuellen Patientendaten als Grundlage für die Vergütung sowohl stationären Bereich. Im Krankenhaus bestimmen die Diagnosen und die Prozeduren die Zuordnung zu einer DRG. Durch das „Flatrate"-Konzept der DRGs werden alle Kosten, die mit der Krankenhausbehandlung zusammenhängen von den Krankenkassen übernommen. Das bedeutet, auch der Einsatz Ihres Produkts wäre direkt erstattet. Krankenhäuser werden hier analog der Beschreibung im ambulanten Sektor allerdings schauen, ob auch mit dem Einkauf Ihrer neuen Leistung eine kostendeckende Behandlung möglich ist. Idealerweise ist Ihr Produkt sogar günstiger und im Outcome mindestens gleich gut verglichen mit Standardverfahren, dann wäre es rational für Krankenhäuser, das Standardverfahren komplett zu ersetzen. Können Krankenhäuser Ihr Produkt nicht kostendeckend einsetzen, besteht die Option, einen Antrag auf eine neue Untersuchungs- und Behandlungsmethode (NUB) beim Institut für das Entgeltsystem im Krankenhaus (InEK) zu stellen.

▶ Verschaffen Sie sich einen Überblick über DRG-/OPS-Kodierungen von Konkurrenzverfahren im deutschen Markt anhand der Krankenhausqualitätsberichte. Diese liegen seit 2006 vor und geben Ihnen Aufschluss über Mengenentwicklungen und Schwerpunkte. So ließe sich der relevante Markt exakt für Ihr Produkt abgrenzen und eine Umsatzprognose präzisieren.

Option sechs kommt in der Regel aus Gründen der Finanzierungssicherheit seitens der Krankenhäuser infrage, wenn Krankenhäuser, wie oben angedeutet, nicht kostendeckend mit der vorhandenen DRG arbeiten können. Für NUBs, die noch nicht sachgerecht vergütet werden, können Krankenhäuser gemäß § 6 Absatz 2 Krankenhausentgeltgesetz (KHEntgG) mit den Kostenträgern befristete, fallbezogene Sonderentgelte aushandeln, die zu einem späteren Zeitpunkt in eine DRG überführt werden sollen [15]. Damit die Sachkosten ausgeglichen werden können, muss das Krankenhaus zu erwartende Mehrkosten belegen. Die Gründe für den zusätzlichen Aufwand, bspw. höhere Implantat- und Sachkosten, müssen intersubjektiv nachvollziehbar beschrieben werden. Ferner muss das Krankenhaus belegen, warum bisher von keiner sachgerechten Vergütung ausgegangen werden kann.

Die zweite Variante für den NUB-Antrag ist, dass ihr Produkt die Kriterien der frühen Nutzenbewertung für Medizinprodukte nach § 137 h SGB V erfüllt, auf die der Beitrag von Simic Kap. 4 noch konkret eingehen wird. Krankenhäuser müssen demnach bei der Beantragung eines NUB kraft Gesetz eine frühe Nutzenbewertung einleiten. Somit wird eine Prüfung seitens des G-BA ausgelöst, die in der Konsequenz auch wieder im § 137e SGB V, der Erprobungsregelung, enden kann, wenn bisher der Nutzen noch nicht hinreichend belegt ist, aber die Methode das Potenzial einer erforderlichen Behandlungsalternative bietet. NUB-Anträge können jährlich im September und Oktober eingereicht werden. Das InEK prüft dann bis Ende Januar des darauffolgenden Jahres, ob Ihr Produkt in die GKV-Vergütung aufgenommen werden kann [20]. Ist dies der Fall, so können alle Krankenhäuser, die die NUB beantragt haben, mit den Krankenkassen Verhandlungen über die Erstattungshöhe aufnehmen.

Option sieben beschreibt Medizinprodukte, für die kein eigener OPS-Code vorliegt (wie in Option sechs beschrieben) oder aber das eigene Produkt einem Verfahren mit einem Code zugeordnet wird, von denen sich Ihr Produkt, bspw. in den Kosten und Anwendungsvoraussetzungen im Krankenhaus, deutlich unterscheidet. In dem Fall kann ein eigener Code beantragt werden. Hierfür müssen Sie dann einen neuen OPS-Code beim Deutschen Institut für Medizinische Dokumentation und Information (DIMDI) per Antrag vorschlagen. Diesen sollten Sie zusammen mit einer schriftlichen Bestätigung über die Abstimmung mit dem zuständigen Fachverband oder einer Fachgesellschaft einreichen. Einen neuen OPS-Code zu beantragen, folgt dem Ziel, eine Neuzuordnung in eine höherwertigere DRG zu erhalten oder eine neue DRG zu begründen, wenn die Fallmenge entsprechend groß ist. Durch einen höheren DRG-Erlös wiederum können Krankenhäuser die höheren Sachkosten Ihres Medizinproduktes ausgleichen.

Da das DRG-System darauf ausgelegt ist, dass medizinisch wie ökonomisch möglichst homogene Gruppen zusammengefasst werden, lässt sich für das InEK allerdings eine Abweichung, bspw. in der Kostenstruktur, nur anhand der nachträglich ausgewerteten OPS-Codes nachvollziehen. Sie müssen also damit rechnen, dass ein höherer Erlös für Krankenhäuser im besten Fall frühestens nach drei Jahren umgesetzt werden kann und dann auch nur für die Zukunft gilt. Planen Sie mit einem Jahr bis zur Prüfung des Vorschlags seitens des DIMDI, ein weiteres Jahr zum Sammeln von tatsächlich abgerechneten OPS-Daten seitens der Kalkulationskrankenhäuser, dann noch ein Jahr zum Auswerten der Daten seitens des InEK.

Eine weitere Sonderform ist unter dem Begriff arzneimittelähnliche Medizinprodukte in der Arzneimittelrichtlinie in Deutschland verankert. Dies betrifft Medizinprodukte, deren Applikationsart und -form eher an ein Arzneimittel erinnert, die Wirkung aber auf rein physikalischem Wege erreicht. Solche Medizinprodukte sind laut SGB V im Rahmen der Arzneimittelversorgung im Grundsatz nicht verordnungsfähig. Aber es gibt Ausnahmen: Diese listet Anlage V der Arzneimittelrichtlinie „Übersicht über verordnungsfähige Medizinprodukte", quasi als Positivliste, auf. Dies betrifft bspw. Spüllösungen, Inhalationen, Laxanzien, Läusemittel und ähnliche Produkte, die über Apotheken vertrieben werden. Finden sich Medizinprodukte auf dieser Liste wieder und werden diese für die dort genannten „medizinisch notwendigen Fälle" verordnet, werden die Medizinprodukte auch durch die gesetzliche Krankenversicherung erstattet. Ist dies nicht der Fall, so können Sie die Aufnahme in diese Positivliste beim G-BA beantragen. Voraussetzung ist, dass Ihr Medizinprodukt nachweislich medizinisch notwendig ist. Dies ist der Fall, wenn es der Krankenbehandlung dient und eine andere, zweckmäßigere Behandlungsmöglichkeit nicht verfügbar ist. Anträge können laufend beim G-BA gestellt werden, eine Aktualisierung der Positivliste erfolgt etwa alle zwei Monate.

Selektivvertragliche Regelungen als alternative Erstattungswege

Krankenkassen können bereits seit dem Jahr 2000 und dem Gesundheitsreformgesetz, dem sogenannten GKV-GRG, auch selektiv mit einzelnen Leistungserbringern Verträge abschließen, um besonders innovative Versorgungsansätze finanziell zu fördern und damit den faktischen Marktzugang zu beschleunigen. Der große Vorteil ist hier, dass individuelle Lösungen zwischen Hersteller und Krankenkasse gefunden werden können, der aber mit dem Nachteil einer fehlenden Flächendeckung erkauft wird. Selektivverträge sind die Abkehr von „einheitlich und gemeinsam", wie es in der Regelversorgung vorgesehen ist, und damit ein wettbewerbliches Element. Der Beitrag von Makowski (Kap. 5) zeigt dezidiert und an Beispielen auf, wie dieser Weg beschritten werden kann. In der Regel werden solche Verträge für Verfahren geschlossen, die zwischen dem ambulanten und stationären Sektor stehen und für die es noch keine ambulante Abrechnungsziffer gibt. Da die Zeitspanne bis zur Entscheidung über die Höhe einer ambulanten Abrechnungsziffer mehrere Jahre benötigt, können solche selektivvertraglichen Regelungen eine gute Überbrückung darstellen, damit Ihr zugelassenes Produkt auch tatsächlich im Markt ankommt. Es gibt durchaus gute, wenn auch wenige, Beispiele, die gezeigt haben, dass solche Verträge im Ergebnis fast schon einen Substitutionscharakter für die Regelversorgung haben können. So hat es bspw. sowohl das Unternehmen Accuray mit dem Produkt *Cyberknife* zur Behandlung von Tumoren und Metastasen, das Unternehmen Biolitec mit dem Produkt *ELVeS Radial* für die endovenöse Laserablation von Krampfadern als auch Hologic mit dem Produkt *NovaSure* zur Behandlung der Menorrhagie geschafft, relativ flächendeckend in Selektivverträgen integriert zu sein.

Ein weiterer alternativer Marktzugang kann sich für Medizinproduktehersteller über die Satzungsregeln der Krankenkassen ergeben. Auch wenn Satzungsleistungen jederzeit angepasst werden können und insb. zu Zeiten schlechter Konjunktur die Gefahr besteht, abgeschafft zu werden, bieten sie doch für Kassen und Hersteller eine sehr verwaltungsarme und schnelle Möglichkeit eine Erstattung für innovative Leistungen durch die GKV zu bewirken. Diese Satzungsleistungen sind auch für Heil- und Hilfsmittel mit dem 2012 in Kraft getretenen GKV-Versorgungsstrukturgesetz im Rahmen des § 11 Abs. 6 SGB V erweitert worden. Ferner brachte auch das 2015 in Kraft getretene Präventionsgesetz eine Erweiterung der Satzungsleistung im Rahmen des § 20 SGB V mit sich, sodass die Möglichkeit des GKV-Marktzuganges über die Satzung der Krankenkassen für einige Anbieter eine attraktive Möglichkeit darstellt.

Gemäß § 20 SGB V sieht die Krankenkasse in der Satzung Leistungen zur Verhinderung und Verminderung von Krankheitsrisiken (primäre Prävention) sowie zur Förderung des selbstbestimmten gesundheitsorientierten Handelns der Versicherten (Gesundheitsförderung) vor. Dabei hat sie den Präventionsleitfaden des Spitzenverbands Bund zugrunde zu legen. Sofern sich Ihr Produkt im Kontext der Primärprävention einordnen lässt, kann der Zugang über die Satzungsleistungen zu einem im Vergleich zu anderen Wegen schnellen Marktzugang führen. In der Regel können Sie hier, wenn Sie gut vorbereitet sind, mit einem

Zeitfenster von nur knapp einem Jahr rechnen. Ein Beispiel für eine solche Förderung stellt das *Digitalkonto* der IKK Südwest dar, welche den Versicherten ein individuelles Budget in Höhe von 250 € zur Verfügung stellt, dass diese für die Inanspruchnahme ausgewählter digitaler Medizinprodukte (digitale Medizinprodukte auf Rezept) einsetzen können.

> ▶ Tipp Wenn und soweit Ihr Produkt im Bereich der Primärprävention einge-
> setzt werden kann und eine Lösung für eine der in Kap. 5 des Präventionsleit-
> fadens definierten Handlungsfelder aufzeigt, haben Sie sehr gute Chancen, Ihr
> Produkt verhältnismäßig schnell über die Satzungsleistung einer Krankenkasse
> in die Erstattung zu bringen. Bei den Handlungsfeldern zur Individualpräven-
> tion des Präventionsleitfadens handelt es sich um:
>   „Reduzierung von Bewegungsmangel durch gesundheitssportliche Aktivität;
> Vorbeugung und Reduzierung spezieller gesundheitlicher Risiken durch geeignete
> Verhaltens und gesundheits-orientierte Bewegungsprogramme; Vermeidung von
> Mangel und Fehlernährung; Vermeidung und Reduktion von Übergewicht; Förde-
> rung von Stressbewältigungskompetenzen; Förderung von Entspannung; Förde-
> rung des Nichtrauchens; Reduzierung des Alkoholkonsums" [16].

Der § 11 Abs. 6 SGB V sieht vor, dass Krankenkassen in ihrer Satzung zusätzliche vom G-BA nicht ausgeschlossene Leistungen in der fachlich gebotenen Qualität anbieten kön-nen. Das betrifft explizit und u. a. auch den Bereich Heilmittel (§ 32 SGB V) und Hilfs-mittel (§ 33 SGB V).

Insbesondere für die ersten Anbieter von Medical Apps war der Zugang über die Sat-zungsleistungen und den § 11 Abs. 6 eine sehr schnelle und sehr erfolgreiche Option, sich den GKV-Markt sukzessive zu erschließen. So hat es z. B. die Firma Sonormed GmbH mit dem Produkt *Tinnitracks* zur Behandlung des Tinnitus geschafft, eine ganze Reihe von Krankenkassen von ihrer Leistung zu überzeugen. Die Firma Abbott hat es mit dem Flash-Glukose-Messsystem (FGM), ihrem Produkt *Freestyle Libre*, sogar geschafft, einen GKV-Marktanteil von über 80 % (entspricht mehr als 50 Mio. Versicherte) über die Sat-zungsleistung der Krankenkassen zu erreichen. Es lassen sich also durchaus gute Beispiele für eine flächendeckende alternative GKV-Erstattung finden, die außerhalb der vielbetre-tenden Pfade, d. h. der regulären Erstattungsmechanismen, erfolgreich waren. Gleichwohl handelt es sich hierbei weiterhin um Ausnahmen im deutschen Gesundheitswesen und die regulären in Abschn. 1.3 beschriebenen Wege stellen die Regel dar.

1.4 Unterschiede im Marktzugang zwischen Arzneimitteln und Medizinprodukten

Sowohl im Zulassungsprozess als auch in der Frage der Erstattungsfähigkeit unterschei-den sich Arzneimittel und Medizinprodukte. Bereits im Rahmen der Studienplanung und -durchführung im Zulassungsprozess treten eine ganze Reihe von Herausforderungen für

Medizinprodukte auf, die im Arzneimittelmarkt so nicht vorkommen. Wird das bei einer klinischen Prüfung zu prüfende Produkt bspw. bei einer Operation eingesetzt, dann stellen die Verblindung und auch zufällige Zuteilung zur Unterlassensalternative oder einer Placebovariante relevante methodische Herausforderungen dar. Ferner erfordert der Einsatz von Medizinprodukten oftmals ärztliche Handwerkskunst, womit ein Behandlungserfolg nicht nur von der Beschaffenheit und Wirksamkeit des Medizinproduktes, sondern auch vom Können des Arztes abhängt [19]. Hier bestehen deutliche Vorteile beim Einsatz von Arzneimitteln in klinischen Studien, wenngleich der Arzt natürlich auch hier Einfluss bspw. auf die Compliance durch die entsprechende Aufklärung und damit dem Behandlungsergebnis hat.

Die zulassungs- und erstattungsrelevanten Unterschiede zwischen Arzneimitteln und Medizinprodukten sind in Tab. 1.3 gegenübergestellt.

Tab. 1.3 Zulassungs- und erstattungsrelevante Unterschiede zwischen Arzneimitteln und Medizinprodukten. (Quelle: eigene Darstellung)

	Arzneimittel	Medizinprodukt
Zulassung	Abschluss Phase-III-Studie	CE-Kennzeichen
Zulassungsbehörden	Europäische Arzneimittel-Agentur (EMA)	Benannte Stellen (z. B. TÜV)
Zulassungsdauer	Grundsätzlich dauerhaft	Rezertifizierung erforderlich, grundsätzlich alle 5 Jahre
Schutzrechte Dritter	Nein	Ja, Ärzte, Techniker und andere sind zu berücksichtigen
Genehmigungsverfahren klinische Prüfung	Bundesinstitut für Arzneimittel und Medizinprodukte (BfArM) oder Paul-Ehrlich-Institut (PEI) – § 77 AMG sowie Einbezug Ethikkommission	BfArM – § 22a MPG, insb. werden Prüfplan und die erforderlichen Unterlagen, insbesondere nach wissenschaftlichen und technischen Gesichtspunkten, geprüft. Zudem Einbezug der Ethikkommission
Fokus klinische Prüfung	Wirksamkeit	Sicherheit und Funktion
Evidenzanforderungen	Evidenz Klasse I oder Ib	Grundsätzlich auch Klasse I, allerdings sind bei Operationen Placebo und Verblindung de facto ausgeschlossen
Grundlage Qualitätsanforderung an klinische Studien	ICH-GCP-Leitlinie	Norm EN ISO 14155
Relevanz der Erfahrungskurve im Rahmen klinischer Prüfung	Nicht relevant	Hoch relevant, da Wirkung auch vom ärztlichen Geschick abhängt
Erstattungshöhe	Abhängig vom Urteil der Nutzenbewertung/ Festbeträge oder eigene Preisfestsetzung	Abhängig von sozialversicherungsrechtlicher Einordnung und bestehenden Ziffern im ambulanten und stationären Sektor
Zeitpunkt der Erstattung	Nach Zulassung sofort	Nach Zulassung sofort; Ausnahme: es liegt noch keine Abrechnungsziffer vor

1.5   Zuständigkeiten für die Zulassung in Deutschland

Die Umsetzung der europäischen Richtlinien, also der oben angesprochenen MDR, wird durch das Medizinproduktegesetz (MPG) sichergestellt. In diesem Gesetz wird auch geregelt, welche Zuständigkeiten für die Marktaufsicht bei Medizinprodukten bestehen. Aufgrund der föderalen Struktur der Bundesrepublik Deutschland sind grundsätzlich in jedem Bundesland Landesbehörden eingerichtet, die zuständig für die Marktaufsicht für Medizinprodukte sind. Um hier deutschlandweit eine Harmonisierung zu erreichen, wurde die Zentralstelle der Länder für Gesundheitsschutz bei Arzneimitteln und Medizinprodukten (ZLG) ins Leben gerufen [1]. Die ZLG vollzieht im Bereich der Medizinprodukte die Aufgaben der Länder und die Aufgaben der Befugnis erteilenden Behörde im Gesetz über die Akkreditierungsstelle (AkkStelleG). Der ZLG obliegen dabei insbesondere folgende Aufgaben: Benennung und Überwachung der Benannten Stellen, Bekanntmachung der deutschen Benannten Stellen, Anerkennung und Überwachung von Prüflaboratorien, Benennung und Überwachung von Konformitätsbewertungsstellen für Drittstaaten, Rücknahme, Widerruf und Ruhen der Benennung und Anerkennung, Anordnungen zur Beseitigung festgestellter oder zur Verhütung künftiger Verstöße, Begutachtung und Überwachung im Rahmen von Akkreditierungsverfahren und die Mitwirkung im Akkreditierungsausschuss (Abkommen ZLG).

Die ZLG ist somit als zentrale Koordinierungsstelle für die Medizinprodukteüberwachung zuständig und die bei ihr eingerichteten Fachexpertengruppen arbeiten an der Weiterentwicklung des Qualitätssicherungssystems dieser Überwachung. Darüber hinaus ist die ZLG außerdem nationale Kontaktstelle für die zuständigen Behörden anderer Staaten und für die EU-Kommission.

▶   Sie suchen eine Benannte Stelle für das Zertifizierungsverfahren? Die deutschen Benannten Stellen im Bereich Medizinprodukte werden mit ihren jeweiligen Aufgaben und ihrer Kennnummer von der ZLG als der zuständigen deutschen Benennenden Behörde auf ihrer Internetseite bekannt gemacht. Die Informationen, die die ZLG bereitstellt, sind übrigens maßgeblich und geben den derzeitigen Stand der Benennung wieder, ganz gleich ob Informationen des Systems der Europäischen Kommission hiervon ggf. abweichen.

Benannte Stellen sind staatlich autorisierte Stellen, die Prüfungen und Bewertungen im Rahmen der vom Hersteller durchzuführenden Konformitätsbewertung durchführen und deren Korrektheit nach einheitlichen Bewertungsmaßstäben bescheinigen. In Deutschland gibt es 16 und europaweit rund 80 sogenannte Benannte Stellen, bspw. die TÜVs oder die DEKRA, die für das Konformitätsbewertungsverfahren für Medizinprodukte zuständig sind.

Eine weitere wichtige Rechtsquelle ist die Verordnung über die Erfassung, Bewertung und Abwehr von Risiken bei Medizinprodukten (Medizinprodukte-Sicherheitsplanverordnung – MPSV) [3]. Gemäß § 3 Absatz 1 der MPSV sind Verantwortliche für das erstmalige Inverkehrbringen von Medizinprodukten verpflichtet, Vorkommnisse, die in Deutschland aufgetreten sind, sowie in Deutschland durchgeführte Rückrufe an das Bundesinstitut für Arzneimittel und Medizinprodukte (BfArM) bzw. entsprechend seiner Zuständigkeit an das Paul-Ehrlich-Institut (PEI) zu melden (MPSV). Vorkommnis ist gemäß der MPSV als eine Funktionsstörung, ein Ausfall oder eine Änderung der Merkmale oder der Leistung oder eine Unsachgemäßheit der Kennzeichnung oder der Gebrauchsanweisung eines Medizinprodukts, die unmittelbar oder mittelbar zum Tod oder zu einer schwerwiegenden Verschlechterung des Gesundheitszustands eines Patienten, eines Anwenders oder einer anderen Person geführt hat, geführt haben könnte oder führen könnte (MPSV § 2 Abs. 1). Sofern es im Rahmen von klinischen Prüfungen zu schwerwiegenden unerwünschten Ereignissen (SAE) kommt, ist dies ebenfalls vom Sponsor und vom Prüfer dem BfArM oder dem PEI zu melden (MPSV § 3 Abs. 5).

Das BfArM ist zudem auch gemäß § 22a des MPG für die Genehmigung der klinischen Prüfung zuständig. Hierfür muss der Hersteller einen Antrag beim BfArM stellen, der die entsprechenden Vorgaben der Richtlinie 90/385/EWG und der Richtlinie 93/42/EWG sowie später dann der MDR enthält. Zusätzlich hat der Sponsor alle Angaben und Unterlagen vorzulegen, die die zuständige Bundesoberbehörde zur Bewertung benötigt. Auch eine Stellungnahme der Ethikkommission ist nachzureichen. Insgesamt muss man für die Freigabe mit einem Zeitfenster von mindestens 30 Tagen rechnen. Der Antrag ist genehmigt, wenn die zuständige Bundesoberbehörde Ihnen innerhalb von 30 Tagen nach Eingang der Antragsunterlagen keine mit Gründen versehenen Einwände übermittelt. Sollten allerdings Einwände der Bundesbehörde bestehen, müssen Sie innerhalb von 90 Tagen aktiv werden und Änderungen herbeiführen, andernfalls gilt der Antrag als abgelehnt [18].

1.6   Aufgaben & Ziele von Market Access

Market Access ist ein relativ junger Berufszweig, der aus dem Umstand heraus entstanden ist, dass mit dem Gesetz zur Neuordnung des Arzneimittelmarktes (AMNOG) der Preisdruck auf neu zugelassene Arzneimittel in Deutschland zugenommen hat. Seit 2011 soll der Zusatznutzen der Medikamente den Preis bestimmen und Hersteller müssen für alle Arzneimittel mit neuen Wirkstoffen zum Zeitpunkt der Markteinführung Dossiers mit Nachweisen über diesen sogenannten Zusatznutzen vorlegen. Diese Dossiers werden vom G-BA und dem von diesem beauftragten IQWiG bewertet. Wird kein Zusatznutzen festgestellt, kann für die Erstattung durch die gesetzliche Krankenversicherung im ambulanten Bereich nur ein Betrag festgesetzt werden, der sich am Preis pharmakologisch-therapeutisch vergleichbarer Arzneimittel oder anderer Vergleichstherapien orientiert. Nur wenn es gelingt, einen Zusatznutzen nachzuweisen findet eine Preisverhandlung zwischen dem pharmazeutischen Hersteller und dem GKV-Spitzenverband statt. Als Zwischenbilanz kann man der Website des SPiBu entnehmen, dass sich pharmazeutische Unternehmer und der GKV-Spitzenverband von Juli 2012 bis 1. Mai 2017 auf 119 Erstattungsbeträge für neue Arzneimittel verständigen konnten und in 23 Fällen die Schiedsstelle hinzuziehen mussten [13].

Damit ein Dossier beim G-BA eingereicht werden kann, das im besten Fall für die Preisverhandlung berücksichtigt wird, ist ein langjähriger Prozess zu durchlaufen. Zur Koordinierung und Umsetzung der Dossiers entstand eben dieser neue Berufszweig eines „Market Access Manager", auch wenn es streng genommen nicht um den Marktzugang, sondern vielmehr um die Frage der Erstattungshöhe geht.

Weder existiert ein solches Verfahren im Bereich der Medizinprodukte, noch können Medizintechnikunternehmen auf einen Personalstamm zurückgreifen, der in Bezug auf die Erstellung von Dossiers einen hohen Spezialisierungsgrad aufweist. In der Regel sind in den Medizintechnikunternehmen noch die Generalisten in der Mehrzahl. Das heißt, oftmals ist ein Market Access Manager bei Medizintechnikunternehmen auch noch für Marketing-, Sales- oder Regulatory-Affairs-Aufgaben verantwortlich. Dies erklärt sich zum einen durch die Größe des Unternehmens, aber zum anderen auch durch die Anzahl der Produkteneueinführungen. Dennoch hat insbesondere der Abschn. 1.3 gezeigt, dass es mittlerweile eine Vielzahl an Erstattungswegen gibt und die Folgen der Erstattungshöhe bereits bei der Produktentwicklung antizipiert werden sollten. Abschn. 1.2 hat dargestellt, dass auch die Anforderungen für die Zulassung eines Medizinprodukts gestiegen sind. Wenn Sie implantierbare Produkte und Produkte der Risikoklasse III anbieten, sind zudem ab 2020 klinische Prüfungen (bis auf wenige Ausnahmen) Pflicht, Art. 61 (4) MDR, und erfordern somit auch die Erstellung von Dossiers. Ferner zeigt auch die Entwicklungen des § 137h SGB V, dass sukzessive der Weg weiter in Richtung eines „MEDNOG" beschritten wird. Insofern wird sich der „Market Access Manager" auch bei Medizinproduktenherstellern weiter etablieren, wenngleich er vermutlich immer auch angrenzende Aufgaben wird übernehmen müssen.

Bei einem Launch eines neuen Produkts werden naturgemäß alle Abteilungen eines Unternehmens einbezogen, sodass eine interdisziplinäre Zusammenarbeit zwischen Naturwissenschaftlern, Medizinern, Juristen und Gesundheitsökonomen oder anderen Sozialwissenschaftlern zustande kommt. Diese projektbezogene Zusammenarbeit mit dem Ziel, den Launch optimal vorzubereiten, bezeichnet man auch als Market Access Management. Der Markteintritt wird dabei nicht erst im Rahmen der Erlangung der Zulassung, sondern lange, in der Regel 3 Jahre, vor dem geplanten Launch vorbereitet. Der Market Access Manager muss hierfür eine ganze Reihe an koordinierender Aufgaben, insbesondere hinsichtlich der Aufbereitung der Evidenz, bewältigen, die mit einem Nutzendossier abgeschlossen werden. Darüber hinaus sollte er auch klassische Marktanalysen einsetzen und das Marktpotenzial ableiten können, wobei die Marktstruktur, das Marktwachstum und der Wettbewerb einbezogen werden. Die Antworten dieser Analysen werden bspw. nicht nur im Nutzendossier für die Ableitung des Budget Impact benötigt, sondern dienen auch der späteren Preisgestaltung. Der Market Access Manager muss ferner politisch-rechtliche Rahmenbedingungen im Fokus haben, da durch Regulierungsbehörden hervorgerufene Änderungen im Marktzugang gravierende Auswirkungen haben können. Der Beitrag von Roeder Kap. 7 zeigt an einem Beispiel der M-ACT, dass man solche Änderungen besser frühzeitig auf dem Schirm hat, um rechtzeitig die eigene Strategie anzupassen.

Über welche Kenntnisse muss der Market Access Manager daher verfügen?

Er muss zunächst mal ein Teamplayer sein, über sehr profundes Wissen verfügen und vor allem auch angrenzende Themen- und Wissensgebiete beurteilen können. Für den

Market Access Manager in der Medizinprodukteindustrie sollten folgende Kenntnisse und Fähigkeiten vorliegen:

1. Kenntnisse des Rechtsrahmens und Richtlinien für die Versorgung mit Medizinprodukten im ambulanten wie stationären Bereich sind zwingend erforderlich, d. h. das Medizinproduktegesetz, die MDR und der Prozess zur Erlangung des CE-Kennzeichens sollten zum Basiswissen gehören. Hier erinnert der Market Access Manager stark an einen Regulatory Affairs Manager.
2. Profunde Kenntnisse über die Abrechnungssysteme der privaten und gesetzlichen Krankenversicherung. Das bedeutet ICD- und OPS-Klassifikationen und ambulante EBM/GOÄ-Ziffern sind ihm genauso vertraut wie stationäre DRG und Zusatzentgelt-Ziffern resp. der Fallpauschalenkatalog und die InEK-Kostenmatrix.
3. Gute Kenntnisse im Bereich der Kalkulation der Vergütung von medizinischen Leistungen und der Preisbildung von Produkten. Darüber hinaus sollte er die Grundlagen der evidenzbasierten Medizin kennen, mit klinischer Forschung (Phasen III/IV) zumindest theoretisch vertraut sein und Metaanalysen zu Studien und intelligentes Modelling durchführen oder beurteilen können.
4. Anträge der GKV und deren Grundlagen sowie Verträge im Kostenerstattungssystem sollten dem Market Access Manager bekannt und vor allem die damit verbundenen Zeitabläufe klar sein.
5. Ein guter Market Access Manager sollte zudem über ein belastbares Netzwerk im Gesundheitswesen verfügen, welches auch im Sinne der Interessensvertretung genutzt werden kann.
6. Letztlich sollte der Market Access Manager eine gewisse Affinität zu medizinischen und technischen Fragestellungen bzgl. des Produktes aufweisen.

Im Ergebnis muss der Market Access Manager genau die Knowledge Gaps füllen, die eine ökonomische und gesundheitssystemische Einordnung des Produktes zum Gegenstand haben. Er ist damit mitverantwortlich für die Frage eines erfolgreichen Launches und bestimmt maßgeblich auch den wirtschaftlichen Erfolg eines Produktes der Unternehmung mit.

Die verschiedenen in diesem Buch aufgeführten Themen zeigen, wie vielfältig der Beruf des Market Access Manager ist, aber gleichermaßen auch, wie viel Verantwortung auf dieser Position liegt.

Literatur

1. Abkommen Zentralstelle der Länder für Gesundheitsschutz (ZLG) (2018) Abkommen über die ZLG bei Arzneimitteln und Medizinprodukten. https://www.zlg.de/zlg/staatsvertrag.html. Zugegriffen am 09.05.2018
2. AOK Bayern, Kassenärztlichen Vereinigung Bayerns (2015) Vereinbarung zur Abgeltung von Sachkosten, u. a. im Zusammenhang mit ambulanten Operationen. https://www.aok-gesundheits-partner.de/imperia/md/gpp/by/arztundpraxis/vertraege/vereinbsachko_ambulop_01_07_2015.pdf. Zugegriffen am 09.05.2018

3. Bundesministeriums der Justiz und für Verbraucherschutz (2017) Verordnung über die Erfassung, Bewertung und Abwehr von Risiken bei Medizinprodukten (Medizinprodukte Sicherheitsplanverordnung – MPSV). https://www.gesetze-im-internet.de/mpsv/MPSV.pdf. Zugegriffen am 09.05.2018
4. Bundesinstitut für Arzneimittel und Medizinprodukte (2015) Orientierungshilfe Medical Apps. https://www.bfarm.de/DE/Medizinprodukte/Abgrenzung/MedicalApps/_node.html. Zugegriffen am 09.05.2018
5. BVMed – Bundesverband Medizintechnologie e.V (2018) Branchenbericht Medizintechnologien 2018. BVMed, Berlin
6. BVMed – Bundesverband Medizintechnologie e.V. (2017) PATENTE – MedTech-Branche bleibt 2016 führend bei Patenten. https://www.bvmed.de/de/branche/innovationskraft/patente. Zugegriffen am 09.05.2018
7. CGM-Urteil (2015) Bundessozialgericht (BSG) – Urteil vom 08.07.2015 – B 3 KR 5/14 R
8. Destatis (2017) Automobilindustrie trägt 4,5 % zur Bruttowertschöpfung in Deutschland bei. Pressemitteilung Nr. 326. https://www.destatis.de/DE/PresseService/Presse/Pressemitteilungen/2017/09/PD17_326_811.html. Zugegriffen am 09.05.2018
9. Deutscher Bundestag (2018) Abschließende Beratungen ohne Aussprache. https://www.bundestag.de/dokumente/textarchiv/2018/kw12-de-beratungen-ohne-aussprache/547534. Zugegriffen am 09.05.2018
10. Europäische Kommission (2018) Vorschlag für eine Verordnung des europaischen Parlaments und des Rates über die Bewertung von Gesundheitstechnologien und zur Änderung der Richtlinie 2011/24/EU. Brüssel
11. Europäischen Union (2017) I (Gesetzgebungsakte) – Verordnung (EU) 2017/745 des europäischen Parlaments und des Rates. Amtsblatt der EU
12. Gassner UM (Hrsg) (2017) Die neue Medizinprodukte-Verordnung. Bundesanzeiger Verlag, Köln
13. GKV-Spitzenverband (2018) Fokus. AMNOG-Verhandlungen. https://www.gkv-spitzenverband.de/gkv_spitzenverband/presse/fokus/amnog_verhandlungen/s_thema_amnog_verhandlungen.jsp. Zugegriffen am 30.03.2018
14. IHK zu Essen (2018) Gesundheitswirtschaft – Der zweite Gesundheitsmarkt. https://www.essen.ihk24.de/produktmarken/Branchen/Gesundheitswirtschaft/Informationen_fuer_die_Gesundheitswirtschaft/Der_zweite_Gesundheitsmarkt/2103544. Zugegriffen am 30.03.2018
15. Krankenhausentgeltgesetz (KHEntgG) (2017) – Gesetz über die Entgelte für voll- und teilstationäre Krankenhausleistungen – v. 23.04.2002 (BGBl. IS. 1412,1422), zuletzt geändert durch Art. 8c G v. 17.07.2017 I 2615
16. Leitfaden-Prävention (2017) Kapitel 5: Leistungen zur individuellen verhaltensbezogenen Prävention nach § 20 Abs. 4 Nr. 1 SGB V aus dem Leitfaden Prävention Handlungsfelder und Kriterien des GKV-Spitzenverbandes zur Umsetzung der §§ 20, 20a und 20b SGB V. https://www.gkv-spitzenverband.de/media/dokumente/krankenversicherung_1/praevention__selbsthilfe__beratung/praevention/praevention_leitfaden/2017_3/Leitfaden_Pravention_12-2017_P170262_final_V.pdf. Zugegriffen am 09.05.2018
17. Lücker V (2018) Medizinprodukterechtliche Rahmenbedingungen für E-Health-Produkte im europäischen Wirtschaftsraum. Bundesgesundheitsblatt. Springer, Berlin
18. Medizinproduktegesetz (MPG) (2017) § 22a Genehmigungsverfahren bei der Bundesoberbehörde MPG. https://www.gesetze-im-internet.de/mpg/__22a.html. Zugegriffen am 09.05.2018

19. Mühlbacher AC, Juhnke C (2016) Adaptive Nutzenbewertung für Untersuchungs- und Behandlungsmethoden mit Medizinprodukten hoher Klassen: Die Abwägung von Patientennutzen, Evidenz und Zugang. Medizinisch Wissenschaftliche Verlagsgesellschaft, Berlin
20. NUB-Vereinbarung (2018) Vereinbarung zu § 6 Absatz 2 Satz 3 KHEntgG – Neue Untersuchungs- und Behandlungsmethoden
21. Oberender PO, Zerth J (2010) Wachstumsmarkt Gesundheit, 3., überarb. u. akt. Aufl. UTB, Stuttgart
22. Statistisches Bundesamt (2018) Außenhandel. Statistisches Jahrbuch 2018. https://www.destatis.de/DE/Publikationen/StatistischesJahrbuch/Aussenhandel.html. Zugegriffen am 21.10.2018
23. Stifterverband (2017) Forschungsausgaben der wirtschaft auf 62,8 Mrd. € gestiegen. https://www.stifterverband.org/pressemitteilungen/2017_12_20_forschung_und_entwicklung. Zugegriffen am 09.05.2018

Tino Schubert, Gesundheitsökonom (Diplom) Tino Schubert ist seit 2016 Geschäftsführer der LinkCare GmbH. Er berät Unternehmen der Medizintechnik und pharmazeutischen Industrie insbesondere zu Fragen der Nutzenbewertung, des Marktzugangs und der Kommunikation mit Autoritäten im Gesundheitswesen. Sein Gesundheitsökonomie-Studium absolvierte er an den Universitäten Bayreuth und Valencia und promoviert derzeit zum Doktor der medizinischen Wissenschaft.

Bedeutung von HTA für Medizinprodukte im deutschen Gesundheitssystem

2

York Zöllner und Theresa Schareck

Inhaltsverzeichnis

Y. Zöllner · T. Schareck (✉)
Hochschule für Angewandte Wissenschaften, Hamburg, Deutschland
E-Mail: ts@link-care.de

© Springer Fachmedien Wiesbaden GmbH, ein Teil von Springer Nature 2019
T. Schubert, T. Vogelmann (Hrsg.), *Market Access in der Medizintechnik*,
https://doi.org/10.1007/978-3-658-23476-8_2

Zusammenfassung

Als Health Technology Assessment (HTA) wird eine systematische, transdisziplinäre Bewertung der Auswirkungen und direkte und indirekte Konsequenzen für bestimmte Nutzungsgruppen von Gesundheitstechnologien bezeichnet. Inhalte umfassen klassischerweise die klinische und außerklinische Wirksamkeit, gesundheitsökonomische, ethische, rechtliche, soziale und organisatorische Aspekte. Die Methode wird schon seit den 1970er-Jahren in den USA eingesetzt. In Deutschland etablierte sich HTA mit dem GKV-Modernisierungsgesetz 2004. Das IQWiG ist in Deutschland die primäre HTA Agentur und wird vom G-BA beauftragt. Zusätzlich kann über das Internetportal „ThemenCheck Medizin" jedermann Vorschläge für HTA einreichen. Health Technology Assessment ist auch für Medizinprodukte mit der Erprobungsregelung und Nutzenbewertung nach § 137h SGB V gesetzlich verankert. Die Umsetzung erfordert eine frühzeitige Planung, um z. B. gesundheitsökonomische Fragestellungen an klinische Studien anzuheften und ein entsprechendes Studiendesign zu wählen. Medizintechnikhersteller sollten zudem die europäischen HTA-Harmonisierungsverfahren im Blick haben für einen zukünftig erfolgreichen Marktzugang.

2.1 Einleitung

Während der Zulassungsprozess von Medizinprodukten auf europäischer Ebene harmonisiert erfolgt, regeln die Nationalstaaten die Frage einer möglichen Erstattungsfähigkeit dezentral.

Im Vergleich zu Arzneimitteln lässt sich grundsätzlich feststellen, dass der Eintritt in den Markt als erster Schritt für Medizinprodukte schneller erfolgen kann und der Zulassungsprozess eine grundsätzlich geringere Regulierungstiefe aufweist. Ein Medizinprodukt kann das CE-Kennzeichen erhalten, wenn Sicherheitsaspekte und die grundsätzliche Funktionstüchtigkeit des Produktes nachgewiesen werden können. In der Regel kommen Medizinprodukte (v. a. solche mit niedriger Risikoklasse) in diesem Zulassungsverfahren ohne klinische Studien aus (Abschn. 1.2). Für viele Medizinprodukte muss seit der Novellierung des § 137c SGB V im Jahr 2015 ein Nutzen nachgewiesen werden, der über die Sicherheit und die Funktionstüchtigkeit des Produkts hinausreicht. In diesem Punkt nähern sich Medizinprodukte den Arzneimitteln an. Bei diesen gilt die Nutzenbewertung infolge des Arzneimittelmarktneuordnungsgesetzes (AMNOG) schon seit 2011 als obligatorisch.

Die Erstattungsfähigkeit eines Medizinprodukts ist aus der Sicht des Herstellers von fundamentaler Bedeutung. Dies gilt vor allem für den deutschen Markt, der – anders als andere Länder – durch eine geringe Selbstzahlerbereitschaft geprägt ist. Ein Blick auf den Markt für nicht erstattungsfähige medizinische Leistungen, sog. individuelle Gesundheitsleistungen (IGeL), verdeutlicht diesen Aspekt. Das Wissenschaftliche Institut der AOK (WIdO) schätzte die Ausgaben für IGeL im Jahr 2012, basierend auf einer repräsentativen

Umfrage, auf 1,3 Mrd. € [39]. Im selben Zeitraum betrugen die Leistungsausgaben der GKV etwa 173 Mrd. € [37]. Im Jahr 2016 lagen diese bereits bei rund 210 Mrd. €.

Ein Ansatz zur Bewertung medizinischer Technologien ist das Health Technology Assessment, kurz HTA. Dieses Kapitel gibt Herstellern einen Überblick über HTA und erklärt, wie HTA zur Entscheidungsfindung im Marktzugangsprozess von Medizinprodukten beitragen kann. Neben den zusätzlichen Anforderungen zeigt es auch die Chancen auf, die sich für Hersteller bei einer internationalen Harmonisierung und Standardisierung von HTA ergeben.

Zuerst werden die Grundlagen von HTA erläutert und die Anwendung von HTA speziell im deutschen Gesundheitswesen beschrieben. Es wird außerdem auf die Besonderheiten von Medizinprodukten als Technologieklasse bei HTA eingegangen. Abschließend erfolgt eine Analyse von HTA im internationalen Kontext. Gerade für die Herstellerseite ist eine länderübergreifende Bewertung ihrer Produkte interessant und eröffnet im weiteren Blickwinkel neue Absatzpotenziale.

2.2   Einführung in Health Technology Assessment

Der Begriff „Health Technology Assessment" lässt sich im weitesten Sinne als „Bewertung von Gesundheitstechnologien" übersetzen. Allerdings ist die englische Bezeichnung, vor allem aber seine Abkürzung „HTA", auch im Deutschen üblich.

Zunächst ist es wichtig, den Begriff der „Gesundheitstechnologie" zu verstehen. Im offiziellen HTA-Glossar, dessen deutsche Version vom Deutschen Institut für Medizinische Dokumentation und Information (DIMDI, s. Abschn. 2.3.1) koordiniert wird, findet sich dazu folgende Definition:

▶ **Gesundheitstechnologie (Health Technology)** ist eine Intervention, die dazu dienen kann, die Gesundheit zu fördern, akute oder chronische Erkrankungen zu verhindern, zu diagnostizieren oder zu behandeln oder Rehabilitationsmaßnahmen zu ergreifen [24].

Was darunter konkret verstanden werden kann, zeigt Tab. 2.1.

Ein HTA ist demzufolge eine Bewertung einer spezifischen Gesundheitstechnologie. Im HTA-Glossar wird Health Technology Assessment mit „Technologiefolgenabschätzung im Gesundheitswesen" übersetzt.

▶ **Technologiefolgenabschätzung im Gesundheitswesen (HTA)** ist eine systematische, transdisziplinäre Beurteilung der Eigenschaften und Auswirkungen einer Gesundheitstechnologie, die sich den direkten und beabsichtigten Auswirkungen dieser Technologie sowie ihren indirekten und unbeabsichtigten Konsequenzen widmet. Sie dient dazu, zu einer informierten Entscheidungsfindung im Hinblick auf Gesundheitstechnologien für unterschiedliche Nutzergruppen beizutragen [25].

Tab. 2.1 Arten von Gesundheitstechnologien/ Health Technologies. (Quelle: eigene Darstellung)

Health Technology	Beispiel
Arzneimittel	Blutdrucksenker
Medizinprodukte, z. B.	
Hilfsmittel	Geh-, Hörhilfen
Verbrauchsartikel	Verbandmittel
In-vitro Diagnostika	Blutzuckermessgerät
Aktive Implantate	Herzschrittmacher
Großgeräte	Computertomografen
Medical Apps	App zur Tinnitustherapie
Prozedur/Verfahren	Chemotherapie
Organisations- und Supportsysteme	Telematik, Disease-Management-Programme

Die Beurteilung ist immer systematisch und evidenzbasiert. Merkmale, die bewertet werden, können je nach Zielsetzung des HTA unterschiedlich sein:

- Wirksamkeit in klinischen Studien (Efficacy)
- Wirksamkeit unter realen Bedingungen (Effectiveness)
- Gesundheitsökonomische Aspekte, Kosten-Nutzen (Efficiency, Cost-Effectiveness)
- Sicherheit
- Ethische Aspekte
- Rechtliche Aspekte
- Soziale Aspekte
- Organisatorische Aspekte

In der Praxis zeigt sich, dass die abschließenden vier Aspekte nur bei einem kleinen Teil der bislang erstellten HTAs Relevanz besaßen. Die Bewertung der Wirksamkeit und Sicherheit der Medizinprodukte sind Kernelemente eines jeden HTA. Allerdings spielen in zunehmendem Maße auch Kosten-Nutzen-Aspekte eine wichtige Rolle.

Die verfügbare Evidenz bzgl. der zu betrachtenden Aspekte wird ermittelt, kritisch bewertet und anschließend in einem HTA-Report zusammengefasst. Der Begriff „HTA-Bericht" meint im allgemeinen Sprachgebrauch jeden Bericht, der zum Abschluss eines HTA erstellt wird. Das Institut für Qualität und Wirtschaftlichkeit im Gesundheitswesen (IQWiG) verwendet die Bezeichnungen „Bericht" und „HTA-Bericht" für zwei spezielle Formen des HTA, auf die in Abschn. 2.3.2 genauer eingegangen wird. Um Verwechslungen zu vermeiden, wird im Rahmen dieses Buchs auf die Bezeichnung „HTA-Report" bzw. „Report" abgestellt, wenn es um die Abschlussberichte von HTA im Allgemeinen geht. Wenn die Rede von „Bericht" und „HTA-Bericht" ist, sind explizit die Ausarbeitungen des IQWiG gemeint.

Im Ergebnis werden HTA durch die umfassende Würdigung der genannten Aspekte für Beratungszwecke herangezogen. Ihr Hauptzweck liegt in der Entscheidungsunterstützung, was in der Literatur auch mit den Begriffen „informed" oder „evidence-based-decision-making" beschrieben wird. Primär werden HTAs von der Politik als Entscheidungsgrundlage herangezogen, wenn es darum geht, Innovationen in den Leistungskatalog der GKV aufzunehmen und ggf. die Höhe der Vergütung zu bestimmen. Für solche Erstattungsentscheidungen ist dann vor allem der gesundheitsökonomische Aspekt relevant, es rückt also die Relation von Kosten und Nutzen der einzuführenden Technologie in den Entscheidungsfokus. Grundsätzlich besteht auch die Möglichkeit, bereits im Markt befindliche Gesundheitstechnologien einem HTA zu unterziehen. Dies kann dem Zweck dienen, zu überprüfen, ob die eingesetzte Technologie im Vergleich zu Komparatoren weiterhin den Anforderungen der GKV-Erstattung entspricht oder ob möglicherweise ein neuer Standard gesetzt werden kann. Allerdings steht der Bestandsmarkt derzeit nicht im Fokus gesundheitspolitischer Bestrebungen, sodass dieser Aspekt praktisch nur im Rahmen einer Methodenbewertung relevant werden könnte.

Wenn man den HTA-Begriff etwas weiter fasst und von der gesundheitspolitischen Perspektive abweicht, kann man erkennen, dass auch Sie als Medizintechnikhersteller HTA vollständig oder partiell erstellen und in Ihre Managemententscheidungen implementieren. Viele HTA-Dimensionen werden von Ihnen als Hersteller im Rahmen des Produktentwicklungsprozesses ohnehin schon betrachtet und in unterschiedlicher Weise aufbereitet. Eine Wettbewerber- und Marktanalyse ist notwendig, um Entscheidungen über die weitere Produktentwicklung zu treffen. Als Vorbereitung für die CE-Zertifizierung müssen Sie Informationen über das Produkt selbst, die Sicherheit und weitere Aspekte erheben und bereitstellen. In diesem Zusammenhang setzen Sie sich auch mit rechtlichen Anforderungen auseinander. Auch spezifische Strukturen und/oder Prozesse im Gesundheitswesen werden oftmals von Herstellern betrachtet. Dies kann bspw. der Fall sein, wenn die Einführung einer bestimmten Medizintechnologie einen spezifischen Ablauf in einem Krankenhaus verändert. Das Zusammentragen von gesammelten Informationen kann daher auch als eine Art „erweitertes Produkthandbuch" angesehen werden.

Für die Kostenübernahme seitens des Gesundheitssystems und die damit zusammenhängenden Erstattungsverhandlungen kann diese Informationssammlung für Sie eine wichtige Grundlage bilden. Besonders durch die Einführung der Nutzenbewertung von Hochrisiko-Medizinprodukten (gem. § 137h SGB V) hat sich die Verantwortung für HTA zumindest teilweise auf die Unternehmen verlagert. Krankenhäuser können sowohl Adressat als auch Ersteller von HTAs sein. Größere Investitionsprojekte, wie die Modernisierung der technischen Klinikausstattung, können einem HTA vorausgehen.

Health Technology Assessments unterscheiden sich grundsätzlich in ihrem Aufbau, da keine einheitlichen Standards zur Durchführung existieren. Die meisten Assessments bestehen aus einer Synthese von bereits gegebener Evidenz, z. B. einer Sekundärdatenanalyse. In manchen HTAs wird neue Evidenz generiert. Dies kann bspw. bei der Durchführung einer Primärstudie zu Patientenpräferenzen der Fall sein. Der Begriff HTA ist rechtlich nicht definiert, prinzipiell bestehen daher keine Beschränkungen bei der Durchführung. Health Technology Assessment ist in diesem Sinne keine universell einheitliche Methode, sondern definiert sich durch die Intention, nämlich eine fundierte Entscheidungsgrundlage für Entscheidungsträger im Gesundheitswesen bereitzustellen. Dennoch müssen bestimmte qualitative Grundzüge erkennbar sein, damit eine Bewertung als HTA kategorisiert werden kann. So ist es erforderlich, die Nutzung valider wissenschaftlicher

Methoden, die Transparenz und Authentizität von Ergebnissen oder die unparteiische Durchführung eines HTA-Prozesses nachweisen zu können.

Der HTA-Prozess lässt sich, vor allem aus Sicht von Unternehmen der Medizintechnikbranche, vereinfacht in mehrere Phasen unterteilen.

- Phase 1: Identifizierung von Gesundheitstechnologien, für die ein HTA sinnvoll wäre
- Phase 2: Priorisierung und Auswahl der zu evaluierenden Technologie(n), einschließlich der Formulierung einer wissenschaftlich und/oder praktisch relevanten Fragestellung
- Phase 3: Durchführung des Assessments und Berichterstellung
- Phase 4: Abgabe von auf dem HTA basierenden Empfehlungen sowie Dissemination, also Verbreitung und Bekanntmachung des HTA(-Reports)

Hiermit ist die eigentliche HTA-Erstellung abgeschlossen. Mit variablen Abständen folgen die beiden letzten Phasen

- Phase 5: Entscheidung unter Beurteilung der HTA-Empfehlungen (*appraisal*) und Umsetzung in die Versorgungspraxis
- Phase 6: Messung des Einflusses des HTA mithilfe eines sogenannten Impact Assessments [34]

Verschiedene Länder und HTA-Agenturen haben meist ihre eigenen Prozesse für die Auswahl und Durchführung von HTA definiert. Auf die Vorgehensweise in Deutschland wird in Abschn. 2.3 genauer eingegangen. Health Technology Assessment unterscheiden sich je nach Komplexität der Fragestellungen (sowie ggf. Dringlichkeit der anstehenden Entscheidung) im Umfang. Es kann auch sein, dass einige Phasen, je nach betriebsinterner Zielsetzung, verkürzt werden oder vollständig ausgelassen werden.

2.3 HTA in Deutschland

Ursprünglich aus den USA stammend, wo HTA in den 1970er-Jahren im Gesundheitswesen eingeführt wurde, wird HTA erst seit Mitte der 1990er-Jahre in Deutschland als Tool genutzt. Etabliert und gesetzlich verankert wurde das Konzept dann im Jahr 2004 durch das GKV-Modernisierungsgesetz. Seitdem unterliegt es einer stetigen Evolution, begleitet durch die unterschiedlichen Stakeholder im Gesundheitswesen.

2.3.1 Wesentliche Institutionen mit HTA-Bezug

DIMDI und DAHTA

Das DIMDI ist das Deutsche Institut für Medizinische Dokumentation und Information und beschäftigt sich bereits seit dem Jahr 2000 mit der Erstellung von HTA. Zu diesem Zweck wurde die Deutsche Agentur für Health Technology Assessment, die sogenannte

DAHTA@DIMDI, gegründet. Die Kernaufgabe der DAHTA war es, HTA-Aufträge in einem öffentlichen Vorschlagswesen zu sammeln und an unabhängige Wissenschaftler zu vergeben. Diese Verantwortung wurde allerdings im Jahr 2015 dem IQWiG übertragen. Der Aufgabenbereich der DAHTA wurde durch diesen Schritt beschnitten und beschränkt sich gegenwärtig hauptsächlich auf die Bereitstellung eines HTA-Informationssystems, das u. a. eine kostenfreie Datenbank mit veröffentlichten HTA-Berichten bereitstellt. Darüber hinaus beteiligen sich DAHTA und DIMDI an verschiedenen internationalen HTA-Projekten.

► Knapp 700 (Stand 2017) HTA-Berichte der DAHTA sowie von weiteren internationalen HTA-Agenturen finden Sie in der DAHTA-Datenbank auf der Webseite des DIMDI [7].

IQWiG

Im Jahr 2004 wurde das Institut für Qualität und Wirtschaftlichkeit im Gesundheitswesen gegründet. Es hat die Aufgabe, Nutzen und Schaden (sowie ggf. Kosten) von medizinischen Maßnahmen für Patienten zu untersuchen und neutral zu bewerten.

Das IQWiG ist die primäre HTA-Agentur in Deutschland. Es erstellt im Auftrag des Gemeinsamen Bundesausschusses (G-BA) und des Bundesministeriums für Gesundheit (BMG) Berichte, die zu großen Teilen der HTA-Methodik folgen und zudem die Selbstverwaltung sowie die Gesetzgebung im Gesundheitswesen in wichtigen Entscheidungen unterstützen. Neben Aufträgen des G-BA und des BMG kann das IQWiG außerdem eigeninitiativ Themen aufgreifen und so den politischen Prozess fachkundig unterstützen. Der Fokus richtet sich auf den Bereich der gesetzlichen Krankenversicherung (GKV), der im Sozialgesetzbuch (SGB V) geregelt ist.

Im Jahr 2016 wurde zudem das Internetportal „ThemenCheck Medizin" eingerichtet. Das Portal bietet jedermann Zugang und die Möglichkeit, eigene Vorschläge zu HTA-Themen zu publizieren. Damit hat das IQWiG das öffentliche Vorschlagswesen der DAHTA abgelöst. Themen, die sich primär auf die Bewertung eines Arzneimittels beziehen, sind von der Bewertung im Rahmen von HTA-Berichten ausgenommen.

► Auf *themencheck-medizin.iqwig.de* können Sie Themen vorschlagen, sich über abgegebene Vorschläge informieren und aktuell in Bearbeitung befindliche HTA-Berichte verfolgen. Sobald die ersten HTA-Berichte fertiggestellt sind, werden diese hier veröffentlicht.

G-BA

Wie oben beschrieben, ist der G-BA der Hauptauftraggeber des IQWiG in HTA-Fragen. Ihm kommt aber auch noch eine weitere wichtige Rolle zu, nämlich die der Beurteilung der Informationen, die er vom IQWiG nach Abschluss des Assessments erhält. Das IQWiG ist in seiner Rolle nur Berater, nicht Entscheidungsträger. Diese Aufgabe hat der G-BA, indem er die Empfehlungen bei der Entscheidung über den Nutzen der bewerteten Technologie berücksichtigt [21]. In seinem Jahresbericht von 2016 zeigt das IQWiG eine

Gegenüberstellung seiner Empfehlungen mit den jeweiligen Entscheidungen des G-BA bei den frühen Nutzenbewertungen von Arzneimitteln. Von insgesamt 47 Bewertungen ist der G-BA in 26 Fällen von den Einschätzungen des IQWiG abgewichen, wobei die Abweichungen nur geringfügig ausfielen [30].

Sonstige Institutionen

Neben den genannten Institutionen gibt es eine Reihe weiterer Organisationen, die im Zusammenhang mit HTA eine Rolle spielen. Im Folgenden seien einige davon genannt (ohne Anspruch auf Vollständigkeit):

Bundesärztekammer (BÄK) und Kassenärztliche Bundesvereinigung (KBV) Zwischen 2002 und 2005 hat eine Arbeitsgruppe der beiden Organisationen vier eigene HTA-Berichte erstellt und veröffentlicht [2].

Medizinischer Dienst des Spitzenverbandes Bund der Krankenkassen (MDS) und Spitzenverband Bund der Krankenkassen (SpiBu) Im Auftrag des Spitzenverbands erstellt der MDS evidenzbasierte Nutzenbewertungen und Gutachten von medizinischen Maßnahmen, die Merkmale von HTA aufweisen [33].

Cochrane Collaboration Die Cochrane Collaboration erstellt regelmäßig systematische Übersichtsarbeiten, die mit HTA vergleichbar sind. Die Cochrane Library bietet zudem einen umfassenden Zugang zu wissenschaftlichen Studien, Übersichtsarbeiten, gesundheitsökonomischen Analysen und HTA-Berichten. Sie ist eine regelmäßig genutzte Quelle für die Erstellung neuer HTA [5].

Deutsches Netzwerk Evidenzbasierte Medizin e.V. (DNEbM) Der Fachbereich HTA des DNEbM führt Veranstaltungen zum Thema HTA durch und beteiligt sich an der Ausarbeitung von Lehrplänen zur HTA-Weiterbildung [8].

Verein zur Förderung der Technologiebewertung im Gesundheitsweisen (HTA) e.V. Der Verein fördert den Wissensaustausch zu HTA und ist als Fortbildungsträger etabliert. Zusammen mit dem DNEbM hat der Verein ein Curriculum HTA entwickelt, welches sich an Auftraggeber, Entscheider und Ersteller wendet und zum Thema HTA fort- und weiterbildet. Die Inhalte werden vornehmlich in internetbasierten Kursen, z. B. an der Technischen Universität (TU) Berlin, angeboten. Das 2006 erarbeitete Curriculum wurde im Oktober 2017 erstmals überarbeitet und an methodische Weiterentwicklungen angepasst [37].

2.3.2   HTA-Formen in der Gesundheitspolitik

Das IQWiG erstellt verschiedene Ausarbeitungen (vom IQWiG „Produkte" genannt) von denen einige mehr, andere weniger stark die Definition eines HTA erfüllen. Vollständige HTA, die alle Dimensionen berücksichtigen, sind vom IQWiG bislang nicht erstellt worden. Das Konzept der sog. HTA-Berichte sieht dies jedoch vor. Da das IQWiG erst seit Kurzem für den Bereich verantwortlich ist, liegen zum Zeitpunkt der Analyse (Februar 2018) noch keine abgeschlossenen HTA-Berichte vor. Die ersten fünf ausgewählten Themen befinden sich in Bearbeitung [32]. Folgt man den HTA-Berichten, kommen die Berichte und Rapid Reports bzw. Arbeitspapiere dem Konzept HTA am nächsten, allerdings bilden diese lediglich Teilaspekte ab. Darüber hinaus erstellt das IQWiG frühe Nutzenbewertungen (sog. Dossierbewertung) und Kosten-Nutzen-Bewertungen gemäß § 35b SGB V speziell für Arzneimittel.

Für Medizinprodukte bzw. Untersuchungs- und Behandlungsmethoden bestehen zwei weitere Ausarbeitungstypen; die Bewertung neuer Untersuchungs- und Behandlungsmethoden (NUB) mit Medizinprodukten hoher Risikoklassen gemäß § 137h SGB V sowie die Potenzialbewertung. Die Potenzialbewertung entspricht dabei nur im weitesten Sinne dem Verständnis von HTA. Die in Abb. 2.1 dargestellten IQWiG-Ausarbeitungen werden in den folgenden Abschnitten näher erläutert.

2.3.2.1 Berichte

Berichte des IQWiG stellen aktuell die wichtigste HTA-Form in Deutschland dar. Sie sind die komplexesten Ausarbeitungen des IQWiG und bewerten medizinische Technologien systematisch und evidenzbasiert, um damit eine Hilfe für Entscheidungsträger, in erster Linie dem G-BA, anzubieten. Die gesetzliche Grundlage für Berichte sind die in § 139a SGB V beschriebenen Aufgaben.

In Abschn. 2.2 wurden typische HTA-Phasen beschrieben. Phase 1 umfasst die Identifizierung von relevanten Gesundheitstechnologien, Phase 2 die Priorisierung der Themen. Bei den IQWiG-Berichten handelt es sich um Auftragsarbeiten. Das bedeutet, dass die Auswahl eines konkreten Themas bereits getroffen wurde, bevor das IQWiG seine Arbeit aufnimmt. Das Themenfindungs- und Priorisierungsverfahren liegt beim G-BA und lässt damit nur einen stark begrenzten Kreis an Vorschlagsberechtigten zu (z. B. KBV, Deutsche Krankenhausgesellschaft, SpiBu, maßgeblich anerkannte Patientenorganisationen).

Der aktive Prozess beginnt für das IQWiG am Ende der Phase 2. Es ist verantwortlich für die Formulierung der wissenschaftlichen Fragestellungen, die im Bericht bearbeitet werden sollen. Hier werden bereits Zielkriterien bestimmt, z. B. die Definition patientenrelevanter Endpunkte. Um die für Patienten wichtigen Aspekte optimal abzubilden, werden bei allen Nutzenbewertungen obligatorisch Patientenvertreter hinzugezogen, häufig in

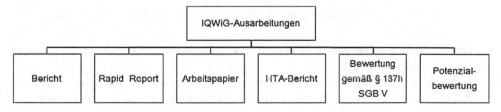

Abb. 2.1 Ausarbeitungen des IQWiG mit Nähe zum HTA-Konzept und MedTech-Relevanz

persönlichen Gesprächen mit Institutsmitarbeitern. Nachdem Fragestellung, Zielkriterien und die dazu passende Methodik für Beschaffung und Bewertung der Informationen festgelegt sind, wird der Berichtsplan (bei anderen HTA-Institutionen auch als HTA-Protokoll bezeichnet) erstellt. Dieser wird zunächst an die zentralen Instanzen, Auftraggeber, Vorstand der (IQWiG-)Stiftung, Stiftungsrat, Kuratorium, weitergeleitet und anschließend für ein öffentliches Stellungnahmeverfahren, die sogenannte Anhörung, auf der IQWiG-Webseite veröffentlicht.

▶ **Anhörung** Viele Ausarbeitungen des IQWiG sehen zu einem oder mehreren Zeitpunkten im Prozess Anhörungen vor. Auf diese Weise ist gewährleistet, dass konfligierende Stellungnahmen und Kompetenzen gleichermaßen in den qualitativen Prozess einfließen. Der Kreis der Stellungnehmer ist nicht begrenzt, sodass sich auch Vertreter der Industrie zu HTA-Vorhaben äußern können. Im Vordergrund steht das projektspezifische methodische Vorgehen. Die Fragestellung selbst ist in der Regel nicht Gegenstand der Anhörung. Auch auf bislang nicht beachtete Evidenz kann hingewiesen werden. Die Stellungnahmen erfolgen grundsätzlich schriftlich und unterliegen einer Frist von vier Wochen. Das IQWiG behält sich aber vor, wissenschaftliche Erörterungen mit den Teilnehmern der Anhörungen zu führen, um die Inhalte genauer zu klären. Sämtliche Stellungnahmen, wissenschaftliches Begleitmaterial sowie Wortprotokolle der mündlichen Erörterungen werden auf der Webseite publiziert. Nach der Veröffentlichung des jeweiligen HTA-Reports besteht bei allen Verfahren die Möglichkeit zur Stellungnahme, auch wenn während des Prozesses keine Anhörung stattfand. Das IQWiG verpflichtet sich, die Inhalte der Anhörungen in den weiteren Entscheidungsprozess miteinzubeziehen.

Falls erforderlich, wird nach der Anhörung der Berichtsplan überarbeitet und im Anschluss erneut veröffentlicht. Anschließend wird der Plan umgesetzt und mit der wissenschaftlichen Informationsbeschaffung und -bewertung der Kern des HTA durchgeführt.

Für die Bewertung wird Evidenz zum jeweiligen Krankheitsfeld und zur Technologie sowie zu bereits bestehenden Vergleichstechnologien benötigt. Bei den IQWiG-Berichten liegt der Fokus auf Fragen der Sicherheit, Wirksamkeit und Kosten. Andere HTA-Aspekte (Ethik, Recht etc.) bleiben in der Regel unberücksichtigt. Für die Informationsbeschaffung bedient sich das IQWiG verschiedener Methoden, z. B.

- Vorabrecherche zur Entwicklung der Suchstrategie (z. B. auch auf Webseiten anderer HTA-Agenturen)
- Systematische Literaturrecherche in bibliografischen Datenbanken
- Suche in Studienregistern
- Suche bei weiteren Quellen (z. B. öffentliche Dokumente von Zulassungsbehörden, Handsuche in Fachzeitschriften und Kongressbänden, Webseiten von G-BA und IQWiG, im Rahmen der Anhörung übermittelte Informationen, Autorenanfragen)

- Recherche nach Versorgungsdaten (z. B. Morbiditätsregister, Gesundheitsberichterstattung des Bundes und der Länder, Qualitätsberichte der Krankenhäuser, GKV-Routinedaten)
- Herstelleranfragen, falls sich das HTA maßgeblich auf ein Arzneimittel oder Medizinprodukt bezieht

Hersteller werden insbesondere zur Identifizierung bislang unveröffentlichter Informationen oder Studiendaten zur betreffenden Technologie angefragt. Dies gilt auch für Technologien, die sich zum Zeitpunkt der HTA-Erstellung im Forschungsprozess befinden. Damit das IQWiG die Informationen für das HTA verwerten kann, braucht es eine Vereinbarung zwischen IQWiG und Hersteller. Um Transparenz zu gewährleisten, werden diese Informationen im HTA-Report wie alle anderen frei zugänglichen Informationen behandelt und publiziert. Hersteller sind nicht zur Übermittlung der angefragten Informationen verpflichtet und können solche Anfragen ablehnen.

Die gewonnenen Informationen werden im nächsten Schritt in einem weiteren Kontext bewertet. Für die Kosten-Nutzen-Bewertung können zusätzlich zu vorhandenen Studien auch eigene Kalkulationen und Modellierungen, wie z. B. Ausgaben-Einfluss-Analysen und Sensitivitätsanalysen sowie Verfahren zur Präferenzenerhebung, z. B. Discrete-Choice-Experimente, verwendet werden. Bei ethischen Fragestellungen ist es üblich, während des Prozesses auch die Patientensicht abzubilden.

Details zu den Methoden der Informationsbeschaffung und -bewertung sind ausführlich im aktuellen Methodenpapier (Version 5.0. vom 10.07.2017) des IQWiG beschrieben [29].

Zur Wahrung der Transparenz ist es notwendig, sowohl die Methoden als auch die verwendeten Informationen im nächsten Arbeitsschritt, dem Vorbericht, offenzulegen. Der Vorbericht wird, wie auch der Berichtsplan, zunächst an die zuvor genannten Instanzen weitergeleitet und dann in einem zweiten Anhörungsverfahren veröffentlicht. Optional wird der Vorbericht einem externen Review unterzogen.

Das IQWiG lässt bei vielen seiner Ausarbeitungen als letzten Schritt vor der Veröffentlichung ein externes Review zur Qualitätssicherung durchführen. Das IQWiG identifiziert externe Reviewer durch Recherche, Austausch mit Fachgesellschaften oder durch Bewerbungen im Rahmen von Ausschreibungen. Bevor ein Vertrag mit einem externen Reviewer abgeschlossen wird, müssen dessen methodische und fachliche Expertise sowie persönliche Unabhängigkeit festgestellt werden. Um dies sicherzustellen, müssen sämtliche Verbindungen zu Interessensverbänden, Pharma- oder Medizintechnikunternehmen sowie finanzielle Zuwendungen offengelegt werden. Das IQWiG beurteilt, ob Interessenkonflikte bestehen und, falls ja, ob diese für ein konkretes Thema zum Verlust der Unbefangenheit führen können. In diesem Fall ist eine Mitarbeit an dem betreffenden HTA ausgeschlossen. Die Namen der externen Reviewer sowie eine Zusammenfassung eventueller Interessenskonflikte werden mit dem fertigen Report veröffentlicht.

Nachdem die Anhörung und ggf. das Review erfolgt sind, werden sämtliche Erkenntnisse aggregiert, evaluiert und in einem Abschlussbericht festgehalten. Phase 3 ist mit diesem Schritt abgeschlossen. Die Arbeit des IQWiG endet mit der Übergabe der

Empfehlungen an den G-BA. Der Abschlussbericht wird auf der Webseite des IQWiG veröffentlicht, wo erneut die Möglichkeit zu Stellungnahmen besteht.

Abschlussberichte haben im Hauptteil meist folgenden Aufbau:

1. Hintergrund: Hier wird das Indikationsgebiet sowie die Technologie beschrieben
2. Fragestellung: Eine oder mehrere Fragen, die mit dem Bericht beantwortet werden sollen
3. Methoden: Patientenrelevante Endpunkte, Methoden der Literaturrecherche, Ein-/Ausschlusskriterien, Methoden der Bewertung
4. Ergebnisse: Ergebnisse zur Informationsbeschaffung, Ergebnisse zu den Fragestellungen
5. Einordnung des Arbeitsergebnisses und Fazit

2.3.2.2 Rapid Reports

Die Rapid Reports des IQWiG sind verkürzte Berichte. Sie haben das Ziel, zeitnah zu neuen Entwicklungen im Gesundheitswesen zu informieren. Die Verkürzung bezieht sich nicht auf die Quantität des Materials, die Länge oder Ausführlichkeit der Ausarbeitung (der Aufbau entspricht dem der Berichte), sondern auf den Prozessfluss. Anhörungen entfallen bei Rapid Reports grundsätzlich. Das bedeutet, dass sämtliche Arbeitsschritte durch das Institut verantwortet werden. Auftraggeber sind, wie bei den Berichten, der G-BA oder das BMG. Der Berichtsplan heißt bei den Rapid Reports Projektskizze und wird ohne Veröffentlichung direkt bearbeitet. Da kein Vorbericht erstellt wird, folgt der Rapid Report unmittelbar als Schlusspunkt. Lediglich die Möglichkeit zum externen Review wird eingeräumt. Der Rapid Report wird zuerst den relevanten Instanzen zugesandt und anschließend auf der Webseite des IQWiG veröffentlicht. Sollten nach der Veröffentlichung Stellungnahmen eingehen, die auf nicht berücksichtigte, aber substanzielle Evidenz hinweisen, entscheidet der Auftraggeber über eine Neubeauftragung oder Aktualisierung des Rapid Reports.

Arbeitspapiere

Berichte, die das IQWiG eigeninitiativ anfertigt, also ohne Auftrag durch G-BA oder BMG, werden Arbeitspapiere genannt und folgen demselben Prozess wie Rapid Reports.

2.3.2.3 HTA-Berichte

Die Erstellung von HTA-Berichten (gemäß § 139b Abs. 5 SGB V) befindet sich erst seit Kurzem im Verantwortungsbereich des IQWiG. Im Rahmen des Versorgungsstärkungsgesetzes wurde im Juli 2015 der § 139b um den Absatz 5 erweitert, der die Anfertigung von HTA zu Themen, die von der Bevölkerung vorgeschlagen werden, auf das IQWiG überträgt. Der Prozess von HTA-Berichten unterscheidet sich in einigen Punkten von dem der unter Abschn. 2.3.2.1 genannten Berichte, angefangen bei der Themenvergabe. Tab. 2.2 stellt die beiden HTA-Formen gegenüber.

Phase 1 wird bei HTA-Berichten mithilfe eines öffentlichen Vorschlagwesens umgesetzt, das die Öffentlichkeit transparent einbeziehen soll. Das zeigt: Bürgerbeteiligung bei Gesundheitsthemen hat sich als politisches Ziel etabliert. Das HTA-Vorschlagswesen stellt eine praktikable, niederschwellige Methode dar, dieses Ziel umzusetzen. Versicherte und interessierte

Tab. 2.2 Unterschiede zwischen Berichten und HTA-Berichten des IQWiG. (Quelle: eigene Darstellung)

	Berichte	HTA-Berichte
Themenidentifizierung	Liegt beim G-BA	Öffentliches Vorschlagswesen
Themenauswahl	G-BA gibt Thema vor	Transparenter Auswahlprozess
Bewertungsgegenstand	Medikamentöse und nicht-medikamentöse Interventionen, Leitlinien, Disease-Management-Programme	Leistungen im Rahmen der GKV, ausgenommen Arzneimittel
HTA-Dimensionen	Wirksamkeit, Sicherheit, vermehrt Kosten-Nutzen	Alle Dimensionen
HTA-Verfasser	IQWiG-Mitarbeiter, ggf. externe Sachverständige	Externes wissenschaftliches Team, IQWiG verfasst abschließend einen Herausgeberkommentar
Gesetzliche Grundlage	§ 139a SGB V	§ 139b Abs. 5 SGB V

Einzelpersonen können über ein Formular auf der Webseite „ThemenCheck Medizin", die vom IQWiG betrieben wird, eigene Themen vorschlagen. Eine Erläuterung des Vorschlags ist möglich, aber nicht zwingend. Alle Vorschläge sind im Portal öffentlich und anonym einsehbar.

Phase 2 liegt in der Verantwortung des Instituts. Einmal im Jahr bereitet das IQWiG die eingereichten Themenvorschläge auf und prüft, ob HTA-Fragestellungen daraus abgeleitet werden können. Themen, die auf die alleinige Bewertung eines Arzneimittels abzielen, werden nicht weiter berücksichtigt, da für solche Fragestellungen wie oben angedeutet separate Bewertungsverfahren existieren.

In einem zweistufigen Verfahren werden aus den eingereichten Vorschlägen erst 15, anschließend aus diesen bis zu 5 Themen ausgewählt, zu denen ein HTA-Bericht erstellt werden soll. Bei der Auswahl werden bestimmte Kriterien berücksichtigt, z. B. die Häufigkeit und Schwere einer Erkrankung, die verfügbare Studienlage oder die mit der Technologie verbundenen, erwartbaren Kosten. Ziel ist es, die Themen zu identifizieren, die für die Verbesserung der Patientenversorgung von Bedeutung sind. Das Auswahlverfahren dauert etwa fünf Monate, beteiligt sind u. a. Vertreter von Patientenorganisationen, Bürger, Wissenschaftler und die Institutsleitung. Sobald die Auswahl getroffen wurde, formuliert das IQWiG die wissenschaftlichen Fragestellungen.

Anschließend wird ein Berichtsprotokoll (analog zum Berichtsplan) erstellt. Dieses wird allerdings nicht vom IQWiG erarbeitet, sondern von einem aus externen Sachverständigen bestehenden wissenschaftlichen Team. Das Berichtsprotokoll geht zurück an das Institut, welches mit der Informationsbeschaffung beginnt. Die Informationsbewertung liegt hingegen wieder bei den externen Sachverständigen, die daraufhin auch den vorläufigen Basisbericht erstellen. Im Gegensatz zu den oben beschriebenen Ausarbeitungen besteht hier ein klarer Anspruch, neben der Bewertung von Nutzen und möglichen Schäden, auch die übrigen HTA-Dimensionen (ökonomisch, ethisch, sozial, rechtlich, organisatorisch) abzubilden und die Technologie hinsichtlich der einzelnen Aspekte zu bewerten. Je nach Fragestellung erfolgt die Betrachtung der einzelnen Aspekte qualitativ variabel. Der Grad der Detailtreue wird bereits im Berichtsprotokoll festgelegt.

In allen Phasen der HTA-Erstellung können externe Sachverständige die Arbeit des IQWiG unterstützen. Beim HTA-Bericht werden einzelne Prozessschritte vollständig von externen wissenschaftlichen Teams vorgenommen. Als externe Sachverständige werden Personen bezeichnet, die das Institut medizinisch-wissenschaftlich beraten oder die einen Forschungsauftrag für die Erstellung von HTA erhalten haben. Forschungsaufträge werden regelmäßig auf der Webseite des IQWiG bekannt gegeben und ausgeschrieben. Größere Aufträge werden EU-weit ausgeschrieben. Die Darlegung potenzieller Interessenkonflikte und deren Veröffentlichung verhalten sich wie bei den externen Reviewern.

Es folgt eine öffentliche Anhörung und ggf. die Anpassung des vorläufigen Basisberichts. Das IQWiG verfasst einen Herausgeberkommentar, in dem die Ergebnisse des Basisberichts eingeordnet werden. Basisbericht und Herausgeberkommentar bilden zusammen den abgeschlossen HTA-Bericht.

Der erste Durchlauf dieses Verfahrens befindet sich derzeit in der Bearbeitung. Mit den ersten HTA-Berichten ist laut IQWiG voraussichtlich im Jahr 2019 zu rechnen [31]. Sobald diese erstellt sind, werden sie online auf „ThemenCheck Medizin" veröffentlicht. Es ist zu erwarten, dass der Aufbau der HTA-Berichte analog dem der Berichte erfolgen wird, da auch die vom DIMDI herausgegebenen HTAs diesem Aufbau prinzipiell folgten.

2.3.2.4 Bewertung gemäß § 137h SGB V

Im Jahr 2015 wurde für neue Untersuchungs- und Behandlungsmethoden, die maßgeblich auf dem Einsatz von Medizinprodukten hoher Risikoklasse beruhen, ein neues Nutzenbewertungsverfahren eingeführt. Auf dieses Verfahren wird im Beitrag von Simic Kap. 4 ausführlich eingegangen, weshalb es hier nur verkürzt dargestellt wird.

Das neue Verfahren betrifft Methoden, auf die folgende Kriterien zutreffen:

- Medizinprodukt aus Risikoklasse IIb oder III
- Neues theoretisch-wissenschaftliches Konzept
- Besonders invasiver Charakter
- Erstmalige NUB-Anfrage

Krankenhäuser, die die betreffende Methode einsetzen wollen, reichen zu diesem Zweck beim G-BA Informationen zum wissenschaftlichen Kenntnisstand der Methode ein. In der Regel kooperieren Krankenhäuser mit Herstellern, die ihnen die Informationen zur Verfügung stellen. Diese Unterlagen prüft und veröffentlicht der G-BA. Er ermöglicht weiteren Krankenhäusern und den betroffenen Herstellern innerhalb einer Frist von etwa einem Monat die Unterlagen zu ergänzen. Anschließend übergibt der G-BA die gesammelten Informationen an das IQWiG und beauftragt es mit der Bewertung des Nutzens.

▶ Auf der Webseite des G-BA finden Sie ein Formular, das die Anforderungen an die zu übermittelnden Informationen konkretisiert [22]. Das Formular muss zwar von einem Krankenhaus eingereicht werden, Sie als Hersteller können Krankenhäuser jedoch unterstützen und damit sicherstellen, dass alle notwendigen Informationen enthalten sind.

Aus der HTA-Perspektive betrachtet, entfallen in diesem Prozess die Phasen 1 und 2 bzw. sie liegen beim Krankenhaus als Antragsteller. Auch Phase 3 nimmt hier eine andere Form an. Anders als bei den oben beschriebenen Verfahren, bei denen die Informationen während der HTA-Erstellung gesammelt werden, sind die von Krankenhäusern bzw. Herstellern vorab eingereichten Informationen Grundlage für die Bewertung. Sie bilden gewissermaßen den Kern des HTA. Für das IQWiG besteht die Option, eine ergänzende Literaturrecherche zur Unterstützung der Bewertung durchzuführen. Zudem können externe Sachverständige zur Klärung medizinischer Fragen hinzugezogen werden. Da der G-BA innerhalb von drei Monaten eine Entscheidung über Nutzen bzw. Potenzial treffen muss, hat das IQWiG für seine Bewertung nur etwa sechs Wochen Zeit, was den Rechercheumfang einschränkt. Das bedeutet, dass die vom Hersteller bereitgestellten Informationen bereits Rückschlüsse auf den Produktnutzen zulassen müssen, um den Prozess zu beschleunigen.

Als Hersteller sollten Sie beim Studiendesign darauf achten, dass Sie vor dem Markteintritt qualitativ hochwertige Evidenz generieren. Das beinhaltet die Wahl einer geeigneten Vergleichsintervention und patientenrelevanter Endpunkte sowie eine adäquate Patientenpopulation und einen hinreichenden Beobachtungszeitraum. Ziel der Bewertung ist die Feststellung eines Nutzens, eines Potenzials oder eines Schadens der neuen Methode. Potenzial wird definiert als möglicher Nutzen auf Basis der bisher vorliegenden Erkenntnisse. Die Bewertung wird auf der Webseite des IQWiG veröffentlicht. Eine Anhörung im Verlauf der Bewertung erfolgt nicht.

2.3.2.5 Potenzialbewertung

Wird im Rahmen einer IQWiG-Ausarbeitung ein potenzieller Nutzen einer Untersuchungs- und Behandlungsmethode festgestellt oder hat der G-BA anderweitig Grund zur Annahme eines Potenzials einer Methode, kann er eine Erprobungsstudie nach § 137e SBG V initiieren. Erprobungen sind unabhängige klinische Studien, die weitere Erkenntnisse über den Nutzen einer Untersuchungs- und Behandlungsmethode liefern sollen, während diese von der GKV „testweise" erstattet wird. Diese Form der Erstattung wird auch „coverage with evidence development" (CED) oder „conditional coverage" genannt [36].

Paragraf 137e Abs. 7 SGB V ermöglicht es zudem externen Stakeholdern, z. B. Herstellern, einen Antrag auf Erprobung zu stellen. Da eine Erprobungsstudie aber nur dann durchgeführt werden darf, wenn die betreffende Methode das Potenzial einer erforderlichen Behandlungsalternative hat, muss zuerst geprüft werden, ob überhaupt ein Potenzial besteht. Diese Aufgabe übernimmt in der Regel das IQWiG mithilfe einer Potenzialbewertung. Basis hierfür ist der eingereichte Erprobungsantrag, der vom G-BA an das IQWiG übermittelt wird. Wie bei der Bewertung gem. § 137h SGB V kann optional eine ergänzende Recherche durchgeführt werden. Allerdings besteht auch an dieser Stelle lediglich ein begrenzter Bearbeitungszeitraum von etwa 6 Wochen für die Arbeit des IQWiG. Eingereichte Informationen mit hoher Aussagekraft sind daher essenziell für den Erfolg des Prozesses. Falls der Hersteller im Antrag noch keine Vorschläge für Eckpunkte einer eventuellen Erprobungsstudie gemacht hat, werden sie vom IQWiG ergänzt. Das Ergebnis der

Potenzialbewertung wird nur dem G-BA weitergeleitet und zunächst nicht veröffentlicht, da das Antragsverfahren vertraulich behandelt wird. Der G-BA entscheidet auf Grundlage der Potenzialbewertung über eine mögliche Erprobung und teilt seine Entscheidung dem Antragsteller mit. Die Potenzialbewertung wird publiziert, wenn tatsächlich eine Erprobung erfolgt.

Da es sich bei Potenzialbewertungen nicht um Bewertungen des Nutzens, sondern ausschließlich des Potenzials eines Produktes handelt, erfolgt der Prozess nur bedingt auf der Basis der klassischen HTA-Definition. Dennoch bestehen gemeinsame Merkmale. So dienen Potenzialbewertungen als Grundlage für strategische Entscheidungen des G-BA. Die bei vorhandenem Potenzial ggf. anschließende Erprobung ist ein fundamentaler Baustein des HTA-Prozesses, da hochwertige Evidenz generiert wird, die für die spätere Nutzenbewertung notwendig ist. Mit der Begleitung und Auswertung der Erprobungsstudie wird über eine Ausschreibung ein unabhängiges wissenschaftliches Institut beauftragt. Diese Aufgabe befindet sich nicht mehr im Kompetenzfeld des IQWiG.

2.4   Besonderheiten von Medizinprodukten als HTA-Gegenstand

Verglichen mit anderen medizinischen Technologien ist der Arzneimittelsektor derjenige, in dem HTA die größte Rolle spielen. Obwohl der Ursprungsgedanke von HTA die gesamte Bandbreite an Gesundheitstechnologien abdeckte, basieren zahlreiche HTA-Methoden primär auf der Erfahrung aus dem Umgang mit Arzneimittelzulassungen. Für Arzneimittel existieren etablierte Methoden zur Ermittlung von Wirksamkeit und Nutzen, z. B. die Durchführung von doppelblinden randomisierten kontrollierten Studien (RCT, Randomized Controlled Trial). Aber nicht alle Bewertungsmethoden, die bei Arzneimitteln zum Standard gehören, können problemlos auf andere Technologien übertragen werden. Dies betrifft auch die HTA-Erstellung. Eine identische Vorgehensweise würde den inhärenten Unterschieden zwischen verschiedenen Technologien nicht gerecht werden. In den Methoden des IQWiG werden Nutzenbewertungen von nichtmedikamentösen therapeutischen Interventionen gesondert adressiert, auch wenn das IQWiG darauf hinweist, dass unabhängig von der Technologieart dieselben Maßstäbe hinsichtlich der Ergebnissicherheit gelten. Im Folgenden werden die wichtigsten Unterschiede zwischen Medizinprodukten und Arzneimitteln dargestellt, die es bei der Erstellung von HTA zu berücksichtigen gilt.

Für Medizinprodukte herrscht im Vergleich zu Arzneimitteln eine wesentlich größere internationale Regulierungsvielfalt. Konformitätsverfahren zur Erlangung des CE-Kennzeichens sind dezentral organisiert und nicht selten intransparent. Laut Schätzungen des BMG wurden bislang rund 10.000 Produktgruppen und über 400.000 verschiedene Medizinprodukte [4] identifiziert, was auf einen extrem heterogenen Markt hinweist. Zum Vergleich: Zugelassene Arzneimitteln gibt es in Deutschland etwa 100.000, wobei derselbe Wirkstoff je Packungsgröße, Darreichungsform oder Hersteller mehrfach gezählt wird [3]. Im Zuge des Konformitätsverfahrens werden Medizinprodukte je nach Risiko bei der Anwendung einer von vier Risikoklassen (I, IIa, IIb, III) zugeteilt. Arzneimittel besitzen aufgrund des besonderen Patentschutzes in der Regel längere Produktlebenszyklen als Medizinprodukte. Medizinprodukte werden meist kontinuierlich weiterentwickelt, um sich von Imitationen abzuheben und die Wettbewerbsposition zu behaupten.

Auch in Anbetracht der Wirkweise unterscheiden sich beide Technologien grundlegend. Arzneimittel wirken pharmakologisch, immunologisch oder metabolisch und immer in Wechselwirkung mit dem menschlichen Körper. Resorptions- und Stoffwechselunterschiede können zu sehr individuellen Effekten sowie unvorhersehbaren Nebenwirkungen führen. Dagegen wirken Medizinprodukte meist physikalisch, wobei Nebenwirkungen eher vorhersehbar sind.

Die Wirkweise spielt auch beim Nutzennachweis eine Rolle. Arzneimittel können als selbstständige Technologie betrachtet werden, was bedeutet, dass Veränderungen zumeist auf das jeweilige Medikament zurückgeführt werden können. Bei Medizinprodukten hängt der Nutzen stark von anderen Faktoren, z. B. der richtigen Bedienung des Anwenders sowie Lerneffekten, ab. Viele Produkte werden im Rahmen eines Prozesses, einer Untersuchungs- und Behandlungsmethode eingesetzt, was es schwieriger macht, den Effekt des eigentlichen Produktes zu isolieren. Wie bereits angemerkt, sind RCTs der Goldstandard, wenn es um die Nutzenbewertung von Arzneimitteln geht. Bei Medizinprodukten gestaltet sich ein solches Studiendesign weitaus schwieriger (vgl. Kap. 3). Es kann darüber hinaus sein, dass der Nutzen eines Medizinprodukts nicht direkt am Patienten gemessen wird. Der Nutzen kann auch allein darin bestehen, dass der Leistungserbringer ökonomisch entlastet wird oder Verfahrensinnovationen zu Prozessverkürzungen führen.

Für die Marktzulassung sind in Deutschland und der EU grundsätzlich der Nachweis der Sicherheit und der Funktionstauglichkeit erforderlich. Basis für diesen Nachweis können klinische Daten des jeweiligen Produkts oder eines entsprechenden Vergleichsprodukts sein. Häufig genügen bereits Daten aus der Literatur. Falls die verfügbaren Daten nicht ausreichen, muss eine klinische Prüfung erfolgen. Aber auch die klinische Prüfung hat nur den Nachweis der Sicherheit und Funktionstauglichkeit zum Ziel. Klinische Studien für den Nachweis der Wirksamkeit sind für die Zulassung, im Gegensatz zu Arzneimitteln, nicht erforderlich. Wenn doch klinische Studien durchgeführt werden, dann häufig mit Studiendesigns, die auf einem niedrigerem Evidenzlevel als ein RCT liegen. Der geringe Anreiz zur Durchführung von Wirksamkeitsstudien oder gar Studien zum Nachweis eines patientenrelevanten Nutzens führt dazu, dass zum Zeitpunkt des Markteintritts vergleichsweise wenig bzw. niedrige Evidenz über das jeweilige Produkt zur Verfügung steht. Health Technology Assessments, die naturgemäß einen hohen Anspruch an Evidenz postulieren, was insbesondere zur Feststellung des technologischen Nutzens gilt, müssen daher auch Studien mit niedrigem Evidenzlevel in die Bewertung einbeziehen, was die Aussagekraft des HTA deutlich beeinträchtigt. In anderen Fällen werden sie mangels verwertbarer Evidenz vorerst nicht durchgeführt. Die EU-Verordnung zu

Medizinprodukten ist im Mai 2017 in Kraft getreten und involviert u. a. eine strengere klinische Bewertung von Hochrisikoprodukten. Dies könnte dazu führen, dass zukünftig mehr Evidenz vor der Zulassung generiert wird. Die neue Regelung gilt obligatorisch ab Mai 2020.

Im Hinblick auf die Neuerungen in den Zulassungsanforderungen und auf die wachsende Bedeutung von HTA ist es für Sie als Medizinproduktehersteller sinnvoll, in die Durchführung von klinischen Studien zu investieren. Der deutsche Medizintechnikmarkt ist weniger von großen Konzernen, sondern eher von kleinen und mittelständischen Unternehmen geprägt. Für diese können großangelegte Studien wie RCTs eine finanzielle Hürde bedeuten. Eine denkbare Lösung ist ein Studienfonds, aus dem Studien mit Versorgungsbezug mitfinanziert werden sollen [1].

Auf internationaler Ebene gab es bereits mehrere Studien, Initiativen und Projekte, die das Thema Medizinprodukte als HTA-Gegenstand gesondert adressieren. In Abschn. 2.5.1 werden einige davon beschrieben.

Seit der Einführung der Erprobungsregelung und der Nutzenbewertung nach § 137h SGB V gibt es in Deutschland erstmals gesetzlich verankerte HTA-Prozesse speziell für Medizinprodukte bzw. die damit verbundenen Untersuchungs- und Behandlungsmethoden. International bestehen Ansätze, die sich im Hinblick auf die oben genannten Eigenschaften von Medizinprodukten besonders gut für diese Technologieart eignen.

Early HTA
Grundsätzlich kommt HTA zum Einsatz, wenn eine innovative Gesundheitstechnologie in den Markt eingeführt werden soll. Ein HTA erfolgt dann in der Regel unmittelbar nach erfolgreicher Marktzulassung. Das bedeutet bei Medizinprodukten im Normalfall, dass die Entwicklung abgeschlossen ist und die CE-Zertifizierung vorliegt. In einigen Fällen, etwa bei NUB, wird das Produkt bereits im stationären Sektor angewendet.

Um schon vor der Marktzulassung Einfluss auf die Produktentwicklung zu nehmen, besteht die Möglichkeit zu entwicklungs- oder innovationsbegleitenden HTA (Early HTA). Die HTA-Erstellung folgt hier einem iterativen Prozess. Der Hersteller des betreffenden Medizinprodukts und die HTA-Agentur sind beim Early HTA aktiv am HTA-Prozess beteiligt. Der Hersteller kann auf identifizierte Informationslücken reagieren und die Produktentwicklung in die gewünschte Richtung lenken. Zeichnet sich früh eine unvorteilhafte Entwicklung ab, kann der Hersteller sie abbrechen bzw. anpassen und vermeidet Ressourcenverschwendung. Der Vorteil liegt in der Reduktion von Risiken, die bei einer späteren Bewertung und damit einhergehenden Kostenübernahmeentscheidung bestehen. Je nach Entwicklungsphase werden fehlende Daten mit vorhandenen Daten von Referenzprodukten bzw. -verfahren oder durch Schätzungen und Annahmen aufgefüllt. In darauffolgenden Phasen der Entwicklung werden diese Substitutionsdaten durch reale Daten ersetzt und entweder korrigiert oder bestätigt. Der Grad der Unsicherheit nimmt für die Aussagen des HTA im Prozessverlauf kontinuierlich ab. Das Risiko potenzieller Fehlinvestitionen aufseiten der Hersteller oder der Kostenträger kann durch den frühen Einsatz von HTA minimiert werden.

In Deutschland gibt es bislang kein offizielles Verfahren für Early HTA. Die Erprobungsregelung geht jedoch in diese Richtung.

Horizon Scanning

Um frühzeitig solche Technologien zu identifizieren, bei denen mit einem relevanten Effekt auf das Gesundheitswesen oder die Gesellschaft zu rechnen ist, nutzen internationale HTA-Organisationen im Rahmen ihres Innovationsmanagements verstärkt „Horizon-Scanning"-Programme. Horizon Scanning beschreibt die aktive Suche nach erfolgsversprechenden Neuentwicklungen sowie die Abschätzung der Auswirkungen einer Markteinführung auf die Patientenversorgung. Hersteller kennen einen vergleichbaren Prozess aus der eigenen Praxis, denn auch sie führen in der Regel im Rahmen der Produktentwicklung zukunftsorientierte Marktanalysen durch.

Horizon Scanning im HTA-Sinn fungiert dabei wie ein Frühwarnsystem und ist im Prozess in Phase 1 anzusiedeln. Mit Blick auf den häufig relativ kurzen Lebenszyklus von Medizinprodukten gewinnt das Horizon Scanning an Bedeutung. Methoden und Quellen zur Identifizierung relevanter Technologien sind dabei u. a. die systematische Literaturrecherche, Expertenbefragungen, die ergänzende Suche von Vorträgen auf Konferenzen sowie nach Publikationen der Industrie, Patentinformationen, externe Vorschläge oder auch Horizon-Scanning-Programme anderer Länder und Organisationen. In Deutschland gibt es bislang kein systematisches Horizon-Scanning-Programm. Ein internationales Netzwerk zum Thema Horizon Scanning ist EuroScan.

2.5   HTA im europäischen Kontext

Grundsätzlich sind HTAs, wie es auch für das deutsche IQWiG gilt, national organisiert. Das liegt u. a. daran, dass die Gesundheitssysteme sehr unterschiedlich aufgebaut sind und die Finanzierung bzw. Erstattung national geregelt wird. Da die Bezeichnung HTA nicht geschützt ist, konnten sich viele HTA-Organisationen bilden, die jeweils ihre eigenen Methoden und Prozesse entwickelt haben und weitgehend unabhängig voneinander agieren.

EU-weite Zulassungsverfahren zeigen sowohl bei Arzneimitteln als auch bei Medizinprodukten, dass zumindest einzelne HTA-Aspekte wie Sicherheit und Wirksamkeit länderübergreifend bewertet werden können. Bei gesundheitsökonomischen, ethischen, sozialen, rechtlichen oder organisatorischen Aspekten kann es jedoch mitunter notwendig sein, landesspezifische Gegebenheiten zu berücksichtigen. Der Grundsatz: „evidence is global, decision is local" bringt diesen Gedanken auf den Punkt. Auch wenn die geltenden Rahmenbedingungen keine „One-fits-all"-Lösung zulassen, sind durchaus Potenziale für eine länderübergreifende Bewertung im Sinne von HTA vorhanden.

Die Bildung von internationalen HTA-Netzwerken, die sich zum einen für eine internationale Zusammenarbeit und zum anderen für eine Harmonisierung der HTA-Prozesse einsetzen, zeigt, dass der Trend in diese Richtung weist. Eine wachsende Zahl von Staaten in Europa und der ganzen Welt engagieren sich in HTA-Netzwerken. Weiterhin existieren Initiativen und Projekte, die u. a. mit EU-Fördermitteln finanziert werden. Das deutet darauf hin, dass es nur noch eine Frage der Zeit ist, bis aus nationalen internationale HTA werden.

2.5.1 Internationale HTA-Institutionen und Projekte

HTAi

Health Technology Assessment international (HTAi) ist eine Nichtregierungsorganisation (NGO, „Non-Governmental Organization") mit regulären Beziehungen zur Weltgesundheitsorganisation (WHO), die sich für die internationale Kollaboration bei HTA einsetzt [26]. Sie wendet sich an alle, die HTA erstellen, nutzen oder daran interessiert sind. Die Mitglieder von HTAi kommen aus fast 70 Ländern und sind sowohl Privatpersonen als auch Wissenschaftler oder Patienten, Behörden, Leistungsträger und -erbringer, universitäre Einrichtungen, Institute und Unternehmen. Sie alle repräsentieren daher unterschiedliche Stakeholdergruppen. Auch das IQWiG zählt zu den Mitgliedern.

Health Technology Assessment international versteht sich als globale Plattform, die die Entwicklung und Nutzung von HTA unterstützt und die Kommunikation und Zusammenarbeit verschiedener Stakeholder fördert. Mitglieder können sich in verschiedenen Ausschüssen engagieren und an regelmäßigen Treffen sowie jährlichen Tagungen teilnehmen. Zudem gibt es Interessengruppen zu unterschiedlichen HTA-Themen, bei denen internationale Erfahrungen und Expertise ausgetauscht werden.

INAHTA

Der Name International Network of Agencies for Health Technology Assessment (INAHTA) deutet an, dass es sich hierbei um ein Netzwerk von HTA-Agenturen handelt. Der Mitgliederkreis ist also begrenzter als bei HTA. Er besteht aus 49 HTA-Agenturen aus 30 Ländern rund um den Globus, darunter drei aus Deutschland – DAHTA@DIMDI, IQWiG und G-BA. Die Mitglieder sind ausschließlich nicht gewinnorientierte Institutionen und werden zu großen Teilen aus öffentlichen Mitteln finanziert. Noch mehr als bei HTAi geht es bei INAHTA darum, Informationen zu bündeln und mit anderen HTA-Agenturen zu teilen. Auch INAHTA hat den Status einer NGO mit offiziellen Beziehungen zur WHO [28].

Die Mitglieder präsentieren u. a. Kurzberichte zu vergangenen und aktuellen HTA-Aktivitäten auf der Webseite des INAHTA. Das INAHTA hat eine Checkliste entwickelt, die als eine Art Vollständigkeitsbewertung von HTA-Reports herangezogen werden kann und auch von vielen HTA-Agenturen zusammen mit dem Report in die Datenbank hochgeladen wird [27]. Es wird allerdings darauf hingewiesen, dass die Checkliste nicht dazu dient, HTA-Reports zu bewerten, denn auch Reports, die nicht alle Kriterien der Checkliste erfüllen, können durchaus valide und nützlich sein. Außerdem hat das INAHTA ein Konzept zur Messung und Berichterstattung des Einflusses und der Auswirkungen von HTA entwickelt. Diese Berichte sind allerdings nicht öffentlich und nur für Mitglieder einsehbar.

EUnetHTA

Die Europäische Kommission erklärte HTA im Jahr 2004 zu einer politischen Priorität und rief ein HTA-Netzwerk ins Leben, bestehend aus seinerzeit 35 europäischen HTA-Organisationen. Aus diesem Netzwerk entstand im Folgenden das Projekt European

Network for Health Technology Assessment, EUnetHTA. Zunächst war das Projekt auf zwei Jahre angelegt, wurde aber immer wieder durch Folgeprojekte verlängert. In bislang fünf Projektphasen hat sich EUnetHTA unterschiedlichen Aufgaben gewidmet. Für die jeweiligen Phasen wurden immer wieder neue Ziele formuliert, die der übergeordneten Mission, einer verstärkten Zusammenarbeit zwischen europäischen HTA-Organisationen auf europäischer, nationaler und regionaler Ebene dienen. Ähnlich wie beim INAHTA steht die Mitgliedschaft nicht jedem offen. Organisationen können nur Mitglied werden, wenn das Gesundheitsministerium ihres Landes sie offiziell beim EUnetHTA vorschlägt. In diesem schriftlichen Vorschlag muss die betreffende Organisation kurz beschrieben sowie ihre Verbindung und Kompetenzen zur Gesundheitspolitik des jeweiligen Landes dargestellt werden. Insgesamt zählt das Netzwerk aktuell 78 Organisationen aus 29 EU-Ländern. Deutschland ist im EUnetHTA durch DIMDI, G-BA und IQWiG vertreten. Bei seiner Arbeit wird das EUnetHTA teils von der Europäischen Union, teils von den Mitgliedsstaaten finanziert.

Die aktuelle Projektphase nennt sich EUnetHTA Joint Action 3 und ist für den Zeitraum von 2016 bis 2020 terminiert. Das Hauptziel in dieser Phase ist die Entwicklung und Implementierung eines nachhaltigen Modells für die HTA-Zusammenarbeit in Europa. Damit sollen die Frequenz, Qualität und Effizienz von gemeinsam erstellten HTA erhöht werden. Wie in vielen anderen Projekten üblich, werden auch in EUnetHTA-Projekten die Aufgaben thematisch in Work Packages bearbeitet, an denen sich die Mitglieder beteiligen können. Während der vergangenen Phasen wurden von EUnetHTA verschiedene Guidelines und Tools entwickelt, die im Folgenden kurz vorgestellt werden. Darüber hinaus sind im Rahmen der Projekte schon fast 30 HTA erstellt worden bzw. aktuell in Bearbeitung, an denen unterschiedliche Länder und/oder Organisationen beteiligt waren [12].

EUnetHTA Guidelines Die Guidelines sollen HTA-Erstellern helfen, Daten und Informationen zu beschaffen, zu analysieren und zu interpretieren. Anfänglich galten sie nur für Arzneimittel. In der Projektphase Joint Action 2 (2012–2015) wurden sie auf alle Gesundheitstechnologien ausgeweitet. Die Guidelines beinhalten u. a. die Auswahl von geeigneten Endpunkten und Komparatoren, den Umgang mit verschiedenen Evidenzgraden und Validitätsprüfung von eingeschlossenen Studien und die Methoden für gesundheitsökonomische Evaluationen. Die Guidelines werden kontinuierlich erweitert und angepasst. Sie sind auf der Webseite des Projekts veröffentlicht [9].

HTA Core Model Das Core Model ist ein methodisches Konzept zur transparenten, standardisierten und kollaborativen Erstellung von HTA und dient gleichzeitig als Austauschplattform von HTA-Bestandteilen, die nach dem Konzept erstellt wurden. Es besteht aus drei Hauptkomponenten:

a. Ontologie – Fragen, die ein HTA beantworten sollte
b. Methodischer Leitfaden – wie diese Fragen beantwortet werden können
c. Aufbau des Berichts – Standardformat, wie die Antworten präsentiert werden können

Es gibt unterschiedliche Versionen für unterschiedliche Technologien (Arzneimittel, Diagnostika, Behandlungsmethoden, Populations-Screening). Zudem wird zwischen Core HTA und Rapid Relative Effectiveness Assessment (REA) unterschieden. Beim Core HTA handelt es sich um ein umfangreiches Assessment, das neun Domänen beinhaltet:

1. Indikationsgebiet und derzeitige Nutzung der Technologie („healthproblem and current use of the technology")
2. Beschreibung der Technologie und der technischen Daten („description and technical characteristics of technology")
3. Sicherheit („safety")
4. Klinische Wirksamkeit („clinical effectiveness")
5. Kosten und ökonomische Evaluation („costs and economic evaluation")
6. Ethische Analyse („ethical analysis")
7. Organisationsaspekte („organisational aspects")
8. Patienten- und soziale Aspekte („patients and social aspects")
9. Rechtliche Aspekte („legal aspects")

Ein REA ist eine weniger umfangreiche, dafür schnellere und frühzeitigere Technologiebewertung, die nicht alle neun Domänen, mindestens aber die ersten vier beleuchtet.

Jede Domäne ist aufgeteilt in mehrere Themen („topics"), die sich wiederum aus mehreren standardisierten Fragestellungen („issues") zusammensetzen. Die Kombination aus Fragestellung und korrespondierendem Thema sowie Domäne nennt sich Bewertungselement („assessment element") [19]. Mithilfe dieses Konzepts werden die HTA-Ersteller Schritt für Schritt durch den Prozess geleitet und können bei Bedarf Verantwortlichkeiten untereinander aufteilen.

▶ Die Inhalte der HTA-Core-Model-Leitfäden, Handbücher zur Nutzung und Erläuterung der einzelnen Elemente sowie eine Sammlung von erstellten HTA-Informationen sind für jeden auf der Webseite *corehta.info* zugänglich. Die tatsächliche Nutzung bzw. praktische Umsetzung der Informationen ist zwar kostenfrei, erfolgt allerdings auf Basis einer Lizenzvereinbarung.

Der Log-in-Bereich bietet eine Oberfläche zur Erstellung von eigenen HTA-Projekten. Die dortigen Funktionen sind ausdrücklich für die nicht kommerzielle Nutzung gedacht. Durch Projektgruppen können beliebig viele Personen in unterschiedlichen Rollen am Prozess mitwirken. Die Oberfläche leitet die Ersteller durch den Prozess und erleichtert die Erstellung durch Auswahlfelder („multiple" oder „single choice"), Freifelder und Checklisten. Der Prozessfortschritt in einzelnen Domains wird übersichtlich dargestellt. Die Veröffentlichung von HTA, die mithilfe des Onlinetools auf der HTA-Core-Model-Webseite erstellt wurden, ist jedoch den Mitgliedern von EUnetHTA vorbehalten.

POP Database Die EUnetHTA Planned and Ongoing Projects Database bietet eine Übersicht über bereits veröffentlichte, laufende oder geplante HTA. Sie soll den Austausch von Informationen fördern und damit vor allem Doppelarbeit vermeiden [6]. Die Idee ist, dass HTA-Agenturen am Anfang des Erstellungsprozesses mithilfe der POP Database korrespondierende Fragestellungen identifizieren und mit der jeweiligen anderen Agentur in Kontakt treten. Dabei können methodische Informationen wie Ein- und Ausschlusskriterien, Protokolle zur systematischen Literaturrecherche, verwendete Literatur und ähnliches ausgetauscht werden. Zudem ist es möglich, dass dadurch eine Kollaboration für die Erstellung eines gemeinsamen HTA entsteht. Der Zugang zur POP Database ist bislang auf die Mitglieder von EUnetHTA beschränkt. Die Datenbank wird nicht zentral gepflegt.

EVIDENT Database In dieser Datenbank (Evidence Database on New Technologies) werden Information zu neuen (erfolgversprechenden) Technologien gesammelt, insbesondere zum Erstattungsstatus und zu etwaigen aus HTA hervorgegangenen weiteren Studienüberlegungen. So wird der Bedarf an zusätzlicher Evidenz für alle Mitglieder sichtbar und es können weitere Kollaborationen entstehen. Wie bei der POP Datenbase ist der Zugang auf Mitglieder begrenzt [11].

EUnetHTA Evidence Submission Templates Innerhalb der Joint Action 2 hat EUnetHTA eine Analyse zu Evidenzanforderungen für Erstattungsentscheidungen in Europa durchgeführt. Basierend darauf hat eine Arbeitsgruppe in enger Zusammenarbeit mit Stakeholdern aus der Industrie Vorlagen entwickelt, mit denen HTA-Agenturen bei der Industrie Evidenzanfragen stellen können. Der Begriff Industrie schließt hier sowohl Hersteller, als auch Zulassungsinhaber und deren Vertreter ein. Zurzeit bestehen zwei Versionen der Templates, eine für Arzneimittel und eine für Medizinprodukte. Das Template ist nur für Evidenzanfragen zu den ersten vier Domänen des HTA Core Model konzipiert und kann an den jeweiligen Bedarf der HTA-Agentur angepasst werden. Im Template finden sich zu allen Domänen vorformulierte Fragen, die das angefragte Unternehmen beantworten soll, um damit die Erstellung des HTA zu erleichtern [10].

Sonstige Organisationen und Initiativen zu HTA-Kollaboration
Die vorhergehenden und nachfolgenden Auflistungen erheben keinen Anspruch auf Vollständigkeit. Sie stellen eine Auswahl derjenigen Initiativen, Projekte, Netzwerke und Organisationen dar, die einem bei der Recherche zu HTA häufig begegnen.

ISPOR Die ISPOR ist eine global agierende Non-Profit-Gesellschaft, deren Kerngebiet HEOR (*health economics and outcomes research*) ist. Die ISPOR steht für International Society for Pharmacoeconomics and Outcomes Research. Die Gesellschaft verzeichnete Stand September 2017 über 10.000 direkte Mitglieder und zählt weitere 10.000 Mitglieder in regionalen Gruppen aller Kontinente. Die Mitgliedschaft steht jedem offen, sowohl

Einzelpersonen als auch Organisationen und Unternehmen. Über ein Drittel der Mitglieder stammt aus der Pharma- und Medizintechnikindustrie. Von den vorgestellten Organisationen hat die ISPOR damit den engsten Bezug zur Industrie. Sie versteht sich zudem als Bildungs- und Wissenschaftsorganisation. So wird von der ISPOR seit 2015 ein Trainingsprogramm zum Thema HTA angeboten, das sich vor allem an Ersteller und Nutzer von HTA-Informationen, aber auch an andere Interessierte (z. B. Patienten, Industrievertreter oder Leistungsträger) richtet und bis zu dreieinhalb Tage dauert. Der Schwerpunkt wird dabei auf Fragen der klinischen Wirksamkeit und Kostenevaluation gelegt. Die ISPOR reagiert damit auf Empfehlungen von Roundtables aus verschiedenen Regionen und leistet mit den Trainings eine wichtige Rolle zur Fortbildung und Verbreitung von HTA-Wissen. Health Technology Assessment ist auch in Form von verschiedenen Arbeits- und Projektgruppen in der ISPOR präsent. Diese Gruppen erarbeiten HTA-Material für die ISPOR-Webseite oder für Trainings, führen Studien und Umfragen zu verschiedenen HTA-Themen durch oder arbeiten mit anderen Organisationen wie EUnetHTA zusammen.

MedtecHTA Das Projekt „Methods for Health Technology Assessment of medical devices: a European perspective" war Teil des siebten Forschungsrahmenprogramms der Europäischen Kommission (FP7), das im Zeitraum von 2012 bis Ende 2015 terminiert war. MedtecHTA fokussierte die Herausforderungen, die sich bei HTA von Medizinprodukten ergeben. Die Teilnehmer erarbeiteten Methoden, die die besonderen Aspekte von HTAs von Medizinprodukten berücksichtigen. Im Ergebnis des Projekts stehen Empfehlungen zur Prozessverbesserung (z. B. Annäherung der regulatorischen Anforderungen und den Anforderungen für ein hochwertiges HTA) und auch speziell für Medizinprodukte entwickelte HTA-Methoden (z. B. Betrachtung von Medizinprodukten als komplexe Interventionen, Berücksichtigung der Lernkurve bei der Nutzenbewertung) [17].

ADVANCE_HTA Die Abkürzung ADVANCE_HTA steht für „Advancing and strengthening the methodological tools and practices relating to the application and implementation of Health Technology Assessment" und fand wie MedtecHTA im Rahmen des FP7 statt. Das ADVANCE_HTA beschäftigte sich mit der grundsätzlichen Weiterentwicklung und Verbesserung der Methoden und Instrumente im HTA-Prozess. Ein Work Package, das von der TU Berlin gesteuert wurde, behandelte das Thema Anwendbarkeit von HTA bei Medizinprodukten. Es belegte, dass sich bei Medizinprodukten besondere Problematiken ergeben (s. Abschn. 2.4), woraufhin Ansätze entwickelt wurden, die Wege aufwiesen, wie HTA bei Medizinprodukten effektiver durchgeführt werden können, darunter eine Taxonomie zur Kategorisierung von Medizinprodukten in Bezug auf HTA [15].

INTEGRATE-HTA Ebenfalls finanziert vom FP7 wurde das Projekt „Integrated Health Technology Assessment for evaluating complex technologies". Im Rahmen dieses Projekts wurden HTA-Methoden entwickelt, die speziell auf komplexe Gesundheitstechnologien zugeschnitten sind. Am Beispiel der Palliativversorgung wurde ein umfassendes Konzept entwickelt, bei dem der Patient und seine besonderen medizinischen Präferenzen im Mittelpunkt stehen. Die Universität Bremen übernahm die Leitung von INTEGRATE-HTA [16].

AdHopHTA Das vierte unter dem Mantel des FP7 gelaufene Projekt zu HTA war AdHopHTA. Das Akronym steht für „Adopting hospital based Health Technology Assessment in EU". Im Projekt ging es darum, die Entwicklung und den Einsatz von HTA auf Krankenhausebene voranzubringen. Ein Ergebnis von AdHopHTA ist die Entwicklung eines Handbuchs zur Erstellung von krankenhausbasierten HTA. In Deutschland werden neue Untersuchungs- und Behandlungsmethoden sowie Medizinprodukte häufig zuerst oder sogar ausschließlich im Krankenhaussetting eingesetzt. Deshalb kann für diese Technologien ein krankenhausbasiertes HTA sinnvoll sein [14].

SEED „Shaping European Early Dialogues" war ein von der EU finanziertes Projekt (2013–2015) zur Methodenentwicklung und Durchführung von Early Dialogues (ED), also frühen Beratungsgesprächen. Sowohl G-BA als auch IQWiG haben sich an SEED beteiligt [23]. Auch nach Beendigung des Projekts finden Early Dialogues statt. Hersteller von Gesundheitstechnologien können bei HTA-Organisationen Anträge für ein Beratungsgespräch stellen. Solche Beratungsgespräche finden vor allem im Kontext von Early HTA statt und bieten eine hilfreiche Unterstützung für Hersteller. In Deutschland können im Zusammenhang mit Erprobungen und Bewertungen gem. § 137h SGB V bereits ähnliche Anträge beim G-BA gestellt werden. Im Beratungsgespräch wird dann die Technologie besprochen und der G-BA gibt Empfehlungen zur weiteren Entwicklung im Hinblick auf die Bewertung, z. B. zur Konzipierung von Studien.

EuroScan Das EuroScan International Network e.V. ist ein Zusammenschluss mehrerer Einrichtungen, die sich mit Horizon Scanning beschäftigen. Mit dem DIMDI und der Rheinischen Fachhochschule Köln ist auch Deutschland in diesem nicht ausschließlich auf Europa begrenzten Netzwerk vertreten. Als wissenschaftlicher Verein besteht EuroScan erst seit 2017, obwohl das Netzwerk bereits Ende der 1990er-Jahre gegründet wurde. Kooperationspartner sind u. a. INAHTA, HTAi, WHO und EUnetHTA. Auf der Webseite besteht die Möglichkeit der Nutzung einer frei zugänglichen Suchfunktion zu neuen und in der Entwicklung stehenden Technologien. Zudem werden verschiedene Publikationen sowie ein Toolkit zum Thema Horizon Scanning angeboten [18].

Ausgewählte europäische HTA-Agenturen
In Tab. 2.3 werden die HTA-Agenturen der D-A-CH-Länder sowie die Agenturen in Großbritannien und Frankreich dargestellt, da diese beiden Länder gemessen an den Gesundheitsausgaben nach Deutschland die wichtigsten Märkte für MedTech-Hersteller bedeuten.

2.5.2 Vorteile und Grenzen von internationalen HTA

Wie der vorhergehende Abschnitt zeigt, besteht eine Vielzahl von internationalen Institutionen, die sich mit HTA oder Teilaspekten beschäftigen. Zudem werden immer wieder neue Vorhaben ins Leben gerufen, die die Verbesserung und Harmonisierung der HTA-Methodik sowie HTA-Kooperation zum Ziel haben.

Tab. 2.3 Ausgewählte HTA-Agenturen in Europa. (Quelle: eigene Darstellung nach [20, 38])

	Deutschland	Österreich	Schweiz	GB (hier England)	Frankreich
Name	G-BA (Appraisal), IQWiG (Assessment)	LBI-HTA (Ludwig-Boltzmann-Institut)	SwissMedicalBoard	NICE (National Institute for Health and Care Excellence)	HAS (Haute Autorité de Santé)
Sitz	G-BA: Berlin IQWiG: Köln	Wien	Zürich, Weggis, Basel	London	Paris
Webseite	g-ba.de iqwig.de	hta.lbg.ac.at	medical-board.ch	nice.org.uk	has-sante.fr
HTA gesetzlich verankert?	Ja	Nein	Ja	Ja	Ja
Methodik speziell für Medizinprodukte?	Ja (im Rahmen von med. Methoden)	Ja (HTA zu Arzneimitteln nur in der Onkologie)	Unklar	Ja	Nur bez. Rapid Assessment

Ein Argument, das immer wieder für eine Zusammenarbeit genannt wird, ist u. a. die Vermeidung von Mehrfacharbeit. Studien und Datenbanken haben gezeigt, dass ähnliche HTA für dieselbe Gesundheitstechnologie von unterschiedlichen Ländern erstellt werden, oft sogar zur gleichen Zeit. Große Teile überschneiden sich inhaltlich. Diese Doppelarbeit könnte vermieden werden, wenn sich die betreffenden HTA-Agenturen koordinieren und die Arbeit aufteilen. Damit solche Kooperationen entstehen können, wurden Netzwerke und Plattformen, wie EUnetHTA, geschaffen. HTA-Agenturen haben dort die Möglichkeit nach Technologien zu suchen, die zu evaluieren sind. Wenn bereits in anderen Ländern Ergebnisse zu geplanten HTA bestehen, kann die HTA-Agentur auch die zur Verfügung stehenden HTA-Informationen nutzen. Von EUnetHTA wird dieses Verfahren *Adaptation* genannt. Das Netzwerk hat ein gleichnamiges Toolkit entwickelt, mit dem HTA-Reports anderer Länder auf das eigene Land übertragen und angepasst werden können [9].

Einen weiteren Vorteil bietet die länderübergreifende Zusammenarbeit insbesondere für kleinere Länder, wo HTA bisher aufgrund fehlender Ressourcen keine größere Rolle spielen. In diesen Fällen eröffnen Kooperationen die Chance, HTAs effektiver in nationalen Gesundheitssystemen zu etablieren. Aber auch für größere Länder, die über die Mittel verfügen, eigene HTA-Agenturen zu etablieren, sind Synergien attraktiv und ressourcenschonend. Der internationale Austausch treibt außerdem die Weiterentwicklung der HTA-Methodik an. Auch in Deutschland besteht Interesse an der Fortführung von internationalen HTA-Kooperationen [37].

Zusätzlich zur Kollaboration geht der Trend in Richtung Harmonisierung bzw. Standardisierung von HTA-Prozessen und Methoden. Ein Beispiel ist das von EUnetHTA entwickelte HTA Core Model, das HTA-Agenturen einen Best-Practice-Leitfaden an die Hand gibt. Länder, die noch keinen HTA-Prozess definiert haben, können sich bei der Implementierung an diesen Empfehlungen orientieren. Auch Patienten profitieren von dieser Entwicklung und erhalten transparente Informationen über den Einsatz neuer Technologien.

Aus der Herstellerperspektive sind internationale HTA grundsätzlich positiv zu sehen. Gemeinsam erstellte HTA könnten zu einer schnelleren bzw. gleichzeitigen Erstattung und Diffusion der Technologie in den beteiligten Ländern führen. Dadurch, dass sich Hersteller auf die HTA-Anforderungen vorbereiten, ist hier wenig Mehraufwand zu erwarten. Standardisierte Prozesse bieten einen großen Nutzen für Sie als Hersteller, denn Sie können sich schon während der Entwicklungsphase unter Rückgriff auf relevante Informationen über HTA auf sämtliche Anforderungen vorbereiten. Dadurch, dass die Anforderungen bei harmonisierten HTA theoretisch überall identisch sind, gibt es für den Hersteller einen reduzierten Nachweisaufwand. Hier verhält es sich jedoch ähnlich wie bei der Kollaboration. Eine Standardisierung kann dazu führen, dass die Anforderungen in manchen Ländern heraufgesetzt werden.

Die Nutzung und Implementierung von HTA-Informationen findet grundsätzlich im Rahmen nationaler oder regionaler (Gesundheits-)Systeme statt. In Europa unterscheiden sich die Gesundheitssysteme fundamental. Entscheidungen über Aufnahme von neuen Technologien sollten deshalb stets nationale Besonderheiten berücksichtigen. Die Perspektiven, aus der HTA durchgeführt werden, unterscheiden sich; bspw. wird in Deutschland maßgeblich die Perspektive der Versichertengemeinschaft der GKV eingenommen, in Schweden die der gesamten Gesellschaft und in England die des Gesundheitssystems.

Als ein Maß des Gesamtnutzens ist das qualitätsadjustierte Lebensjahr (QALY) in vielen Ländern fest etabliert. In Deutschland spielen QALYs im Rahmen von Kosten-Nutzen-Bewertungen keine Rolle, das IQWiG schließt deren Nutzung aber nicht grundsätzlich aus [29]. In England werden QALYs nicht nur zur reinen Bewertung genutzt, sondern sie spielen auch eine wesentliche Rolle bei Kostenübernahmeentscheidungen. So hat die englische HTA-Agentur NICE Schwellenwerte festgelegt. Bis zur Höhe von 20.000 £ pro QALY gilt eine Gesundheitstechnologie als kosteneffektiv, unter gewissen Bedingungen auch bis zu 30.000 £. Auch wenn das NICE betont, dass diese Bewertung nicht die alleinige Basis für Entscheidungen ist, wird diese Bezifferung und Beschränkung des Werts für ein menschliches Lebensjahr von vielen Seiten kritisiert. In Deutschland wird ein solcher Schwellenwert derzeit aufgrund ethischer Erwägungen von IQWiG und G-BA nicht angesetzt. Dies ist nur ein Beispiel, um die enorme Bedeutung nationaler Werteentscheidungen zu unterstreichen, die eine mögliche Standardisierung von HTA erschweren können. Andere Faktoren sind z. B. unterschiedliche Zahlungsbereitschaften oder der Standard of Care zur Auswahl der Vergleichstherapie.

Betrachtet man die Vor- und Nachteile einer Internationalisierung von HTA, lässt sich festhalten, dass das Assessment klar vom Appraisal getrennt werden muss. Die Entscheidung über Leistungsübernahmen verbleibt im nationalen Kompetenzbereich. Dies gilt zumindest solange die Gesundheitssysteme in Europa nicht harmonisiert sind. Im Assessmentprozess finden sich viele Möglichkeiten zur Kooperation und Standardisierung, wenngleich auch hier in einigen Punkten auf länderspezifische Aspekte eingegangen werden muss. Der G-BA hat bisher noch keine gemeinsam erstellten HTA oder HTA von anderen Institutionen als Basis für eine gesundheitspolitische Entscheidung genutzt. Zumindest ist dieser in der vom EUnetHTA geführten *National Uptake and Adaptation*-Liste nicht verzeichnet [13]. Das IQWiG folgt bei der Erstellung eigenen Methoden und nicht einem Standardinstrument wie dem HTA Core Model, auch wenn sich zahlreiche Elemente darin wiederfinden. Für Hersteller bedeutet das, weiterhin den spezifischen Anforderungen des IQWiG gerecht werden zu müssen, wenn ein HTA zu einer Technologie erstellt wird. In anderen Ländern, wie bspw. Österreich oder Dänemark, sind die Kollaborationsaktivitäten und die Einbindung von Standards deutlich fortgeschrittener. Früher oder später, darin sind sich auch Experten des deutschen Gesundheitswesens weitgehend einig, wird eine internationale HTA-Zusammenarbeit zum Standard erhoben [35].

2.6 Fazit

2.6.1 Wie Sie sich auf die Anforderungen der Gesundheitspolitik vorbereiten können

- Je nach Art Ihres Portfolios (insbesondere Produkte hoher Risikoklasse) könnte es sinnvoll sein, eine Art HTA-Taskforce einzurichten, die alle beteiligten Abteilungen in allen möglichen Aspekten unterstützt und darauf achtet, dass HTA-Kriterien eingehalten werden. Das kann ein abteilungsübergreifendes Team mit Kompetenzen aus Medical Affairs, Market Access, Regulatory, Sales, R & D (*Research and Development*, Forschung und Entwicklung) etc. sein oder auch eine neu gegründete, spezialisierte Abteilung. Sie wäre außerdem für die Zusammenarbeit mit HTA-Institutionen zuständig, wenn diese sich im Rahmen der HTA-Erstellung an das Unternehmen wenden oder wenn Sie ein Beratungsgesprächs mit dem G-BA in Anspruch nehmen wollen. Versuchen Sie, so früh wie möglich im Entwicklungsprozess Evidenz (Wirksamkeit, Sicherheit, Kosten etc.) zu generieren. Sie können sich dabei z. B. am Evidence Submission Template orientieren, das vom EUnetHTA speziell für Medizinprodukte entwickelt wurde und alle in Europa wichtigen Evidenzanforderungen beinhaltet. Es ist generell empfehlenswert, sich an internationalen Standards zu orientieren. Der Trend zu internationaler Harmonisierung bringt es mit sich, dass sich auch Anforderungen hierzulande in Zukunft ändern werden, um der (sich kontinuierlich weiterentwickelnden) europäischen Best Practice zu genügen. Dennoch gelten in Deutschland weiterhin spezifische Anforderungen, wenn Sie Ihr Produkt in den Erstattungskatalog der GKV bringen möchten. Der G-BA stellt auf seiner Webseite Informationen bereit und erläutert u. a., welche Anforderungen bspw. bei der Übermittlung von Erprobungsanträgen oder der Informationsübermittlung bei NUB-Anfragen bestehen (G-BA → Themenschwerpunkte).
- Planen Sie Ihr Studiendesign so, dass es nicht nur für Nachweise, die im Rahmen des Medizinproduktegesetzes für die Marktzulassung erforderlich sind, ausgelegt ist,

sondern auch später für ein HTA verwendet werden kann. Achten Sie auf Transparenz und Nachvollziehbarkeit. Wählen Sie geeignete (patientenrelevante) Endpunkte und passende Komparatoren. Bei HTA wird in der Regel nicht nur eine einzelne Vergleichsmethode herangezogen, sondern mehrere.

- Denken Sie daran, dass im Rahmen von HTA nicht einzelne Medizinprodukte evaluiert werden, sondern medizinische Methoden, bei denen der Einsatz Ihres Produkts maßgeblich ist. Betrachten Sie also das Produkt stets im Zusammenhang mit dem späteren Einsatz. Beziehen Sie bei Wirksamkeitsanalysen externe Einflüsse, wie bspw. Lernkurveneffekte von Anwendern, ein.
- Nutzen Sie HTA-Reports auch als Informationsquelle zu Wettbewerbsprodukten und Methoden. Ergebnisse aus nationalen und internationalen HTA sind für die eigene Produktentwicklung nicht unwichtig.
- Publizieren Sie, wenn möglich, Ergebnisse aus Ihren Studien und weitere Produktinformationen. Nehmen Sie dabei eine möglichst objektive Perspektive ein und vermeiden Sie eine selektive Veröffentlichung von Informationen. HTA-Institutionen verwenden bei der Informationssynthese primär öffentlich zugängliche Informationen. Nicht immer wenden sie sich zur weiteren Informationsgewinnung an Hersteller. Ein Mangel an veröffentlichten Daten kann die HTA-Erstellung negativ beeinflussen oder dazu führen, dass kein HTA durchgeführt wird.
- Im Hinblick auf die Markterschließung im Ausland stellen Sie alle publizierten Informationen möglichst auch auf Englisch bereit. Englisch ist die Sprache der wissenschaftlichen Forschung und Sie erwirken damit eine viel größere Reichweite als mit Daten in deutscher Sprache.
- Nutzen Sie Beratungsangebote des G-BA, wenn Sie unsicher sind ob Ihre Produktentwicklung HTA-Aspekte ausreichend berücksichtigt. Sie erhalten bei solchen Beratungen individuelle Unterstützung, z. B. bezüglich der Gestaltung des Studiendesigns. Beachten Sie jedoch, dass diese Angebote kostenpflichtig sind. Je nach Umfang reichen die Gebühren von wenigen hundert Euro bis zu 20.000 €.
- Kooperieren Sie mit Krankenhäusern bei NUB-Anträgen, besonders im Rahmen von Bewertungen gem. § 137h SGB V, um die Chancen für eine positive Bewertung zu maximieren.

2.6.2 Wie Sie selbst HTA für Ihre Produkte erstellen können

Wie bereits eingangs beschrieben, sind viele Prozesse in MedTech-Unternehmen gar nicht so weit von der HTA-Thematik entfernt und zu Teilen erarbeiten Sie die in HTA benötigten Informationen ohnehin. Sie liegen also mitunter schon vor und müssen für ein HTA zusammengetragen werden. Anbei sind in einer Checkliste die wichtigsten Fragen zusammenfasst, die im HTA beantwortet werden sollten. Die Checkliste basiert auf verschiedenen in Abschn. 2.5.1 vorgestellten Tools und Projektergebnissen.

Basisinformationen

- Wer ist der Hersteller des Produkts? Geben Sie Informationen über sich als Unternehmen inkl. Anschriften der Firmenstandorte und Kontaktinformationen.
- Was sind Einsatzgebiet und Zielpopulation des Medizinprodukts?
- Welche Indikation liegt dem Einsatz des Produkts zugrunde (inkl. Krankheitsverlauf, Symptome, Risikofaktoren, Prävalenz, Inzidenz etc.)?
- Welches sind die aktuellen Methoden zur Diagnose und Behandlung? Geben Sie hier auch so viele Informationen zu Vergleichstechnologien wie möglich.
- Wie wird Ihr Produkt medizinisch genutzt? Wie funktioniert es? Geben Sie hier eine vollständige Produktbeschreibung mitsamt technischen Eigenschaften.
- Ist Ihr Produkt eine Innovation oder eine Schrittinnovation? Gab es Vorgängerprodukte?
- Welchen Status hat Ihr Produkt im Hinblick auf die Marktzulassung und ggf. Erstattung?
- Welche Verfahren und Erfahrungen sind nötig, um Ihr Produkt anzuwenden? Welche Zusatzmaterialien oder Infrastrukturen sind nötig? Von wem wird es angewandt?

Sicherheit und Wirksamkeit

- Wurden die Sicherheit und Wirksamkeit Ihres Produkts nachgewiesen? Beschreiben Sie Details zu Methoden und Ergebnissen der von Ihnen durchgeführten Studien und/ oder beschreiben Sie den Prozess der Literatursynthese. Ordnen Sie die verwendete Evidenz entsprechend ihrem Evidenzlevel ein und bewerten Sie sie hinsichtlich Biasrisiko.
- Wie haben Sie „Wirksamkeit" für Ihr Produkt definiert? Zeigen Sie sowohl *Efficacy* als auch *Effectiveness*?
- Ist das Produkt sowohl für Patienten als auch für eventuelles Anwendungspersonal sicher?
- Gibt es Differenzierungen in Bezug auf unterschiedliche Patientengruppen oder Anwendungssettings?
- Was sind die Konsequenzen im Falle einer Falschanwendung?
- Haben Sie (falls zutreffend) patientenrelevante Endpunkte gewählt? Was sind die Auswirkungen auf Prozesse?
- Wurden die relevanten Komparatoren in die Analyse einbezogen?

Ökonomische Evaluation

- Welche Kosten entstehen beim Einsatz Ihres Produktes im Vergleich zu Komparatoren?
- In welcher Form entstehen Kosten (Personal, Material, Infrastruktur etc.)?
- Werden Kosten durch den Einsatz Ihres Produktes vermieden? An welcher Stelle und in welcher Form?
- Haben Sie die Kosten dem Nutzen gegenübergestellt? Welche Methoden haben Sie hierfür verwendet? Welche Annahmen haben Sie getroffen?

Weitere Aspekte (nur bei vollwertigen HTA)

- Haben Sie Ihr Medizinprodukt im Hinblick auf ethische Auswirkungen bewertet (z. B. ethische Hürden in der Evidenzgenerierung, gesellschaftliche Werte, Nutzen-/Schadenbalance)?
- Haben Sie Ihr Medizinprodukt im Hinblick auf rechtliche Auswirkungen bewertet (z. B. wird für die Anwendung eine spezielle Zertifizierung benötigt, welche Rechtsnormen werden durch Ihr Produkt berührt)?
- Haben Sie Ihr Medizinprodukt im Hinblick auf soziale Auswirkungen bewertet (z. B. Arzt-Patienten-Kommunikation, Patientenpräferenzen)?
- Haben Sie Ihr Medizinprodukt im Hinblick auf organisatorische Auswirkungen bewertet (z. B. Änderungen in Arbeitsprozessen, Patient-Flow, notwendige Ausbildung von Personal, wie wird ein Monitoring gewährleistet)?

Literatur

1. Ärzte Zeitung online (2017) IQWiG-Leiter Jürgen Windeler: „Das ist keine Studienkultur, das ist Abarbeiten von Industrieaufträgen". https://www.aerztezeitung.de/politik_gesellschaft/arzneimittelpolitik/article/946893/iqwig-leiter-juergen-windeler-keine-studienkultur-abarbeiten-industrieauftraegen.html. Zugegriffen am 10.01.2018
2. Bundesärztekammer (2018) Health Technology Assessment. http://www.bundesaerztekammer.de/aerzte/qualitaetssicherung/health-technology-assessment/. Zugegriffen am 06.01.2018
3. Bundesvereinigung Deutscher Apothekerverbände e.V. (2017) In Deutschland zugelassene Arzneimittel. https://www.abda.de/fileadmin/assets/ZDF/ZDF_2017/ZDF_17_24_D_zugelassene_Arzneimittel.pdf Zugegriffen am 07.01.2018
4. Bundesverband Medizintechnologie e.V. (2014) Abgrenzung. Unterschiede zwischen Medizinprodukten und Arzneimitteln. https://www.bvmed.de/de/recht/was-sind-medizinprodukte/unterschiede-zu-arzneimitteln. Zugegriffen am 07.01.2018
5. Cochrane Deutschland (2017) Health Technology Assessment (HTA). http://www.cochrane.de/de/hta. Zugegriffen am 06.12.2017
6. Deutsches Institut für Medizinische Dokumentation und Information (2017) EUnetHTA POP Database. http://eunethta.dimdi.de/PopDB/HomePage.xhtml. Zugegriffen am 16.12.2017
7. Deutsches Institut für Medizinische Dokumentation und Information (2018) DAHTA-Datenbank. https://portal.dimdi.de/hta/servlet/Gate?#__DEFANCHOR_. Zugegriffen am 16.08.2018
8. Deutsches Netzwerk Evidenzbasierte Medizin e.V. (2018) HTA. http://www.ebm-netzwerk.de/was-wir-tun/fachbereiche/hta#vorhaben. Zugegriffen am 06.01.2018
9. European Network for Health Technology Assessment (2017) EUnetHTA HTA Adaptation Toolkit. Version 5, October 2011. http://www.eunethta.eu/sites/default/files/sites/5026.fedimbo.belgium.be/files/EUnetHTA_adptation_toolkit_2011%20version%205.pdf. Zugegriffen am 08.01.2018
10. European Network for Health Technology Assessment (2015) EUnetHTA Evidence Submission Template. http://eunethta.eu/outputs/eunethta-evidence-submission-template. Zugegriffen am 08.01.2018
11. European Network for Health Technology Assessment (2018) EVIDENT Database. http://eunethta.eu/evident-database. Zugegriffen am 08.01.2018

12. European Network for Health Technology Assessment (2017). http://eunethta.eu/. Zugegriffen am 15.12.2017
13. European Network for Health Technology Assessment (2017) National Uptake. http://www.eunethta.eu/national-uptake. Zugegriffen am 08.01.2018
14. Europäische Union (2017) AdHopHTA. http://cordis.europa.eu/project/rcn/105359_en.html. Zugegriffen am 02.12.2017
15. Europäische Union (2015) Advance_HTA. http://cordis.europa.eu/project/rcn/106654_en.html. Zugegriffen am 02.12.2017
16. Europäische Union (2017) Integrate-HTA. http://cordis.europa.eu/project/rcn/105703_en.html. Zugegriffen am 02.12.2017
17. Europäische Union (2017) MedtecHTA. http://cordis.europa.eu/project/rcn/105665_en.html. Zugegriffen am 02.12.2017
18. EuroScan international network e. V. (2017). https://www.euroscan.org/. Zugegriffen am 16.12.2017
19. Finland National Institute for Health and Welfare (2017) HTA Core Model® Online. https://meka.thl.fi/htacore/Default.aspx. Zugegriffen am 15.12.2017
20. Fuchs S, Olberg B, Panteli D et al (2017) HTA of medical devices: Challenges and ideas for the future from a European perspective. Health Policy 121:215–229. https://doi.org/10.1016/j.healthpol.2016.08.010
21. Gemeinsamer Bundesausschuss (2018) Arbeitsweise. https://www.g-ba.de/institution/aufgabe/arbeitsweise/. Zugegriffen am 13.01.2018
22. Gemeinsamer Bundesausschuss (2018) Formulare. https://www.g-ba.de/institution/themenschwerpunkte/137h/formulare/. Zugegriffen am 21.08.2018
23. Haute Autorité de Santé (2014) SEED, Shaping European Early Dialogues for health technologies. https://www.has-sante.fr/portail/jcms/c_1700958/en/seed-shaping-european-early-dialogues-for-health-technologies?cid=c_2051450&portal=r_1455081. Zugegriffen am 02.12.2017
24. Health Technology Assessment Glossary (2017) Gesundheitstechnologie (n. f.). http://htaglossary.net/Gesundheitstechnologie+%28n.f.%29. Zugegriffen am 01.11.2017
25. Health Technology Assessment Glossary (2017) Technologiefolgenabschätzung im Gesundheitswesen (n. f.). http://htaglossary.net/Technologiefolgenabsch%C3%A4tzung+im+Gesundheitswesen+%28HTA%29+%28n.f.%29. Zugegriffen am 01.11.2017
26. Health Technology Assessment international (2017). https://www.htai.org/. Zugegriffen am 15.12.2017
27. International Network of Agencies for Health Technology Assessment (2007) A checklist for health technology assessment reports. http://www.inahta.org/wp-content/uploads/2014/04/INAHTA_HTA_Checklist_English.pdf. Zugegriffen am 08.01.2018
28. International Network of Agencies for Health Technology Assessment (2017). http://www.inahta.org/. Zugegriffen am 15.12.2017
29. Institut für Qualität und Wirtschaftlichkeit im Gesundheitswesen (2017) Allgemeine Methoden: Version 5.0. https://www.iqwig.de/download/Allgemeine-Methoden_Version-5-0.pdf. Zugegriffen am 06.12.2017
30. Institut für Qualität und Wirtschaftlichkeit im Gesundheitswesen (2017) Jahresbericht 2016. https://www.iqwig.de/download/IQWIG_Jahresbericht_2016.pdf. Zugegriffen am 13.01.2018
31. Institut für Qualität und Wirtschaftlichkeit im Gesundheitswesen (2017) Pressemitteilung vom 27.10.2017. ThemenCheck Medizin 2017: Bürgersicht und Patientenperspektive im Auswahlbeirat. https://www.iqwig.de/de/presse/pressemitteilungen/2017/themencheck-medizin-2017-buergersicht-und-patientenperspektive-im-auswahlbeirat.7973.html. Zugegriffen am 06.01.2018
32. Institut für Qualität und Wirtschaftlichkeit im Gesundheitswesen(2017) HTA-Berichte. https://www.themencheck-medizin.iqwig.de/de/hta-berichte.92.html. Zugegriffen am 06.01.2018

33. Medizinischer Dienst des Spitzenverbandes Bund der Krankenkassen (2017) Nutzen- und Schadenbewertung. Bestmögliche medizinische Versorgung auf Basis wissenschaftlicher Evidenz. https://www.mds-ev.de/themen/methodik-und-methodenberatung/nutzen-und-schadenbewertung.html. Zugegriffen am 06.01.2018

34. Perleth M, Busse R, Gerhardus A et al (2014) Health Technology Assessment. Konzepte, Methoden, Praxis für Wissenschaft und Entscheidungsfindung. Medizinisch Wissenschaftliche Verlagsgesellschaft, Berlin

35. Presseagentur Gesundheit (2015) Gerechte Gesundheit. Der Newsletter zur Verteilungsdebatte 31. https://www.gerechte-gesundheit.de/fileadmin/user_upload/newsletter/GG-31/mobile/index.html. Zugegriffen am 13.12.2017

36. Schlander M (2017) Health Technology Assessment (HTA) im deutschen Medizinproduktemarkt: Prinzipien, Prozesse, exemplarische Umsetzung. Vortrag bei MedTechDialog „Kosten-Nutzen-Bewertung/HTA für Medizinprodukte", Mannheim. https://www.dkfz.de/de/gesundheitsoekonomie/Download/Schlander-MedTechDialog-Mannheim-Medizinprodukte-und-HTA-170323-FV.pdf. Zugegriffen am 14.01.2018

37. Spitzenverband Bund der Krankenkassen (2016) Beitrag des GKV-Spitzenverbandes vom 16.12.2016 zur Öffentlichen Konsultation der Europäischen Kommission zur Stärkung der EU-weiten Zusammenarbeit bei der Bewertung von Gesundheitstechnologien. https://www.gkv-spitzenverband.de/media/dokumente/presse/presse_themen/europa_grundsatzpositionen/161216_Konsultation_HTA_Beitrag_GKV.pdf. Zugegriffen am 15.01.2018

38. Widrig D (2015) Health Technology Assessment. Veröffentlichungen des Instituts für Deutsches, Europäisches und Internationales Medizinrecht, Gesundheitsrecht und Bioethik der Universitäten Heidelberg und Mannheim, Bd 44. Springer, Berlin

39. Zok K (2013) Private Zusatzleistungen in der Arztpraxis. Ergebnisse einer Repräsentativ-Umfrage. WidO-monitor 10(1):1–8. http://www.wido.de/fileadmin/wido/downloads/pdf_wido_monitor/wido_mon_ausg1-2013_0313.pdf. Zugegriffen am 14.01.2018

Dr. York Zöllner, Apotheker und Gesundheitsökonom (M.Sc) York Zöllner ist Professor für Gesundheitsökonomie an der Hochschule für Angewandte Wissenschaften Hamburg. Er ist derzeit (2017–2019) Vorsitzender des Ausschusses „Krankenversicherung" der Deutschen Gesellschaft für Gesundheitsökonomie (DGGÖ) und Mitherausgeber des Journal of Medical Economics sowie des German Journal of Clinico Economics.

Theresa Schareck, M.Sc. Theresa Schareck, M.Sc. ist Studentin im Masterstudiengang Health Sciences an der Hochschule für Angewandte Wissenschaften Hamburg. Zuvor hat sie ein Bachelorstudium an der Dualen Hochschule Baden-Württemberg im Fach Health Care Management (B.A.) absolviert.

Nutzenbewertung in der Medizintechnik

Tino Schubert

Inhaltsverzeichnis

Zusammenfassung

Eine frühe Nutzenbewertung, wie diese für Arzneimittel im Rahmen des AMNOG-Prozesses üblich ist, kennt die Medizintechnikbranche bisher nicht. Dennoch wird das Thema Nutzenbewertung spätestens seit der Einführung der Erprobungsregelung im Jahr 2012 für die Branche immer relevanter. Mit dem im Jahr 2016 in Kraft getretenen § 137h SGB V für die Bewertung neuer Untersuchungs- und Behandlungsmethoden mit Medizinprodukten hoher Risikoklassen ist der regulatorische Rahmen für die Nutzenbewertung in der Medizintechnik noch mal erweitert worden. Im Unterschied zu

T. Schubert (✉)
LinkCare GmbH, Stuttgart, Deutschland
E-Mail: ts@link-care.de

© Springer Fachmedien Wiesbaden GmbH, ein Teil von Springer Nature 2019
T. Schubert, T. Vogelmann (Hrsg.), *Market Access in der Medizintechnik*,
https://doi.org/10.1007/978-3-658-23476-8_3

Arzneimittelprodukten wird die Nutzenbewertung aber nicht mit dem Inverkehrbringen eingeleitet, sondern beginnt nur mit der NUB-Anfrage – eine neu gestellte Anfrage seitens eines Krankenhauses nach § 6 Abs. 2 Krankenhausentgeltgesetz (KHEntgG). Im Ergebnis zeichnet sich jedoch immer stärker ab, dass die Evidenzanforderungen auch an Medizinprodukte höher werden und im Falle der genannten Paragrafen randomisiert, kontrollierte Studien erforderlich sind, um Erstattungspreise zu sichern und zu erhalten, selbst wenn diese gemäß MDR nicht vorgeschrieben sind. Gleichwohl stehen besonders Medizintechnikhersteller vor vielfältigen methodischen Herausforderungen bei der Konzeption ebendieser Studien für die Nutzenbewertung.

3.1   Einleitung

Dem medizinisch-technischen Fortschritt wird besonders für die Bereiche bildgebende Diagnostik, Krebstherapie, Robotik in der Chirurgie, Gentherapie, Gendiagnostik, Tissue Engineering und Telemedizin eine hohe Innovationskraft zugesprochen. Das birgt erhebliches Potenzial für die Patienten und das Gesundheitssystem in seiner Gänze. Die Inverkehrbringung solch innovativer Medizinprodukte oder Arzneimittel führt immer wieder zu wissenschaftlichen, medizinischen und gesundheitsökonomischen Diskussionen über deren Nutzen. Das vermeintliche Potenzial muss etwaigen Schäden oder Risiken für den Patienten und dem Ressourcenverbrauch gegenübergestellt werden [36]. Was soll demnach von der gesetzlichen Krankenkasse (GKV) erstattet werden und worauf begründen sich solche Entscheidungen?

Die Antwort sollte im Rahmen einer systematischen Bewertung des Nutzens einer medizinischen Intervention gegeben werden. In erster Linie interessiert somit der Wirksamkeitsnachweis, also der kausale Zusammenhang zwischen einer medizinischen Intervention und dem positiven Effekt auf den Patienten. Aus sozialrechtlicher Perspektive gilt für Arzneimittel nach § 35b Sozialgesetzbuch V (SGB V) die Verbesserung des Gesundheitszustandes, die Berücksichtigung der Morbidität, Mortalität und der Lebensqualität als patientenrelevanter Nutzen [44]. Für Medizinprodukte kann man annehmen, dass der Gesetzgeber eine analoge Definition zugrunde legen wird. Wird die Nutzenbewertung um die Kostenkomponente erweitert, spricht man von einer Kosten-Nutzen-Betrachtung [32].

Die Nutzenbewertung gilt als Verbindungsstück zwischen Wissenschaft und politischer Entscheidungsfindung, die eine Balance zwischen der Innovationsförderung, der Patientensicherheit und dem schonenden Ressourcenumgang hin zu einem effizienten Gesundheitssystem finden soll [36]. Das Ziel der Nutzenbewertung ist die Operationalisierung des Patientennutzens, sodass der politische Entscheider in die Lage versetzt werden soll, den Nutzen verschiedener Interventionen zu vergleichen und eine transparente Entscheidung der Ressourcenallokation zu treffen [32]. Die Bedeutung der Nutzenbewertung aus Sicht des Herstellers umfasst neben der vermeintlichen Annäherung an einen fairen Erstattungspreis auch die unternehmerische Planungssicherheit [34].

Bereits seit 1975 setzt der US Kongress das Office of Technology Assessment ein, um als Berater politischer Entscheidungen Folgenabschätzung medizinischer Innovationen für das

Gesundheitssystem vorzunehmen [36]. Auch in anderen, europäischen Staaten gibt es Behörden, die sich der Nutzenbewertung widmen, wie bspw. das Scottish Medicine Consortium. Das Scottish Medicine Consortium zieht qualitätskorrigierte Lebensjahre (QALY) als Kennzahl zur Nutzenbewertung heran [42]. Der Grundstein der Nutzenbewertung im deutschen Gesundheitssystem wurde mit der Einsetzung des Instituts für Qualität und Wirtschaftlichkeit im Gesundheitswesen (IQWiG) im Jahr 2004 gelegt. Das Institut wird vom G-BA zur Durchführung von Bewertungen des Nutzens medizinischer Interventionen beauftragt und kann auch selbstständig Bewertungen initiieren. Den regulatorischen Rahmen der Nutzenbewertung und die Aspekte der Bewertung kann man den Verfahrensordnungen des IQWiG und des G-BA entnehmen. Für die Bewertung von Studien prüft das IQWiG bspw. die eingereichten Studien auf die Kriterien, Erzeugung der Randomisierungssequenz, der Art der Verblindung, ob die Gruppenzuteilung verdeckt war und ob die der Endpunkte ergebnisunabhängig berichtet wurden [26]. Nach diesen Kriterien beurteilt das IQWiG die Güte der Studien und ob diese für die Bewertung durch das IQWiG überhaupt berücksichtigt werden.

Mit dem AMNOG wurde 2011 die frühe Nutzenbewertung für neue Arzneimittel oder Arzneimittel mit einer Erweiterung des Anwendungsgebiets zum Zeitpunkt des Markteintritts eingeführt [44]. Die systematische Nutzenbewertung von Medizinprodukten blieb hingegen zunächst aus. Skandale in der Medizinproduktebranche verstärkten allerdings den Druck auch hier eine Lösung zu finden. Besonders durch das Bekanntwerden des PIP-Skandals, bei dem das französische Unternehmen (Poly Implant Prothèse) Industriesilikon für die Herstellung von Brustimplantaten verwendete und Patientinnen weltweit an den Folgen litten, wurde der Handlungsbedarf deutlich [24]. Das IQWiG unterstrich in diesem Zusammenhang, dass die systematische Bewertung des Patientennutzens weder im Schritt des Marktzugangs noch bei der Prüfung der Erstattungsfähigkeit vorhanden sei, was den Qualitätsansprüchen der Sozialgesetzgebung widerspräche [32]. Auch als Reaktion auf den PIP-Skandal wurde durch das GKV-Versorgungsstärkungsgesetz vom Juli 2015 eine Nutzenbewertung für Medizinprodukte eingeführt, was die Anforderungen an Innovationen deutlich erhöhte [17]. Trotzdem war es auch Tenor der Gesetzgebung, dass ein schneller Zugang zum Patienten auch weiterhin gewährleistet bleiben solle [48], woran man nach den ersten praktischen Erfahrungen der letzten Jahre berechtigte Zweifel haben darf. Die Bewertung nimmt, wie auch bei den Arzneimitteln, der G-BA resp. das IQWiG vor, insofern bestimmte Voraussetzungen erfüllt sind und das Produkt im stationären Setting eingesetzt wird. Medizinprodukte sind jedoch sehr heterogen und auch unterschiedlich stark risikobehaftet in der Anwendung beim Patienten. Eine Nutzenbewertung wurde daher bisher nur für Medizinprodukte mit einer hohen Risikoklasse vorgesehen (Klasse IIb und III). Klasse IIb beinhaltet Produkte wie Stents und Röntgengeräte und Klasse III umfasst bspw. Herzklappen und Prothesen. Die beiden Hochrisikoklassen bergen aufgrund ihrer Komplexität ein hohes Potenzial von Gefährdungen und sollen daher nach § 137h SGB V einer Nutzenbewertung unterzogen werden [17, 44].

Der § 137h SGB V stellt jedoch nicht das einzige Instrument für die Nutzenbewertung von Medizinprodukten dar. Seit 2012 kann der G-BA nach § 137e SGB V eine Erprobungsstudie initiieren [44]. Erprobt werden können neue oder ältere medizinische Interventionen, die das Potenzial aufweisen, eine erforderliche Behandlungsmethode zu werden. Die

Nutzenbewertung wird unter Kostenbeteiligung des Herstellers durchgeführt. Infrage kommen Methoden mit einem Wirkmechanismus, der andere aufwändigere, invasivere Methoden ersetzt, ein geringeres Nebenwirkungspotenzial aufzeigt oder eine verbesserte oder wirksamere Behandlung ermöglicht [16].

3.2   Nutzenbewertung im Gesundheitswesen

3.2.1 Evidenzstufen in der Nutzenbewertung

Randomisierte kontrollierte Studien (RCT) gelten als Goldstandard, um Erkenntnisse über die Wirksamkeit einer Intervention zu gewinnen. Arbeitet man an der Erstellung eines Health Technology Assessments, in der Versorgungsplanung oder im Bereich der Evidence Based Medicine, begegnen einem eine Vielzahl an Studiendesigns. Diese unterscheiden sich hinsichtlich ihres Evidenzgrades, d. h. Aussagekraft und Validität, und sollten differenziert interpretiert werden. Auf diese Weise lassen sich Publikationen, in denen Verzerrungen unwahrscheinlicher sind, leichter identifizieren und somit Studien mit aussagekräftigen Erkenntnissen finden [23].

Die Hierarchisierung der Studien findet nach deren Evidenzgewinn statt, weil manche Studientypen durch ihr Design fehleranfälliger als andere sind. So gelten kontrollierte Studientypen generell als geeigneter zur Darstellung der Wirksamkeit. Der G-BA definiert in seiner aktuellen Verfahrensordnung (Stand Juli 2018) die Evidenzstufen, die zur Bewertung der vom Unternehmer eingereichten Unterlagen genutzt werden. Tab. 3.1 gibt einen Überblick über Evidenzstufen, differenziert dargestellt für diagnostische und therapeutische Methoden [19].

Ein weiteres praktisches Anwendungsfeld der Evidenzstufen ist die Leitlinienerstellung. Lediglich Erkenntnisse der Evidenzstufen I und II werden in der Leitlinienerstellung mit dem Empfehlungsgrad A (starke Empfehlung) gewertet [2].

Eine Recherche sollte mit Publikationen der höchsten Evidenzstufe beginnen und je nach Erfolg auf die unteren Stufen ausgeweitet werden [23]. Eine solche Einstufung ist dennoch lediglich als Orientierungshilfe zu sehen und ersetzt die Qualitätsbewertung der individuellen Studien nicht [36]. Für bestimmte Fragestellungen kann auch eine niedrigere Stufe ausreichend sein [38], genauso wie eine Studie mit hohem Evidenzgrad auch für die interessierende Fragestellung unrelevante Ergebnisse liefern kann. Folgend werden die wichtigsten Studientypen kurz skizziert.

Systematische Übersichtsarbeiten
Systematische Übersichtsarbeiten oder systematische Reviews fassen auf strukturierte und transparente Weise verfügbare Literatur zu einer Fragestellung nach einem zuvor definierten Vorgehen zusammen und bewerten diese. Häufig wird innerhalb der Übersichtsarbeit zusätzlich eine Metaanalyse durchgeführt. Die Ergebnisse der eingeschlossenen Literatur werden hierbei quantitativ zusammengefasst und statistisch ausgewertet [36]. Solche Übersichtsarbeiten werden Ihnen spätestens mit der Umsetzung der MDR häufiger begegnen.

Tab. 3.1 Evidenzstufen des G-BA. (Quelle: eigene Darstellung)

Evidenzstufen diagnostische Methoden:	Evidenzstufen therapeutische Methoden:
I a Systematische Übersichtsarbeiten von Studien der Evidenzstufe I b	I a Systematische Übersichtsarbeiten von Studien der Evidenzstufe I b
I b Randomisierte kontrollierte Studien	I b Randomisierte klinische Studien
I c Andere Interventionsstudien	II a Systematische Übersichtsarbeiten von Studien der Evidenzstufe II b
II a Systematische Übersichtsarbeiten von Studien zur diagnostischen Testgenauigkeit der Evidenzstufe II b	II b Prospektive vergleichende Kohortenstudien
II b Querschnitts- und Kohortenstudien, aus denen sich alle diagnostischen Kenngrößen zur Testgenauigkeit berechnen lassen	III Retrospektive vergleichende Studien
	IV Fallserien und andere nicht vergleichende Studien
III Andere Studien, aus denen sich die diagnostischen Kenngrößen zur Testgenauigkeit berechnen lassen	V Assoziationsbeobachtungen, pathophysiologische Überlegungen, deskriptive Darstellungen, Einzelfallberichte, u. ä.; nicht mit Studien belegte Meinungen anerkannter Experten, Berichte von Expertenkomitees und Konsensuskonferenzen
IV Assoziationsbeobachtungen, pathophysiologische Überlegungen, deskriptive Darstellungen, Einzelfallberichte, u. ä.; nicht mit Studien belegte Meinungen anerkannter Experten, Berichte von Expertenkomitees und Konsensuskonferenzen	

Die Durchführung systematischer Übersichtsarbeiten ist hauptsächlich bei etablierten Indikationsgebieten oder Therapien sehr gut möglich, da hier meist eine Vielzahl an Publikationen vorliegt. Klassischerweise wird der Prozess der Identifizierung von geeigneten Studien über das PRISMA-Flow-Diagramm dargestellt. Auf diese Weise wird transparent beschrieben, wie viele Studien warum ausgeschlossen und wie viele Studien letztendlich in die systematische Übersichtsarbeit eingeschlossen wurden [37].

Randomisierte kontrollierte Studie (RCT)
Das RCT wird gemeinhin als der Goldstandard unter den Studiendesigns betrachtet. Dabei wird neben der Interventionsgruppe auch eine Vergleichsgruppe betrachtet. Häufig wird als Vergleichsgruppe eine Placebogruppe gebildet. Die Zuteilung der Probanden auf die Gruppen findet zufällig über eine Randomisierungssequenz statt, die ex ante festzulegen ist. Durch die Randomisierung ist sichergestellt, dass die Charakteristika der Patienten gleichmäßig auf die Gruppen verteilt werden, z. B. die Krankheitsschwere, was die Ergebnisse der Gruppen vergleichbar macht. Die Verblindung der Patienten und bestenfalls der Behandler führen darüber hinaus zu einer geringeren Wahrscheinlichkeit, dass die Ergebnisse verzerrt sind [23].

Querschnittsstudie
Zu einem definierten Zeitpunkt wird eine repräsentative Stichprobe betrachtet. Dieser Auszug einer Zielpopulation wird in eine exponierte und eine nichtexponierte Gruppen unterteilt. Die Querschnittsstudie dient nicht zur Darstellung von Ursache-Wirkungs-Zusammenhängen, findet allerdings Einsatzmöglichkeiten bei epidemiologischen

Fragestellungen, wie z. B. der Ermittlung der Prävalenz einer Erkrankung. Querschnittsstudien sind für häufig vorkommende Krankheiten geeignet, da man davon ausgehen
kann, dass sie tatsächlich in der untersuchten Population abgebildet sind. Zur Feststellung
von Prävalenzen für seltene Krankheiten ist dieses Studiendesign aufgrund des hohen Auf-
wands zur Ermittlung einer kleinen Fallzahl ineffizient und damit eher ungeeignet [28].

Kohortenstudie
Eine Kohorte (Gruppe mit ähnlichen Merkmalen) wird über eine längere Zeitperiode betrachtet. Der Zeitraum beginnt vor dem Eintritt des Ereignisses, das untersucht werden
soll. Das ermöglicht die Erfassung von Einflussfaktoren auf das Ereignis [36]. Das Studiendesign kann auch eine Kontrollgruppe enthalten [23]. Da die gemessenen Einflussfaktoren zuvor festgelegt sind, ist es allerdings möglich, dass nicht alle relevanten Faktoren
erfasst werden [36].

Fallserie
Hierbei handelt es sich nicht direkt um eine Studie. Eine Gruppe von Patienten mit einer
vergleichbaren Diagnose und/oder Therapie wird betrachtet. Dieses Design eignet sich zur
Hypothesenbildung, jedoch nicht zum Nachweis der Wirksamkeit, da keine Kontrollgruppe betrachtet wird [36].

▶   Wenn Sie die Studienlage prüfen, greifen Sie auf geeignete Datenbanken zu-
    rück. Etablierte medizinische bibliografische Datenbanken sind Pubmed (Med-
    line), Embase, DIMDI (DAHTA-Datenbank), IQWiG (ThemenCheck Medizin) und
    die Cochrane Database of Systematic Reviews. Über ClinicalTrials.gov lassen sich
    klinische Studien weltweit identifizieren. Es lohnt sich ebenfalls, ein Blick in
    Datenbanken, die sich auf eine Indikation spezialisiert haben, zu werfen, bspw.
    GeroLit (bibliografische Datenbank zum Thema Gerontologie vom Deutschen
    Zentrum für Altersfragen). Zusätzlich ist eine ergänzende Handsuche empfohlen.

3.2.2   Limitationen von klinischen Studien

Klinische Studien werden in erster Linie für die Zulassung von medizinischen Interventionen konzipiert [3]. Dabei eignen sich randomisierte Studien aufgrund ihres Designs besonders gut für den Wirksamkeitsnachweis. Andererseits unterliegen klinische Studien,
wie jedes Studiendesign, auch Limitationen. Einige Limitationen sind nachfolgend aufgeführt.

•   Die Ergebnisse der Studien sind in ihrer **Generalisierbarkeit** teilweise limitiert. Strikte
    Ein- und Ausschlusskriterien führen dazu, dass lediglich eine ausgewählte Patienten-
    population betrachtet wird, die bspw. keine Begleiterkrankungen oder ein bestimmtes
    Alter hat. Diese Patientenpopulation muss nicht deckungsgleich mit der in der Versor-
    gungsrealität sein. Außerdem kann es sein, dass Patienten während der Studienlaufzeit

besser behandelt werden als in der Versorgungsrealität, was die Generalisierbarkeit der Ergebnisse ebenfalls einschränkt [23].

- Klinische Studien unterliegen oft einer kurzen **Beobachtungsperiode**. Kurzfristig und häufig auftretende unerwünschte Ereignisse lassen sich dadurch gut darstellen, nicht jedoch langfristige negative aber auch positive Effekte [38]. Besonders bei der Untersuchung von Operationsmethoden kann es daher zu Ergebnissen mit eingeschränkter Aussagekraft kommen, da die Fähigkeit, eine neue Operationsmethode erfolgreich anzuwenden einer Lernkurve unterliegt [33]. Liegt genau hier der Vorteil einer Intervention, nämlich in der Reduktion von Lernkurveneffekten, bspw. durch technischen Support oder bessere Handhabung, wird dieser Vorteil in Studien bisher kaum abgebildet. In der Regel nehmen an Studien erfahrene Ärzte teil, die meist die Lernkurve schon durchschritten haben. In der Versorgungsrealität führen aber auch unerfahrene Ärzte die Operationsmethoden durch, womit Risiken in den Studien unterschätzt werden. Um den Erfahrungskurveneffekt zu berücksichtigen, werden derzeit verschiedene Methoden, wie die Stratifizierung der Operateure (Abschn. 3.3.1) erprobt.
- Die **Verblindung** des Patienten und des Behandlers verringert das Verzerrungspotenzial einer Studie, da eine Beeinflussung der Ergebnisse auf bewusste oder unbewusste Art vermieden wird. Man spricht hier oft von einer Doppelverblindung. Bestenfalls wird eine Dreifachverblindung angestrebt, was die zusätzliche Verblindung des Erfassers der Ergebnisse beinhaltet. Allerdings ist dies bei bestimmten medizinischen Interventionen, wie chirurgischen Eingriffen, nur sehr erschwert, komplett unmöglich oder ethisch nicht vertretbar. Bei operativen Methoden ist die Verblindung des Operateurs tendenziell schwierig. Ein pragmatischer Lösungsansatz ist die Verblindung des Behandlers in der Nachsorge. Das ermöglicht einen unbeschwerten Eingriff für den Operateur, aber gewährleistet dennoch ein gewisses Level an Verblindung [35]. Denkbar ist in diesem Fall ebenfalls die Verblindung des Patienten. Ohne Verblindung besteht generell ein hohes Risiko für Verzerrungen, was zur Ablehnung der Studie durch das IQWiG führen kann [26].
- Die Abbildung von patientenrelevanten Endpunkten ist in einigen Studien nicht möglich, weshalb auf **Surrogatparameter** zurückgegriffen wird. Beispielsweise wird ein Surrogatparameter für den Endpunkt Mortalität eingesetzt, wenn die Laufzeit der Studie begrenzt ist und der Endpunkt nicht erreicht werden würde. Laut IQWiG-Methodenpapier lässt sich der Nutzen einer Intervention generell durch validierte Surrogatparameter darstellen. Allerdings sollte zuvor in Interventionsstudien ein Zusammenhang zwischen Surrogatparameter und dem patientenrelevanten Endpunkt festgestellt worden sein [26]. Ob die Berücksichtigung von Surrogatparametern in der Nutzenbewertung sinnvoll ist, wird aktuell sowohl für Arzneimittel als auch für Medizinprodukte diskutiert. Das IQWiG analysierte hierzu verschiedene Studien, deren Ergebnisse jedoch sehr heterogen ausfielen, was die Sicherheit von Surrogatparametern auf endgültige Patienten-Outcomes angeht [40]. Falsch gewählte Surrogate führen zur Verzerrungen der Ergebnisse und folglich zu einer ungenauen Abbildung potenzieller Effekte [29].

▶ Führen Sie ergänzend zur Nutzenbewertung eine Modellierung, z. B. mithilfe eines Markov-Modells durch. Mithilfe einer solchen Modellierung lassen sich Studienergebnisse auf die gesamte Lebenszeit des Patientenklientels extrapolieren und entsprechende gesamtgesellschaftliche Effekte der Intervention ableiten [41]. Wurde als Surrogatparameter in einer Studie im Indikationsbereich Diabetes mellitus Typ II bspw. die Senkung des HbA1c-Wertes betrachtet, lässt sich mittels Modellierung ein Zusammenhang zwischen diesem Surrogat und ausgewählten patientenrelevanten Endpunkten aufzeigen. So kann man bspw. errechnen, welchen Einfluss die Senkung des HbA1c-Wertes auf die Entwicklung und Folgen von Schlaganfällen oder den Endpunkt Tod aus gesamtgesellschaftlicher Perspektive hat.

- Eine hohe **Drop-out-Rate** (Ausfallquote) von Studienteilnehmern kann die Ergebnisse verzerren. Der Drop-out-Grund könnte nämlich in Verbindung mit der Intervention stehen. Unabhängig dieses Zusammenhangs empfiehlt es sich, bereits bei der Fallzahlplanung eine gewisse Drop-out-Rate zu berücksichtigen [28].

   Das Beispiel der CABANA-Studie, die die Katheterablation mit der Gabe von Antiarrhythmika bei Vorhofflimmern vergleicht, verdeutlichte, wie eine hohe Drop-out-Rate die Ergebnisse verzerren kann. Problematisch war, dass bei knapp 10 %, die der Gruppe der Katheterablation zugeteilt waren, keine Katheterablation durchgeführt wurde. Jedoch wurde bei etwa 30 % der Patienten, die der Arzneimittelgruppe zugeteilt wurden, eine Katheterablation vorgenommen. Die Studie war also von einer hohen Drop-out-Rate als auch von hohen Cross-over-Raten betroffen. Eine Auswertung nach dem Intention-To-Treat (ITT) -Ansatz, also der Auswertung nach der durch die Randomisierung zugeteilten Gruppe, führt in diesem Fall zu Verzerrungen und zu nicht signifikanten Ergebnissen. Die Auswertung nach dem Per-Protocol-Ansatz ergab aber eine signifikante Reduktion des relativen Risikos von 33 % zu Gunsten der Katheterablation im Primärendpunkt [30].
- Da die medizinische Intervention mit anderen Interventionen (z. B. **Placebo, Vergleichstherapie**) verglichen wird, muss diese ethisch vertretbar sein und darf die Patienten nicht schlechterstellen [23].

Klinische Studien sind notwendig um den Nachweis der Wirksamkeit einer medizinischen Intervention zu erbringen. Bislang werden die Ergebnisse im Nachhinein auch für die Nutzenbewertung verwendet. Der Übertrag der Ergebnisse auf die Versorgungsrealität oder das Ableiten ökonomischer Aussagen ist allerdings meist nicht möglich, da sie nicht dahingehend konzipiert wurden. Die zusätzliche Auswertung von Daten aus der Versorgungsrealität kann einige Limitationen klinischer Studien überwinden (vgl. Beitrag Vogelmann in diesem Buch, Kap. 9).

▶ Hinweis: Die Verfahrensordnung des G-BA (Version in Kraft getreten am 5. Juli 2018, ab Seite 163) beinhaltet einen Bewertungsbogen zur Einschätzung der Verzerrungsaspekte auf Studien- und Endpunktebene. Sie können diesen Bogen sowie die enthaltenen Ausfüllhilfen nutzen, um einzuschätzen, ob Studienergebnisse der von Ihnen betrachteten Studien verzerrt sein könnten.

Auf **Studienebene** werden folgende Aspekte zur Einschätzung der Verzerrung betrachtet: Randomisierungssequenz, verdeckte Gruppenzuteilung, Verblindung der Patienten und Behandler, ergebnisabhängige Berichterstattung aller Endpunkte, sonstige Aspekte.

Auf **Endpunktebene** werden folgende Aspekte zur Einschätzung der Verzerrung betrachtet: Verblindung der Endpunkterheber, Umsetzung des ITT-Prinzips, ergebnisunabhängige Berichterstattung dieses Endpunkts, sonstige Aspekte.

International wird das Cochrane Risk of Bias Tool for Randomized Controlled Trials verwendet, um einzuschätzen, ob eine Studie systematische Fehler enthält. Die Studienqualität wird in drei Stufen klassifiziert: „good", „fair" oder „poor".

3.2.3   Status quo der Nutzenbewertung von Arzneimitteln

Die Nutzenbewertung von Arzneimitteln wurde in Deutschland mit dem AMNOG zum 01.01.2011, im internationalen Vergleich relativ spät [49], eingeführt. Motivation für das Bundesministerium für Gesundheit war die Eindämmung der GKV-Arzneimittelausgaben sowie die stärkere Patientenorientierung und die Schaffung fairer Wettbewerbsstrukturen. Pro Jahr sollen dadurch etwa 2 Mrd. € eingespart werden [5]. Die tatsächlichen GKV-Einsparungen durch das AMNOG werden für das Jahr 2017 auf etwa 1,6 Mrd. € geschätzt [9]. Pharmazeutische Unternehmer sind seitdem verpflichtet, einen Nachweis über den Zusatznutzen neuer Arzneimittel oder Arzneimittel mit einer Erweiterung des Anwendungsgebietes im Vergleich zu einer zweckmäßigen Vergleichstherapie darzustellen. Basierend auf der Nutzenbewertung des G-BA sollen die Arzneimittelpreisverhandlungen stattfinden. In der Praxis wird jedoch immer wieder berichtet, dass die die Verhandlungen um den Erstattungspreis nicht unmittelbar mit den Ergebnissen der Nutzenbewertung zusammenhängen. Die gesetzliche Grundlage für die Nutzenbewertung von Arzneimitteln bildet § 35a SGB V [44, 46].

Zum Zeitpunkt des Inverkehrbringens eines patentgeschützten Arzneimittels beginnt das Verfahren der Nutzenbewertung, weshalb auch von einer frühen Nutzenbewertung gesprochen wird. Das Dossier zur Nutzenbewertung ist modular aufgebaut und vergleicht die Effekte des Arzneimittels mit denen der zweckmäßigen Vergleichstherapie je Endpunkt und gegebenenfalls je Patienten-Subgruppe [15]. Die Endpunkte müssen patientenrelevant sein und sich auf einen verbesserten Gesundheitszustand, eine kürzere Krankheitsdauer, ein verlängertes Überleben, verringerte Nebenwirkungen und positive Auswirkungen auf die Lebensqualität beziehen [46]. Zudem wird der Budget Impact für die GKV dargestellt [15]. Der Verband der forschenden Pharmaunternehmen beziffert die Kosten eines pharmazeutischen Unternehmers für die Erstellung eines Dossiers, je nach Umfang, zwischen 450.000 und 800.000 € [47].

Ab der Markteinführung gilt zunächst der vom pharmazeutischen Unternehmer festgelegte Preis (Herstellerpreis) für das Arzneimittel (siehe Abb. 3.1). Verfahrensverantwortlich ist der G-BA, bei dem das Dossier eingereicht wird. Dieser beauftragt in der Regel das IQWiG zur Bewertung und Veröffentlichung eines Gutachtens innerhalb von drei

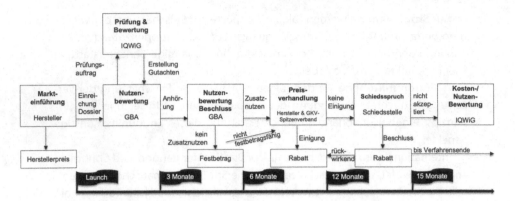

Abb. 3.1 Verfahren der Arzneimittelnutzenbewertung (§ 35a SGB V) nach Bundesministerium für Gesundheit (2010). (Quelle: eigene Darstellung)

Monaten. Anschließend wird das Stellungnahmeverfahren eröffnet. Es findet eine Anhörung des pharmazeutischen Unternehmers statt. Zudem können Experten, Verbände und Interessensgruppen in Schrift- oder Wortform Stellung beziehen. Der G-BA verfasst seinen Beschluss zur Nutzenbewertung auf Grundlage des Dossiers, der IQWiG-Empfehlungen und Erkenntnissen aus dem Stellungnahmeverfahren spätestens 6 Monate nach Beginn des Verfahrens. Der Beschlusstext als auch eine Erklärung der tragenden Gründe werden veröffentlicht (§ 35a SGB V).

Ob ein Zusatznutzen festgestellt wurde, entscheidet, zumindest in der Theorie, über das weitere Verfahren der Preisfindung. Wurde kein Zusatznutzen festgestellt, wird das Arzneimittel einer Festbetragsgruppe zugeordnet. Wurde jedoch ein Zusatznutzen festgestellt oder existiert keine geeignete Festbetragsgruppe, kommt es zur Preisverhandlung, die innerhalb von zwölf Monaten nach Verfahrensbeginn abgeschlossen sein soll. Der pharmazeutische Unternehmer und der GKV-Spitzenverband verhandeln einen Rabatt auf den Herstellerpreis, der bei Einigung ab dem zwölften Monat nach Markteintritt gilt. Kommt es zu keiner Einigung wird die Schiedsstelle eingeschalten und der Rabatt wird durch einen Schiedsspruch fünfzehn Monate nach Markteintritt beschlossen. Der Rabatt gilt in diesem Fall rückwirkend bis zum zwölften Monat nach Markteintritt [18]. Findet der per Schiedsspruch festgelegte Preis keine Akzeptanz, führt das IQWiG eine zusätzliche Kosten-Nutzen-Bewertung nach dem Konzept der Effizienzgrenzen durch. Bislang kam es allerdings noch nicht zu dieser Bewertung [26]. Bis diese Bewertung abgeschlossen ist, gilt der Rabatt per Schiedsspruch.

Für Orphan Drugs besteht eine Sonderregelung: Wenn deren Umsatz 50 Mio. € pro Jahr nicht übersteigt, gilt deren Zusatznutzen bereits durch die Vergabe der Zulassung als belegt (§ 35a SGB V). Der Schritt der Begutachtung durch das IQWiG entfällt. Es findet lediglich die Bewertung durch den G-BA statt, der das Ausmaß des Zusatznutzens bewertet [44].

Das Ausmaß des Zusatznutzens im Vergleich zur zweckmäßigen Vergleichstherapie wird einer der 5 Kategorien zugeordnet: kein, nicht quantifizierbar, gering, beträchtlich und erheblich (Arzneimittelnutzenverordnung). Jeder Kategorie wird bei der Bewertung eine Wahrscheinlichkeit zugeordnet, die einer der drei Ausprägungen entspricht: Beleg, Hinweis, Anhaltspunkt [26].

Die Einschätzung des Ausmaßes des Zusatznutzens der pharmazeutischen Unternehmer fällt erwartungsgemäß positiver aus als die des IQWiG und des G-BA. Zwischen der Bewertung des IQWiG und der des G-BA kommt es allerdings auch zu Unterschieden [8], wobei der G-BA generell „mildere" Bewertungen fasst als das IQWiG. Eine Hypothese ist, dass diese weniger strengen endgültigen Beschlüsse zu einer höheren Akzeptanz der pharmazeutischen Unternehmer führen [13]. Insgesamt wurden seit Einführung der Nutzenbewertung bis Mitte August 2018 (Datengrundlage: AMNOG Reports 2018 der DAK-Gesundheit 2018 und eigene Analyse) 327 Verfahren durch den G-BA abschließend bewertet. Insgesamt 187 Verfahren wurden vom G-BA in mindestens einem Teilanwendungsgebiet mit einem Zusatznutzen bewertet. Das höchste Ausmaß des Zusatznutzens „erheblich" wurde seit Einführung des Nutzenbewertungsverfahrens erst 3-mal vergeben: Für die Wirkstoffe Afatinib (Boehringer Ingelheim Pharma GmbH & Co. KG), Nusinersen (Biogen GmbH) und Propranolol (Pierre Fabre Dermatologie). Das bislang 54-mal vergebene Zusatznutzenausmaß „nicht quantifizierbar" betraf in ca. drei Viertel der Verfahren Orphan Drugs [9].

Die Verfahren sind dominiert von drei Anwendungsgebieten. Die meisten Verfahren (n=127) beziehen sich auf Arzneimittel für die onkologische Behandlung, gefolgt von der Endokrinologie (n=59) und der Infektiologie mit 33 Verfahren [9]. Abb. 3.2 gibt einen Überblick über bislang abgeschlossene Verfahren, gegliedert nach deren Therapiegebiet. Der hohe Anteil an Verfahren für onkologische Erkrankungen, die mit einem Zusatznutzen bewertet wurden sticht besonders hervor.

Die AMNOG-Nutzenbewertung hat außerhalb des beschriebenen Verfahrens allerdings Schwierigkeiten ihre Anwendung auch in der Versorgungspraxis zu finden. Mit dem Arzneimittelversorgungsstärkungsgesetz (2017) wurde ein neuer Prozess bezüglich der praktischen Nutzung der Bewertungen angestoßen. Die Ergebnisse der Nutzenbewertungsverfahren sollen gezielter und schneller im Versorgungsalltag ankommen. Hierzu soll es ein Arztinformationssystem geben, das den Ärzten Auskunft über die Überlegenheit eines Arzneimittels gibt. Aktuell befindet sich das Informationssystem noch in der Entwicklung und Fragen, u. a. zur technischen Implementierung, sind noch zu klären. Die an der Entwicklung Beteiligten unterstreichen, dass es sich dabei nicht um eine Kontrolle oder Steuerung der Verordnungen handelt, sondern vielmehr einen informativen Charakter haben wird [1].

▶ Nahezu alle Unterlagen der Verfahren zur Nutzenbewertung (Dossier zur Nutzenbewertung, IQWiG-Gutachten, G-BA-Beschluss, tragende Gründe zum Beschluss) können Sie über den Internetauftritt des G-BA einsehen. Wenn Sie ein bestimmtes Verfahren suchen, nutzen Sie den Filter nach dem ersten Buchstaben des Wirkstoffs.

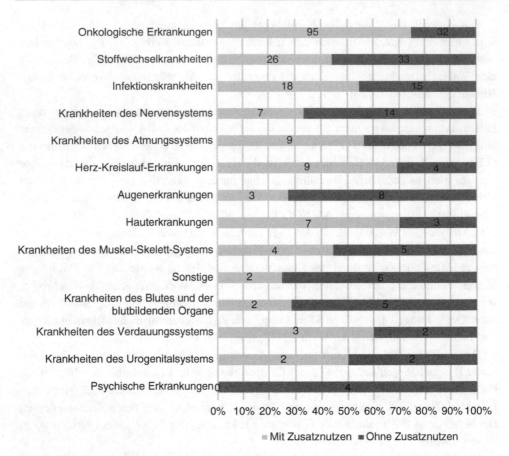

Abb. 3.2 Verteilung der abgeschlossenen Nutzenbewertungsverfahren je Therapiegebiet (Stand: 17.08.2018 nach DAK-Gesundheit 2018 und Daten vom G-BA). (Quelle: eigene Darstellung)

3.3   Nutzenbewertung in der Medizintechnik

Im Unterschied zu den Arzneimitteln wird die Nutzenbewertung in der Medizintechnik, die im Rahmen einer Untersuchungs- und Behandlungsmethode im Krankenhaus eingesetzt wird, nicht mit der Inverkehrbringung eingeleitet, sondern beginnt mit der NUB-Anfrage – eine neu gestellte Anfrage seitens eines Krankenhauses nach § 6 Abs. 2 Krankenhausentgeltgesetz (KHEntgG). Eine NUB-Anfrage kann jährlich bis zum 31. Oktober eines Jahres für das darauffolgende Jahr eingereicht werden. Das Institut für die Entgeltkalkulation (InEK) prüft, ob die jeweilige Methode bereits im DRG-Abrechnungssystem gelistet und entsprechend vergütet wird. Wird die Methode nicht entsprechend vergütet, wird diese mit dem Status 1 gekennzeichnet und es besteht die Möglichkeit einer Vereinbarung eines „extrabudgetären, krankenhausindividuellen Entgeltes" zwischen den

Kostenträgern und den Krankenhäusern im darauffolgenden Jahr. Am 31. Januar jeden Jahres veröffentlicht das InEK seine Beschlussliste [25].

Seit dem 01. Januar 2016 (nach Inkrafttreten des GKV-Versorgungsstärkungsgesetzes) wurde § 137h SGB V zur Bewertung von neuen Untersuchungs- und Behandlungsmethoden mit Medizinprodukten hoher Risikoklasse eingeführt [44]. Es handelt sich hierbei um ein neues „Informations-Übermittlungsverfahren" für Medizinprodukte hoher Risikoklasse. Nach einer erstmaligen NUB-Anfrage für ein Medizinprodukt hoher Risikoklasse seitens des Krankenhauses führt der G-BA eine Nutzenbewertung durch. Erstmalig und zeitgleich müssen Krankenhäuser zusätzliche Informationen über den aktuellen Stand der Forschung und die Anwendung des Medizinproduktes an den G-BA übermitteln [17].

Der § 137h SGB V steht dabei in Verbindung mit der Erprobungsregelung nach § 137e SGB V. Eine Abgrenzung ist der Tab. 3.2 zu entnehmen. Wenn die Informationen im Entscheidungsprozess nicht ausreichen und dem Medizinprodukt das Potenzial einer notwendigen Behandlungsalternative nicht abgesprochen werden kann, beschließt der G-BA eine Erprobung nach § 137e SGB V durchzuführen. Die Erprobung soll dabei helfen, die lückenhafte Erkenntnislage zu schließen. Zu einer Teilnahme der Erprobung nach § 137e Abs. 7 SGB V werden diejenigen Krankenhäuser verpflichtet, die die neue Methode unter Verwendung eines Medizinprodukts der Risikoklassen IIb, III oder aktiv implantierbare Produkte anwenden wollen [44].

Tab. 3.2 Abgrenzung zweier Instrumente der Nutzenbewertung für die Medizintechnik. (Quelle: eigene Darstellung)

Verfahren	Bewertung des Potenzials von NUB „Erprobungsregelung" (Dauer bis Erprobung: 2 Jahre)	Bewertung für neue Methoden mit Medizinprodukten hoher Risikoklassen (Dauer: 4,5 Monate)
Grundlage	§ 137e SGB V	§ 137h SGB V
Anwendungsbereich	Neuartige Behandlungsmethoden (Medizinprodukte)	Invasive, Hochrisiko-Medizinprodukte
Anforderungen, Voraussetzungen	• Effektiver • Weniger invasiv • Weniger Nebenwirkungen Optimierung der Behandlung	• Medizinprodukte der Klassen IIb, III oder aktiv implantierbar • Erstmaliger Antrag • Neues theoretisch-wissenschaftliches Konzept • Geringere Evidenzanforderung (einarmige Interventionsstudien)
Beratung durch G-BA	Ja (kostenpflichtig)	Ja (kostenlos)
Durchführbarkeit	Optional, nur auf Antrag Kosten der Erprobungsstudie trägt i. d. R. das Unternehmen, (kostenlos)	Optional, nur auf Antrag

3.3.1 Ablauf der Nutzenbewertung nach § 137 h SGB V

Durch die Einführung des § 137h SGB V hat der G-BA die gesetzliche Aufgabe, eine Nutzenbewertung durchzuführen. Bevor der G-BA aktiv wird, übermittelt das Krankenhaus eine NUB-Anfrage für eine Methode für ein zugelassenes Medizinprodukt an das InEK (siehe Abb. 3.3).

Der G-BA bietet zudem Krankenhäusern und Medizinproduktehersteller eine Beratung zu den Voraussetzungen der Nutzenbewertung an. Das heißt, es besteht die Möglichkeit, vor einer NUB-Anfrage Informationen an den G-BA zu liefern und die Betroffenheit der Methode und damit des Medizinproduktes klären zu lassen. Es ist zu prüfen, ob die NUB dem § 137h SGB V unterliegt. Kriterien für die Prüfung nach § 137h SGB V sind [17]:

- Handelt es sich um ein Medizinprodukt der Risikoklassen IIb, III oder um ein aktiv implantierbares Medizinprodukt? – *Hochrisikoprodukt*
- Handelt es sich um ein neues theoretisch-wissenschaftliches Konzept? Gibt es grundlegende Unterschiede der NUB zu anderen Methoden? – *Neuartigkeit*

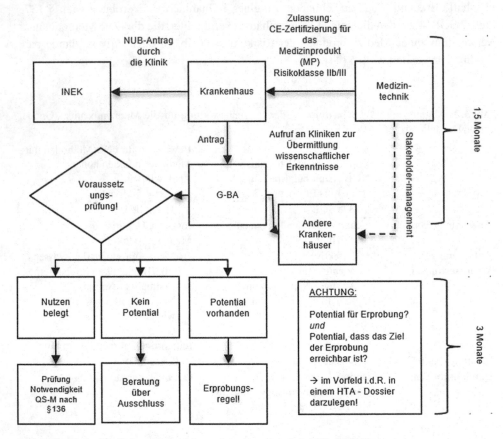

Abb. 3.3 Frühe Medizinprodukte Nutzenbewertung nach § 137h SGB V

- Handelt es sich bei der NUB-Anfrage um einen Erstantrag nach § 6 Abs. 2 KHEntgG? – *Erstmaligkeit*
- Kann die Methode, nach Erfüllung der Kriterien nach § 137c SGB V, im Leistungskatalog der GKV aufgenommen werden? – *GKV-Leistungsanspruch*

▶ In der Verfahrensordnung des G-BA wurde das Kriterium des neuen theoretisch-wissenschaftlichen Konzepts nachträglich konkretisiert. „Als neu gilt eine Methode, wenn vor dem 23. Juli 2015 noch kein Operationen- und Prozeduren-Kode (OPS) für diese vorlag." Medizinprodukthersteller und Krankenhäuser haben die Möglichkeit ein kostenloses Beratungsgespräch nach § 137h Abs. 6 SGBV mit dem G-BA in Anspruch zu nehmen [19]. Dieses Gespräch sollten Sie in jedem Fall führen.

Liegt also eine NUB-Anfrage mit Hochrisikomedizinprodukten, besonders mit invasiven Charakter und mit neuem theoretisch-wissenschaftlichen Konzept vor, sind Krankenhäuser erstmalig dazu verpflichtet Informationen zur Bewertung des Nutzens und des Potenzials der Methode (nach Anlage V der Verfahrensordnung des G-BA: Formular zur Übermittlung von Informationen über den Stand der wissenschaftlichen Erkenntnisse) an den G-BA weiterzuleiten. Somit leitet die NUB-Anfrage den folgenden Bewertungsprozess ein [17].

Die vom Krankenhaus zugesandten Informationen werden (spätestens 2 Wochen nach Eingang) auf der Homepage des G-BA veröffentlicht. Typischerweise haben betroffene Krankenhäuser und Medizinproduktehersteller daraufhin die Möglichkeit innerhalb eines Monats ergänzende Informationen einzureichen. Unter den Informationen befinden sich u. a. Auskünfte über den aktuellen Stand der Forschung. Im Allgemeinen gilt, dass die Weitergabe von Informationen eines Medizinprodukts mit dem Hersteller abgesprochen werden muss [17]. Alle eingereichten Unterlagen werden vom IQWiG beurteilt und anschließend vom G-BA ausgewertet. Für dieses Verfahren haben das IQWiG und der G-BA drei Monate Zeit.

Die Bewertung durch das IQWiG erfolgt auf Grundlage derselben Kriterien der evidenzbasierten Medizin (EbM) (Abschn. 3.2). Das Bewertungsverfahren kann zu drei Ergebnissen führen: Es wird festgestellt, dass ein hinreichend belegter Nutzen vorliegt. Es wird festgestellt, dass die Studie keinen belegten Nutzen aber das Potenzial für eine Alternative zeigt. Oder das Bewertungsverfahren zeigt, dass die Studie weder einen patientenrelevanten Nutzen noch Hinweise auf Potenzial aufweist [17].

Nachdem der Nutzen der Methode als hinreichend belegt eingestuft wurde, untersucht der G-BA, ob Qualitätsvoraussetzungen der Leistungserbringung in einer Richtlinie nach § 137 SGB V zu bestimmen sind. Hat die Methode Potenzial gezeigt, berät der G-BA über eine Richtlinie zur Erprobung nach § 137e SGB V. Ist letztgenanntes der Fall beginnt der G-BA mit einer Besprechung über eine mögliche Abwandlung der Richtlinie *Methoden Krankenhausbehandlung* nach § 137c SGB V [44].

Wurde in der Studie kein Nutzen festgestellt, aber das Medizinprodukt bietet dennoch das Potenzial einer Behandlungsalternative, dann ist eine aufwändigere und meist kostenintensivere Markteinführung erforderlich (Erprobungsstudie nach § 137e SGB V). Kommt es zu einer negativen Bewertung, kann das Medizinprodukt den GKV-Leistungsanspruch verlieren. Ist der Nutzen hingegen ausreichend belegt, so ist der GKV-Leistungsanspruch gesichert.

▶   Das Formular, das von den Krankenhäusern zu verwenden ist, um dem G-BA ihre Informationen über den Stand der wissenschaftlichen Erkenntnisse zu der neuen Untersuchungs- oder Behandlungsmethode zu übermitteln, steht online zur Verfügung [20]. Die Informationsübermittlung löst das Bewertungsverfahren aus. Schon aufgrund der kurzen Zeitfenster und Reaktionszeiten ist es sehr zu empfehlen, sich vorab mit den Krankenhäusern hierzu abzustimmen.

Bislang wurden 22 NUB-Anträge nach § 137h SGB V beim G-BA „beraten". Von den 22 Anträgen nach § 137h SGB V wurden 8 dem IQWiG zur Bewertung vorgelegt. Bei den anderen 14 wurde die Beratung abgeschlossen. Sie wurden zum aktuellen Zeitpunkt nicht weiter bewertet, da entweder der § 137h SGB V nicht maßgeblich oder kein Potenzial ersichtlich war. Der G-BA ist in allen acht Fällen, in denen über das Potenzial entschieden wurde, der Empfehlung des IQWiG gefolgt. Zwei Verfahren (mit Potenzialnachweis) werden in die Erprobungsrichtlinie nach § 137e SGB V überführt. Bei den Methoden handelt es sich um einen ultraschallgesteuerten hochintensiven fokussierten Ultraschall zur Behandlung von Leiomyomen des Uterus sowie des nicht chirurgisch behandelbaren hepatozellulären Karzinoms. Vorausschauend beträgt die Studiendauer 2 bis 3 Jahre und danach muss der G-BA eine abschließende Entscheidung treffen. Für die sieben Verfahren ohne Potenzial wird ein Ausschluss nach § 137c SGB V geprüft [21].

3.3.2   Herausforderungen der Nutzenbewertung von Medizinprodukten und Unterschiede zu Arzneimitteln

Wie bereits erwähnt, gehen mit der Bewertung von Medizinprodukten einige Herausforderungen einher, denn die im Arzneimittelbereich angewandte Methodik lässt sich nicht ohne Weiteres auf Medizinprodukte übertragen. Arzneimittel unterscheiden sich grundlegend von Medizinprodukten. Im Allgemeinen sind Medizinprodukte heterogener, besitzen kürzere Innovationszyklen und die Wirkweise ist grundlegend verschieden.

Während es bei der Zulassung von Arzneimitteln eines Abschlusses von Phase III Studien bedarf, dürfen Medizinprodukte bereits mit einer CE-Kennzeichnung in Umlauf gebracht werden (gemäß § 6 Abs. 1 Medizinproduktegesetz [22]). Die Kennzeichnung bescheinigt die Berechtigung der Herstellung und des Vertriebs im europäischen Wirtschaftsraum. Des Weiteren wird die CE-Kennzeichnung typischerweise vorausgesetzt, damit Medizinprodukte von der GKV erstattet werden können [22]. Darüber hinaus liegt der Fokus der Bewertung von Arzneimitteln auf der Wirksamkeit, während bei Medizinprodukten Sicherheit und Funktion an erster Stelle stehen.

Auch in der Wirkung auf den menschlichen Körper unterscheiden sich Arzneimittel von Medizinprodukten. Arzneimittel sind in dieser Hinsicht komplexer. Ihre kurative Wirkung begründet sich als Wechselwirkung zwischen dem menschlichen Organismus und den Wirkstoffen. Medizinprodukte hingegen entfalten grundsätzlich ihre Wirkung auf den Körper und nicht umgekehrt. Darüber hinaus werden Arzneimittel überwiegend in der Therapie und Prävention eingesetzt, während Medizinprodukt oft nur ein Teil einer medizinischen Intervention (z. B. Operationen) darstellen und oftmals für sich allein genommen keine Therapie begründen.

Diese Besonderheiten von Medizinprodukten haben auch Einfluss auf die Frage der Durchführung von Studien und deren Studiendesigns.

Medizinprodukte wirken hauptsächlich durch physikalische Mechanismen, weshalb nicht nur das Produkt, im Unterschied zur Tablette, sondern eine Vielzahl an Produkten, wie z. B. Implantate, Verbandsmaterial, Operationsbesteck und Infusionsnadeln, berücksichtigt werden müssen. Das Studiendesign muss nahezu alle beteiligten Produkte mit aufnehmen und die Faktoren gegeneinander abwägen. Neben der Fragestellung an sich muss zusätzlich eine Untersuchung des Wirkmechanismus stattfinden. Das Studiendesign zu standardisieren, ist demnach eine große Herausforderung [39].

Das Studiendesign wird im Vorfeld dargelegt und ist nachträglich nicht abänderbar. Das bedeutet, dass sich die Ergebnisse nur eingeschränkt auf die Realität übertragen lassen. Während der Studie, ist es also nicht möglich, auf Veränderungen einzugehen und Schritte für eine mögliche Anpassung einzuleiten (Rigidität). Zusätzlich besteht aufgrund der schnellen Innovationszyklen gerade bei Medizinprodukten die Gefahr, in eine Studie involviert zu sein, während sich die nächste bessere, weiterentwickelte Methode bereits in der Erprobung befindet. Eine Studiendauer, die über der Dauer der Innovationszyklen liegt, kann für die Unternehmen schon aus rein praktischen Erwägungen nicht mehr hinreichend nutzenstiftend sein.

Eine weitere Herausforderung der Nutzenbewertung von Medizinprodukten stellt die geeignete Wahl der Outcomes dar. Um eine frühzeitige Entwicklung abschätzen zu können, wird oft auf Surrogatparameter zurückgegriffen. Sollen bspw. die Effekte einer Metall-auf-Metall-Paarung im Bereich der Hüftendoprothetik auf die langfristig auftretende systemische Metallbelastung untersucht werden, bietet sich der Einsatz von Surrogatparameter, wie der Messung der Metallionenkonzentration an [45]. Die Schwierigkeit liegt darin, die kausalen Zusammenhänge der Surrogatparameter mit den klinischen Endpunkten ausreichend zu begründen.

Auch ethische Aspekte stellen eine größere Hürde dar, insbesondere wenn man gegenüber der Scheinbehandlung (Placebo) vergleichen möchte. Angenommen ein neuer Gelenkersatz wird getestet, den es vorher am Markt so nicht gab. Die Probanden würden in einem RCT zufällig der Kontroll- oder der Interventionsgruppe zugeordnet. In einem solchen Szenario entsteht in der Kontrollgruppe das Problem, dass diese entweder unbehandelt bleiben und sich damit als Kontrollgruppe schon selbst identifiziert haben oder dass diese zum „Schein" behandelt werden. In dem Fall würde der Arzt ziemlich wahrscheinlich gegen die medizinische Ethik verstoßen, weil er durch die Operation ohne konkreten Einsatz des Geräts dem Patienten Schaden, bspw. Operationsnarben, zufügt. Neben den dann unnötigen Risiken der Operation verbleiben zudem Nachbehandlungen. Sowohl eine Scheinbehandlung als auch eine Verblindung sind in solchen Fällen kaum möglich [32].

Dennoch gibt es positive Beispiele, die zeigen, dass auch bei Operationsmethoden eine zweifache Verblindung möglich ist, insbesondere wenn zwischen verschiedenen Verfahren getestet wird. Die *BariSurg*-Studie wurde als multizentrische, randomisierte, kontrollierte doppelblinde Studie für Patienten und Untersucher konzipiert. Verglichen wurde zwischen der Magenschlauchoperation und Magenbypassoperation bei Patienten mit einem BMI zwischen 35–60 kg/m². Es erfolgte eine Verblindung des Patienten und des behandelnden Arztes, jedoch nicht des Operateurs. Damit ist das Problem der Verblindung des Operateurs nicht gelöst, aber dennoch ein gewisses Level an Verblindung gewährleistet [14]. Was aber geschieht mit der Maßnahme, die im Vergleich bei den patientenrelevanten Endpunkten in der Studie unterlegen ist? In einem solchen Fall würde man erwarten, dass die unterlegene Variante wieder entfernt wird, was ebenfalls wieder schwerwiegende Folgen haben kann. Auch hier ist das Verfahren nicht so leicht reversibel wie das Absetzen eines Medikaments.

Eine weitere Herausforderung in der Nutzenbewertung von Medizinprodukten bezieht sich auf die Anwenderqualifikation und die Lernkurveneffekte. Zu Beginn wurde erwähnt, dass Medizinprodukte einen Teil eines Behandlungsprozesses und keine abgeschlossene Anwendung darstellen. Dies führt dazu, dass sich die Wirksamkeit des Medizinprodukts häufig schwer vom medizinischen Endergebnis gesondert betrachten lässt. Medizinprodukte können mit Faktoren in Verbindung gebracht werden, die nicht sofort ersichtlich sind. Zum Beispiel hängt das Ergebnis stark mit den Fertigkeiten, Fähigkeiten und den Erfahrungen des Anwenders (in der Regel des Arztes) zusammen. Wenn ein Arzt mehrfach einen Herzschrittmacher eingesetzt hat, ist dieser in der Handhabung geübter und sicherer [32]. Die Kompetenz des Anwenders spielt also eine entscheidende Rolle. Der innovativste Herzschrittmacher verfehlt seine Wirkung, wenn er nicht richtig eingesetzt wird. Erfahrungsgemäß lässt sich das unterschiedliche Niveau der Operateure, neben einer Randomisierung, durch eine Stratifizierung ausgleichen. Die Operateure werden jeweils nach ihrer operativen Erfahrung geordnet.

▶ Das Studiennetzwerk CHIR-Net, gefördert durch das Bundesministerium für Bildung und Forschung (BMBF) hat sich zum Ziel gesetzt, zum einen Methoden für die Durchführung von klinischen Studien in der Chirurgie weiter zu entwickeln und diese zum anderen auch in ihrem Netzwerk aus chirurgischen Regionalzentren durchzuführen. Sponsor dieser Studien sind das BMBF, die Deutsche Forschungsgemeinschaft, private Stiftungen, Universitäten und die Industrie. Es ist möglich, mit Ideen für Studien an das Netzwerk heranzutreten und von deren Know-how zu profitieren. Eine Übersicht zu bisher durchgeführten Studien ist deren Website zu entnehmen [7].

Als allgemeine unternehmerische Herausforderung sei noch angefügt, dass die mit der Nutzenbewertung eingeführten klinischen Anforderungen und die umfangreichen Dokumentations- und Berichtspflichten insbesondere kleine und mittlere Unternehmen der Medizintechnikbranche, nach Auffassung des Bundesverbandes für Medizintechnik (BVMed), vor große finanzielle Entscheidungen in einer frühen Phase der Unternehmensentwicklung stellt [6]. Insbesondere werden Prüfzeiten der Behörden und der Umfang an nötigen finanziellen Mitteln für Studien von den Medizintechnikhersteller bemängelt. Der enorme Zeitaufwand und die hohen Kosten sind vor allem dem Zustand geschuldet, dass Studien in Deutschland nicht in den täglichen Arbeitsablauf integriert werden und gesondert mit zusätzlichen Personal durchgeführt werden müssen [43].

3.3.3 Multikriterielle Entscheidungsanalyse

Nutzenbewertung im Gesundheitswesen verfolgt wie dargestellt das Ziel, objektiviert zu überprüfen, ob der potenzielle Nutzen einer Technologie (bspw. eines Medizinprodukts) den potenziellen Schaden übersteigt und ob die neue Technologie einen zusätzlichen Patientennutzen zu bereits verfügbaren Technologien darstellt, der auch einen höheren Preis rechtfertigt. Hierbei tritt jedoch, neben den dargestellten Problemen bei der Messung der klinischen Effekte in Studien, noch ein zweites Grundproblem auf: Wer entscheidet anhand welcher Kriterien, was ein „zusätzlicher Patientennutzen" ist und wer entscheidet anhand welcher Kriterien, wann der Nutzen den Schaden übersteigt? Um sich der Lösung dieses Problems zu nähern, kann man zunächst unterscheiden, ob sich der „Nutzen" einer Technologie in nur einem Merkmal beschreiben lässt oder ob der Nutzen aus mehreren Merkmalen besteht bzw. der Nutzen mit einem Schaden einhergeht. Im einfacheren Fall lässt sich der „Nutzen" einer Technologie in nur einem Merkmal beschreiben: Entschließt sich ein Gesundheitssystem, seine Nutzenbewertung bspw. nach dem Kriterium *gewonnene Lebensjahre/life years gained* durchzuführen, so sind die Entscheidungen beim Vorliegen verzerrungsfreier Studien leicht: Technologie A hat genau dann einen zusätzlichen Nutzen zu Technologie B, wenn sie in Studien die Verlängerung des Lebens gegenüber dem Einsatz der Technologie B nachweisen können.

In der Realität ist eine solche Entscheidung anhand eines Kriteriums aber meist nicht ausreichend. Was ist bspw., wenn Technologie B zwar die Lebenserwartung gegenüber Technologie A um einen Monat verlängert, aber der Patient dafür zwei Jahre lang eine deutlich eingeschränkte Lebensqualität in Kauf nehmen muss? Oder wenn Technologie B gleichzeitig mehr Schmerzen bereitet, dafür aber auch die Mobilität steigert? Ein solches Beispiel ist in Tab. 3.3 dargestellt.

Für die Nutzenbewertung müssen die verschiedenen patientenrelevanten Merkmale wie Wirksamkeit, Vermeiden von Nebenwirkungen sowie Auswirkungen auf die Lebensqualität zu einer Gesamtbewertung zusammengefasst werden. Hierfür müssen die einzelnen Merkmale gewichtet und anschließend zu einer Gesamtaussage kombiniert werden.

Tab. 3.3 Beispiel für ein Entscheidungsdilemma. (Quelle: eigene Darstellung)

	Technologie A	Technologie B
Durchschnittliche Lebenserwartung nach Anwendung	10,2 Jahre	10,5 Jahre
Durchschnittliche Schmerzen nach der Anwendung von 1 bis 10	3	9
Auswirkung auf die Mobilität	Hoher Erhalt der eigenen Mobilität	Anwendung sorgt für dauerhafte Mobilitätseinschränkung durch dauerhaft notwendigen Rollstuhlgebrauch

Diese Gewichtung der Therapiemerkmale ist Hauptaufgabe der sogenannten multikriteriellen Entscheidungsfindung.

Die multikriterielle Entscheidungsfindung ist ein Überbegriff, der formale Ansätze beschreibt, die explizit auf die Berücksichtigung mehrerer Kriterien abzielen, um Einzelpersonen oder Gruppen dabei zu helfen, wichtige Entscheidungen zu untersuchen [4]. Da die Patienten die „Endverbraucher" von Gesundheitstechnologien sind, sollte ihre Einschätzung und Bewertung bei Entscheidungsprozessen berücksichtigt werden Die verschiedenen Methoden bzw. Techniken der multikriteriellen Entscheidungsanalyse wurden im Rahmen des Operations Research, des Marketings und der Entscheidungsanalyse entwickelt und auf das Gesundheitswesen adaptiert [27]. Zur Gewichtung verschiedener Endpunkte und der objektivierten Abwägung von Nutzen und Schaden stehen daher verschiedene Instrumente zur Verfügung, die sich auf verschiedene Arten klassifizieren lassen, die aber im Kern alle auf einer Befragung der Patienten basieren.

Zunächst kann in der multikriteriellen Entscheidungsfindung zwischen kompositionellen und dekompositionelle Methoden unterschieden werden. Bei kompositionellen Methoden beurteilen die Patienten, wie wichtig ihnen einzelne Merkmale und Ausprägungen (also in unserem Beispiel die Lebenserwartung, Schmerzen und die Mobilität) sind, woraus dann anschließend eine Bewertung der einzelnen Technologien erfolgt. Bei den dekompositionellen Verfahren dagegen bewerten Patienten direkt ganze Merkmalsbündel (also ganze Technologien), woraus anschließend mit statistischen Analysen wiederum die Teilpräferenzen für die zugrunde liegenden Merkmale ermittelt werden. Der Vorteil der dekompositionelle Methoden besteht darin, dass sie sich näher an den tatsächlichen Entscheidungssituationen der Patienten befinden, da sie sich auch in der Realität nur zwischen ganzen Technologien, nicht aber zwischen einzelnen Attributen entscheiden.

In unserem Beispiel werden also bei allen kompositionellen Methoden die drei Merkmale Lebenserwartung, Schmerzen nach der Anwendung und Auswirkung auf die Mobilität von den befragten Patienten einzeln bewertet und am Ende diese Bewertungen zu einem Gesamtergebnis für die Technologie A und Technologie B zusammengefasst. Bei den dekompositionellen Verfahren würden Patienten diese drei Merkmale immer nur gemeinsam betrachten und über sie entscheiden.

Die einfachste kompositionelle Methode stellt dabei die Methode des Ratings dar: Dabei geben die befragten Patienten an, wie wichtig ihnen jedes Merkmal ist. Dies kann z. B. durch die Vergabe von insgesamt 100 Punkten für die Merkmale je nach ihrer relativen Wichtigkeit geschehen oder anhand der Bewertung jedes Merkmals auf einer Skala von 1 bis 10. Die Patienten würden also bewerten, wie wichtig ihnen eine Verlängerung der Lebenszeit, eine Reduktion der Schmerzen und die Auswirkung auf ihre Mobilität sind und die Endpunkte der Technologien A und B würden entsprechend dieses Urteils gewichtet.

Das meistgenutzte Verfahren der kompositionellen Methoden stellen die analytischen Hierarchieprozesse, kurz AHP, dar. Im AHP-Prozess erfolgen eine direkte, schrittweise Befragung zu den einzelnen Merkmalen und ihren Ausprägungen und eine anschließende Auswertung mithilfe eines statistischen Verfahrens. Hierbei werden Patienten gebeten zu entscheiden, welches von zwei Kriterien ihnen wichtiger ist und um wie viel wichtiger ihnen dieses Kriterium im Vergleich zum anderen Kriterium ist. Die Ergebnisse aller so durchgeführten paarweisen Vergleiche stellen die Grundlage für die Berechnung der geäußerten Präferenzen dar.

Die Paarvergleiche werden wie folgt durchgeführt: Dem wichtigeren zweier Merkmale wird ein Wert zwischen 1 und 9 zugeteilt. Wenn beide Merkmale einer Person gleich wichtig sind, wird eine 1 vergeben, die für Indifferenz steht. Die 9 steht für eine sehr größere Bedeutung des einen im Vergleich zu dem anderen Merkmal. Die Befragten geben für jeden paarweisen Vergleich jeweils separat ihre Bewertung ab.

Ganz ähnlich funktioniert eine weitere kompositionelle Methode, die MACBETH-Methode (Measuring Attractiveness by a Categorical Based Evaluation) genannt wird. Auch hier erfolgt ähnlich wie im AHP ein paarweiser Vergleich der Kriterien. Allerdings werden die Merkmale nicht auf einer numerischen Skala von 1 bis 9 bewertete, sondern auf einer ordinalen, semantischen Skala, die in der Regel 7 Ausprägungen von „kein Unterschied in der Attraktivität" bis „extremer Unterschied in der Attraktivität" aufweist.

Bei den dekompositionellen Verfahren, bei denen über ganze Merkmalsbündel abgestimmt wird, stellt das Discrete-Choice-Experiment (DCE) als Variante der Conjoint-Analyse das wichtigste Verfahren dar. Hierbei bewerten die Patienten, welche Alternative präferiert wird, basierend auf der Ausprägung aller Merkmale. Typischerweise treffen die Patienten die Wahlentscheidungen für fiktive Therapiealternativen (Kombinationen der Attribute und Merkmal). Jeder Patient trifft mehrere Wahlentscheidungen, sodass am Ende über statistische Verfahren die Wichtigkeit einzelner Merkmale und Ausprägungen für die Entscheidung berechnet werden kann.

Ein seltener genutztes Verfahren dekompositioneller Verfahren ist das Best-Worst-Scaling: Hier erhält der Patient immer mindestens drei Kombinationen von Merkmalen und Ausprägungen. Im Gegensatz zum DCE entscheidet er sich nicht für eine Alternative, sondern wählt jeweils die jeweils beste und schlechteste Kombination aus.

Das IQWiG hat in drei Pilotverfahren die Machbarkeit von Methoden der multikriteriellen Entscheidungsfindung für die Nutzenbewertung getestet: zum einen im Juli 2014 die Anwendung eines Discrete-Choice-Experiments bei Hepatitis C, zum anderen Juni 2013 die Methode AHP bei der Therapie der Depression. Im Dezember 2016 erfolgte schließlich ein Pilotprojekt zur Patientenpräferenzmessung bei Parodontopathien mittels eines Discrete-Choice-Experiments.

Bei der Durchführung von Verfahren der multikriteriellen Entscheidungsfindung sollten Sie wie folgt vorgehen [31]:

- Entscheidungsproblem definieren: Beschreiben Sie, wann der Patient vor welcher Entscheidung steht, die analysiert werden soll. Dies kann bspw. die Wahl zwischen verschiedenen Behandlungsoptionen oder auch die Wahl zwischen Behandlung und Nichtbehandlung sein. Hier ist es auch wichtig, dass Sie sich überlegen, wer eigentlich vor der Entscheidung steht, denn die Auswahl der Befragungsteilnehmer sollte sich möglichst eng an der Gruppe orientieren, die in der Versorgung die Entscheidung treffen muss. Insbesondere bei Entscheidungen, die ein hohes Maß an Krankheitserfahrung voraussetzen, sollten auch nur erkrankte Personen befragt werden.
- Behandlungsmerkmale selektieren und strukturieren: Aus welchen patientenrelevanten Merkmalen setzen sich die Alternativen zusammen? Die Antwort kann zum einen durch Literatursuche erfolgen, aber sollte auch immer mit Experten, Klinikern und betroffenen Patienten, besprochen werden. Die Merkmale sollten vollständig sein, also alle relevanten Faktoren für die Entscheidung beinhalten. Sie sollten nicht redundant sein, also keine Faktoren beinhalten, die für die Entscheidung nicht relevant sind. Drittens sollten sie unabhängig voneinander sein, d. h. man muss jedes Merkmal für sich selbst variieren können, ohne dass dies Auswirkungen auf andere Merkmale hat: Sie sollten also nicht die Merkmale „Anwendungsart" mit den Ausprägungen „Pille" und „Spritze" und das Merkmal „Anwendungsschmerz" mit den Ausprägungen „niedrig" und „hoch" in ein Entscheidungsproblem aufnehmen, da diese nicht unabhängig sind: Die Einnahme einer Pille geht für die Probanden sehr wahrscheinlich mit niedrigeren Anwendungsschmerzen einher, weshalb die Anwendungsart nicht unabhängig von den Anwendungsschmerzen bewertet werden kann.
- Ausprägungen selektieren und strukturieren: Jedem Merkmal müssen nun mögliche Ausprägungen zugeordnet werden. Diese sollten sich bei jedem Verfahren der multikriteriellen Entscheidungsfindung an den tatsächlich verfügbaren Behandlungsalternativen orientieren. Idealerweise gehen die Merkmale daher auch aus direkten Vergleichsstudien der Verfahren hervor (Head-to-head-Vergleiche). Für die systematische Erhebung der Merkmalsausprägungen bietet sich eine systematische Literaturrecherche, bspw. über PubMed, an.
- Wahl des Bewertungsverfahren: Zunächst müssen Sie festlegen, ob Sie ein kompositionelles oder ein dekompositionellen Verfahren verwenden wollen. Dekompositionelle Verfahren haben den Vorteil, dass sie näher an den tatsächlichen Auswahlsituationen der Patienten sind. Dies liegt darin begründet, dass auch in der Realität stets ganze Merkmalsbündel gegeneinander abgewogen werden müssen und keine einzelnen Merkmale mit einzelnen Ausprägungen bewertet werden. Allerdings sind dekompositionelle Verfahren aufwendiger in der Umsetzung, da sie eine größere kognitive

Belastung der Probanden darstellen. Es ist daher auch nicht für jede Zielgruppe ein Discrete-Choice-Experiment oder ein Best-Worst-Scaling umsetzbar.

• Gewichtungskriterien bestimmen und Score-Werte berechnen: Die Wahl des statistischen Verfahrens, das aus den Einzelantworten die Präferenzen berechnet, hängt eng mit der Wahl des Bewertungsverfahren zusammen. Für dekompositionelle Verfahren werden meist Variationen der logistischen Regression, bspw. Mixed-logit-Modelle, verwendet.

3.3.4 Adaptive Pathways als ergänzende Methode der Nutzenbewertung

Wie kann die Nutzenbewertung von Medizinprodukten gestaltet sein, um unter den in Abschn. 3.3.1 beschriebenen Herausforderungen, einerseits den Patienten zeitnah Zugang zu Innovationen zu verschaffen und andererseits eine ausreichende Prüfung von Sicherheit und Wirksamkeit zu gewährleiten? Dieser Abschnitt soll einen Ausblick auf eine mögliche Entwicklungsrichtung der Nutzenbewertung geben, die sich aus Analogien zum Pharmamarkt ergibt.

Wie in diesem Kapitel bereits dargestellt, erfolgen die Erstattungsentscheidungen typischerweise nach einer Nutzenbewertung durch die zuständigen Behörden und Institute. Die Nutzenbewertung setzt dabei typischerweise voraus, dass über das zu bewertende Produkt bzw. die zu bewertende Methode bereits ausreichend Daten hoher Evidenzklassen vorliegen. Dieses traditionelle Vorgehen hat den Vorteil, dass Erstattungen der öffentlichen, und damit über Steuern oder Gebühren finanzierten, Gesundheitssysteme nur für evidenzbasierte Produkte und Methoden erfolgt. Dieses Verfahren führt jedoch dazu, dass Innovationen nur zeitverzögert in die Erstattung eingehen und somit allen Patienten zur Verfügung stehen: Bis klinische Studien mit einer hinreichend großen Fallzahl durchgeführt, ausgewertet und einem Nutzenbewertungsverfahren unterzogen wurden, vergehen selbst im besten Fall mehrere Jahre. Bei Medizinprodukten kann sich diese Zeit sogar noch erheblich verlängern, wenn bspw. die Sicherheit eines Produkts erst über mehrere Jahre in klinischen Prüfungen nachgewiesen werden muss, bevor eine Nutzenbewertung für die Erstattung erfolgen kann.

Aus diesem Grund der zeitlichen Verzögerung hat sich sowohl in der Zulassung als auch in der Erstattung, insbesondere von Arzneimitteln, in der Vergangenheit das Konzept der adaptiven Pfade (Adaptive Pathways) entwickelt. Adaptive Pathways sind definiert als ein prospektiv geplanter, iterativer Ansatz, um neue medizinische Innovationen auf den Markt oder in die Erstattung zu bringen [12]. In einem iterativen Vorgehen wird dabei zunächst bei begrenzter Evidenz der Zugang zu einer definierten Subgruppe an Patienten sichergestellt, bei denen es am wahrscheinlichsten ist, dass sie von der Innovation profitieren und der potenzielle Nutzen den potenziellen Schaden übersteigt [10]. Typischerweise werden dies besonders schwer erkrankte Patienten sein, bei denen die etablierten Behandlungsoptionen begrenzt sind. Bei der Behandlung dieser Patienten wird nun systematisch zusätzliche Evidenz zu Nutzen und Risiken des Produkts generiert und bei einer positiven Bewertung die Zielgruppe des Produkts nach und nach erweitert. Auf diesem Weg können Patienten mit einem hohen „unmet need" sehr schnell versorgt werden, ohne dass zu hohe Kostenrisiken für das System entstehen. Durch die Nutzung der Behandlung zur weiteren Evidenzgenerierung können zudem bereits Aussagen zum Nutzen der Therapie in der Versorgungsrealität (Efficacy, Abschn. 9.1) getroffen werden.

Für eine Nutzenbewertung nach dem Konzept der Adaptive Pathways wird idealtypisch wie folgt vorgegangen:

1. Aufstellen eines prospektiv geplanten, iterativen Entwicklungsplans. Dieser beschreibt schrittweise die Evidenzgenerierung auf Basis des Einsatzes bei der ersten Patientenpopulation mit dem höchsten medizinischen Bedarf. Zudem wird beschrieben, wie diese Evidenz genutzt werden kann, um Aussagen zur Behandlung weiterer Populationen zu treffen oder eine Verringerung der Datenunsicherheit zu erzielen. Dies erfolgt, in dem dargestellt wird, wie die zusätzlich gewonnenen Daten Surrogatendpunkte ersetzen, längere Beobachtungszeiträume generieren oder höhere Fallzahlen generieren.
2. Der frühe Einbezug von HTA-Behörden (Kap. 2) und anderen Stakeholdern: Die iterative Evidenzgenerierung, Wahl der Endpunkte und eine Würdigung der Aussagekraft der erhobenen Daten sollten in Konsens mit der jeweiligen HTA-Behörde erfolgen. Bei der Auswahl der ersten Zielpopulation, Relevanz von Endpunkten und Risikomanagement sollte zudem mit Patientenvertretern Einigkeit erzielt werden.
3. Prospektive Planung der Real-World-Daten, die im Rahmen der Adaptive Pathways erhoben werden sollen, um mit Daten hoher Qualität das Risiko/Nutzen-Verhältnis, den therapeutischen Wert und letztlich den Preis der Innovation besser bewerten zu können.

Das Konzept der adaptiven Pfade findet derzeit in Europa insbesondere in der Zulassung von Arzneimitteln Anwendung: In einer Pilotphase hat die EMA 68 Anträge für Medikamente erhalten, bei denen der Hersteller auf das Adaptive-Pathways-Konzept zurückgreifen wollte. Hiervon wurden 7 Produkte für eine Adaptive-Pathways-Zulassung ausgewählt und bei 6 dieser 7 Produkte wurden auch die HTA-Behörden in den Prozess eingebunden [11].

3.4 Fazit

Wie könnte perspektivisch eine Überführung dieses Adaptive-Pathways-Konzepts in die Nutzenbewertung von Medizinprodukten für die Erstattung durch die gesetzliche Krankenversicherung in Deutschland aussehen?

Für eine Nutzenbewertung mittels Adaptive Pathways kommen Medizinprodukte infrage, die Bestandteil einer neuen Untersuchungs- und Behandlungsmethode sind. Diese Medizinprodukte dürfen regulär zulasten der GKV im Rahmen der stationären Durchführung von neuen Untersuchungs- und Behandlungsmethode eingesetzt werden, wenn sie dem allgemein anerkannten Stand der medizinischen Erkenntnisse entsprechen. Dies wird der Fall sein, wenn für den Einsatz des Medizinprodukts einwandfrei durchgeführte RCTs mit positiven Ergebnissen vorliegen und somit Konsens bei den Ärzten hinsichtlich ihres Nutzens besteht. Durch die oben genannten systematischen Probleme, die bei Medizinprodukten bei der Planung und Durchführung von RCTs entstehen, gelangen jedoch viele Medizinprodukte ohne einen positiven Wirkungsnachweis durch RCTs auf den Markt. Neben der praktischen Durchführbarkeit können auch die hohen Durchführungskosten für RCTs Medizinproduktehersteller von der Durchführung von RCTs zur Markteinführung abhalten. Daneben kann auch das Ziel bestehen, Innovation schnell einer breiten Masse an Patienten zur Verfügung zu stellen, was regelmäßig durch langdauernde klinische Studien verhindert wird.

Für derartige Medizinprodukte, die zwar noch keinen Nutzen- oder Überlegenheitsnachweis durch RCTs belegt haben, die aber das Potenzial einer erforderlichen Behandlungsalternative bietet, kann der G-BA eine Erprobungsrichtlinie nach § 137e SGB V erlassen (Kap. 4). Wird eine solche Erprobungsrichtlinie erlassen, so übernimmt die gesetzliche Krankenversicherung einen Teil der Studienkosten. Abweichend zu einem RCT vor Markteinführung, beteiligt sich also bei einem derartigen RCT nach Markteinführung das öffentliche Gesundheitssystem an den Studienkosten.

Die Erprobungsregelung nach § 137e SGB greift daher die Idee der Adaptive Pathways auf: Die Krankenkassen übernehmen für eine Population mit dem höchsten ungedeckten medizinischen Bedarf oder einer hohen Krankheitsschwere die Kosten für die neue Methode. Gleichzeitig werden über die Behandlung dieser Patienten im Rahmen der Erprobungsstudie Daten systematisch erhoben, die eine weitere Evaluierung der Methode erlauben: Hierzu zählen insbesondere das Auftreten von „adverse events" und andere Daten zur Sicherheit des Medizinprodukts sowie medizinische Daten, die Aussagen über die Effektivität des Produkts erlauben. Nach einem geeigneten Beobachtungszeitraum (z. B. 1 Jahr) erfolgt die Auswertung der Ergebnisse und eine Nutzenbewertung nach § 137c SGB V: Erweist sich die neue Methode in der Erprobung als effektiv und übersteigt der Nutzen die Risiken der Methode, erfolgt eine Ausweitung der Erstattung entweder auf alle Patienten der GKV oder auf eine weitere, größere Subpopulation, anhand derer die Nutzenbewertung weiter verfeinert wird.

Ergänzend oder alternativ könnte mittels Adaptive Pathways im Rahmen des § 137e SGB V auch eine Reduktion der Unsicherheit erfolgen: Hierfür würden für die Bestätigung des Potenzials einer erforderlichen Behandlungsalternative klinische Daten zu Surrogatendpunkten genügen. Im Rahmen der Erprobungsrichtlinie würden nun Daten zu patientenrelevanten Endpunkten wie Mortalität, Morbidität und Lebensqualität gesammelt und bei einer anschließenden Nutzenbewertung nach § 137c SGB V ausgewertet. Auf Basis dieser Nutzenbewertung könnte anschließend die vollständige und reguläre Erstattung in der GKV erfolgen.

Zusammenfassend kann daher gesagt werden, dass die heutigen Regelungen in §§ 137e und 137c SGB V bereits die Möglichkeiten für eine Adaptive-Pathways-Lösung für Medizinprodukte beinhalten. Allerdings stehen die langen Zeiträume, die bei der Implementierung einer § 137e-Richtlinie zu beachten sind, der Grundidee der Adaptive Pathways, nämlich einem schnellen Zugang von Innovation für Patienten mit hohem „unmet need", derzeit entgegen: Der Gemeinsame Bundesausschuss entscheidet nur einmal jährlich über neue Erprobungsrichtlinien. Nach der Entscheidung wird zunächst eine Durchführungsrichtlinie beschlossen, hier ist mit ca. neun Monaten plus 2 Monate Prüfung durch das Bundesministerium für Gesundheit zu rechnen. Anschließend wird der Auftrag der Studiendurchführung an eine wissenschaftliche Institution ausgeschrieben, hier ist mit nochmals 8 bis 10 Monaten zu rechnen. Es ist derzeit also selbst im günstigsten Fall mit mind. 2 Jahren zu rechnen, bevor im Rahmen einer Erprobung der erste Patient zulasten der GKV behandelt werden kann [19].

Wenn von einem „schnellen Zugang" im Rahmen der Adaptive Pathways die Rede ist, muss diese Zeit also mindestens eingeplant werden.

Für Sie als Medizinprodukthersteller heißt dies Folgendes:

1. Bedenken Sie neben den Vorschriften der MDR auch immer die Vorgaben der Erstattung in den öffentlichen Gesundheitssystemen: Die Evidenzanforderungen an Ihre Produkte nimmt zu und Sie werden in vielen Fällen randomisierte, kontrollierte Studien benötigen, um Erstattungspreise zu sichern und zu erhalten, selbst wenn Sie diese gemäß MDR für die Zulassung nicht benötigen.
2. Überlegen Sie sich, bei neuen Produkten und bei Bestandprodukten, ob Sie bei der Evidenzgenerierung im Rahmen von Adaptive Pathways vorgehen können und ob Sie hierfür die Regelungen des § 137e SGBV nutzen können: Sie erhalten so während der Erprobungsregelung Zugang zu GKV-Patienten und eine Teilfinanzierung Ihrer Studienkosten. Bei einer erfolgreich verlaufenden Erprobung können Sie das Patientenpotenzial anschließend weiter ausbauen.
3. Planen Sie aber auch für Nutzenbewertung nach dem Adaptive-Pathways-Prinzip ausreichend Zeit ein: Obwohl die Erprobungsregelung als Idee der Adaptive Pathways ein beschleunigtes Verfahren darstellt, sollten Sie mit mindestens zwei Jahren rechnen, bevor der erste Patient zulasten der GKV behandelt werden kann. Betreiben Sie hier frühzeitig Erwartungsmanagement, bspw. Richtung internationalem Hauptquartier, Investoren und anderen Stakeholdern.

Literatur

1. Ärzteblatt (2018) Rechtsverordnung zum Arztinformationssystem soll im Juni kommen. https://www.aerzteblatt.de/nachrichten/91957/Rechtsverordnung-zum-Arztinformationssystem-soll-im-Juni-kommen. Zugegriffen am 15.08.2018
2. AWMF – Arbeitsgemeinschaft der Wissenschaftlichen Medizinischen Fachgesellschaften (o. J.) AWMF-Regelwerk Leitlinien: Graduierung der Empfehlungen. https://www.awmf.org/leitlinien/awmf-regelwerk/ll-entwicklung/awmf-regelwerk-03-leitlinienentwicklung/ll-entwicklung-graduierung-der-empfehlungen.html. Zugegriffen am 08.08.2018

3. Beinlich P, Müller-Berghaus J, Sudhop T, Vieths S, Broich K (2015) Zusammenspiel zwischen Zulassung und Nutzenbewertung von Arzneimitteln. Bundesgesundheitsblatt 58(3):227–231
4. Belton V, Stewart TJ (2012) Multiple criteria decision analysis: an integrated approach. Kluwer Academic Publishers, Massachusetts
5. Bundesministerium für Gesundheit (2010) Die Spreu vom Weizen trennen – Arzneimittel-marktneuordnungsgesetz (AMNOG). https://www.bundesgesundheitsministerium.de/fileadmin/ Dateien/5_Publikationen/Gesundheit/Broschueren/Broschuere_Die_Spreu_vom_Weizen_tren-nen_-_Das_Arzneimittelmarktneuordnungsgesetz.pdf. Zugegriffen am 16.08.2018
6. BVMed (2014) Abgrenzung – Unterschiede zwischen Medizinprodukten und Arzneimitteln. https://www.bvmed.de/de/recht/was-sind-medizinprodukte/unterschiede-zu-arzneimitteln. Zugegriffen am 20.08.2018
7. Chir-Net (2018) Chir-Net – Homepage. http://www.chir-net.de/. Zugegriffen am 21.08.2018
8. DAK-Gesundheit (2017) AMNOG-report 2017 – Nutzenbewertung von Arzneimitteln in Deutschland. https://www.dak.de/dak/download/amnog-report-2017-1891614.pdf. Zugegriffen am 08.08.2018
9. DAK-Gesundheit (2018) AMNOG-report 2018. https://www.dak.de/dak/download/amnog-re-port-2018-1985462.pdf. Zugegriffen am 08.08.2018
10. Eichler HG, Baird LG, Barker R, Bloechl-Daum B, Børlum-Kristensen F, Brown J, Chua R, Del Signore S, Dugan U, Ferguson J, Garner S, Goettsch W, Haigh J, Honig P, Hoos A, Huckle P, Kondo T, Le Cam Y, Leufkens H, Lim R, Longson C, Lumpkin M, Maraganore J, O'Rourke B, Oye K, Pezalla E, Pignatti F, Raine J, Rasi G, Salmonson T, Samaha D, Schneeweiss S, Siviero PD, Skinner M, Teagarden JR, Tominaga T, Trusheim MR, Tunis S, Unger TF, Vamvakas S, Hirsch G (2015) From adaptive licensing to adaptive pathways: delivering a flexible life-span approach to bring new drugs to patients. Clin Pharmacol Ther 97(3):234–246
11. European Medicines Agency (2016) Final report on the adaptive pathways pilot. http://www. ema.europa.eu/docs/enGB/documentlibrary/Report/2016/08/WC500211526.pdf. Zugegriffen am 20.08.2018
12. European Medicines Agency (2018) Adaptive pathways. http://www.ema.europa.eu/ema/index. jsp?curl=pages/regulation/general/generalcontent000601.jsp. Zugegriffen am 20.08.2018
13. Fischer KE, Stargardt T (2014) Early benefit assessment of pharmaceuticals in Germany: ma-nufacturers' expectations versus the Federal Joint Committee's decisions. Med Decis Mak 34(8):1030–1047
14. Fischer L, Wekerle AL, Bruckner T, Wegener I, Diener MK, Frankenberg MV, Gärtner D, Schön MR, Raggi MC, Tanay E, Brydniak R, Runkel N, Attenberger C, Son MS, Türler A, Weiner R, Büchler MW, Müller-Stich BP (2015) BariSurg trial: Sleeve gastrectomy versus Roux-en-Y gastric bypass in obese patients with BMI 35–60 kg/m(2) – a multi-centre randomized patient and observer blind non-inferiority trial. BMC Surg 15:87
15. G-BA – Gemeinsamer Bundesausschuss (2013) Erstellung und Einreichung eines Dossiers zur Nut-zenbewertung gemäß § 35a SGB V – Format und Gliederung des Dossiers, einzureichende Unterla-gen, Vorgaben für technische Standards. https://www.g-ba.de/downloads/17-98-3518/2013-04-18_ Anl2_1_Erstellung-Einreichung-Dossier.pdf. Zugegriffen am 08.08.2018
16. G-BA – Gemeinsamer Bundesausschuss (2016) Erprobungsregelung nach § 137e SGB V. https:// www.g-ba.de/institution/themenschwerpunkte/erprobungsregelung/. Zugegriffen am 07.08.2018
17. G-BA – Gemeinsamer Bundesausschuss (2016) Neue Untersuchungs- und Behandlungsme-thoden mit Medizinprodukten hoher Risikoklasse – Verfahren nach. § 137h SGB V. https:// www.g-ba.de/institution/themenschwerpunkte/137h#abschnitt-9. Zugegriffen am 08.08.2018
18. G-BA – Gemeinsamer Bundesausschuss (2017) Die Nutzenbewertung von Arzneimitteln gemäß § 35a SGB V. https://www.g-ba.de/institution/themenschwerpunkte/arzneimittel/nutzenbewer-tung35a. Zugegriffen am 08.08.2018

19. G-BA – Gemeinsamer Bundesausschuss (2017) Verfahrensordnung 1 Verfahrensordnung Stand: 7. August 2017 des Gemeinsamen Bundesausschusses. https://www.g-ba.de/downloads/62-492-1436/VerfO_2017-04-20_iK-2017-08-05.pdf. Zugegriffen am 08.08.2018
20. G-BA – Gemeinsamer Bundesausschuss (2018) Formulare. https://www.g-ba.de/institution/themenschwerpunkte/137h/formulare/. Zugegriffen am 08.08.2018
21. G-BA – Gemeinsamer Bundesausschuss (2018) Verfahren nach § 137h SGB V https://www.g-ba.de/informationen/verfahren-137h/?sort=status&direction=asc&seite=1. Zugegriffen am 08.08.2018
22. Gesetz über Medizinprodukte (2017) Medizinproduktegesetz – MPG Stand: Letzte Änderung: durch Artikel 7 vom 18.07.2017
23. Gibis B, Gawlik C (2001) Hierarchie der Evidenz – Die unterschiedliche Aussagekraft wissenschaftlicher Untersuchungen. Bundesgesundheitsblatt 44(9):876–882
24. GKV-Spitzenverband (2012) Positionen des GKV-Spitzenverbandes zu notwendigen Reformen des Medizinprodukterechts – Langfassung. https://www.gkv-spitzenverband.de/media/dokumente/presse/publikationen/Positionspapier_Medizinprodukte_lang_10-2012.pdf. Zugegriffen am 14.08.2018
25. InEK (2018) Aufstellung der Informationen nach § 6 Abs. 2 KHEntgG für 2018. https://www.g-drg.de/G-DRG-System_2018/Neue_Untersuchungs-_und_Behandlungsmethoden_NUB/Aufstellung_der_Informationen_nach_6_Abs._2_KHEntgG_fuer_2018. Zugegriffen am 07.09.2018
26. IQWiG – Institut für Qualität und Wirtschaftlichkeit im Gesundheitswesen (2017) Allgemeine Methoden. Version 5. https://www.iqwig.de/de/methoden/methodenpapier.3020.html. Zugegriffen am 07.08.2018
27. IQWiG – Institut für Qualität und Wirtschaftlichkeit im Gesundheitswesen (2013) Analytic Hierarchy Process (AHP) – Pilotprojekt zur Erhebung von Patienten-präferenzen in der Indikation Depression, IQWiG-Berichte – Nr. 163
28. Kreienbrock L, Pigeot I, Ahrens W (2012) Epidemiologische Methoden, 5. Aufl. Springer, Berlin/Heidelberg
29. Mangiapane S, Velasco-Garrido M (2009) Surrogatendpunkte als Parameter der Nutzenbewertung. DIMDI, Köln
30. Markides V (2017) CABANA – the (not so) neutral study. Eur Heart J 39(30):2769
31. Marsh K et al (2016) Multiple criteria decision analysis for health care decision making – emerging good practices: report 2 of the ISPOR MCDA. Value Health 19:125–137
32. Mühlbacher AC, Juhnke C (2016) Adaptive Nutzenbewertung für Untersuchungs- und Behandlungsmethoden mit Medizinprodukten hoher Klassen: Die Abwägung von Patientennutzen, Evidenz und Zugang. Medizinisch Wissenschaftliche Verlagsgesellschaft, Berlin
33. Mühlbacher AC, Juhnke C (2018) Nutzenbewertung für Untersuchungs- und Behandlungsmethoden mit Medizinprodukten hoher Klassen: Die Abwägung von Patientennutzen, Evidenz und Zugang. Das Gesundheitswesen 80:80–87
34. Olberg B, Fuchs S, Matthias K, Nolting A, Perleth M, Busse R (2017) Evidence-based decision-making for diagnostic and therapeutic methods: the changing landscape of assessment approaches in Germany. Health Res Policy Syst 15(89):89–99
35. Otto C, Eysel P, Zaghooni K (2012) Verblindung und Randomisierung in der chirurgischen Studie – Nicht möglich! Oder doch? Erfahrungen eines Studienzentrums. Deutsche Gesellschaft für Chirurgie. 129. Kongress der Deutschen Gesellschaft für Chirurgie. Berlin. 24.–27.04.2012
36. Perleth M, Busse R, Gerhardus A, Gibis B, Lühmann D, Zentner A (2014) Health Technologie Assesment – Konzepte, Methoden, Praxis für Wissenschaft und Entscheidungsfindung, 2. Aufl. Medizinisch Wissenschaftliche Verlagsgesellschaft, Berlin
37. PRISMA (2015) PRISMA – Transparent reporting of systematic reviews and meta-analyses. http://www.prisma-statement.org. Zugegriffen am 16.08.2018

38. Richter B (2006) Stärken und Limitationen von randomisierten klinischen Untersuchungen (RCT). Diabetologe 2(Suppl 1):15–20
39. Rost M (2012) Design und Auswertung einer Medizinproduktstudie – nur die Variation einer Arzneimittelstudie? https://www.gkm-therapieforschung.de/wp-content/uploads/2015/06/dzkfmedizin.pdf. Zugegriffen am 20.08.2018
40. Rüther A, Hermann K, Hebborn A, Perleth M (2018) HTA und aktuelle Herausforderungen: Harmonisierung, Real World Data und Surrogatparameter. GMS Med Inform Biom Epidemiol 14(1):1–10
41. Schöffski O, Graf von der Schulenburg J (2000) Gesundheitsökonomische Evaluationen, 2. Aufl. Springer, Berlin/Heidelberg
42. Scottish Medicines Consortium (o. J.) Advising on new medicines for Scotland. https://www.scottishmedicines.org.uk/. Zugegriffen am 07.09.2018
43. Seidel D, Brass P, Eglmeier W, Neugebauer EAM (2014) Nutzenbewertung von Medizinprodukten in der chirurgischen Praxis – Probleme und Lösungsmöglichkeiten. Chirurg 85(5):407–415
44. Sozialgesetzbuch fünftes Buch (SGB V) (2017) Gesetzliche Krankenversicherung. Stand: Zuletzt geändert durch Art. 4 G v. 17.08.2017
45. Stiehler M, Zobel F, Hannemann F, Schmitt J, Lützner J, Kirschner S, Günther K-P, Hartmann A (2014) Komplikationen bei Metall-Metall Gleitpaarungen. Orthopade 43(1):79–91
46. SVR – Sachverständigen Rat Gesundheit (2014) Die Nutzenbewertung von Arzneimitteln nach dem Arzneimittelmarktneuordnungsgesetz (AMNOG) § 35a SGB V. https://www.svr-gesundheit.de/index.php?id=481. Zugegriffen am 08.08.2018
47. Vfa – Verband der forschenden Pharma-Unternehmen (2014) „Das AMNOG im vierten Jahr" – Erfahrungsbericht und Regelungsvorschläge der forschenden Pharmaunternehmen. https://www.vfa.de/embed/amnog-4tes-jahr-lang.pdf. Zugegriffen am 08.08.2018
48. Zens Y, Fujita N, Windeler J (2015) Nutzenbewertung von Medizinprodukten. Bundesgesundheitsblatt (März) 58(3):240–247
49. Zentner A, Valesco-Garrido M, Busse R (2005) Methoden zur vergleichenden Bewertung pharmazeutischer Produkte – Eine internationale Bestandsaufnahme zur Arzneimittelevaluation. https://portal.dimdi.de/de/hta/hta_berichte/hta122_bericht_de.pdf .Zugegriffen am 08.08.2018

Tino Schubert, Gesundheitsökonom (Diplom) Tino Schubert ist seit 2016 Geschäftsführer der LinkCare GmbH. Er berät Unternehmen der Medizintechnik und pharmazeutischen Industrie insbesondere zu Fragen der Nutzenbewertung, des Marktzugangs und der Kommunikation mit Autoritäten im Gesundheitswesen. Sein Gesundheitsökonomie-Studium absolvierte er an den Universitäten Bayreuth und Valencia und promoviert derzeit zum Doktor der medizinischen Wissenschaft.

Wie die frühe Nutzenbewertung nach § 137h SGB V und die MDR die Marktzugangsanforderungen erweitern

4

Tanja Simic

Inhaltsverzeichnis

T. Simic (✉)
mhplus Betriebskrankenkasse, Ludwigsburg, Deutschland
E-Mail: ts@link-care.de

© Springer Fachmedien Wiesbaden GmbH, ein Teil von Springer Nature 2019
T. Schubert, T. Vogelmann (Hrsg.), *Market Access in der Medizintechnik*,
https://doi.org/10.1007/978-3-658-23476-8_4

Zusammenfassung

Durch die EU-weite MDR, werden verpflichtend ab 2020 neue Standards für das Inverkehrbringen von Medizinprodukten eingeführt. Durch die Neuregelung der klinischen Bewertung nehmen die Evidenzanforderungen bei Marktzugang zu. Zugleich sorgt die frühe Nutzenbewertung nach § 137h SGB V auch nach Zulassung für neue Hürden auf dem Weg in die GKV: Für die Krankenhäuser als Abnehmer der Medizintechnik steigt der Verwaltungsaufwand beim erstmaligem Einsatz eines Hochrisikoprodukts deutlich. Zudem wird auch vom G-BA nun geprüft, ob der Nutzen einer Methode unter Anwendung des Medizinprodukts hinreichend belegt ist und ob Anforderungen an die Qualität in der Leistungserbringung zu regeln sind. Beide Regulierungen führen daher zu einer zunehmenden Anforderung an den Nachweis der wissenschaftlichen Evidenz bei der Markteinführung von Medizinprodukten.

4.1   Einleitung

Die Marktzugangsanforderungen für Medizinprodukte sind weltweit durch eine große Zahl an nationalen und internationalen Vorschriften reglementiert. In der jüngsten Vergangenheit wurden neue Regelungen geschaffen sowie bestehende Vorschriften verschärft, um die Sicherheit von Medizinprodukten zu fördern. Zwei aktuelle Beispiele sind die Einführung einer Regelung in § 137h SGB V zur Bewertung neuer Untersuchungs- und Behandlungsmethoden mit Medizinprodukten hoher Risikoklassen sowie die Einführung der europäischen Verordnung Medical Device Regulation (MDR), mit welchen die Marktzugangsanforderungen für Medizinprodukte weiter erschwert wurden. Einer der Hauptgründe, die bislang das Recht der Medizinprodukte bestimmenden Richtlinien durch die MDR abzulösen, ergab sich durch den sogenannten PIP-Skandal. Ein Hersteller verwendete in krimineller Absicht für Brustimplantate Industriesilikon anstelle hochreinen medizinischen Silikons. Nach Bekanntwerden dieser Machenschaften ergaben sich Überlegungen, wie man zukünftig derartige kriminelle Prozesse durch eine Verschärfung der Richtlinien verhindern könne. Auch bei der Entstehung des § 137h SGB V stand die Gewährleistung bzw. Erhöhung der Versorgungssicherheit im Vordergrund [4].

4.2 Rechtsgrundlagen für Medizinprodukte

In Deutschland regelt das Gesetz über Medizinprodukte (MPG) vom 02.08.1994 den Verkehr mit Medizinprodukten. Es dient der nationalen Umsetzung von drei europäischen (Stamm-)Richtlinien (90/385/EWG [aktive implantierbare medizinische Geräte], 93/42/EWG [sonstige Medizinprodukte] und 98/79/EG [In-vitro-Diagnostika]), die durch spätere Änderungsrichtlinien ergänzt bzw. geändert wurden, zuletzt mit Richtlinie 2007/47/EG vom 05.09.2007 zum 21.03.2010. Das MPG und seine acht ausführenden Rechtsverordnungen enthalten darüber hinaus weitere nationale Regelungen, die hauptsächlich der Überwachung im Markt befindlicher Medizinprodukte dienen.

Am 05.05.2017 wurde die neue EU-Verordnung zu Medizinprodukten MDR im Amtsblatt veröffentlicht. Sie trat am 25.05.2017 in Kraft und gilt ab dem 26.05.2020. Die neue EU-Verordnung soll die bisherigen Medizinprodukterichtlinien ersetzen, nämlich die

- Richtlinie 93/42/EWG über Medizinprodukte (MDD)
- Richtlinie 90/385/EWG über aktive implantierbare Medizinprodukte Active Implantable Medical Devices (AIMD).

Die Richtlinie 98/79/EG über In-vitro Diagnostika wird nicht in der Medical Device Regulation aufgehen, sondern durch eine eigene neue EU-Verordnung ersetzt.

Während eine europäische Richtlinie unter Beteiligung der EU-Mitgliedsländer und der EWR-Staaten erarbeitet wird und gemäß EWG-Vertrag Art. 100a innerhalb einer vorgegebenen Frist (meist 6–24 Monate) über die nationalen Parlamente in nationales Recht umgesetzt werden muss, wird eine EU-Verordnung wie die MDR hingegen von der EU-Kommission in Brüssel ohne direkte Zustimmung der Länderparlamente erlassen und ist innerhalb einer vorgegebenen Frist als europäisches, übernationales Recht anzuwenden. Wenn die bisherigen Medizinprodukterichtlinien am 26.05.2020 von der MDR – welche die zwei genannten Richtlinien zusammenfasst – abgelöst werden, dann ist die MDR direkt in allen EU-Mitgliedsstaaten anzuwenden.

Nationale, darüber hinausgehende Anforderungen sind weiterhin möglich. Die EU-Staaten müssen die nationalen Gesetze bzw. Verordnungen anpassen, da die Regelungen entweder in der MDR aufgehen oder die Verweise auf die Medizinprodukterichtlinien mit der Ablösung durch die MDR ungültig werden. Das deutsche Medizinproduktegesetz wird dann voraussichtlich als rechtliche Basis für die nationalen Medizinprodukteverordnungen, vor allem für die Medizinproduktebetreiberverordnung, dienen. Außerdem müssen die Strafvorschriften auf nationaler Ebene geregelt werden.

Weitere Vorschriften finden sich im SGB V, z. B. § 137h SGB V, welcher die Bewertung neuer Untersuchungs- und Behandlungsmethoden mit Medizinprodukten hoher Risikoklassen regelt. Der § 137h SGB V wurde mit dem am 23.07.2015 in Kraft getretenen GKV-Versorgungsstärkungsgesetz eingeführt.

4.3 Paragraf 137h SGB V Bewertung neuer Untersuchungs- und Behandlungsmethoden mit Medizinprodukten hoher Risikoklassen

4.3.1 Anwendungsbereich

Der Anwendungsbereich des § 137h SGB V umfasst stationär zu erbringende Untersuchungs- und Behandlungsmethoden,

- für die erstmalig von einem Krankenhaus eine Anfrage gemäß § 6 Abs. 2 KHEntG beim Institut für Entgeltsystem im Krankenhaus (InEK) gestellt wurde,
- deren technische Anwendungen maßgeblich auf dem Einsatz eines Medizinprodukts mit hoher Risikoklasse beruhen und
- welche ein neues theoretisch-wissenschaftliches Konzept aufweisen.

4.3.1.1 Stationärer Bereich

Der § 137h SGB V betrifft ausschließlich stationär zu erbringende Untersuchungs- und Behandlungsmethoden. Neue Untersuchungs- und Behandlungsmethoden dürfen in der ambulanten Versorgung zulasten der Krankenkassen nach Maßgabe des § 135 SGB V nur erbracht werden, wenn der G-BA in Richtlinien nach § 92 Abs. 1 S. 2 Nr. 5 SGB V eine Empfehlung über deren diagnostischen und therapeutischen Nutzen abgegeben hat. Diese als Verbot mit Erlaubnisvorbehalt charakterisierte Regelung hat zur Folge, dass, sofern nicht ein Fall des § 2 Abs. 1a SGB V (Nikolaus-Beschluss), ein Seltenheitsfall oder ein Systemversagen vorliegen, sich der Leistungsanspruch des Versicherten im ambulanten Bereich nur auf diejenigen neuen Untersuchungs- und Behandlungsmethoden erstreckt, die vom G-BA positiv bewertet und anschließend vom Bewertungsausschuss in den einheitlichen Bewertungsmaßstab (EBM) aufgenommen worden sind (B 1 KR 44/12 R, juris Rn. 13). Dies gilt in der stationären Versorgung nicht, vielmehr dürfen die Krankenhäuser die Leistung erbringen, solange diese nicht vom G-BA negativ bewertet und ausgeschlossen wurde (vgl. hierzu noch Abschn. 4.3.2.3).

4.3.1.2 Erstmalige Anfrage

Das Bewertungsverfahren nach § 137h SGB V wird ausgelöst durch die Anfrage eines Krankenhauses nach § 6 Abs. 2 Satz 3 KHEntG beim InEK. Mit der Anfrage wird die Überprüfung eingeleitet, ob die angefragte Leistung noch nicht von der bestehenden

Fallpauschale für die maßgebliche Behandlungsprozedur abgedeckt wird und somit ein Zusatzentgelt nach § 6 Abs. 2 S. 1 KHEntG vereinbart werden kann.

Weitere Voraussetzung ist, dass es sich um eine erstmalige Anfrage handelt. „Erstmaligkeit" liegt bei zutreffendem Verständnis dann vor, wenn noch kein Krankenhaus jemals zu der betreffenden Methode eine zulässige und vollständige Anfrage nach § 6 Abs. 2 S. 2 KHEntG gestellt hat, unabhängig von dem Ergebnis, welches diese Anfrage auslöste [5, 14]. Abgestellt wird hinsichtlich der Erstmaligkeit, dass die Anfrage nicht bereits zuvor von einem Krankenhaus gestellt wurde, auf die vom InEK veröffentlichten Listen, welche die bereits bewerteten Methoden enthalten. Der G-BA sieht die Auskunft des InEK als verbindlich an, es sei denn, dem G-BA liegen Informationen vor, dass die Erstmaligkeit nicht gegeben ist, z. B. weil er die Methode nach § 137h SGB V bereits geprüft hat (§ 34 Abs. 6 VerfO G-BA). Allerdings beschreiben die Listen des InEK die Methoden nur namentlich und zeigen nicht die Indikationsgebiete, für die die Methode angewandt werden soll. Da es der Gesetzgeber versäumt hat, den Begriff „erstmalig" zu definieren, verbleibt daher die Unsicherheit, ob es sich tatsächlich um eine erstmalige Anfrage handelt. Einen Abgleich zwischen damaliger und aktueller Anfrage könnte nur das InEK vornehmen, welches aber bisher weder gegenüber dem Krankenhaus noch gegenüber dem G-BA zur entsprechenden Auskunft verpflichtet ist [14].

▶ Bevor Sie die Anfrage stellen, sollten Sie sich über die von InEK veröffentlichten Listen informieren und eine Vorabeinschätzung der „Erstmaligkeit" vornehmen. Es macht auch Sinn mit Kollegen zu sprechen, bei denen ein Antrag abgelehnt wurde, weil die Erstmaligkeit bezweifelt wurde. Ihre Argumente und Belege müssen sich gut zu bestehenden Anträgen abgrenzen lassen. Planen Sie hierfür Recherchezeit ein.

4.3.1.3 Informationsübermittlung

Mit der Anfrage beim InEK hat das Krankenhaus zugleich dem G-BA Informationen über den Stand der wissenschaftlichen Erkenntnisse zu dieser Methode sowie zu der Anwendung des Medizinprodukts zu übermitteln, anhand derer dieser prüfen kann, ob die Voraussetzungen für eine Bewertung nach § 137h Abs. 1 S. 4 SGB V vorliegen und auf deren Grundlage dieser ggf. die vorläufige Nutzenbewertung durchführen kann.

Für die Informationsübermittlung ist das vom G-BA zur Verfügung gestellte Formular zu verwenden. Das ausgefüllte Formular, einschließlich der begründenden Unterlagen, ist auf einer DVD abzuspeichern. Die DVD darf nicht kopiergeschützt sein. Für alle einzureichenden Dokumente gilt, dass diese nicht geschützt sein dürfen, d. h., sie müssen ohne Kennworteingabe lesbar, speicherbar und druckbar sein. Die DVD sowie das ausgedruckte und unterschriebene Formular sind an den G-BA postalisch zu übermitteln.

4.3.1.4 Medizinprodukte mit hoher Risikoklasse

Die Bewertung bezieht sich auf Medizinprodukte mit hoher Risikoklasse. Die Definition folgt aus § 137h Abs. 2 SGB V. Demnach sind Medizinprodukte mit hoher Risikoklasse in diesem Sinne solche, bei denen kumulativ zwei Voraussetzungen gegeben sind: Zum einen muss es sich um ein Medizinprodukt der Risikoklasse IIb oder III nach der Richtlinie 93/42/EWG handeln oder um ein aktiv implantierbares Medizinprodukt, welches in seinem Risikopotenzial mit Medizinprodukten der Risikoklasse III vergleichbar ist. Zudem muss die Anwendung einen besonders invasiven Charakter aufweisen. Weitere Konkretisierungen erfolgen sodann durch die Medizinproduktmethoden-Bewertungsverordnung sowie die Verfahrensordnung des G-BA, welche die Definitionen im Wesentlichen wortgleich wiedergeben und zu einer starken Verringerung der zu prüfenden Methoden führen [5, 14].

Ein besonders invasiver Charakter liegt bei einem gesteigerten Risikopotenzial aufgrund Wirkungsweise, Dauer und Ort der Anwendung sowie der Art des Eindringens vor, d. h. etwa bei chirurgisch-invasiven oder implantierbaren Medizinprodukten im Sinne des Anhangs IX der Richtlinie 93/42/EWG [1].

Die Anwendung eines Medizinprodukts, das der Klasse IIb zuzuordnen ist, weist nur dann einen besonders invasiven Charakter auf, wenn das Medizinprodukt mittels Aussendung von Energie oder Abgabe radioaktiver Stoffe gezielt auf wesentliche Funktionen von Organen und Organsystemen, insbesondere des Herzens, des zentralen Kreislaufsystems oder des zentralen Nervensystems einwirkt (§ 2 Abs. 4 MeMBV, § 30 Abs. 4 VerfO G-BA). Der Gesetzgeber geht davon aus, dass nur wenige Medizinprodukte der Risikoklasse IIb unter die Definition fallen können und nennt beispielhaft bestimmte Bestrahlungsgeräte [4]. Dies lässt den Rückschluss zu, dass Medizinprodukte der Risikoklasse III regelmäßig als besonders invasiv gelten können. Die Anwendung eines Produkts, das der Klasse III zuzuordnen ist, z. B. ein Herzkatheter oder ein Koronarstent, weist einen besonderen invasiven Charakter auf, wenn mit dem Einsatz des Medizinprodukts ein erheblicher Eingriff in wesentliche Funktionen von Organen oder Organsystemen, insbesondere des Herzens, des zentralen Kreislaufsystems oder des zentralen Nervensystems einhergeht. Erheblich ist der Eingriff, der die Leistung oder die wesentliche Funktion eines Organs oder eines Organsystems langzeitig verändert oder ersetzt oder den Einsatz des Medizinprodukts in direktem Kontakt mit dem Herzen, dem zentralen Kreislaufsystem oder dem zentralen Nervensystem zur Folge hat (§ 2 Abs. 3 MeMBV, § 30 Abs. 3 VerfO G-BA).

Die Anwendung eines aktiven implantierbaren Produkts weist stets einen besonders invasiven Charakter auf und ist insofern durchweg vom Anwendungsbereich der Norm umfasst. Ein Medizinprodukt ist den aktiven implantierbaren Medizinprodukten zuzuordnen, wenn es sich um ein aktives implantierbares medizinisches Gerät nach Art. 1 Abs. 2 Buchstabe c der Richtlinie 90/385/EWG handelt, dessen Betrieb auf eine elektrische Energiequelle oder eine andere Energiequelle, als die unmittelbar durch den menschlichen Körper oder die Schwerkraft erzeugte Energie angewiesen ist und das dafür ausgelegt ist, ganz oder teilweise durch einen chirurgischen oder medizinischen Eingriff in den menschlichen Körper oder durch einen medizinischen Eingriff in eine natürliche Körperöffnung eingeführt zu werden und dazu bestimmt ist, nach dem Eingriff dort zu verbleiben (§ 3 Abs. 2 MeMBV, § 30 Abs. 2, 2a VerfO G-BA).

Die Verweise in § 137h Abs. 2 SGB V auf die europäischen Regelungen sind als statisch anzusehen, denn anders als etwa in § 7 Abs. 1 MPG fehlt ein Zusatz „in der jeweils geltenden Fassung", der für eine dynamische Verweisung schon aus Bestimmtheitsgründen geboten wäre [1, 14]. Bei einer Änderung der europäischen Regelungen könnte ein Medizinprodukt möglicherweise anders als im Zertifizierungsverfahren klassifiziert werden [14], weil der G-BA an den Verweis in § 137h Abs. 2 SGB V und die dort erfolgte Zuordnung der Medizinprodukte gebunden ist [1]. Dies ist nunmehr insbesondere im Zusammenhang mit der Einführung der MDR zu beachten.

4.3.1.5 Neues theoretisch-wissenschaftliches Konzept

Eine Methode weist ein neues theoretisches Konzept auf, wenn sich ihr Wirkprinzip oder ihr Anwendungsgebiet von anderen, in der stationären Versorgung bereits eingeführten systematischen Herangehensweisen wesentlich unterscheidet (§ 137h Abs. 2 Satz 2 SGB V). Die Definition eines neuen theoretisch-wissenschaftlichen Konzepts orientiert sich damit an der vom BSG im Zusammenhang mit § 135 SGB V in ständiger Rechtsprechung geprägten Begriffsbestimmung (BSG vom 25.08.1999 – B 6 KA 39/98 R, juris Rn. 18). Bei einem theoretisch-wissenschaftlichen Konzept geht es um die Beschreibung einer systematischen Anwendung bestimmter Prozessschritte (Wirkprinzip), die das Erreichen eines diagnostischen bzw. therapeutischen Ziels in einem Anwendungsgebiet wissenschaftlich nachvollziehbar erklären kann (§ 3 Abs. 3 MeMBV, § 31 Abs. 3 VerfO G-BA). Mit dem Erfordernis eines wesentlichen Unterschieds zu einer bereits eingeführten systematischen Herangehensweise löst nicht bereits jede Änderung eines Konzepts eine Überprüfungspflicht aus. Als eine bereits in die stationäre Versorgung eingeführte systematische Herangehensweise gilt jede Methode, deren Nutzen einschließlich etwaiger Risiken im Wesentlichen bekannt ist (§ 3 Abs. 2 MeMBV, § 31 Abs. 2 VerfO G-BA). Zur Beantwortung der Frage, was unter wesentlich zu verstehen ist, bedarf es der Identifizierung einer vergleichbaren eingeführten systematischen Herangehensweise, welche nach dem allgemein anerkannten Stand der medizinischen Erkenntnisse eine zweckmäßige Therapie im Anwendungsgebiet darstellt. Fehlt eine solche Herangehensweise spricht dies bereits für die Wesentlichkeit [1, 14].

In Bezug auf die vergleichbare Methode sind für die Beurteilung eines wesentlichen Unterschieds vor allem das Wirkprinzip und das Anwendungsgebiet maßgebend. Das Wirkprinzip einer Methode unterscheidet sich wesentlich von einer bereits eingeführten systematischen Herangehensweise, wenn der Unterschied in den beschriebenen Prozessschritten entweder dazu führt, dass der theoretisch-wissenschaftliche Begründungsansatz der eingeführten systematischen Herangehensweise nicht ausreicht, um den mit dem Einsatz der zu untersuchenden Methode bezweckten diagnostischen oder therapeutischen Effekt zu erklären und ihre systematische Anwendung zu rechtfertigen, oder zu einer derart veränderten Form der Einwirkung auf den Patienten führt, dass eine Übertragung der vorliegenden Erkenntnisse zum Nutzen einschließlich etwaiger Risiken der bereits eingeführten systematischen Herangehensweise auf die zu untersuchende Methode medizinisch-wissenschaftlich nicht zu rechtfertigen ist (§ 3 Abs. 4 MeMBV, § 31 Abs. 4

VerfO G-BA). Im Hinblick auf das Wirkprinzip sind die Eigenschaften, etwa die konstruktiven Merkmale oder Wirkstoffe, und die Anforderungen des jeweiligen Medizinprodukts an technische Kenntnisse, Erfahrung sowie Aus- und Weiterbildung des vorgesehenen Anwenders zu beurteilen. Letztlich wird für die Bestimmung des Wesentlichen eine Gesamtbetrachtung im Hinblick darauf, ob das Medizinprodukt eine wesentliche Veränderung der Versorgung hinsichtlich patientenrelevanter Endpunkte erwarten lässt und welche Risiken beim Einsatz des Medizinprodukts bestehen, erforderlich sein. Nach vorgenannten Grundsätzen lag etwa – im Rahmen der Prüfung nach § 139 SGB V über die Aufnahme in das Hilfsmittelverzeichnis – den Vakuumstützsystemen VACOped und VACOachill keine neue Behandlungsmethode zugrunde, weil sie auf dem gleichen theoretischen Konzept der Ruhigstellung und Fixierung sowie späteren Mobilisierung der betroffenen Körperstellen beruhen wie herkömmliche Behandlungen mittels Gipsverbänden, Orthesen und orthopädischen Schuhen. Das zugrunde liegende theoretisch-wissenschaftliche Konzept der Behandlungsmethode hat keine wesentliche Änderung erfahren (BSG vom 28.09.2006 – B 3 KR 28/05 R, juris Rn. 32). Bejaht hat der G-BA die Wesentlichkeit des Unterschieds im Wirkprinzip beispielsweise für ultraschallgesteuerten hochintensiv fokussierten Ultraschall (USg-HIFU) zur Behandlung von nicht chirurgisch behandelbaren sekundären bösartigen Neubildungen des Knochens und des Knochenmarks. Bei der Prüfung auf wesentliche Unterschiede im Wirkprinzip hat der G-BA die Herangehensweise der Strahlentherapie herangezogen. Zur Begründung des Unterschieds im Wirkprinzip hat der G-BA ausgeführt, dass sich das Wirkprinzip des USg-HIFU von dem der Strahlentherapie dadurch unterscheidet, dass bei erstgenannter der Zelltod durch Hitzeeinwirkung, bei der Strahlentherapie hingegen durch Schädigung der DNA mithilfe ionisierender Strahlung herbeigeführt wird. Die Wesentlichkeit des Unterschieds hat der G-BA ebenfalls bestätigt, da der theoretisch-wissenschaftliche Begründungsansatz der Strahlentherapie, also die Zellzerstörung durch Auslösung von Zelltod aufgrund DNA-Schädigung, offensichtlich nicht ausreicht, um den mit dem Einsatz des USg-HIFU bezweckten therapeutischen Effektes der Zellzerstörung durch Hitzeeinwirkung zu erklären [6]. Das Anwendungsgebiet einer Methode unterscheidet sich wesentlich von einer bereits eingeführten systematischen Herangehensweise mit gleichem Wirkprinzip, wenn entweder der Unterschied in der spezifischen Indikation dazu führt, dass der theoretisch-wissenschaftliche Begründungsansatz der eingeführten systematischen Herangehensweise nicht ausreicht, um den mit dem Einsatz in der zu untersuchenden spezifischen Indikation bezweckten diagnostischen oder therapeutischen Effekt zu erklären und die systematische Anwendung in dieser Indikation zu rechtfertigen oder bei der zu untersuchenden spezifischen Indikation im Unterschied zu der spezifischen Indikation der bereits eingeführten systematischen Herangehensweise eine derart abweichende Auswirkung zu erwarten ist oder bezweckt wird, dass eine Übertragung der vorliegenden Erkenntnisse zum Nutzen einschließlich etwaiger Risiken der bereits eingeführten systematischen Herangehensweise auf die zu untersuchende spezifische Indikation medizinisch-wissenschaftlich nicht zu rechtfertigen ist (§ 3 Abs. 5 MeMBV, § 31 Abs. 5 VerfO G-BA). Eine wesentliche Änderung oder Erweiterung bereits bekannter Methoden liegt insbesondere dann vor, wenn sich der diagnostische bzw. therapeutische Nutzen aus einer bisher nicht erprobten Wirkungsweise der Methode ergeben soll oder wenn mit der Methode gesundheitliche Risiken verbunden sein könnten, denen bisher nicht nachgegangen wurde, z. B. beim Einsatz einer Kopforthese im Vergleich zu anerkannten Anwendungsgebieten für Orthesen bezüglich des Stütz- und Bewegungsapparates, weil mit dem Einsatz einer Kopforthese im Vergleich zu anderen Orthesen einige spezielle Risiken denkbar sind wie mögliche Auswirkungen auf die Wirbelsäule durch das Gewicht des Helms oder nicht abschließend untersuchte Auswirkungen auf die Temperaturregulation des Säuglings (BSG vom 11.05.2017 – B 3 KR 6/16 R, juris Rn. 42 ff.). Eine neue Wirkungsweise und bisher nicht erforschte Risiken können sich auch aus der Komplexität der Methode oder ihres technischen Ablaufs ergeben (BSG vom 08.07.2015 – B 3 KR 6/14 R, juris Rn. 22).

Eine schrittweise erfolgende Weiterentwicklung einer bereits eingeführten systematischen Herangehensweise, die nicht zu einer wesentlichen Veränderung des zugrunde liegenden theoretisch-wissenschaftlichen Konzepts führt, erfüllt nicht die Voraussetzungen des Verfahrens zur Bewertung neuer Untersuchungs- und Behandlungsmethoden mit Medizinprodukten hoher Risikoklassen. Insbesondere, wenn mit einer schrittweise erfolgenden Weiterentwicklung der Zweck verfolgt wird, das diagnostische oder therapeutische Ziel in höherem Maße zu erreichen, führt dies für sich allein nicht bereits zu einer wesentlichen Veränderung des zugrunde liegenden Behandlungskonzepts (§ 3 Abs. 6 MeMBV, § 31 Abs. 6 VerfO G-BA). Schrittinnovationen, die nicht zu einer wesentlichen Veränderung des zugrunde liegenden Behandlungskonzepts führen, unterliegen daher nicht dem Bewertungsverfahren nach § 137h SGB V [4]. Bei der Bewertung hat der G-BA einen Wertungs- und Gestaltungsspielraum [1].

4.3.2 Ablauf und Inhalt der Bewertung durch den G-BA

4.3.2.1 Benehmen mit dem Medizinproduktehersteller

Im Verfahren nach § 137h SGB V kommt dem Krankenhaus eine zentrale Rolle zu, während der Medizinproduktehersteller nach der gesetzlichen Konzeption eher eine Nebenrolle spielt, obwohl sein Medizinprodukt betroffen ist. Der Medizinproduktehersteller hat neben der Gelegenheit zur Stellungnahme und der Beratungsmöglichkeit im Vorfeld des Antrags nur sein Benehmen nach § 137h Abs. 1 Satz 2 SGB V, damit begrifflich nicht sein Einvernehmen zur Anfrage und Übermittlung der Unterlagen durch das Krankenhaus, zu erklären. Unter Benehmen wird üblicherweise eine Beteiligung zwischen Anhörung und Einvernehmen verstanden. Der Begriff des Einvernehmens wird juristisch üblicherweise als Erfordernis einer Willensübereinstimmung, sodass nur bei Zustimmung des Herstellers das Krankenhaus handeln könnte, definiert. Demgegenüber wird unter dem Begriff Benehmen verstanden, dass zwar eine Information und Berücksichtigung der Stellungnahme zu erfolgen hat, aber gerade keine Zustimmung erforderlich ist. Demzufolge lässt sich das Benehmen nicht als Einvernehmen interpretieren [1].

Losgelöst von der strengen rechtlichen Einordnung der Benehmens-Definition, ist in der Praxis eine entsprechende Absprache mit dem Hersteller naheliegend. Auch wenn das Gesetz hier lediglich von einem „Benehmen" spricht, dürfte die Praxis vielmehr so aussehen, dass – nicht zuletzt aufgrund der enormen wirtschaftlichen Relevanz des Bewertungsverfahrens für den Hersteller – die umfassende wirtschaftliche und juristische Vorbereitung eines NUB-Antrages durch den jeweiligen Medizinproduktehersteller durchgeführt werden wird.

Die Kooperation mit dem Krankenhaus im Rahmen des Bewertungsverfahrens ist auch für den Hersteller sinnvoll: Widerspricht der Hersteller der Anfrage, hat dies zwar für das Krankenhaus keine Bindungswirkung, es wird aber faktisch kaum in der Lage sein, die für eine erfolgversprechende Anfrage erforderlichen Informationen ohne ihn zu generieren und wird die Methode im Zweifel dann auch nicht anwenden. Eine Verpflichtung des Medizinprodukteherstellers zur Herausgabe von Informationen ist mangels Rechtsgrundlage nicht möglich. Auch dem Hersteller können bei fehlender Unterstützung Nachteile entstehen. Wenn die erforderlichen Nutzenbelege nämlich nicht vorgelegt werden, droht ihm der Ausschluss der Methode oder eine Erprobung nach § 137e SGB V. Hingegen kann der kooperierende Hersteller eine zeitliche, inhaltliche und möglicherweise auch finanzielle Koordination aller Krankenhäuser erreichen, welche die Anfrage zugunsten seines Produkts starten wollen [14]. Auch wenn der Gesetzgeber in Abs. 1 Satz 2 abweichend von Abs. 1 Satz 3 den Hersteller in der Einzahl adressiert, begünstigt die Benehmens-Definition natürlich sämtliche Hersteller der zur Anwendung kommenden Hochrisiko-Medizinprodukte, unabhängig davon, ob diese ein Produkt gemeinsam herstellen, verschiedene Produkte in derselben Methode zur Anwendung kommen oder das Krankenhaus mit mehreren Konkurrenzprodukten arbeiten möchte [14].

▶ Vor der Einleitung der Anfrage sollten Sie mögliche Folgen bedenken: Die Anfrage kann zur Erprobung der Methode führen, was mit Kosten verbunden ist. Ist die Finanzierung der Erprobung nicht sichergestellt oder kann das Potenzial für eine erforderliche Behandlungsalternative nicht festgestellt werden, entscheidet der G-BA über den Ausschluss der Methode. Für den Ausschluss einer Methode ist grundsätzlich eine einfache Stimmenmehrheit der Mitglieder des G-BA erforderlich.

Wenn der G-BA auf Grundlage der übermittelten Informationen feststellt, dass der Nutzen zwar noch nicht als hinreichend belegt anzusehen ist, aber die Methode unter Anwendung des Medizinprodukts das Potenzial einer erforderlichen Behandlungsalternative bietet, muss der G-BA innerhalb von 6 Monaten über eine Richtlinie zur Erprobung nach § 137e SGB V entscheiden. Voraussetzung für eine Erprobung ist nach den Vorgaben des § 137e Abs. 6 SGB V zudem die Erklärung betroffener Medizinproduktehersteller, die für die wissenschaftliche Begleitung und Auswertung nach § 137e Abs. 5 SGB V entstehenden Kosten in angemessenem Umfang zu übernehmen. Kommt die Richtlinie zur Erprobung nicht zustande, weil die Finanzierung nicht sichergestellt ist, erlässt der

G-BA gemäß § 137c Abs. 1 S. 4 i. V. m. S. 2 SGB V eine Richtlinie, wonach die Methode im Rahmen einer Krankenhausbehandlung nicht mehr zulasten der Krankenkassen erbracht werden darf.

Es empfiehlt sich daher im Vorfeld der Anfrage, nicht nur die Benehmens-Herstellung zwischen dem Krankenhaus und dem Medizinproduktehersteller zu dokumentieren, sondern auch eine verbindliche Vereinbarung hinsichtlich der Finanzierung für den Fall, dass eine Richtlinie zur Erprobung beschlossen wird, zu treffen. Die beiden Punkte – Benehmens-Herstellung und Finanzierungsvereinbarung – können in einem Dokument schriftlich festgehalten werden. Unter Umständen kann es jedoch sinnvoll sein, zwei getrennte Regelungen zu treffen, falls die Sicherstellung der Finanzierung nicht bereits zu Beginn des Verfahrens bekannt sein soll, sondern erst für den Fall, dass die Erprobung beschlossen wird. Im Zweifel wird der G-BA eher zur Erprobung tendieren, sofern er Kenntnis hat, dass die Finanzierung gesichert ist, statt den Nutzen der Methode als hinreichend belegt zu bewerten. Aus Sicht der Medizinproduktehersteller empfiehlt es sich, die Kostenübernahme zunächst im Sinne des § 137e Abs. 6 SGB V auf den angemessenen Umfang zu beschränken, weil die Höhe der Kosten der Erprobung in der Regel nicht vorab bestimmt werden und auf diese Weise eine ausufernde Kostenbelastung der Medizinproduktehersteller vermieden werden kann. Über die Kostenspanne, mit der für die Studiendurchführung auf Basis von Erfahrungswerten zu rechnen ist, wird der G-BA allerdings im Rahmen des Beratungsgesprächs aufklären.

4.3.2.2 Verfahrensablauf

Das Verfahren zur Bewertung neuer Untersuchungs- und Behandlungsmethoden mit Medizinprodukten hoher Risikoklassen ist in § 137h SGB V i. V. m. der Verfahrensordnung des G-BA geregelt. Das erste zu einer neuen Methode anfragende Krankenhaus wird verpflichtet, dem G-BA zugleich Informationen über den Stand der wissenschaftlichen Erkenntnisse zu dieser Methode sowie zu der Anwendung des Medizinprodukts zu übermitteln. Zur Bündelung des Verfahrens, veröffentlicht der G-BA innerhalb von zwei Wochen nach Eingang der Informationen des anfragenden Krankenhauses im Internet einen Aufruf an andere betroffene Krankenhäuser sowie die betroffenen Medizinproduktehersteller zur Vorlage ergänzender wissenschaftlicher Erkenntnisse zu der Methode und dem Medizinprodukt. Hierfür setzt der G-BA in der Regel eine Frist von einem Monat. Auf Grundlage der vorgelegten Informationen und ggf. eigener Recherchen hat der G-BA innerhalb von drei Monaten eine Bewertungsentscheidung über zu erwartenden Nutzen, Schaden oder Potenzial der Methode unter Anwendung des Medizinprodukts zu treffen [4].

4.3.2.3 Inhalt der Entscheidung des G-BA

Der § 137h Abs. 1 Satz 4 SGB V sieht am Ende des Verfahrens drei Entscheidungsmöglichkeiten des G-BA vor. Der G-BA kann zunächst zum Ergebnis kommen, dass der Nutzen einer Methode unter Anwendung des Medizinprodukts hinreichend belegt ist und im Weiteren prüfen, ob Anforderungen an die Qualität in einer Richtlinie nach § 137 SGB V zu regeln sind.

Weiterhin kommt als Ergebnis in Betracht, dass der Nutzen zwar noch nicht hinreichend belegt ist, aber die Methode das Potenzial einer erforderlichen Behandlungsalternative bietet, sodass der G-BA innerhalb von sechs Monaten über eine Richtlinie zur Erprobung nach § 137e SGB V entscheiden muss. Strittig ist in diesem Zusammenhang, ob im Erprobungszeitraum des § 137c i. V. m. § 137e SGB V die Leistung zulasten der gesetzlichen Krankenversicherung erbracht werden kann. Zum einen wird vertreten, dass solche Leistungen, die nicht ausreichend erprobt sind, nicht in das Leistungsspektrum der gesetzlichen Krankenkassen gehören. Es sei nicht die Aufgabe der gesetzlichen Krankenversicherung, die medizinische Forschung zu finanzieren. Eine neue Behandlungsmethode gehöre deshalb erst dann zum Leistungsumfang der gesetzlichen Krankenversicherung, wenn ihre Erprobung abgeschlossen ist und über Qualität und Wirksamkeit der neuen Methode zuverlässige, wissenschaftlich nachprüfbare Aussagen möglich sind (L 1 KR 104/15, juris Rn. 27, anhängig BSG – B 1 KR 13/16 R; LSG Baden-Württemberg vom 31.08.2016 – L 5 KR 609/16, juris Rn. 38 f., anhängig BSG – B 1 KR 10/17 R.). Zum anderen gibt es die Auffassung, dass im Rahmen der stationären Behandlung die Kriterien der evidenzbasierten Medizin nicht erreicht werden müssen und insoweit ein abgesenkter Maßstab genüge. Begründet wird dies damit, dass im Bereich der ambulanten Versorgung bezüglich neuer Behandlungsmethoden gemäß § 135 Abs. 1 S. 1 i. V. m. § 92 Abs. 1 S. 2 Nr. 5 SGB V ein Verbot mit Erlaubnisvorbehalt gelte, wohingegen bei der stationären Versorgung gemäß § 137c SGB V eine grundsätzliche Erlaubnis mit Vorbehaltsvorbehalt maßgeblich sei, sodass ein Anspruch nur dann ausgeschlossen sei, wenn der G-BA eine negative Stellungnahme abgegeben habe (L 1 KR 391/12, juris Rn. 20). Die zuletzt genannte Auffassung erscheint meines Erachtens vorzugswürdig. Wenn der G-BA keine negative Stellungnahme abgegeben, sondern das Potenzial einer Behandlungsmethode bestätigt hat, spricht dies – jedenfalls im Einzelfall – dafür, dass die Behandlungsmethode bereits über gewisse Qualitäts- und Wirksamkeitsanforderungen verfügt. Ein genereller Ausschluss vom Leistungsumfang der gesetzlichen Krankenversicherung ist daher nicht gerechtfertigt. Das Hessische LSG vertritt nicht den Standpunkt, dass die Behandlungsmethode keinerlei Qualitäts- und Wirksamkeitsanforderungen erfüllen muss. Die Rede ist vielmehr von einem abgesenkten Maßstab, welcher zwar im Einzelfall zu prüfen, im Stadium des § 137c i. V. m. § 137e SGB V jedoch gerechtfertigt ist.

Schließlich kann der G-BA zum Ergebnis gelangen, dass die Methode kein Potenzial für eine erforderliche Behandlungsalternative bietet, insbesondere weil sie als schädlich oder unwirksam anzusehen ist. Ist dies der Fall, darf keine krankenhausrechtliche Entgeltvereinbarung geschlossen werden. Vielmehr ist unverzüglich über eine Richtlinie nach § 137c Abs. 1 Satz 2 SGB V zu entscheiden, mit der Folge, dass die Methode im Rahmen einer Krankenhausbehandlung nicht mehr zulasten der Krankenkassen erbracht werden darf.

4.3.2.4 Beratung

Krankenhäuser und Hersteller von Medizinprodukten können sich im Vorfeld des Verfahrens über dessen Voraussetzungen und Anforderungen im Hinblick auf eine konkrete

Methode beim G-BA beraten lassen (§ 137h Abs. 6 SGB V). Auf diese Weise können bestehende Unklarheiten bereits frühzeitig geklärt werden. Im Rahmen dieser Beratung kann der G-BA verbindlich feststellen, ob die Voraussetzungen für ein Bewertungsverfahren nach § 137h SGB V vorliegen, insbesondere, ob die jeweilige Methode ein neues theoretisch-wissenschaftliches Konzept aufweist und ihre technische Anwendung maßgeblich auf dem Einsatz eines Medizinprodukts mit hoher Risikoklasse beruht. Diese verbindliche Feststellung erfolgt nach Vorlage aussagekräftiger Informationen des Beratungsinteressenten durch einen Beschluss des Plenums des G-BA. Vor Beschlussfassung wird ein Stellungnahmeverfahren unter Beteiligung der weiteren betroffenen Krankenhäuser und Medizinproduktehersteller durchgeführt. Hierfür werden die Beschlussentwürfe im Internet bekannt gemacht.

▶   Die Möglichkeit zur Beratung sollten Sie frühzeitig – nach guter Vorbereitung – in Anspruch nehmen. Idealerweise stimmen Sie sich vorab mit den Krankenhäusern, welche an den G-BA berichten werden, ab, um einen Überblick über die vorhandenen Informationen zu erhalten und ggf. die Krankenhäuser bei der Aufbereitung des Informationsmaterials unterstützen zu können.

Da es sich bei dem Verfahren nach § 137h SGB V um ein verpflichtendes Verfahren handelt und eine Beratung im Vorfeld geeignet ist, dieses Verfahren auch für den G-BA zu erleichtern, werden für die Beratung keine Gebühren erhoben. Eine Beratung beim G-BA im Vorfeld trägt dazu bei, das Verfahren beim G-BA zu entzerren [4]. Dies führt jedoch zwangsläufig dazu, dass die Krankenhäuser und die Medizinproduktehersteller die Beratungsmöglichkeit in Anspruch nehmen und es in dieser Phase zu hohem Arbeitsaufkommen beim G-BA kommt, was insgesamt zur Verzögerung des Verfahrens führen kann. Der sicherlich auch für eine Beratung unerwünschte lange Verfahrensdauer kann aber begegnet werden, indem das Krankenhaus und der Medizinproduktehersteller die zur Beratung gestellten Fragen bereits selbst beantworten und die eigene Auffassung argumentativ nachvollziehbar darlegen. Dies würde insoweit den Prüfaufwand beim G-BA verringern, weil der G-BA seine Entscheidung unter Zugrundelegung der eingegangenen Antworten und Abwägung der vorgetragenen Argumente treffen könnte.

Eine Beratung ist auch zu anderen Aspekten, bspw. zu Verfahrensfragen, möglich. Hierzu erfolgt die Beratung durch den zuständigen Unterausschuss Methodenbewertung ohne Beschlussfassung im Plenum und ohne Stellungnahmeverfahren.

Für die Anforderung einer Beratung ist es erforderlich, dass das vom G-BA zur Verfügung gestellte Formular verwendet wird. Das ausgefüllte Formular, einschließlich der begründenden Unterlagen, ist auf einer DVD abzuspeichern. Die Anforderungen an die DVD sind dieselben wie für die Einreichung des Antrags (vgl. Abschn. 4.3.1.3). Die DVD sowie das ausgedruckte und unterschriebene Formular sind an den G-BA postalisch zu übermitteln.

Die Beratung verpflichtet nicht zur Einleitung des Verfahrens nach § 137h SGB V. Nach erfolgter Beratung steht es dem Krankenhaus frei zu entscheiden, ob es die Anfrage nach § 6 Abs. 2 KHEntG stellen möchte oder nicht.

4.3.3 Konsequenzen aus dem Bewertungsergebnis

Die jeweilige Bewertungsentscheidung des G-BA im Verfahren nach § 137h SGB V ist – im Gegensatz zur sonst üblichen Handlungsweise – keine Richtlinie. Sie hat jedoch normativen Charakter [4], lediglich hinsichtlich der Veröffentlichungspflicht der Beschlüsse und der tragenden Gründe verweist § 137h SGB V auf die für die Richtlinien geltende Regelung des § 94 Abs. 2 Satz 1 SGB V.

Am Ende des Bewertungsverfahrens steht bei § 137h SGB V nicht die Bestimmung des Zusatznutzens, sondern regelmäßig die Durchführung weiterer Normsetzungsverfahren, nämlich der Erlass von Qualitätssicherungslinien nach § 137h SGB V, von Erprobungsrichtlinien nach § 137e SGB V oder der Erlass einer Richtlinie zum Ausschluss nach § 137c SGB V. Selbst bei hinreichend belegtem Nutzen ist die Methode zwar zulasten der GKV erbringbar, jedoch noch nicht automatisch erforderlich im Sinne der Anlage I der Richtlinie *Methoden Krankenhausbehandlung* und dort auch nicht aufzunehmen, da sie nicht im Verfahren nach § 137c SGB V überprüft wurde und eine weitere Überprüfung im Verfahren nach § 137c SGB V, etwa aufgrund neuer Erkenntnisse, durch § 137h SGB V nicht ausgeschlossen wird. Die Nutzenbewertung nach § 137h SGB V ist folglich eine vorläufige Nutzenbewertung.

4.3.4 Rechtsschutz

Zur Klarstellung regelt der Gesetzgeber in Abs. 7, dass die Klagen gegen die Entscheidungen des G-BA im Rahmen des Verfahrens nach § 137h SGB V keine aufschiebende Wirkung haben und ein Vorverfahren nicht stattfindet. Dies folgt zudem bereits daraus, dass es sich bei diesen Entscheidungen nicht um Verwaltungsakte, sondern um Maßnahmen mit Rechtsnormcharakter handelt [4].

Mangels flächendeckender Normenkontrolle im SGG [1] sind gegen die Entscheidungen des G-BA im Verfahren nach § 137h SGB V lediglich die Feststellungsklage sowie der einstweilige Rechtschutz möglich [14].

4.3.5 Zwischenergebnis und praktische Umsetzungshinweise

In der Gesamtschau bleibt festzuhalten:

- § 137h SGB V gilt nur für erstmalig gestellte Anfragen für neue Methoden mit Medizinprodukten hoher Risikoklassen, die einen besonders invasiven Charakter und ein neues theoretisch-wissenschaftliches Konzept aufweisen.
- Bevor die Anfrage gestellt wird, sollte sich das Krankenhaus über die von InEK veröffentlichten Listen informieren und eine Vorabeinschätzung der „Erstmaligkeit" vornehmen. Im Optimalfall nutzt der Medizinproduktehersteller die von InEK in den veröffentlichten Listen zur Verfügung gestellten Informationen und berücksichtigt sie bereits in der Produktentwicklung.

- Das Verfahren nach § 137h SGB V sieht am Ende des Verfahrens drei Entscheidungs-möglichkeiten des G-BA vor: Der Nutzen einer Methode kann hinreichend belegt sein, sodass im Weiteren zu prüfen ist, ob Anforderungen an die Qualität in einer Richtlinie nach § 137 SGB V zu regeln sind. Ist der Nutzen nicht hinreichend belegt, bietet die Methode aber das Potenzial einer erforderlichen Behandlungsalternative, entscheidet der G-BA über eine Richtlinie zur Erprobung gemäß § 137c SGB V. Kann das Potenzial für eine erforderliche Behandlungsalternative nicht festgestellt werden, entscheidet der G-BA unverzüglich über eine Richtlinie nach § 137c Abs. 1 S. 2 SGB V mit der Folge, dass die Methode im Rahmen einer Krankenhausbehandlung nicht mehr zulasten der Krankenkassen erbracht werden darf.

- Das Krankenhaus und die im Hintergrund agierenden Medizinproduktehersteller soll-ten vor der Einleitung der Anfrage mögliche Folgen bedenken: Die Anfrage kann zur Erprobung der Methode führen, was mit Kosten verbunden ist. Ist die Finanzierung der Erprobung nicht sichergestellt oder kann das Potenzial für eine erforderliche Behand-lungsalternative nicht festgestellt werden, entscheidet der G-BA über den Ausschluss der Methode für die Leistungserbringung zulasten der Krankenkassen.

- Konkretisierungen des Anwendungsbereichs durch die MeMBV führen zu einer star-ken Verringerung der zu prüfenden Methoden.

- Informationsübermittlung an den G-BA erfolgt zugleich mit der Anfrage an InEK ge-mäß § 6 Abs. 2 KHEntgG.

- Für die Informationsübermittlung muss das Krankenhaus mit dem Medizinprodukte-hersteller das Benehmen herstellen. Empfehlenswert ist darüber hinaus eine verbindli-che Vereinbarung hinsichtlich der Finanzierung für den Fall, dass eine Erprobungs-richtlinie beschlossen wird.

- Der G-BA bietet eine kostenfreie und rechtsverbindliche Beratung an, in der festgelegt wird, ob eine Methode den Voraussetzungen des § 137h SGB V genügt. Diese Beratung sollte man nach guter Vorbereitung, unter Berücksichtigung vorgenannter Punkte, in Anspruch nehmen. Die Möglichkeit zur Beratung sollte frühzeitig in Anspruch genom-men werden. Idealerweise stimmt sich der Medizinproduktehersteller vorab mit den Krankenhäusern, welche an den G-BA berichten werden, ab, um einen Überblick über die vorhandenen Informationen zu erhalten und ggf. die Krankenhäuser bei der Auf-bereitung des Informationsmaterials unterstützen zu können. Ohne Abstimmung mit dem Hersteller wird den Krankenhäusern die Einleitung der Anfrage nicht empfohlen.

4.4 Medical Device Regulation MDR – Medizinprodukteverordnung

4.4.1 Schutzzweck und Anwendungsbereich

Um einen soliden, transparenten, berechenbaren und nachhaltigen Rechtsrahmen für Me-dizinprodukte zu schaffen, der ein hohes Niveau an Sicherheit und Gesundheitsschutz gewährleistet, gleichzeitig aber innovationsfördernd wirkt, wurden die Regelungen der

Richtlinien 90/385/EWG sowie 93/42/EWG überarbeitet und in die Form einer EU-Verordnung überführt. Ausgehend von einem hohen Gesundheitsschutzniveau für Patienten und Anwender soll mit der MDR ein reibungslos funktionierender Binnenmarkt für Medizinprodukte unter Berücksichtigung der in diesem Sektor tätigen kleinen und mittleren Unternehmen sichergestellt werden. Durch die Festlegung hoher Standards für die Qualität und Sicherheit von Medizinprodukten sollen allgemeine Sicherheitsbedenken hinsichtlich dieser Produkte ausgeräumt werden.

Medical Device Regulation stellt insbesondere Regeln für das Inverkehrbringen, die Bereitstellung auf dem Markt und die Inbetriebnahme von für den menschlichen Gebrauch bestimmten Medizinprodukten und deren Zubehör auf sowie diese betreffenden klinischen Prüfungen.

4.4.2 Überblick über die MDR

Die MDR hat einschließlich Anhängen einen Umfang von 175 Seiten. Mit 123 Artikeln auf 10 Kapiteln verteilt hat die MDR im Vergleich zu den bisherigen Regelungen eine neue Struktur. Insgesamt 17 Anhänge vervollständigen die neue Verordnung. Während im ersten Kapitel der Anwendungsbereich und die Definitionen geklärt werden, sind im Kap. 2 beispielsweise die Anforderungen an die Hersteller sowie das Inverkehrbringen von Medizinprodukten geregelt, im Kap. 3 die UDI (Unique Device Identification), im Kap. 4 die Anforderungen an die Benannten Stellen, im Kap. 5 die Klassifizierung und die Konformitätsbewertung etc. Das letzte Kapitel befasst sich u. a. mit Übergangsfristen. Einerseits versucht der europäische Gesetzgeber durch den strukturierten Aufbau die Übersichtlichkeit der Verordnung zu fördern, andererseits führen der Umfang der Verordnung und die Vielzahl der Regelungen und deren Komplexität zum Gegenteil.

Im Folgenden werden einige ausgewählte Änderungen, welche mit der Einführung der MDR einhergehen und als besonders praxisrelevant eingestuft werden, dargestellt. Es würde vorliegend den Rahmen sprengen, alle Änderungen darzustellen. Insoweit ist zu empfehlen, sich mit der MDR vertraut zu machen und sich einen Überblick über die einzelnen Regelungen zu verschaffen, um sich mit den für die jeweilige Zielgruppe relevanten Inhalten vertieft beschäftigen zu können.

4.4.3 Überblick über die wichtigsten Änderungen

4.4.3.1 Technische Dokumentation

Anhang II der MDR beschreibt die Anforderungen an die technische Dokumentation, Anhang III regelt die Anforderungen an die technische Dokumentation über die Überwachung nach dem Inverkehrbringen. Bislang sind die Anforderungen an die technische Dokumentation in der MDD, der Medizinprodukterichtlinie 93/42/EWG, geregelt. Die Gegenüberstellung (vgl. Abschn. 4.6) der Anforderungen an die technische Dokumentation zwischen der MDR und der MDD zeigt, dass bereits die MDD hohe Anforderungen an die technische Dokumentation hatte. Die MDR verzichtet auf keine der Anforderungen, die die MDD bereits vorsieht, sie geht jedoch ausführlicher und konkreter auf die einzelnen Punkte ein. Darüber hinaus regelt die MDR in folgenden Bereichen Dokumentationserfordernisse, welche in der MDD nicht vorgesehen waren:

- Die Angabe der UDI wird zwingender Bestandteil der Produktbeschreibung und Spezifikation.
- Hinweis auf eigene Vorgängerprodukte sowie ähnliche Produkte, die auf dem Markt erhältlich sind.
- Biokompatibilität des Produkts einschließlich der Identifizierung aller Materialien in direktem oder indirektem Kontakt mit dem Patienten oder Anwender.
- Toxizität einschließlich der Toxizität bei einmaliger sowie wiederholter Verabreichung, der Gentoxizität, der Kanzerogenität und der Reproduktions- und Entwicklungstoxizität je nach Ausmaß und Art der Exposition gegenüber dem Produkt.

▶ Es ist unumgänglich, dass Sie sich als Medizinproduktehersteller mit den Anforderungen der MDR an die technische Dokumentation vertraut machen. Sie müssen prüfen, welche Informationen die MDR über die Anforderungen der MDD hinaus fordert und diese ggf. nachtragen sowie aktuell halten.

4.4.3.2 Produktidentifizierungsnummer (UDI)

Mit der UDI wird die Pflicht zur Identifikation und Registrierung von Medizinprodukten eingeführt. Die Rückverfolgbarkeit von Produkten anhand eines Systems der einmaligen Produktkennung soll nach den Vorstellungen des europäischen Gesetzgebers die Effektivität sicherheitsrelevanter Aktivitäten für Produkte nach dem Inverkehrbringen deutlich verbessern, was auf eine bessere Berichterstattung bei Vorkommnissen, gezielte Sicherheitskorrekturmaßnahmen im Feld und eine bessere Überwachung durch die zuständigen Behörden erreicht werden soll. Das System könnte auch dazu beitragen, ärztliche Kunstfehler zu reduzieren und Produktfälschungen zu bekämpfen. Die Verwendung des UDI-Systems sollte außerdem die Beschaffungspolitik, Abfallbeseitigung und Lagerverwaltung von Gesundheitseinrichtungen und anderen Wirtschaftsakteuren verbessern und möglichst mit anderen Authentifizierungssystemen vereinbar sein.

Artikel 27 ff. i. V. m. Anhang VI der MDR regelt das System zur eindeutigen Produktidentifikation: Die Zuteilung der UDI an die Hersteller soll durch eine oder mehrere Stellen erfolgen, welche im Wege von Durchführungsakten zu benennen sind. Das System der Zuteilungsstellen muss geeignet sein, ein Medizinprodukt über seinen gesamten Vertrieb und seine gesamte Verwendung hinweg zu identifizieren und den einschlägigen internationalen Normen entsprechen. Der Zugang zum UDI-Zuteilungssystem muss unter vorab festgelegten und transparenten Bedingungen möglich sein. Eine UDI wird dem Produkt selbst oder seiner Verpackung zugeteilt. Höhere Verpackungsebenen verfügen über eine eigene UDI. Bevor ein Produkt in Verkehr gebracht wird, muss der Hersteller sicherstellen, dass die in Anhang VI Teil B genannten Informationen zu dem betreffenden Produkt, z. B. Name und Anschrift des Herstellers, Risikoklasse des Produkts, Menge pro Packung etc., in korrekter Form an die UDI-Datenbank weitergeleitet und übertragen werden. Die Hersteller überprüfen regelmäßig die Korrektheit sämtlicher einschlägiger Daten zu Produkten, die sie in den Verkehr gebracht haben, soweit sie noch auf dem Markt verfügbar sind und führen, falls erforderlich, Aktualisierungen durch. Die in der UDI-Datenbank einzugebenden zentralen Datenelemente sollen der Öffentlichkeit kostenlos bei verbindlicher Umsetzung der MDR ab dem Jahr 2020 zugänglich gemacht werden. Die Anbringung der UDI ist eine zusätzliche Anforderung – sie ersetzt keine anderen Markierungs- oder Kennzeichnungsanforderungen. Eine neue UDI ist immer dann erforderlich, wenn eine Änderung erfolgt, die eine Fehlidentifizierung des Produkts und/oder Unklarheiten bei seiner Rückverfolgung zur Folge haben könnte. Dies sind insbesondere Handelsname, Produktversion oder -modell, Anforderungen an Sterilisation etc.

Die Einführung der UDI bedeutet daher Mehraufwand für die Hersteller: Zunächst muss die UDI vor dem Inverkehrbringen eines Medizinprodukts oder bei wesentlichen Änderungen eines in Verkehr gebrachten Medizinprodukts, für das bereits eine UDI vergeben wurde bei der Zuteilungsstelle beantragt werden. Die zugeteilte UDI muss weiterhin an das Medizinprodukt angebracht werden, schließlich müssen die erforderlichen Informationen an die UDI-Datenbank weitergeleitet und regelmäßig überprüft sowie aktualisiert werden.

Eine entsprechende Regelung besteht in den USA schon seit dem Jahr 2014. Produzenten, die sich bereits im Prozess der Umsetzung der UDI für den US-Markt befinden, werden diese neuen Herausforderungen für den europäischen Markt daher schnell bewältigen. Neben dem anfänglichen Aufwand, den die Umsetzung der UDI erfordert, ergeben sich jedoch auf lange Sicht signifikante Vorteile für Medizinproduktehersteller. Dies können wirtschaftliche Vorteile sein, wie eine verbesserte Bestandskontrolle, ausreichende Vorlaufzeit zur Identifizierung von Problemen, verbesserte Rechnungsstellung sowie ein geringes Missbrauchslevel [2].

4.4.3.3 Für die Einhaltung der Regulierungsvorschriften verantwortliche Person

Artikel 15 sieht vor, dass der Medizinproduktehersteller in seiner Organisation über mindestens eine Person verfügen muss, die ein erforderliches Fachwissen auf dem Gebiet der Medizinprodukte verfügt sowie für die Einhaltung der Regulierungsvorschriften verantwortlich ist. Über das erforderliche Fachwissen verfügt jemand, wenn er entweder ein Hochschulstudium oder eine vergleichbare Ausbildung in Recht, Medizin, Pharmazie, Ingenieurwesen oder einem anderen relevanten wissenschaftlichen Bereich absolviert hat sowie eine mindestens einjährige Berufserfahrung in Regulierungsfragen oder Qualitätsmanagementsystemen im Zusammenhang mit Medizinprodukten vorweisen kann oder über vier Jahre Berufserfahrung in Regulierungsfragen oder Qualitätsmanagementsystemen im Zusammenhang mit Medizinprodukten verfügt. Grundsätzlich sieht die Verordnung eine Eingliederung dieser Person in den Betrieb des Medizinprodukteherstellers vor.

Eine Ausnahme gilt für Kleinst- und Kleinunternehmer (Kleinstunternehmen: Umsatz €/ Jahr bis 2 Mio.; Kleinunternehmen: Umsatz €/Jahr bis 10 Mio.), diese müssen zumindest dauerhaft und ständig auf eine solche Person, also einen externen Berater, zugreifen können. Der Zuständigkeitsbereich der sachkundigen Person erstreckt sich insbesondere auf:

- Sicherstellung der Konformität der Medizinprodukte mit dem Qualitätsmanagement- system
- Durchführung und Aktualisierung der technischen Dokumentation
- Überwachung des Medizinprodukts nach dem Inverkehrbringen

▶   Sie müssen die Aufgaben der für die Einhaltung der Regulierungsvorschriften verantwortlichen Person nicht zwingend einem Mitarbeiter zuordnen, sondern können diese auf mehrere Mitarbeiter verteilen. Die jeweiligen Aufgabenbe- reiche müssen jedoch schriftlich dem jeweiligen Mitarbeiter zugeordnet werden, um die Verantwortlichkeit nachvollziehbar zu gestalten.

Verantwortlichkeit der Person ist bei den in die Organisation der Medizinproduktehersteller integrierten Personen nicht mit der vollen Haftungsübernahme gleichzusetzen. Die für die Einhaltung der Regulierungsvorschriften verantwortliche Person ist im Normalfall Arbeit- nehmer und haftet dem Arbeitgeber nach dem Grad des Verschuldens, d. h., dass bei ein- facher Fahrlässigkeit nicht gehaftet wird, bei mittlerer Fahrlässigkeit eine Quotelung er- folgt, bei grober Fahrlässigkeit in der Regel und bei Vorsatz immer voll gehaftet wird. Ob der Arbeitnehmer tatsächlich in Anspruch genommen wird, entscheidet der Arbeitgeber.

4.4.3.4 Benannte Stellen

Als Benannte Stelle wird eine Stelle bezeichnet, die Konformitätsbewertungtätigkeiten einschließlich Kalibrierungen, Prüfungen, Zertifizierungen und Kontrollen durchführt. Die Anforderungen an Benannte Stellen, insbesondere an die personelle Ausstattung, die Arbeitsweise sowie deren Überwachung sind ausführlich in Art. 35 ff. i. V. m. Anhang VII geregelt. Die Benannten Stellen führen die Konformitätsbewertungsverfahren durch, in welchen geprüft wird, ob die Medizinprodukte den Anforderungen der MDR genügen. Eine Konformitätsbewertungsstelle kann ihre Benennung bei der für Benannte Stellen zu- ständigen Stelle beantragen. In einem Verfahren, an welchem die für die Benannten Stel- len zuständige Behörde, die Kommission, die Koordinierungsgruppe Medizinprodukte sowie ein aus Sachverständigen bestehendes Bewertungsteam beteiligt sind, wird dann – anhand der Antragsunterlagen sowie vor Ort – geprüft, ob die Konformitätsbewertungs- stelle in der Lage ist, die Aufgaben einer Benannten Stelle wahrzunehmen. Sie müssen hierzu den organisatorischen und allgemeinen Anforderungen sowie den Anforderungen an Qualitätssicherung, Ressourcen und Verfahren genügen. Die für die Benannten Stellen zuständige Behörde prüft den Antrag auf Benennung gemäß ihren internen Verfahren und erstellt einen vorläufigen Bewertungsbericht. Der vorläufige Bewertungsbericht wird über die Kommission an die Koordinierungsgruppe Medizinprodukte weitergeleitet. Innerhalb von vierzehn Tagen nach Eingang des vorläufigen Bewertungsberichts beruft die Kommission gemeinsam mit der Koordinierungsgruppe Medizinprodukte ein gemeinsames Bewertungsteam ein. Das Bewertungsteam besteht aus mindestens drei Sachverständigen. Davon ein Vertreter der Kommission und die anderen beiden kommen aus Mitgliedsstaaten, bei denen es sich nicht um den Mitgliedsstaat handelt, in dem die antragstellende Konformitätsbewertungsstelle niedergelassen ist. Innerhalb von 90 Tagen nach der Berufung prüft das gemeinsame Bewertungsteam den Antrag und führt zusammen mit der für die Benannten Stellen zuständigen Behörde eine Vor-Ort-Bewertung durch. Erfüllt die antragstellende Konformitätsbewertungsstelle nicht alle Anforderungen an eine Benannte Stelle, kann sie einen Plan mit Korrektur- und Präventivmaßnahmen vorlegen. Ist die für die Benannten Stellen zuständige Behörde mit dem vorgelegten Plan einverstanden, leitet sie diesen an das gemeinsame Bewertungsteam weiter und erstellt ihren endgültigen Bewertungsbericht. Daraufhin erstellt das Bewertungsteam eine abschließende Stellungnahme und übermittelt diese über die Kommission an die Koordinierungsgruppe Medizinprodukte. Innerhalb von 42 Tagen nach Erhalt der Stellungnahme gibt die Koordinierungsgruppe Medizinprodukte eine Empfehlung hinsichtlich der Benennung ab, die die für die Benannten Stellen zuständige Behörde bei ihrer Entscheidung über die Benennung der Benannten Stelle gebührend berücksichtigt.

Die Benannten Stellen müssen jederzeit über ausreichend administratives, technisches und wissenschaftliches Personal sowie Personal mit einschlägiger klinischer Erfahrung verfügen, welches von der Benannten Stelle selbst beschäftigt wird und nicht aus externen Sachverständigen und Unterauftragnehmern bestehen darf. Die Personalausstattung muss ausreichend sein, um sicherzustellen, dass die Benannte Stelle die Konformitätsbewertungsaufgaben – einschließlich der Begutachtung der medizinischen Funktion, der klinischen Bewertungen und der Leistung und Sicherheit – für die Medizinprodukte, für die sie benannt wurde, in Bezug auf die Anforderungen der MDR, durchführen kann. Die Organisationsstruktur, die Zuweisung der Zuständigkeiten, die Berichtslinien und die Funktionsweise der Benannten Stelle sind so gestaltet, dass sie die Zuverlässigkeit der Leistung der Benannten Stelle und der Ergebnisse, der von ihr durchgeführten Konformitätsbewertungstätigkeiten gewährleisten. Ihre Unabhängigkeit und Unparteilichkeit muss sichergestellt sein. Außerdem muss die Benannte Stelle eine angemessene Haftpflichtversicherung für ihre Konformitätsbewertungstätigkeit abschließen, deren Umfang und Gesamtdeckungssumme dem Ausmaß und der geografischen Reichweite der Tätigkeit sowie dem Risikoprofil der zu zertifizierenden Produkte entsprechen muss. Die Überwachung der Benannten Stellen durch die für Benannte Stellen zuständige Behörde umfasst Audits unter Beobachtung des Personals der Benannten Stelle, welche anlässlich der in den Räumlichkeiten des Herstellers vorgenommenen Bewertungen des Qualitätsmanagementsystems durchgeführt werden.

Die Benannten Stellen müssen bereits sechs Monate nach Inkrafttreten der MDR deren Anforderungen erfüllen. Dies macht zwar zeitlich grundsätzlich Sinn, da die Benannten Stellen rechtzeitig nach Inkrafttreten und vor Anwendungsbeginn bereitstehen müssen, um die ersten Hersteller nach der MDR zertifizieren zu können. Ob jedoch die Benannten Stellen zu diesem Zeitpunkt bereits alle Anforderungen erfüllen – insbesondere im Hinblick auf die personelle Ausstattung – bleibt abzuwarten. Die Medizintechnologiebranche befürchtet bereits, dass es durch Ressourcendefizite bei den Benannten Stellen zu längeren Zulassungszeiten kommen könnte [12].

Neu ist, dass die Benannten Stellen über eigene klinische Experten verfügen müssen. Da bislang nur sehr wenige Benannte Stellen klinisch tätige Ärzte in ihre Arbeit eingebunden hatten, stellt die neue Regelung interdisziplinären Sachverstand sicher, welcher im Rahmen der Bewertung einen Fortschritt gegenüber der bisherigen, sehr technischen Ausrichtung der Konformitätsbewertungsverfahren bedeuten könnte [15]. Für eine interpersonell und gut nachvollziehbare Zertifizierungsentscheidung wird allerdings neben Methodenwissen auch eine transparente Endscheidungsgrundlage maßgeblich sein. Kritisiert wird derzeit, dass nicht auch der biometrisch-methodischen Expertise eine ähnliche Bedeutung beigemessen wurde [15].

Da die Neuregelung stark durch den Brustimplantate-Skandal geprägt wurde, haben die Benannten Stellen im Rahmen der Neuregelung deutlich mehr Kontrollmöglichkeiten erhalten. Insbesondere sind nun unangekündigte Vor-Ort-Audits regelhaft vorgeschrieben, um die Herstellung von Medizinprodukten besser überwachen zu können. Infolge des PIP-Skandals und der Insolvenz des Herstellers der fehlerhaften Brustimplantate stand die Haftung der Benannten Stelle – in diesem Fall TÜV Rheinland – im Raum. Eine solche Haftung hat der BGH (BGH vom 22.06.2017 – VIII ZR 36/14, juris Rn. 25) im konkret zu entscheidenden Fall verneint. Der BGH hat ausgeführt, dass die Benannte Stelle unangemeldete Besichtigungen beim Hersteller und erforderlichenfalls Prüfungen zur Kontrolle des ordnungsgemäßen Funktionierens des Qualitätssicherungssystems durchführen kann. Diese Pflicht, die eine Produktprüfung und die Sichtung der Geschäftsunterlagen des Herstellers umfassen kann, besteht aber nicht generell, sondern nur, wenn Hinweise vorliegen, dass das Medizinprodukt nicht ordnungsgemäß produziert wird. Dies bedeutet jedoch nicht, dass die Haftung der Benannten Stellen generell ausgeschlossen ist. Nur in diesem konkreten Fall wurde die Haftung verneint, weil die Patientin nicht ausreichend zur Begründung der Pflichtverletzung ausgeführt hat bzw. ausführen konnte [13].

Unverändert ist jedoch die finanzielle Abhängigkeit der Benannten Stellen von den Herstellern: Die Benannten Stellen erzielen aus der Zertifizierung Einnahmen und arbeiten in Konkurrenz zu anderen Benannten Stellen. Daher haben die Benannten Stellen ein Interesse daran, möglichst vielen Medizinprodukten schnell zur Zertifizierung zu verhelfen. Eine solche „Kundenorientierung" der Benannten Stellen kann aber dem zentralen Ziel, der Patientensicherheit, zuwiderlaufen [15]. Die Einrichtung der für die Benannten Stellen zuständigen Behörden soll die Objektivität und Unparteilichkeit durch laufende Überwachung der Tätigkeit der Benannten Stellen gewährleisten und Interessenkonflikte vermeiden.

In Anbetracht der – befürchteten – knappen Ressourcen bei den Benannten Stellen, sollten Sie zur Beschleunigung des Konformitätsbewertungsverfahrens, bei der Aufbereitung der für die Bewertung erforderlichen Unterlagen dafür Sorge tragen, dass die Unterlagen vollständig und nachvollziehbar dargestellt sind.

▶   Sie müssen sich auf Engpässe bei den Benannten Stellen einstellen und auf
     Vollständigkeit und Plausibilität der zur Bewertung eingereichten Unterlagen
     achten, um mögliche Nachfragen oder Nachforderungen von Unterlagen,
     welche zu Verzögerungen des Bewertungsverfahren führen können, zu ver-
     meiden. Prüfen Sie Ihre Unterlagen ggf. mit Dritten. Es gibt Berater, die sich hie-
     rauf spezialisiert haben. Außerdem können Sie zu den klinischen Hintergrün-
     den Schulungsveranstaltungen für die Benannten Stellen anbieten oder
     Broschüren erstellen, um den Benannten Stellen die Bewertung zu erleichtern.

4.4.3.5 Klinische Bewertungen

Die klinische Bewertung nach Art. 61 i. V. m. Anhang XIV Teil A MDR meint einen systematischen und geplanten Prozess zur kontinuierlichen Generierung, Sammlung, Analyse
und Bewertung der klinischen Daten zu einem Produkt, mit dem Sicherheit und Leistung,
einschließlich des klinischen Nutzens, des Produkts bei bestimmungsgemäßer Verwendung nach Angabe des Herstellers überprüft werden (Art. 2 Abs. 1 Nr. 44). Der Gesetzgeber manifestiert damit, was bereits nach geltender Rechtslage Voraussetzung für das
Inverkehrbringen eines Medizinprodukts ist: Ein Hersteller muss sein Produkt so konzipieren, dass das Risiko-Nutzen-Verhältnis nicht negativ ist. Die jeweils zu erfüllenden
Anforderungen hängen stark davon ab, welcher Risikoklasse ein Medizinprodukt angehört
und wie sehr es sich von Vorgängerprodukten unterscheidet.

Der Umfang des klinischen Nachweises, der erforderlich ist, um die Einhaltung der wesentlichen Anforderungen an die Sicherheit und Leistung in einer Weise zu belegen, die den
Merkmalen und der Zweckbestimmung des Produkts angemessen ist, muss durch den Hersteller spezifiziert und begründet werden (Art. 61 Abs. 1). Zu diesem Zweck erstellt der Hersteller einen Plan für die klinische Bewertung, den er in der Folge stetig aktualisieren muss
(Art. 61 i. V. m. Anhang XIV Teil A). Der klinischen Bewertung liegt ein genau definiertes
und methodisch fundiertes Verfahren zugrunde. Es stützt sich auf folgende Grundlagen:

- Zunächst eine kritische Bewertung der einschlägigen, derzeit verfügbaren wissenschaftlichen Literatur über Sicherheit, Leistung, Konzeptionsmerkmale und Zweckbestimmung des Produkts, wobei die Äquivalenz sowie die Übereinstimmung der Daten mit
  den Sicherheits- und Leistungsanforderungen bejaht werden können müssen.
- Weiterhin eine kritische Bewertung der Ergebnisse aller verfügbaren klinischen Prüfungen und schließlich eine Prüfung der gegebenenfalls derzeit verfügbaren alternativen Behandlungsoptionen für diesen Zweck (Art. 61 Abs. 3).

Unabhängig davon, besteht für die Hersteller weiterhin die Option des Verweises auf ein
gleichwertiges Referenzprodukt, sog. Äquivalenz-Approach. Die Referenzierung auf
gleichwertige Produkte ist allerdings beschränkt. Der Gesetzgeber folgte damit der öffentlichen Forderung, dass vor allem für Produkte hoher Risikoklassen möglichst vollumfänglich vorab geprüft werden soll [8]. So sind bei implantierbaren Produkten und Produkten
der Klasse III eigene klinische Prüfungen des Herstellers praktisch verpflichtend. Eine
Ausnahme gilt nur dann, wenn es sich um Änderung eines bereits von demselben Hersteller vermarkteten Produktes handelt: dann muss der Nachweis der Gleichartigkeit erbracht

werden und die klinische Datenlage ausreichend sein. Entsprechendes gilt theoretisch für die Referenzierung auf Produkte eines anderen Herstellers. Diese ist jedoch nur unter den zusätzlichen Voraussetzungen möglich, dass ihm vertraglich durchgängig uneingeschränkter Zugang zur technischen Dokumentation gestattet wird und die ursprüngliche klinische Bewertung unter Einhaltung der Anforderungen der MDR durchgeführt wurde (Art. 61 Abs. 5). Diese Regelung verdeutlicht, dass ein Verzicht auf klinische Prüfungen für implantierbare Produkte und Produkte der Risikoklasse III de facto ausgeschlossen werden sollte. Denn es ist in der Praxis nur schwer denkbar, dass ein Hersteller seinem Mitbewerber uneingeschränkten Zugang zu seiner technischen Dokumentation gewähren wird [8, 9]. Denkbar ist diese Konstellation jedoch für Konzernverbünde, bei denen die rechtlich eigenständigen Tochterunternehmen die jeweiligen Produkte unter eigenem Namen in den Verkehr bringen [8].

Auch für Produkte niedrigerer Risikoklassen wird der Literaturweg deutlich systematischer und orientiert sich an strenger regulierten Produkten: Eine klinische Bewertung kann sich nur auf klinische Daten zu einem strenger regulierten Produkt stützen, dessen Gleichwertigkeit mit dem betreffenden Produkt nachgewiesen werden kann, wobei der Hersteller zum Nachweis technische, biologische und klinische Merkmale heranziehen muss. Diese Merkmale müssen sich so sehr gleichen, dass kein klinisch bedeutsamer Unterschied bei der klinischen Leistung und Sicherheit der Produkte besteht. Die Prüfung der Gleichwertigkeit muss sich stets auf eine angemessene wissenschaftliche Begründung stützen (Anhang XIV Teil A).

Eine klinische Bewertung kann auch bei implantierbaren Produkten wie Nahtmaterial, Zahnfüllungen, Zahnkronen etc. unterbleiben. Voraussetzung ist jedoch, dass die klinische Bewertung der Produkte auf der Grundlage ausreichender klinischer Daten erfolgt ist und mit den einschlägigen produktspezifischen gemeinsamen Spezifikationen im Einklang steht, sofern diese verfügbar sind (Art. 61 Abs. 6).

Eine zentrale Frage ist jedoch, in welchem Umfang klinische Prüfungen überhaupt durchzuführen sind. Insbesondere das Erfordernis randomisiert kontrollierter Studien ist zwar juristisch noch nicht zufriedenstellend geregelt, lässt sich aber von Experten durchaus einordnen. Es existiert ein erheblicher Ermessenspielraum für Benannte Stellen, wann ein Medizinprodukt so neu ist, dass klinische Daten überhaupt erforderlich sind. Die Beantwortung dieser Frage erfordert ein hohes Maß an technischem und gesundheitsökonomischem Sachverstand. Ferner werden die Benannten Stellen auch geeignete biometrisch-methodische Expertise benötigen, um die Aussagekraft der klinischen Daten richtig einordnen zu können [15].

> ▶ Um die Anforderungen der MDR zu erfüllen, müssen Sie einen Plan für die klinische Bewertung erstellen und diesen aktuell halten. Die MDR gibt über die Anforderungen hierzu in Kap. VI und VII gesondert Auskunft. An dieser Stelle empfiehlt es sich, auch Experten hinzuzuziehen, die sich auf das Thema Nutzenmessung bei medizinischen Interventionen und Produkten spezialisiert haben. Sodann müssen Sie die Klassifizierung des Produkts vornehmen, um das für das Produkt richtige Konformitätsbewertungsverfahren auswählen zu können.

4.4.3.6 Klassifizierung

Änderungen ergeben sich auch im Bereich der Klassifizierung von Medizinprodukten. Die Medizinprodukte werden unter Berücksichtigung ihrer Zweckbestimmung und der damit verbundenen Risiken in die Klassen I, IIa, IIb und III eingestuft. Die entsprechenden Regelungen ergeben sich aus Art. 51 i. V. m. Anhang VIII der MDR.

In der Regel 8 wird die Zuordnung implantierbarer sowie zur langzeitigen Anwendung bestimmter chirurgisch-invasiven Medizinprodukte zur Risikoklasse III erweitert. So wird klargestellt, dass aktiv implantierbare Produkte sowie ihr Zubehör, Brustimplantate, chirurgische Netze, Total- oder Teilprothesen von Gelenken, Implantate zum Ersatz der Bandscheibe oder implantierbare Produkte, die mit der Wirbelsäule in Berührung kommen der Risikoklasse III zugeordnet sind.

Der Risikoklasse III zugeordnet werden nunmehr nach der Regel 9 auch alle aktiven Medizinprodukte, die dazu bestimmt sind, die Leistung von aktiven implantierbaren Medizinprodukten zu steuern, zu kontrollieren oder direkt zu beeinflussen.

Die neue Regel 11 zu Software erlaubt den Rückschluss, dass die Software nun in alle Klassen bis hin zur höchsten Risikoklasse III eingestuft werden kann: Software, die einer Entscheidungsgrundlage für diagnostische oder therapeutische Zwecke diene, könne in die Risikoklassen IIa bis III klassifiziert werden. Software zur Überwachung physiologischer Prozesse werde in die Klassen IIa oder IIb eingestuft, alle übrigen in die Klasse I. Dies führt dazu, dass beispielsweise Software, die die Kontraindikationen von Arzneimitteln anzeigt, von I (in MDD) auf IIb (in MDR) hochgestuft wird. An dieser Stelle ist unter dem Gesichtspunkt der Digitalisierung im Gesundheitswesen von einem deutlich gesteigerten Aufwand bei den Benannten Stellen auszugehen. Die Food and Drug Administration (FDA) hat hierzu eine pragmatische Regelung entwickelt und koppelt das Prüferfordernis an die Informationsbeschaffenheit, d. h. bezieht sich Software auf geprüfte Daten bzw. öffentlich zugängliche Daten, dann ist eine Regulation nicht mehr erforderlich.

Die neue Regel 19 definiert die Klassifizierung von Medizinprodukten, die Nanomaterial enthalten oder daraus bestehen, die neue Regel 21 Medizinprodukte aus Stoffen oder Kombinationen von Stoffen, die dazu bestimmt sind, durch eine Körperöffnung in den menschlichen Körper eingeführt oder auf die Haut aufgetragen zu werden und die vom Körper aufgenommen oder lokal im Körper verteilt werden.

Die neue Regel 22 ordnet aktive therapeutische Produkte mit integrierter oder eingebauter diagnostischer Funktion, die das Patientenmanagement durch das Produkt erheblich bestimmt, wie etwa geschlossene Regelsysteme oder automatische externe Defibrillatoren, der Risikoklasse III zu.

Tab. 4.1 unterteilt die Regeln nach dem Änderungsgrad und stellt insbesondere die wichtigsten Änderungen dar.

Tab. 4.1 Klassifizierung nach MDR. (Quelle: eigene Darstellung)

Keine Änderungen	Geringe Änderungen	Relevante Änderungen	Wesentliche Änderungen oder Neuregelungen
Regel 1: Nichtinvasive Produkte.	**Regel 3**: Nichtinvasive Produkte zur Veränderung der biologischen oder chemischen Zusammensetzung von menschlichen Geweben, Zellen, Blut etc.	**Regel 7**: Zur kurzzeitigen Anwendung bestimmte chirurgisch-invasive Produkte: Erweiterung der Zuordnung zur Risikoklasse III für Produkte, die speziell zur Verwendung im direkten Kontakt mit dem Herz oder dem zentralen Kreislaufsystem bestimmt sind	**Regel 8**: Implantierbare Produkte sowie zur langzeitigen Anwendung bestimmten chirurgisch-invasive Produkte: Erweiterung der Zuordnung zur Risikoklasse III für • Aktiv implantierbare Produkte und Zubehör • Brustimplantate und chirurgische Netze • Total- oder Teilprothesen von Gelenken • Implantate zum Ersatz der Bandscheibe oder implantierbare Produkte, die mit der Wirbelsäule in Berührung kommen
Regel 2: Nichtinvasive Produkte für die Durchleitung oder Aufbewahrung von Blut, Körperzellen etc.	**Regel 4**: Nichtinvasive Produkte, die mit verletzter Haut oder Schleimhaut in Berührung kommen		**Regel 9**: Aktive Produkte, die zur Abgabe oder zum Austausch von Energie bestimmt sind: Neue Zuordnung zur Risikoklasse III für Produkte, die ionisierende Strahlung aussenden sowie solche, die aktiv implantierbare Produkte steuern
Regel 6: Zur vorübergehenden Anwendung bestimmte chirurgisch-invasive Produkte	**Regel 5**: Invasive Produkte im Zusammenhang mit Körperöffnungen		**Regel 11**: Software: Umfassende Neuordnung der Klassifizierung
Regel 12: Aktive Produkte, die u. a. Arzneimittel an den Körper abgeben	**Regel 5**: Invasive Produkte im Zusammenhang mit Körperöffnungen		**Regel 19**: Produkte aus Nanomaterial: Umfassende Neuordnung der Klassifizierung

(Fortsetzung)

Tab. 4.1   (Fortsetzung)

Keine Änderungen	Geringe Änderungen	Relevante Änderungen	Wesentliche Änderungen oder Neuregelungen
Regel 13: Alle anderen aktiven Produkte	**Regel 14**: Produkte, die aus Stoffen bestehen, welche für sich allein als Arzneimittel einzustufen sind		**Regel 20**: Nichtchirurgisch-invasive Produkte im Zusammenhang mit Körperöffnungen, die inhaliert werden: Neuregelung
Regel 15: Produkte zur Empfängnisverhütung etc.	**Regel 16**: Produkte zur Desinfektion etc.		**Regel 21**: Produkte, die aus Stoffen bestehen, die u. a. dazu bestimmt sind, durch eine Körperöffnung in den menschlichen Körper eingeführt zu werden: Neuregelung
Regel 17: Produkte zur Aufzeichnung von Diagnosebildern	**Regel 18**: Produkte, die mit nicht lebensfähigen oder abgetöteten Geweben oder Zellen hergestellt werden		**Regel 22**: Aktive therapeutische Produkte mit integrierter oder eingebauter diagnostischer Funktion, z. B. Defibrillatoren

4.4.3.7 Datenbank EUDAMED

Die europäische Datenbank für Medizinprodukte (EUDAMED) dient der Verwaltung von Medizinprodukten. Nach einem Beschluss, den die Europäische Kommission im Jahr 2010 erlassen hat, müssen alle EU-Mitgliedstaaten ab Mai 2011 eine europäische Datenbank für Medizinprodukte nutzen. Bezweckt wurde mit der Einführung die Verstärkung der Marktüberwachung, weil einzelstaatliche Behörden rasch auf kritische Sicherheitsdaten für Medizinprodukte, die auf dem EU-Markt sind, zugreifen und so auf Risiken reagieren können, bspw. indem sie eine Rücknahme vom Markt anordnen. Über die bereits erforderliche Datenbereitstellung hinaus, erweitert die MDR die Anforderungen an die Angaben, die der Medizinproduktehersteller zu übermitteln hat. Eine der wichtigsten Neuerungen ist, dass der Medizinproduktehersteller gemäß Art. 32 nunmehr für implantierbare Medizinprodukte sowie Medizinprodukte der Risikoklasse III einen Kurzbericht über Sicherheit und klinische Leistung erstellen muss, welcher bei EUDAMED zu hinterlegen ist. Dieser Kurzbericht soll für Patienten verständlich formuliert und u. a. eine Zusammenfassung der klinischen Bewertung beinhalten. Die Ergebnisse klinischer Medizinproduktestudien müssen nicht veröffentlich werden [15]. EUDAMED war bislang bestimmten Institutionen vorbehalten und soll nunmehr auch der Öffentlichkeit zugänglich gemacht werden. Mithilfe der elektronischen EUDAMED-Systeme soll die Öffentlichkeit gemäß Art. 33 Zugang zu allen erforderlichen Informationen über die auf dem Markt befindlichen Produkte, die dazugehörigen von den Benannten Stellen ausgestellten Bescheinigungen und die beteiligten Wirtschaftsakteure erhalten.

4.4.4   Haftung

Die MDR beinhaltet neue Anforderungen an die Haftungsdeckung bei Herstellern, bevollmächtigten Vertretern und Importeuren. Gemäß Art. 10 Abs. 16 können natürliche oder juristische Personen für einen Schaden, der durch ein fehlerhaftes Produkt verursacht wurde, gemäß dem geltenden Unionsrecht und dem geltenden nationalen Recht Schadensersatz verlangen. Die Hersteller treffen Vorkehrungen, die der Risikoklasse, der Art des Produkts und der Unternehmensgröße angemessen sind, um eine ausreichende finanzielle Deckung ihrer potenziellen Haftung gemäß der Richtlinie 85/374/EWG zu gewährleisten, unbeschadet strengerer Schutzmaßnahmen nach nationalem Recht.

Infolge des PIP-Skandals und der Insolvenz des Herstellers blieb den Patientinnen lediglich die Möglichkeit die Benannte Stelle in Anspruch zu nehmen. Die Verfolgung der Schadenersatzansprüche war jedenfalls in einem vom BGH entschiedenen Fall erfolglos, weil der Benannten Stelle keine Pflichtverletzung nachgewiesen werden konnte (BGH vom 22.06.2017 – VIII ZR 36/14, juris Rn. 25.).

Die Patientinnen waren daher in diesen Fällen maßgeblich auf die Unterstützung ihrer gesetzlichen Krankenkassen angewiesen. Grundsätzlich haben Versicherte gegenüber der Krankenkasse gemäß §§ 27 ff. SGB V den Anspruch auf Krankenbehandlung. Von der Krankenbehandlung erfasst wird auch die Verhütung von Krankheiten. Da die Explantation fehlerhafter Brustimplantate auf die Vermeidung von gesundheitsgefährdenden Folgen abzielt, hat jede Versicherte, unabhängig davon, ob die Implantate medizinisch indiziert waren oder lediglich aus ästhetischen Gründen eingesetzt wurden, einen Anspruch auf Kostenübernahme. Bei Versicherten, welche sich die Krankheit durch eine medizinisch nichtindizierte ästhetische Operation zugezogen haben, ist die Krankenkasse allerdings verpflichtet, die Versicherten gemäß § 52 Abs. 2 SGB V in angemessener Höhe an den Kosten zu beteiligen und das Krankengeld für die Dauer dieser Behandlung ganz oder teilweise zu versagen oder zurückzufordern. In welcher Höhe die Versicherten zu beteiligen sind, ist eine Einzelfallentscheidung, bei welcher die Krankenkasse unter Berücksichtigung der Umstände des Einzelfalles die Interessen der Versicherten mit den Interessen der Versichertengemeinschaft abzuwägen hat. Dabei sind insbesondere der Grad des Verschuldens, die Höhe der Aufwendungen der Krankenkasse, die finanzielle Leistungsfähigkeit des Versicherten und dessen Unterhaltsverpflichtungen zu berücksichtigen [11].

Die Krankenkassen prüfen ihrerseits, ob ein Regress gemäß § 116 SGB X möglich ist. Grundsätzlich haftet der Medizinproduktehersteller für das von ihm in den Verkehr gebrachte fehlerhafte Produkt gemäß §§ 1, 4 Produkthaftungsgesetz verschuldensunabhängig. In den PIP-Fällen war die Geltendmachung von Schadenersatzansprüchen aufgrund der Insolvenz des Herstellers nicht möglich. Für die Inanspruchnahme der Benannten Stelle hätte dieser die Verletzung einer Pflicht nachgewiesen werden müssen, was bereits in einem Fall nicht gelungen ist (BGH vom 22.06.2017 – VIII ZR 36/14, juris Rn. 25). Insoweit ist aus Sicht der Krankenkassen die Einführung einer Haftpflichtversicherung für den Fall eines Schadens, der durch ein fehlerhaftes Produkt verursacht wurde, zu begrüßen.

Auch die Medizinproduktehersteller können sich – losgelöst von der Verpflichtung zum Abschluss einer Haftpflichtversicherung – absichern, indem sie die Benannten Stellen mit in die Verantwortung nehmen. Gerade bei unangekündigten Audits sollten Sie sich von der überprüfenden Benannten Stelle bestätigen lassen, welche Inhalte Gegenstand der Überprüfung waren und mit welchem Ergebnis die Überprüfung abgeschlossen wurde. Hat die Benannte Stelle keine Audits durchgeführt, obwohl sie hierzu nunmehr verpflichtet ist oder haben die Audits nicht zu Beanstandungen geführt, können unter Umständen Regressmöglichkeiten des Herstellers gegen die Benannten Stellen bestehen, sofern dieser aufgrund eines fehlerhaften Produkts in Anspruch genommen wird.

4.4.5 Inkrafttreten und Anwendbarkeit der MDR

Die Regelungen der MDR wurden gemäß Art. 123 mit einer Übergangsfrist von drei Jahren versehen, in der sowohl nach neuer als auch nach alter Regel zertifiziert werden darf. Erst ab dem 26.05.2020 gilt für Medizinprodukte nur noch die MDR.

Allerdings ist als Vorbereitung für die allgemeine Geltung der Verordnung für alle Produkte erforderlich, dass einige Spezialregelungen schon vor dem 26.05.2020 eingeführt werden. Beispielsweise gehören dazu die Anforderungen an die Benannten Stellen. Diese müssen bereits 6 Monate nach Inkrafttreten der MDR deren Anforderungen erfüllen. Auch die Anforderungen an die Behörden gemäß Art. 101 sowie die Etablierung der Medical Devices Cooperation Group gemäß Art. 103 erlangen bereits jeweils sechs Monate nach dem Inkrafttreten Geltung. Die Anforderungen an die Kooperation zwischen den Mitgliedsstaaten gemäß Art. 102 sollen bereits 12 Monate nach Inkrafttreten der MDR gelten.

4.4.6 Übergangsbestimmungen

Die MDR enthält in Art. 120 einige Übergangsbestimmungen, die den Herstellern die Umstellung aufgrund der Änderung der Rechtslage erleichtern sollen [10]. Trotz dieser Bemühungen des europäischen Gesetzgebers sind die Übergangsvorschriften in sich kompliziert. Die nachstehenden Ausführungen betreffen eine Auswahl an Übergangsbestimmungen, deren praktische Relevanz als besonders hoch eingestuft wird:

- Ungültigkeit der MDD-/AIMDD-Zertifikate: Mit dem Geltungsbeginn der Verordnung, also am 26.05.2020, wird die Veröffentlichung einer Notifizierung, d. h. die offizielle Anerkennung als Konformitätsbewertungsstelle, gemäß den Richtlinien 90/385/EWG und 93/42/EWG in Bezug auf eine Benannte Stelle ungültig.
- Inverkehrbringen von Produkten, die bereits vor Geltungsbeginn der MDR entsprechen: Produkte, die bereits vor dem Geltungsbeginn der MDR entsprechen, können auch bereits nach den Regelungen der MDR in Verkehr gebracht werden. Voraussetzung dafür

ist jedoch, dass die Benannten Stellen bereits die Anforderungen der MDR erfüllen, sodass sie das Konformitätsbewertungsverfahren anwenden und schon vorab entsprechende MDR-Prüfbescheinigungen ausstellen können.

- Weitergeltung nach dem alten Recht ergangener Prüfbescheinigungen über den Geltungsbeginn der MDR hinaus: Prüfbescheinigungen, die von Benannten Stellen vor Inkrafttreten der MDR ausgestellt wurden, behalten bis zu dem darin angegebenen Zeitpunkt ihre Gültigkeit. Dies gilt nicht für Bescheinigungen gemäß Anhang 4 der jeweiligen abgelösten Richtlinie (EG-Prüfungen). Diese verlieren spätestens zwei Jahre nach Geltungsbeginn der MDR ihre Gültigkeit, da die MDR diese Art der Prüfbescheinigungen nicht mehr vorsieht. Prüfbescheinigungen, die nach dem 25.05.2017 ausgestellt wurden, behalten ihre Gültigkeit bis zum Ende des darin angegebenen Zeitraums, d. h. maximal fünf Jahre ab der Ausstellung. Sie verlieren jedoch spätestens vier Jahre nach Geltungsbeginn der MDR ihre Gültigkeit. Das heißt, dass Hersteller, die nach dem Inkrafttreten der MDR noch ein Zertifikat ausgestellt bekommen, diese für den gesamten Geltungszeitraum des Zertifikats weiterverwenden dürfen. Sollte das Zertifikat kurz vor dem Geltungsbeginn der MDR für einen Geltungszeitraum von weiteren fünf Jahren ausgestellt werden, kann es je nach Zeitrahmen im Einzelfall sein, dass trotz der Gültigkeit das Zertifikat seine Wirksamkeit früher verliert, wenn nämlich der Zeitpunkt von vier Jahren nach Geltungsbeginn der MDR früher eintritt.
- Nach der bisherigen Rechtslage hergestellte Produkte: Der Bestandsschutz der Zertifikate gemäß Art. 120 Abs. 2 gilt auch für die dazugehörigen Produkte.
- Bereitstellung und Inbetriebnahme von vor Geltungsbeginn in Verkehr gebrachten Produkten: Produkte, die vor dem 26.05.2020 entsprechend der bisherigen Rechtslage in den Verkehr gebracht wurden oder solche, für die zumindest vor dem 26.05.2020 eine Prüfbescheinigung erteilt wurde, können maximal fünf Jahre nach dem Geltungsbeginn der MDR auf dem Markt bereitgestellt oder in Betrieb genommen werden.

4.4.7 Zwischenergebnis und praktische Umsetzungshinweise

Im Rückblick bleibt festzuhalten:

- Die MDR verzichtet auf keine der Anforderungen bzgl. der technischen Dokumentation, die bereits in der MDD vorgesehen sind. Die MDR geht jedoch ausführlicher und konkreter auf die einzelnen Punkte ein.
- Darüber hinaus regelt die MDR weitere Dokumentationserfordernisse, welche in der MDD nicht vorgesehen waren, z. B. die Angabe der UDI oder Hinweis auf eigene Vorgängerprodukte sowie ähnliche Produkte, die auf dem Markt erhältlich sind.
- Die Medizinproduktehersteller müssen sich daher mit den Anforderungen der MDR an die technische Dokumentation vertraut machen, prüfen, welche Informationen die MDR über die Anforderungen der MDD hinaus fordert und diese ggf. nachtragen sowie aktuell halten.

- Die Einführung der UDI bedeutet Mehraufwand für die Hersteller: Zunächst muss die UDI vor dem Inverkehrbringen eines Medizinprodukts oder bei wesentlichen Änderungen eines in Verkehr gebrachten Medizinprodukts bei der Zuteilungsstelle beantragt werden. Die zugeteilte UDI muss weiterhin an das Medizinprodukt angebracht werden. Schließlich müssen die erforderlichen Informationen an die UDI-Datenbank weitergeleitet und regelmäßig überprüft sowie aktualisiert werden.
- Grundsätzlich sieht die Verordnung eine Eingliederung der für die Einhaltung der Regulierungsvorschriften verantwortlichen Person in den Betrieb des Medizinprodukteherstellers vor. Dies gilt nicht für Kleinst- und Kleinunternehmer, diese müssen zumindest dauerhaft und ständig auf eine solche Person zugreifen können.
- Die Aufgabenwahrnehmung der für die Einhaltung der Regulierungsvorschriften verantwortlichen Person muss nicht in einer Person erfolgen, sondern kann auch auf mehrere Personen aufgeteilt werden. Erforderlich ist jedoch, dass die jeweiligen Aufgabenbereiche schriftlich festgehalten werden, um die jeweilige Verantwortlichkeit zuordnen und nachvollziehen zu können. Es empfiehlt sich, die Aufgabenzuordnung in den Stellenprofilen zu verankern und ggf. in einem Handbuch festzuhalten.
- Die für die Einhaltung der Regulierungsvorschriften verantwortliche Person ist im Normalfall Arbeitnehmer und haftet dem Arbeitgeber nach dem Grad des Verschuldens. Dies bedeutet, dass bei einfacher Fahrlässigkeit nicht gehaftet wird, bei mittlerer Fahrlässigkeit eine Quotelung erfolgt, bei grober Fahrlässigkeit in der Regel und bei Vorsatz immer voll gehaftet wird. Zur Vermeidung von Streitigkeiten bieten sich hier vorab festgelegte Kriterien, welche ggf. mit dem Arbeitnehmer vereinbart werden können, an.
- Die Personalausstattung der Benannten Stellen muss ausreichen, um sicherzustellen, dass die Benannte Stelle die Konformitätsbewertungsaufgaben – einschließlich der Begutachtung der medizinischen Funktion, der klinischen Bewertungen und der Leistung und Sicherheit – für die Medizinprodukte, für die sie benannt wurde, in Bezug auf die Anforderungen der MDR, durchführen kann. Gleichwohl gehen die Medizinproduktehersteller bereits jetzt von längeren Zulassungszeiten aufgrund der Ressourcendefizite bei den Benannten Stellen aus. Das heißt, Sie sollten sich auf Engpässe bei den Benannten Stellen einstellen und auf Vollständigkeit und Plausibilität der zur Bewertung eingereichten Unterlagen achten, um mögliche Nachfragen oder Nachforderungen von Unterlagen, welche zu Verzögerungen des Bewertungsverfahrens führen können, zu vermeiden.
- Die Benannten Stellen erhalten deutlich mehr Kontrollmöglichkeiten, insbesondere sind nun unangekündigte Vor-Ort-Audits regelhaft vorgeschrieben, um die Herstellung von Medizinprodukten besser überwachen zu können. Das bedeutet für die Medizinproduktehersteller, dass sie sich auf solche Audits einstellen und vorbereitet sein sollten, indem sie Prozesse für den Fall eines Audits definieren, und zwar nicht nur, um von solchen Audits überrascht zu werden, sondern auch um zu vermeiden, dass die Produktionsabläufe unnötig lange gestört werden.
- Der Umfang des klinischen Nachweises, der erforderlich ist, um die Einhaltung der wesentlichen Anforderungen an die Sicherheit und Leistung in einer Weise zu belegen, die den Merkmalen und der Zweckbestimmung des Produkts angemessen ist, muss durch

den Hersteller spezifiziert und begründet werden. Zu diesem Zweck erstellt der Hersteller einen Plan für die klinische Bewertung, den er in der Folge stetig aktualisieren muss.

- Nachdem der Hersteller den Plan für die klinische Bewertung erstellt hat, muss er die Klassifizierung des Produkts vornehmen, um das für das Produkt richtige Konformitätsbewertungsverfahren auswählen zu können.
- Ein Hersteller muss sein Produkt so konzipieren, dass das positive Risiko-Nutzen-Verhältnis beschreibbar und quantifizierbar ist. Die jeweils zu erfüllenden Anforderungen hängen stark davon ab, welcher Risikoklasse ein Medizinprodukt angehört und wie sehr es sich von Vorgängerprodukten unterscheidet.
- Die Referenzierung auf ein gleichwertiges Medizinprodukt wird für implantierbare und Medizinprodukte hoher Risikoklassen künftig kaum mehr möglich sein. Die Folge werden mehr klinische Prüfungen mit Medizinprodukten sein. Gerade in punkto Aufbereitung und Einordnung von bestehender Evidenz sowie der Durchführung von klinischen Studien wird ein größerer Aufwand auf die Medizintechnikhersteller zukommen. Hier wird es voraussichtlich verstärkt Outsourcingüberlegungen geben, um die Expertise von Clinical Research Organisations und spezialisierten Beratern einzubeziehen.
- Medizinproduktehersteller müssen nunmehr für implantierbare Medizinprodukte sowie Medizinprodukte der Risikoklasse III einen Kurzbericht über Sicherheit und klinische Leistung erstellen, welcher bei EUDAMED zu hinterlegen ist.

4.5   Fazit

Um den Marktzugang in der EU zu erhalten, muss ein neues Medizinprodukt sicher und leistungsfähig sein sowie über klinische Bewertungen verfügen, welche den Nutzen des Medizinprodukts dokumentiert. Die Erfüllung dieser Voraussetzungen bedeutet jedoch nicht zugleich, dass das Medizinprodukt die Anforderungen an die Erstattungsfähigkeit in der stationären GKV-Versorgung erfüllt. Hierzu muss das Medizinprodukt das Potenzial einer neuen Therapiemethode aufweisen. Wird ein patientenrelevanter Nutzen der neuen Therapiemethode festgestellt, kann sich die Methode als neuer Therapiestandard bewähren, was regelmäßig die gesicherte Erstattungsfähigkeit in der stationären und ambulanten GKV-Versorgung zur Folge hat.

Der § 137h SGB V verfolgt zwar einerseits das Ziel der Erhöhung der Versorgungssicherheit, andererseits macht die gesetzliche Konzeption die Regelung von einer Anfrage eines Krankenhauses abhängig. Da nur bei entsprechendem ökonomischen Interesse die Anfrage erfolgt, schafft § 137h SGB V keine verpflichtende Prüfung aller adressierten Methoden mit Hochrisiko-Medizinprodukten und entlässt damit auch Produkte aus der Prüfung der Versorgungssicherheit. Dies zeigt sich auch daran, dass der G-BA bislang lediglich 20 Verfahren veröffentlicht hat. Bei zehn Verfahren wurde die Beratung durchgeführt, bei acht das Bewertungsverfahren abgeschlossen und bei zwei endete das Bewertungsverfahren ohne Bewertung. Es ist allerdings nicht auszuschließen, dass der Gesetzgeber hier in den nächsten Jahren schrittweise weitere Anforderungen stellen oder die bestehenden ausweiten wird. Die Erfahrungen mit dem AMNOG-Verfahren werden hier sicherlich als Vorlage dienen. Um dem Ausgabenzuwachs bei Arzneimitteln entgegenzuwirken [3], findet nunmehr auf Grundlage des § 35a SGB V, der Arzneimittel-Nutzenbewertungsverordnung sowie dem 5. Kapitel der Verfahrensordnung des G-BA ein aus im Wesentlichen zwei Komponenten bestehendes Verfahren der spezifisch sozialversicherungsrechtlichen Marktzugangsregulierung statt: Zunächst muss der Arzneimittelhersteller spätestens zum Zeitpunkt des erstmaligen Inverkehrbringens eines Arzneimittels dem G-BA-Nachweise über den Zusatznutzen des Arzneimittels übermitteln, aufgrund welcher der G-BA eine frühe Nutzenbewertung durchführt. Das Ergebnis der Nutzenbewertung soll sich im zweiten Schritt auf die Preisbildung auswirken: Hat die Nutzenbewertung keinen Zusatznutzen ergeben und ist das Arzneimittel festbetragsfähig, erfolgt die Einordnung in eine Festbetragsgruppe (§ 35a Abs. 4 SGB V). Bei den festbetragsfähigen Arzneimitteln ohne Zusatznutzen darf der Erstattungsbetrag nicht höher sein als eine zweckmäßige Vergleichstherapie (§ 130b Abs. 3 SGB V). Für Arzneimittel mit Zusatznutzen werden die Preise zwischen dem GKV-Spitzenverband und den pharmazeutischen Unternehmen verhandelt (§ 130b Abs. 1 SGB V). Denkbar ist daher, dass der Gesetzgeber diese Grundsätze des AMNOG auch auf den Medizinproduktebereich überträgt. So kommt beispielsweise nicht nur die Ausweitung des Anwendungsbereichs des § 137h SGB V auf weitere Risikoklassen in Betracht, sondern auch die Zusammenführung des Bewertungsverfahrens und des Verfahrens auf Entgeltvereinbarung.

Für die anfragenden Krankenhäuser ist der Verwaltungsaufwand enorm gestiegen, sofern es sich um eine erstmalige Anfrage bezüglich Risikoklasse-IIb- und -III-Produkten sowie aktiv implantierbare Produkte handelt. Zur Prüfung, ob eine Methode in den Anwendungsbereich des § 137h SGB V fällt, wird den Krankenhäusern bzw. den produktanbietenden Herstellern nahegelegt, die vom G-BA angebotene Beratung im Vorfeld der Anfrage in Anspruch zu nehmen.

Die Einführung der MDR hat in der Fachwelt für viel Aufruhr gesorgt. Es werden nicht nur steigende Kosten und Aufwand, längere Zulassungszeiten, sondern auch die Auswirkungen auf die KMUs beklagt [12]. Welche Auswirkungen die MDR für die Medizintechnik haben wird, lässt sich erst in Ansätzen beurteilen. Vielmehr muss der Erlass von Durchführungsrechtsakten abgewartet werden. Für jede einzelne ihr nach der MDR übertragene Befugnis muss die Europäische Kommission einen gesonderten delegierten Rechtsakt erlassen (Art. 116), mit welchen die Regelungen der MDR für die Praxis durchführbar gemacht werden sollen. Wie die Vielzahl an neuen Vorgaben und Verschärfungen gelebt werden, wird sich daher erst noch in der Praxis zeigen. Die Parallelen zum Arzneimittelmarkt sind auch im Hinblick auf die MDR vorhanden. Für Arzneimittel, die in der EU und im EWR vertrieben werden sollen, wurde im Jahr 2004 auf Grundlage der Verordnung (EG) Nr. 726/2004 auf europäischer Ebene eine Zulassungsstelle geschaffen. Die EMA ist für die Zulassung und Überwachung der Arzneimittel in der EU zuständig. Beantragt ein Arzneimittelhersteller bei der EMA die Genehmigung für ein Arzneimittel und erhält er diese, kann er das Arzneimittel in der EU und der EWR vertreiben, ohne weitere Genehmigungen in den Mitgliedsstaaten einholen zu müssen. Die MDR regelt zwar auf europäischer Ebene den Marktzugang für Medizinprodukte, die Durchführung der Konformitätsbewertungsverfahren ist jedoch dezentral den Benannten Stellen zugewiesen. Zwar führt jede Benannte Stelle die Konformitätsbewertungsverfahren nach den Anforderungen der MDR durch, sodass das Ergebnis des Konformitätsbewertungsverfahrens unabhängig davon, welche Benannte Stelle die Prüfung vorgenommen hat, gleich lauten müsste. Dennoch lassen sich divergierende Ergebnisse nicht ausschließen, welche mit der Zentralisierung der Benannten Stellen analog der EMA vermieden werden könnten. Insoweit sind ebenfalls weitere Regelungsspielräume für den europäischen Gesetzgeber vorhanden.

Weiterhin hat es der Gesetzgeber bislang für beide Produktklassen – Medizinprodukte und Arzneimittel – versäumt, eine verpflichtende gesundheitsökonomische Evaluation in den Bewertungsprozess zu implementieren. Das Kriterium der Kosteneffektivität kann jedoch einen wichtigen Beitrag für die Preisregulierung leisten [16]. Schließlich besteht weiterhin das immer wieder diskutierte Problem willkürlicher Entscheidungen aufgrund der Besetzungsregeln des G-BA und der damit einhergehenden Interessenkonflikten [7].

4.6   Anlage zur Technischen Dokumentation

Tab. 4.2 zeigt eine Gegenüberstellung der Anforderungen an die technische Dokumentation nach der MDR und der MDD ohne einen Anspruch auf Vollständigkeit zu erheben.

Tab. 4.2 Synopse MDR – MDD. (Quelle: eigene Darstellung)

Anforderung	MDR	MDD
Produktbeschreibung	• Produkt- oder Handelsname • Allgemeine Beschreibung • Zweckbestimmung und vorgesehene Anwender • UDI • Indikationen/Kontraindikationen • Begründung der Risikoklasse • Zubehör, das in Kombination mit dem Produkt verwendet werden soll • Konfiguration/Varianten des Produkts • Allgemeine Beschreibung wichtigster Funktionselemente einschließlich bildlicher Darstellung • Vorgängerprodukte sowie ähnliche Produkte	• Nicht explizit • Allgemeine Beschreibung • Zweckbestimmung • Nicht vorhanden • Nicht explizit • Nicht vorhanden • Medizinische Einrichtungen oder Ausrüstungen, die zur Zweckerfüllung des Produkts mit diesem kombiniert oder angeschlossen werden • Varianten • Nicht vorhanden • Nicht vorhanden

(Fortsetzung)

Tab. 4.2 (Fortsetzung)

Anforderung	MDR	MDD
Beschriftung	• Kennzeichnung auf dem Produkt und seiner Verpackung • Gebrauchsanweisung	• Kennzeichnung auf dem Produkt und/oder Verpackung • Gebrauchsanweisung
Auslegung und Herstellung	• Auslegungsphasen, die das Produkt durchläuft • Vollständige Dokumentation der Herstellungsprozesse und ihrer Validierung, dem Einsatz von Hilfsstoffen, der laufenden Überwachung sowie Prüfung des Endprodukts • Angabe aller Stellen, bei denen Auslegungs- und Herstellungstätigkeiten durchgeführt wurden, einschl. Lieferanten etc.	• Techniken zur Kontrolle und Prüfung der Auslegung, der Verfahren und der systematischen Maßnahmen, die bei der Produktauslegung angewendet werden • Mittel zur Überprüfung der Wirksamkeit des Qualitätssicherungssystems, insbesondere von dessen Eignung zur Sicherstellung der angestrebten Auslegungs- und Produktqualität • Methoden zur Überwachung Dritter, falls Auslegung, Herstellung und Endkontrolle extern erfolgen
Sicherheits- und Leistungsanforderungen	• Für das Produkt geltenden grundlegenden Sicherheits- und Leistungsanforderungen, einschließlich einer Erläuterung, warum sonstige Anforderungen nicht zutreffen • Die zum Nachweis der Konformität eingesetzten Methoden • Bezeichnung der Dokumente, die die Konformität belegen	• Lösungen zur Einhaltung der für die Produkte geltenden grundlegenden Anforderungen • Sicherstellung der Übereinstimmung der Produkte mit den einschlägigen Bestimmungen der MDD mit Hilfe des Qualitätssicherungssystems • Nicht explizit
Nutzen-Risiko-Analyse und Risikomanagement	• Nutzen-Risiko-Analyse • Ergebnisse des Risikomanagements	• Nutzen-Risiko-Analyse • Ergebnisse der Risikoanalyse
Verifizierung und Validierung	• Vorklinische und klinische Daten • Test- oder Studienprotokolle, z. B. hinsichtlich Biokompatibilität, Stabilität oder Leistung und Sicherheit • Bericht über die klinische Bewertung • Plan für die klinische Bewertung • Klinische Überwachung nach dem Inverkehrbringen • Ggf. Testergebnisse zu Toxizität	• Präklinische Bewertung • Nicht explizit • Klinische Bewertung • Nicht vorhanden • Klinische Überwachung nach dem Inverkehrbringen • Nicht vorhanden

Literatur

1. Axer P (2015) Aktuelle Rechtsfragen der Methodenbewertung – Zugleich zur Neuregelung des § 137h SGB V und des § 137c Abs. 3 SGB V durch das GKV-VSG sowie zum Methodenbegriff. GesundheitsRecht, 641–650
2. Cotrell S, Tomes M (2016) Ein Produkt, eine Nummer, eine Identität – Wie sich Europa auf die Unique Device Identification (UDI) vorbereiten kann. Zeitschrift für das gesamte Medizinprodukterecht:73–76
3. Deutscher Bundestag (2010) Entwurf eines Gesetzes zur Neuordnung des Arzneimittelmarktes in der gesetzlichen Krankenversicherung (Arzneimittelmarktneuordnungsgesetz-ANMNOG). Drucksache 17/2413. http://dip21.bundestag.de/dip21/btd/17/024/1702413.pdf. Zugegriffen am 12.01.2018
4. Deutscher Bundestag (2015) Entwurf eines Gesetzes zur Stärkung der Versorgung in der gesetzlichen Krankenversicherung (GKV-Versorgungsstärkungsgesetz – GKV-VSG). Drucksache 18/4095. http://dipbt.bundestag.de/doc/btd/18/040/1804095.pdf. Zugegriffen am 12.01.2018
5. Felix D, Ullrich N-D (2015) Paradigmenwechsel in der Methodenbewertung – Zur antragsunabhängigen Bewertung stationär erbrachter Methoden gemäß § 137h SGB V. Neue Zeitschrift für Sozialrecht:921–930
6. Gemeinsamer Bundesausschuss (2017) Tragende Gründe zum Beschluss über eine Bewertung nach § 137h SGB V: Ultraschallgesteuerter hoch-intensiver fokussierter Ultraschall zur Behandlung von nicht chirurgisch behandelbaren sekundären bösartigen Neubildungen des Knochens und des Knochenmarks. https://www.g-ba.de/downloads/40-268-4256/2017-03-16_137h_BVh-16-002_USgHIFU-Tumor-Knochen-Knochenmark-sekundaer_TrG.pdf. Zugegriffen am 12.01.2018
7. Gaßner M (2013) Anmerkung zum BSG-Urteil vom 07.05.2013 – B 1 KR 44-12 R zur Frage der Freistellung von Kosten einer ambulant durchgeführten hyperbaren Sauerstofftherapie (HBO-Therapie). Neue Zeitschrift für Sozialrecht:861–868
8. Graf A (2016) MDR: Wie werden sich klinische Bewertung und klinische Prüfung für Medizinprodukte ändern? Zeitschrift für das gesamte Medizinprodukterecht:186–188
9. Graf A (2016) Die neue Europäische Verordnung über Medizinprodukte (MDR) – Erste Informationen zur praktischen Umsetzung. Zeitschrift für das gesamte Medizinprodukterecht:214–216
10. Graf A, Heil M et al (2017) Die MDR-Übergangsvorschriften – Zeitliche Perspektiven für Medizinproduktehersteller. Zeitschrift für das gesamte Medizinprodukterecht:15–19
11. Krauskopf D (2008) Soziale Krankenversicherung Pflegeversicherung Kommentar § 52 SGB V. C.H.Beck, München
12. Medtech Radar (2017) Was die neue Verordnung für Start-ups und Mittelstand bedeutet. https://www.bvmed.de/download/medtech-radar-nummer-9-november-2017. Zugegriffen am 12.01.2018
13. Oldenburger M (2017) Anmerkung zum BGH-Urteil vom 22.06.2017 – VII ZR 36/14 zur Haftung der benannten Stelle bei schuldhaften Pflichtverletzungen. jurisPR-MedizinR 10/2017 Anm. 1
14. Roters D (2017) Kasseler Kommentar Sozialversicherungsrecht §§ 91, 137h SGB V. C.H.Beck, München
15. Sauerland S (2017) Medizinprodukte zwischen schneller Innovation und fraglichem Nutzen. Wissenschaftsforum Gesundh Ges:25–30
16. Wien P (2015) Die Bewertung neuer Untersuchungs- und Behandlungsmethoden mit Medizinprodukten hoher Risikoklasse nach § 137h SGB V – Eine Analyse der Neuregelung mit Blick auf die Bewertung von Arzneimitteln mit neuen Wirkstoffen nach § 35a SGB V. Neue Zeitschrift für Sozialrecht:736–741

Tanja Simic, LL.M., Rechtsanwältin Tanja Simic ist seit 2011 in der Rechtsabteilung der mhplus Betriebskrankenkasse im Bereich des Unternehmensrechts tätig. Die nebenberufliche selbständige Tätigkeit als Rechtsanwältin übt sie auf den Gebieten des Medizin- sowie Arbeitsrechts aus. Sie hat einen auf das Arbeitsrecht spezialisierten Master of Laws (LL.M.) sowie den Fachanwaltslehrgang im Medizinrecht absolviert. Zuvor hat sie an der Eberhard Karls Universität in Tübingen Rechtswissenschaften studiert, wo sie derzeit auch im medizinrechtlichen Bereich promoviert.

Selektivverträge als Instrument des Market Access

5

Viktor Makowski

Inhaltsverzeichnis

V. Makowski (✉)
Hologic Deutschland GmbH, Wiesbaden, Deutschland
E-Mail: ts@link-care.de

© Springer Fachmedien Wiesbaden GmbH, ein Teil von Springer Nature 2019
T. Schubert, T. Vogelmann (Hrsg.), *Market Access in der Medizintechnik*,
https://doi.org/10.1007/978-3-658-23476-8_5

Zusammenfassung

Selektivverträge sind ein alternativer Weg zur GKV-Erstattung. Besonders die Überbrückung von Sektorengrenzen zwischen dem ambulanten und dem stationären Sektor
sind häufig Gegenstand solcher Verträge. Auf Grundlage des § 140 SGB V können
Krankenkassen mit Leistungserbringern und weiteren Partnern wie Herstellern von
Medizinprodukten Verträge zur besonderen Versorgung schließen. Medizinproduktehersteller können diese Vertragsform in Erwägung ziehen, wenn der klassische Weg in
den ambulanten Bereich ein zu langes Zeitfenster nach sich zieht oder dieses Zeitfenster überbrückt werden soll. Zudem können wirtschaftliche Gründen dafür sprechen
nicht das Kollektivsystem, sondern das Selektivvertragssystem zu wählen.

5.1   Einleitung

Dieser Teil des Buches beschäftigt sich mit den sogenannten Selektivverträgen als einem
alternativen Weg zur Erstattung von Medizinprodukten außerhalb des klassischen Kollektivvertragssystems der gesetzlichen Krankenversicherung (GKV). Statt der regulären Erstattung einer medizinischen Leistung bei gesetzlich krankenversicherten Patienten im stationären oder ambulanten Sektor, werden hierbei direkte Verträge zwischen Leistungserbringern
und gesetzlichen Krankenversicherungen geschlossen, in deren Rahmen medizinische Leistungen außerhalb des Kollektivvertragssystems erbracht und erstattet werden. Im stationären
System sind die DRG (Diagnosis Related Groups; deutsch: diagnosebezogene Fallgruppen),
im ambulanten der einheitliche Bewertungsmaßstab (EBM) Abrechnungsgrundlage für die
ärztlich erbrachten Leistungen.

5.2   Selektivverträge

5.2.1   Was ist ein Selektivvertrag?

Ein Selektivvertrag ist eine vertragliche Vereinbarung zwischen einer gesetzlichen Krankenversicherung und einem Leistungserbringer, die es möglich macht, bestimmte medizinische Leistungen außerhalb des Kollektivvertragssystems zu erbringen und abzurechnen.
Je nach Aufbau eines Selektivvertrags können weitere Vertragspartner, wie z. B. Managementgesellschaften, Kassenärztliche Vereinigungen, Pharmahersteller oder Medizinproduktehersteller, in den Vertrag eingebunden werden.

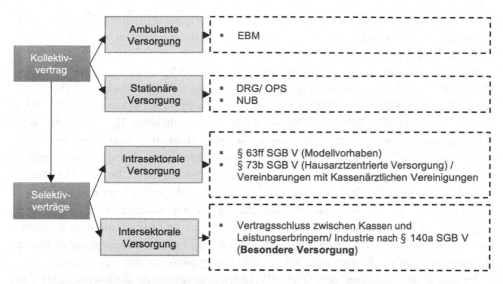

Abb. 5.1 Vertragslandschaft im deutschen Gesundheitswesen. (Quelle: eigene Darstellung)

Abb. 5.1 zeigt im oberen Bereich die üblichen Abrechnungswege innerhalb des Kollektivvertragssystems der gesetzlichen Krankenversicherung, also das EBM-System für die ambulante Erbringung einer Leistung (ambulanter Sektor) und das DRG-System für die stationäre Erbringung einer Leistung (stationärer Sektor).

Sowohl innerhalb eines Sektors als auch an den Schnittstellen zwischen den Sektoren können sich Optimierungspotenziale ergeben, die mit den traditionellen Mitteln des Kollektivvertragssystems nur schwer oder auch gar nicht zu realisieren sind.

Innerhalb des ambulanten Sektors stellt z. B. das „Ärzte-Hopping" und dessen Vermeidung ein oft diskutiertes Optimierungspotenzial dar, für deren Lösung u. a. die hausarztzentrierte Versorgung (HZV) herangezogen wird. Bei der HZV soll der Hausarzt eine stärkere „Lotsenfunktion" übernehmen, um Doppeluntersuchungen, vermeidbare Medikamentenwechselwirkungen oder auch die „Übertherapie" von Bagatellkrankheiten (z. B. Therapie simpler Erkältungen mit Antibiotika) zu minimieren.

Eine typische Schnittstelle zwischen den Sektoren stellt die Entlassung aus dem Krankenhaus in die ambulante Folgeversorgung dar, insbesondere bei chronischen Krankheiten, wie z. B. bei psychischen Erkrankungen. Hier können Probleme aufgrund von Wartezeiten zwischen stationärer und ambulanter Behandlung auftreten [25].

5.2.2 Geschichte der Selektivverträge

Gesetzliche Krankenkassen und deren Verbände können seit 1997 (Zweites GKV-Neuordnungsgesetz) zur Weiterentwicklung der Versorgung sogenannte „Modellvorhaben" (§ 63 ff. SGB V) durchführen bzw. mit Leistungserbringern vertraglich vereinbaren. Diese sollen langfristig der Weiterentwicklung des Kollektivvertragssystems dienen. Solche Modellvorhaben können grundsätzlich alle medizinischen Leistungen umfassen, soweit sie durch den G-BA nicht ausdrücklich als ungeeignet abgelehnt wurden. Sie sind in der Regel auf maximal 8 Jahre befristet und müssen wissenschaftlich begleitet und ausgewertet werden [26].

Innerhalb des ambulanten Sektors gibt es seit 2004 (GKV-Modernisierungsgesetz) die Möglichkeit, Selektivverträge zur sogenannten „hausarztzentrierten Versorgung" (HZV) zu schließen (§ 73b SGB V). Seit 2008 ist mit dem „GKV-Wettbewerbsstärkungsgesetz" (GKV-WSG) aus der ursprünglichen Soll-Bestimmung eine Verpflichtung für die gesetzlichen Krankenkassen geworden. Krankenkassen müssen seitdem ihren Versicherten eine besondere hausärztliche Versorgung anbieten, die bestimmte Kriterien erfüllen soll, u. a. Qualitätskriterien, Fortbildung und Orientierung an evidenzbasierten Leitlinien. Im Jahr 2009 wurde diese Verpflichtung der Krankenkassen nochmals gesetzlich konkretisiert und mit einem Zieltermin versehen. Die Teilnahme der Versicherten an der hausarztzentrierten Versorgung ist freiwillig. Sie verpflichten sich dabei, einen Hausarzt aus der Liste der mit ihrer Krankenkasse kontrahierenden Ärzte zu wählen und Fachärzte nur nach Überweisung durch diesen Hausarzt aufzusuchen. Letzteres gilt jedoch nicht für Gynäkologen und Augenärzte.

Im Jahr 2008 wurden mit dem GKV-WSG auch sogenannte „Strukturverträge" (§ 73a SGB V) möglich. Diese können zwischen Krankenkassen und KVs geschlossen werden, um neue organisatorische Versorgungsformen mit differenzierten Honorierungssystemen zu vereinbaren. Diese können Pauschalen (z. B. pro versorgtem Patient) und Bonus-Malus-Regelungen enthalten. In der Praxis betreffen die Strukturverträge vor allem Arzt- bzw. Praxisnetze und das ambulante Operieren.

Zum gleichen Zeitpunkt wurden mit dem GKV-WSG auch Verträge zur „Besonderen Ambulanten Versorgung" (§ 73c SGB V) ermöglicht. Diese können ebenfalls zwischen Krankenkassen und KVs geschlossen werden.

Probleme an der sogenannten „Sektorengrenze" zwischen ambulantem und stationärem Sektor werden manchmal auch „Versorgungslücken" genannt. Sie entstehen meist beim Übergang eines Patienten von der ambulanten in die stationäre Versorgung (Einweisung ins Krankenhaus), aber auch im umgekehrten Fall bei der Entlassung aus der stationären in die ambulante Versorgung.

Einen besonders interessanten Fall stellt das ambulante Operieren dar, bei dem vormals stationär erbrachte Leistungen aufgrund neuer medizinisch-technischer Entwicklungen (z. B. minimalinvasive Chirurgie) in den ambulanten Sektor verlagert werden können. Viele Experten sind der Meinung, dass das ambulante Operieren in Deutschland nicht ausreichend vergütet wird, um die „Ambulantisierungspotenziale" zu nutzen, die in anderen Gesundheitssystem (z. B. Vereinigte Staaten von Amerika, Vereinigtes Königreich, Niederlande) aufgrund einer besseren Vergütung im ambulanten Bereich und einer engeren Verzahnung zwischen ambulantem und stationärem Bereich bereits zu einem größeren Teil realisiert werden. Laut Aussage des Bundesverbandes für ambulantes Operieren (BAO) werden in den USA und in England bereits 80 % der operativen Eingriffe unter ambulanten Voraussetzungen durchgeführt. In Deutschland sind es laut BAO etwa 37 % [1, 2].

Professor Günter Neubauer vom Institut für Gesundheitsökonomik in München äußerte Anfang 2018 gar die Meinung, dass in Deutschland „ambulante Fälle hospitalisiert werden", statt stationäre Fälle zu „ambulantisieren", was u. a. auch an den überdurchschnittlich hohen Bettenzahlen in Deutschland läge (z. B. im Vergleich zu anderen OECD-Staaten) [1, 30].

Beispiel

Als Beispiel soll hier die Erstattung einer ambulanten gynäkologischen Operation zur Behandlung starker Regelblutungen bei prämenopausalen Frauen angeführt werden. Die Hochfrequenzablation mit dem NovaSure-Verfahren (häufig auch „Goldnetz-Methode" genannt) wird in anderen Ländern verglichen mit dem stationären Einsatz im Krankenhaus auch im ambulanten Einsatz ausreichend gut erstattet und daher deutlich häufiger ambulant durchgeführt als in Deutschland. In Tab. 5.1 sind die Erstattungspreise des Verfahrens gegenübergestellt.

Das NovaSure-Verfahren wird in Deutschland ambulant überhaupt nicht erstattet, da es bislang nicht in den EBM-Katalog aufgenommen wurde. Andere Verfahren zur Endometriumablation (z. B. OPS 5-681.50, OPS 5-681.51), werden hingegen mit einem relativ geringen Betrag erstattet, der ca. 25 % des Betrages einer stationären Durchführung (bei einer Übernachtung im Krankenhaus) ausmacht. In den Vergleichsländern liegt die ambulante Erstattung im Vergleich zur stationären Durchführung hingegen zwischen 33 % in den Niederlanden und 79 % in Großbritannien.

An dieser Sektorengrenze wird häufig auch von „kurzstationären" oder „stationsersetzenden" Operationen gesprochen, wenn Patienten im Bedarfsfall z. B. eine Nacht in einer sogenannten Praxisklinik überwacht werden können.

Bereits mit der Gesundheitsreform im Jahr 2000 wurde der Begriff der „integrierten Versorgung" etabliert. Sogenannte „Integrationsverträge" zwischen Leistungserbringern und Krankenkassen konnten zum damaligen Zeitpunkt nur mit Zustimmung der KV geschlossen werden. Letzteres stellte ein entscheidendes Hemmnis dar, das erst 4 Jahre später überwunden wurde.

Tab. 5.1 Erstattung im Bereich der gesetzlichen Krankenversicherung (bzw. vergleichbar). (Quelle: eigene Darstellung)

Land	Stationär	Ambulant
Deutschland (2018)	1935 EUR (1 Nacht) 2704 EUR (2 Nächte)	0 EUR (nicht im EBM-Katalog) 474,40 EUR (Endometriumablation)
Großbritannien (2018)	981 GBP (1 Nacht) (~ 1114 EUR)	779 GBP (~ 874 EUR)
Niederlande (2016)	3972 EUR	1317 EUR
USA (2018)	4112 USD (~ 3313 EUR)	1839 USD (~ 1482 EUR)
Schweiz (2016)	3590 CHF (1 Nacht) (~ 3112 EUR) 4191 CHF (2 Nächte) (~ 3633 EUR)	1590 CHF (~ 1378 EUR)

Mit dem „GKV-Modernisierungsgesetz" in 2004 und den neu geschaffenen §§ 140a–d SGB V wurde die Notwendigkeit einer KV-Zustimmung abgeschafft und gleichzeitig die sogenannte „Anschubfinanzierung" beschlossen. Dabei wurde 1 % der Gesamtvergütung ambulanter und stationärer Leistungen (maximal 680 Mio. € bis 2006) bereitgestellt, um die Entwicklung integrierter Versorgungsmodelle zu beschleunigen. Diese Anschubfinanzierung sorgte in den Folgejahren für einen deutlichen Anstieg der IV-Vertragszahlen in Deutschland. Nach Abschaffung ebendieser Anschubfinanzierung stagnierte bzw. sanken die Vertragszahlen sukzessive, wie man Daten der Bundesgeschäftsstelle Qualitätssicherung gGmbH (BQS) entnehmen kann [7].

Im Jahr 2011 wurde die Liste der möglichen IV-Vertragspartner durch das AMNOG um pharmazeutische Unternehmen und Medizinproduktehersteller erweitert. Hersteller konnten somit erstmals in die Vertragsverhandlungen, die Ausgestaltung und die spätere Umsetzung von Selektivverträgen eingebunden werden. Bislang nutzen die meisten Krankenkassen diese Möglichkeit jedoch sehr zurückhaltend.

Ebenfalls im Jahr 2011 wurden das Bundesversicherungsamt (BVA) und die Landesversicherungsämter der Bundesländer (LVA) in die Prüfung von IV-Verträgen eingebunden, da bei einer großen Anzahl von IV-Verträgen die Vermutung von „Mitnahmeeffekten" nahelag. Darunter versteht man üblicherweise im Kollektivsystem erbrachte (und im Budget gedeckelte) Leistungen, die nun im Rahmen von IV-Verträgen extrabudgetär erbracht wurden, ohne zu einer tatsächlichen Verbesserung der Versorgung beizutragen. Obwohl es sich bei dem Verfahren um eine reine Anzeigepflicht handelte und das BVA keine Prüfpflicht hatte, wirkte es sich dämpfend auf den Abschluss neuer IV-Verträge aus.

Schließlich wurden im Juli 2015 die bisherigen Strukturverträge (§ 73a SGB V), die Verträge zur besonderen ambulanten ärztlichen Versorgung (§ 73c SGB V) und die Verträge zur integrierten Versorgung (§ 140a–d SGB V) neu strukturiert und mit dem „GKV-Versorgungsstärkungsgesetz" als „besondere Versorgung" im neuen § 140a SGB V zusammengefasst. Bereits bestehende Selektivverträge konnten fortgeführt werden. Gleichzeitig wurde ein „Innovationsfonds" eingerichtet, der ab Januar 2016 innovative, sektorenübergreifende Versorgungsformen und die Versorgungsforschung mit jährlich 300 Mio. € finanzieren sollte.

In einer Richtlinie des G-BA vom 22.01.2015 wurde das sogenannte Prinzip „ambulant vor stationär" nochmals in Interpretation des § 39 Absatz 1 Satz 2 SGB V festgeschrieben: „Die ambulante Behandlung hat Vorrang vor der stationären Behandlung, wenn das Behandlungsziel zweckmäßig und ohne Nachteil für die Patientin oder den Patienten mit den Mitteln der ambulanten Versorgung einschließlich häuslicher Krankenpflege erreicht werden kann" [5]. Das Ziel ist dabei also immer eine mindestens äquivalente Versorgung des Patienten. Befürworter der konsequenten Umsetzung des Prinzips „ambulant vor stationär" sind überzeugt, dass die ambulante Versorgung in vielen Fällen der stationären Versorgung qualitativ überlegen sein kann, z. B. aufgrund geringerer Infektionsrisiken mit multiresistenten Keimen, die in stationären Einrichtungen häufiger vorkommen.

Die heutige Grundlage für intersektorale Selektivverträge bildet seit dem 27.06.2017 der § 140a SGB V, in dem verschiedene ältere Formen von Selektivverträgen (§§ 73a, 73c und 140a in der Gesetzesfassung vom 22. Juli 2015) zusammengefasst wurden.

Der Marktanteil der integrierten Versorgung lag 2017 wie schon in den unmittelbar vorhergehenden Jahren bei ca. 1 % der GKV-Gesamtleistungsausgaben, d. h. bei ca. 2 Mrd. € [24].

5.2.3 Wann sind Selektivverträge für Medizinproduktehersteller ratsam?

Grundsätzlich kann der Marktzugang über Selektivverträge immer dann erwogen werden, wenn der „klassische" Weg zur adäquaten Erstattung im Kollektivvertragssystem bereits gescheitert oder nicht möglich ist, dieser noch eine lange Zeitspanne benötigen wird oder er aus wirtschaftlichen Erwägungen gar nicht beschritten werden soll. Jedoch sollte eine negative Bewertung der Methode, mit der Ihr Medizinprodukt verbunden ist, durch den G-BA noch nicht erfolgt sein, da Selektivverträge für solche Methoden nicht abgeschlossen werden können.

Im stationären Sektor können Selektivverträge zum Einsatz kommen, wenn z. B. die DRG-Fallpauschale für einen Leistungserbringer bei Einsatz der betreffenden Methode nicht kostendeckend ist. Dies kann z. B. bei außergewöhnlich hohen Sachkosten, längeren Verweildauern (oberhalb der mittleren Verweildauer), überdurchschnittlichem Personaleinsatz oder hohen Infrastrukturkosten der Fall sein. Sind alle anderen Wege (NUB-Anträge, Zusatzentgelte, DRG-Systemänderungen) bereits ausgeschöpft oder stehen diese nicht zur Verfügung, können Selektivverträge eine Alternative darstellen.

Im ambulanten Sektor stellt sich die Situation ähnlich dar. Stehen die klassischen Wege ins Kollektivvertragssystem (EBM-Katalog, Hilfsmittelverzeichnis, Pharmazentralnummer PZN) nicht zur Verfügung oder sind bereits ausgeschöpft, können Selektivverträge den Marktzugang, d. h. eine Erstattung zulasten der GKV, eventuell trotzdem ermöglichen.

Ein typischer Fall im ambulanten Sektor liegt vor, wenn ein Medizinprodukt bereits über alle erforderlichen Zulassungen verfügt (z. B. CE-Zeichen), eine Erstattung durch die gesetzlichen Krankenversicherungen aber nicht erfolgen kann, weil dazu eine Bewertung durch den G-BA erforderlich ist. Dies ist z. B. der Fall, wenn das Produkt überwiegend ambulant von Medizinern eingesetzt werden soll und aufgrund des Erlaubnisvorbehaltes im ambulanten Sektor eine Aufnahme der zugehörigen Methode in den ambulanten EBM-Katalog erforderlich ist. Medizinprodukte verfügen in der Regel über ausreichende Evidenz für die medizinrechtliche Zulassung, jedoch mangelt es häufig an qualitativ hochwertigen randomisiert kontrollierten Studien (Evidenzlevel I), die für eine positive Bewertung durch den G-BA meist unerlässlich sind.

Dies gilt in besonderem Maße für US-amerikanische Medizinproduktehersteller, die für die FDA-Zulassung ihres Produktes in den USA eventuell keine randomisiert kontrollierten Studien benötigen (510(k)) oder Nichtunterlegenheitsstudien durchgeführt haben (Investigational Device Exemption, Pre Market Approval), um die „Safety and Effectiveness" nachzuweisen. Viele Experten sind der Meinung, dass für Medizinprodukte im Vergleich zu Arzneimitteln besondere Herausforderungen beim Studiendesign existieren, da besonders die Verblindung und Randomisierung schwieriger umzusetzen sein können und der Behandlungserfolg stärker von den individuellen Fähigkeiten des Anwenders und der Lernkurve abhängt [14, 18, 33]. Bei vielen internationalen Studien ist der Hersteller üblicherweise intensiv an der Planung, Durchführung, Auswertung und Publikation der Studie beteiligt. Das IQWiG sieht bei industriefinanzierten Studien sowie intensiver Beteiligung der Industrie jedoch ein erhöhtes Risiko für einen Studienbias, insbesondere für einen sogenannten Publikationsbias [12, 13]. Je weniger Einfluss der Medizinproduktehersteller als Auftraggeber der Studie auf das Studiendesign und alle nachfolgenden Schritte (Durchführung, Auswertung, Publikation) hatte, desto geringer wird das Risiko für einen Studienbias offenbar vom IQWiG eingeschätzt und desto höher wird die Qualität und Glaubwürdigkeit bewertet.

In der Regel werden für eine positive Bewertung des G-BA unabhängige hochwertige klinische Studien (Evidenzlevel I) benötigt, die eine Überlegenheit im Vergleich zum jeweils geltenden (und im Kollektivvertragssystem erstatteten) „Goldstandard" nachweisen. Ein Nachweis der Nichtunterlegenheit mag zwar generell für eine positive Bewertung des G-BA ausreichen, der fehlende Nachweis einer Überlegenheit kann aber in den nachfolgenden Preisverhandlungen eine Hürde darstellen, die eventuell das Erreichen einer adäquaten Vergütung erschwert.

Der Weg in die Regelversorgung kann in einem solchen Fall mehrere Jahre dauern. Sind der Privatzahlermarkt (z. B. IGeL) bzw. der Markt der Privatversicherten bereits erschlossen, so können Selektivverträge die Zeit effektiv überbrücken, die bis zur Aufnahme der Methode in die Regelversorgung vergehen kann. Gleichzeitig schaffen Selektivverträge bereits gesundheitspolitische Fakten. Sie können gesundheitsökonomische Evidenz liefern und gewinnen im Erfolgsfall Krankenkassen als Unterstützer der Methode. Auch setzen sich bereits Preise im Markt durch, die in der ökonomischen Bewertung des Bewertungsausschusses später Berücksichtigung finden sollten, da Krankenkassen diese Preise bereits verhandelt haben und eine ökonomische Bewertung durch die Krankenkasse erfolgt ist.

Besonders solche Methoden und damit verbundene Medizinprodukte, die bisherige stationäre Versorgungsformen in ambulante Versorgungsformen überführen können (also aus der Perspektive der Kostenträger „teure" stationäre Leistungen in „preiswertere" ambulante Leistungen umwandeln können), sind gute Kandidaten für Selektivverträge.

5.2.4   Ziele von Selektivverträgen

Mit Selektivverträgen werden von verschiedenen Stakeholdern unterschiedliche Ziele verfolgt, die häufig nur mit Mühe in Einklang zu bringen sind.

Politische Ebene   Auf der politischen Ebene wurde mit den verschiedenen oben beschriebenen Gesundheitsreformschritten vor allem versucht, die starre Grenze zwischen stationärem und ambulantem Sektor in Deutschland zu überwinden und eine bessere Verzahnung und Zusammenarbeit zwischen den Sektoren zu erreichen. Aufgrund der Selbstverwaltung im Gesundheitssystem mit dem G-BA als paritätisch besetztem, zentralem und oft eher den Status quo bewahrenden Entscheidungsorgan, schaffte der Gesetzgeber im SGB V selektive

Vertragsmöglichkeiten, die dezentrale Bewertungen und Entscheidungen über die Einführung medizinischer, technischer und organisatorischer Innovationen ermöglichen und den G-BA dabei entlasten. Insbesondere in hochinnovativen Bereichen (z. B. eHealth, Gesundheits-Apps, Telemedizin) müssen zum Teil erst Strukturen und Prozesse geschaffen oder angepasst werden, um eine fundierte Bewertung durch den G-BA überhaupt zu ermöglichen. Hier können Selektivverträge für eine zeitliche Überbrückung und einen schnelleren Zugang zu Innovationen sorgen. Es ist daher immer auch ein explizites Ziel von Selektivverträgen, in einem vertraglich definierten Rahmen medizinische Leistungen zu erbringen, die das Potenzial haben, langfristig auch zu einer Regelleistung zu werden.

Krankenkassen Krankenkassen sind teilweise verpflichtet Selektivverträge abzuschließen (siehe oben, HZV nach § 73b SGB V). Im Bereich der IV-Verträge haben die Krankenkassen zwar insgesamt größere Freiheiten, jedoch müssen die Verträge nach spätestens 4 Jahren eine nachweisbare Wirtschaftlichkeit besitzen, da das BVA grundsätzlich zu Prüfungen berechtigt ist. Bei nachgewiesener Unwirtschaftlichkeit können Zwangsgelder bis zu einer Höhe von 10 Mio. € festgesetzt werden. Die Wirtschaftlichkeit kann über verschiedene Effekte erzielt werden. Die wichtigsten sind:

- Verbesserung der Versorgungsqualität und damit langfristige Einsparung von Krankenhausaufenthalten, medikamentösen Behandlungen und kostenintensiven Reinterventionen
- Niedrigere Komplikationsraten mit ebensolchen Einsparungen
- Ersatz teurer operativer oder diagnostischer Verfahren durch alternative, günstigere Verfahren gleicher Effektivität
- Verlagerung der Leistung aus dem kostenintensiven stationären in den günstigeren ambulanten Sektor
- Vermeidung von Doppeluntersuchungen und „Ärzte-Hopping" durch bessere Verzahnung von ambulantem und stationärem Sektor, u. a. durch den Hausarzt als „Gesundheitslotsen" (HZV)
- Nutzung von Morbi-RSA-Effekten durch höhere Kodierqualität
- Beeinflussung des Verordnungsverhaltens
- Leitliniengerechte Gestaltung der Versorgung

Ebenso wichtig sind für Krankenkassen die Effekte, die sich mit Selektivverträgen im Wettbewerb um Versicherte erzielen lassen. Da der Beitragssatz zur gesetzlichen Krankenversicherung festgelegt und für alle Krankenkassen gleich ist, können sich Krankenkassen nur durch die Höhe des Zusatzbeitrages und das Leistungsspektrum von anderen Kassen differenzieren. Selektivverträge gehen üblicherweise mit innovativen Leistungen vermeintlich höherer Qualität einher bzw. werden von den Versicherten häufig als solche wahrgenommen. Dies mag auch deshalb der Fall sein, weil Leistungen, die vorher häufig nur Privatversicherten zur Verfügung standen, im Rahmen von Selektivverträgen auch gesetzlich Versicherten angeboten werden können. Krankenkassen werben auf ihren Web-seiten und in den Versichertenmagazinen dann mit den Zusatzleistungen, die häufig im Rahmen von Selektivverträgen angeboten werden. Als Beispiel soll hier nur die Techniker Krankenkasse mit der Tinnitus-App „Tinnitracks" [32] zur Behandlung eines Tinnitus oder dem TV-Werbespot „Zeitmaschine" [31] angeführt werden, in dem gezielt mit einer innovativen Partikeltherapie am Heidelberger Ionenstrahl-Therapiezentrum geworben wird.

Ambulante Leistungserbringer Ambulante Leistungserbringer streben in aller Regel mit Selektivverträgen eine deutlich bessere Vergütung ihre Leistungen an, als dies durch das EBM-System gegeben ist. Diese Vergütung soll zudem das allgemeine KV-Budget für die ambulante Versorgung möglichst nicht belasten, also ein „extrabudgetäres Zusatzgeschäft" darstellen. Praxiskliniken und ähnliche Zentren müssen die Investitionen in ihre medizini-sche Infrastruktur im Gegensatz zu den Krankenhäusern vollständig aus eigenen Mitteln finanzieren. Daher sollte hier bei den Verhandlungen auf eine transparente Vollkostenkal-kulation geachtet werden (vgl. Kap. 6).

Stationäre Leistungserbringer Stationäre Leistungserbringer setzen Selektivverträge häufig dazu ein, stationär nicht erbringbare (bzw. nicht oder nur bei wenigen Patienten abrechenbare) Leistungen, außerhalb des Kollektivvertragssystems (DRG, AOP § 115 b SGB V) zu erbringen und abzurechnen. Die Gründe für die Nichterbringbarkeit können dabei vielfältig sein:

- Zu geringe Kostendeckung für ein bestimmtes Verfahren, das in der DRG-Fallpauschale noch nicht adäquat abgebildet ist, z. B. auch aufgrund hoher Sachkosten
- Abgelehnte NUB-Anträge
- Fehlendes Zusatzentgelt
- Überdurchschnittlich häufige, erfolgreiche Prüfung durch den Medizinischen Dienst der Krankenkassen (MDK) und reduzierte Erstattung aufgrund primärer oder sekundä-rer Fehlbelegung, insbesondere bei Prozeduren, die sich eher an der Grenze zur unteren Grenzverweildauer bewegen

Selektivverträge werden durch stationäre Leistungserbringer ebenfalls häufiger eingesetzt, wenn eine bessere Zusammenarbeit und Aufgabenverteilung mit den zuweisenden Ärzten in der Region und der Einsatz innovativer Diagnoseverfahren kombiniert werden sollen. Als Beispiel soll hier die gemeinsame sektorenübergreifende Durchführung von interdis-ziplinären Tumorboards in der Onkologie und der Einsatz moderner molekularer Diagno-severfahren („molekulare Onkologie") bei der Tumorklassifizierung genannt werden, wie er z. B. 2015 zwischen der Techniker Krankenkasse und dem Klinikum rechts der Isar in München vereinbart wurde [17].

Die Kannibalisierung der eigenen stationären Leistungen stellt das Hauptrisiko beim Abschluss von Selektivverträgen für einen stationären Leistungserbringer dar. Die stationären Leistungen sind im Zweifelsfall für ein Krankenhaus von existenzieller Bedeutung und werden daher meist höher priorisiert als ambulante Leistungen, die auch im Rahmen von Selektivverträgen nur selten einen ausreichend hohen Deckungsbeitrag liefern. Gleichzeitig bieten Selektivverträge aber die Gelegenheit, die Wertschöpfungskette zu erweitern und – ebenfalls extrabudgetär – zusätzliche Leistungen mit einer bestehenden oder kostengünstig ausbaubaren Infrastruktur zu erbringen. Private Krankenhausbetreiber (z. B. Helios) gelten hier, gerade auch in Zusammenarbeit mit der Industrie (Fresenius Medical Care), als Vorreiter.

Im Rahmen der Roland Berger Krankenhausstudie 2017 sahen 71 % aller Krankenhäuser die zunehmende Ambulantisierung „eher als Chance", über 80 % arbeiteten aktuell an Initiativen zur Ambulantisierung [23].

Patienten bzw. gesetzlich Versicherte Patienten bzw. gesetzlich Versicherte versprechen sich vom Beitritt zu Selektivverträgen vor allem eine schnellere Terminvergabe bei stark frequentierten Fachärzten, Zugang zu modernen Diagnose- und Therapiemethoden sowie eine bessere Koordination und einen besseren Übergang zwischen dem ambulanten und stationären Sektor. Für diese Vorteile sind Patienten in aller Regel bereit, bis zu einem bestimmten Grad auf die freie Arztwahl zu verzichten, längere Anreisewege in Kauf zu nehmen und sogar private Zuzahlungen zu leisten.

▶ **Tipp** Messen Sie die Bereitschaft der Patienten Zuzahlungen für eine innovative oder qualitativ hochwertigere Versorgung zu zahlen, bspw. mittels Discrete-Choice-Experimenten. Selektivverträge können, im Gegensatz zum Kollektivvertragssystem, derartige private Zuzahlungen berücksichtigen und somit auch eine interessante Mittlerfunktion zwischen privatem und öffentlichem Gesundheitssektor erfüllen.

Medizinproduktehersteller Medizinproduktehersteller streben in der Regel eine adäquate, möglichst hohe Vergütung der medizinischen Leistung an, die mithilfe ihres Medizinproduktes erbracht wird. Der Selektivvertrag wird meist angestrebt, um die unzureichende Erstattung im Kollektivvertragssystem zu verbessern. Eine komplette Marktabdeckung ist jedoch in den seltensten Fällen ausschließlich über Selektivverträge erreichbar.

In vielen Fällen ist eine neue Methode bzw. das damit verbundene Medizinprodukt nicht ausreichend im Kollektivvertragssystem abgebildet, da dieses auf dem Prinzip der Kostendeckung basiert und dazu historische Kosten, bei Medizinprodukten insbesondere die historischen Sachkosten einer Vergleichstherapie, herangezogen werden. Die gestiegenen Anforderungen an heutige Medizinprodukte, insbesondere in den

Bereichen der Entwicklung, Produktion, Zulassung, Marktüberwachung, Einweisung durch geschulte Medizinprodukteberater und Durchführung klinischer Studien zur Generierung qualitativ hochwertiger Evidenz, sind in den historischen Kosten jedoch nicht bzw. nicht ausreichend berücksichtigt. Diese können daher hohe zusätzliche Hürden für neue Methoden darstellen, die von den etablierten, vor dem Einzug der „evidenzbasierten Medizin" eingeführten Methoden in dieser Form gar nicht überwunden werden mussten.

Der Hersteller strebt üblicherweise auch eine Ausweitung der Verwendung seines Medizinproduktes an. Die Krankenkassen befürchten jedoch nicht selten eine medizinisch unbegründete „Mengenausweitung". Sie wirken dieser im Selektivvertrag oft mit einer möglichst engen Indikationsstellung und Begrenzung auf bestimmte Patientengruppen entgegen, üblicherweise auf diejenigen, die am stärksten von dem Verfahren profitieren und bei denen die Wirtschaftlichkeit erwartungsgemäß am leichtesten nachzuweisen ist.

Managementgesellschaften Managementgesellschaften spielen bei Selektivverträgen eine besondere Rolle. Ihr Geschäftsmodell beruht auf den relativ hohen Transaktionskosten, die ein Selektivvertrag mit sich bringt. Diese Transaktionskosten entstehen u. a. durch den Entwurf, die Gesprächsanbahnung, die Verhandlung und die rechtliche Prüfung des Selektivvertrages sowie durch das spätere Teilnahmemanagement und die Schulungen der beteiligten Partner, die Abrechnung der erbrachten Leistungen und die elektronische Datenübertragung außerhalb der bestehenden klassischen Abrechnungssysteme (KV, Krankenhausabrechnung nach DRG). Managementgesellschaften stellen dem Leistungserbringer üblicherweise eine Abrechnungsplattform zur Verfügung, mittels derer die erbrachte Leistung gegenüber der Managementgesellschaft abgerechnet wird. Die Managementgesellschaft konsolidiert alle Abrechnungen gegenüber der Krankenkasse und sorgt für die korrekte elektronische Datenübertragung. Für diese Dienstleistung behält die Managementgesellschaft einen bestimmten Prozentsatz der abgerechneten Summe ein.

Die zugrunde liegenden Verträge und Leistungspakete sowie die detaillierten Konditionen eines Selektivvertrages werden ebenfalls von der Managementgesellschaft entwickelt und mit den Krankenkassen verhandelt.

Für viele, in der Regel kleinere, gesetzliche Krankenkassen würde der Aufwand, einen Selektivvertrag mit ausreichend vielen Leistungserbringern zu vereinbaren und die Abrechnung dann außerhalb des Kollektivvertragssystems zu organisieren, bereits die Wirtschaftlichkeit vieler solcher Vereinbarungen sprengen. Daher greifen besonders Krankenkassen unterhalb einer kritischen Größe gerne auf Managementgesellschaften zurück.

Managementgesellschaften können die Transaktionskosten reduzieren, indem sie gleiche oder sehr ähnliche Selektivverträge mit verschiedenen Krankenkassen abschließen und dafür bereits über ein Netzwerk angeschlossener Leistungserbringer verfügen, die für einen Beitritt keinen neuen Vertrag prüfen und unterschreiben müssen.

Aufgrund der kontinuierlichen Weiterentwicklung der Rechtsgrundlagen in den vergangenen Jahren und vielfacher Beanstandungen des BVA können Managementgesellschaften auch zu einer größeren Sicherheit und Glaubwürdigkeit bei allen Vertragspartnern beitragen.

5.2.5 Vorteile und Nachteile von Selektivverträgen

In Tab. 5.2 sind die Vor- und Nachteile von Selektivverträgen aus der Sicht des Autors für die verschiedenen Interessengruppen aufgeführt.

Tab. 5.2 Vorteile und Nachteile von Selektivverträgen. (Quelle: eigene Darstellung)

	Vorteil	Nachteil
Gesetzliche Krankenversicherung (GKV)	- Wettbewerbsvorteile (Qualität, Service, Fortschritt, Innovation, Image, Marketing) - Kurzfristige Kostenreduktion durch optimierte Verzahnung von ambulantem und stationärem Sektor - Langfristige Kostenreduktion durch gesundheitsökonomische Vorteile innovativer Diagnostik und Therapie - Nutzung von „Ambulantisierungspotenzialen"	- Anfänglich höhere Investitionen, meist ohne explizit dafür verfügbare Budgets - Langfristige Kostenreduktionen schwer kausal nachweisbar - Schwierigkeiten der Zurechenbarkeit von Kostenreduktionen über Systemgrenzen (z.B. Pflege) - Personal- und Kostenaufwand für das Management von Verträgen - Risiko der Mengenausweitung
Leistungserbringer	- Alternative Leistungsabrechnung außerhalb des Kollektivvertragssystems - I. d. R. extrabudgetäre Zusatzumsätze - I. d. R. höhere Vergütung als im Kollektivvertragssystem (EBM, DRG) - Positionierung und Reputation mit innovativen Leistungen	- Geringere Therapiefreiheit im Rahmen von Verträgen - Zusätzlicher Abrechnungsaufwand - Personal- und Kostenaufwand für das Management von Verträgen - Höhere finanzielle und medizinische Risiken, z. B. bei „Risk-Sharing"-Komponenten

(Fortsetzung)

Tab. 5.2 (Fortsetzung)

	Vorteil	Nachteil
Patient	- Schnellere Terminvergabe - Schnellerer Zugang zu innovativen Therapien - Höhere Qualität der Versorgung - Weniger Doppelungen in Diagnostik und Therapie - Besser koordinierte vor- und nachstationäre Betreuung	- Beschränkung der freien Arztwahl und Therapiewahl - Spezifische Teilnahmebedingungen - Längere Anfahrtswege
Medizinproduktehersteller	- Höhere Sachkostenerstattung erreichbar - Schnellerer Marktzugang für Innovationen - Gesundheitsökonomische Vorteile können früher im Rahmen der Verträge nachgewiesen werden - Hohe Markteintrittshürden für Wettbewerber - Theoretisch einfach skalierbare Verdienstmöglichkeiten	- Komplette Marktabdeckung nicht erreichbar - Hoher organisatorischer Aufwand - Spezialkenntnisse und gutes Netzwerk erforderlich - Inhärenz gewisser rechtlicher Risiken - Hohe Anfangsinvestitionen - Leicht kopierbare Vertragsstrukturen - Asymmetrische Verteilung der Verhandlungsmacht

5.3   Voraussetzungen für die Verhandlung von Selektivverträgen

Kommen wir nun zu den Voraussetzungen, die Sie als Medizinproduktehersteller, Leistungserbringer oder Managementgesellschaft erfüllen sollten, um erfolgreiche Verhandlungen über einen Selektivvertrag mit einer gesetzlichen Krankenversicherung zu führen.

Wir differenzieren hierbei zunächst nicht weiter nach Art des Selektivvertrages oder nach dem Sektor bzw. den Sektoren, die in den Vertrag eingebunden sind.

5.3.1   Generelle Voraussetzungen

Erste und wichtigste Voraussetzung ist, dass für die Methode, die Bestandteil des Selektivvertrages werden soll, bislang keine negative Bewertung durch den G-BA vorliegt. Natürlich sollte die Methode prinzipiell einen guten, innovativen Ruf haben. Im Idealfall sollte sie bereits weltweit zugelassen sein, in anderen Ländern erfolgreich eingesetzt werden und dort ggf. sogar zu nachweisbaren Fortschritten in der Gesundheitsversorgung geführt haben.

Darüber hinaus sollten Sie sich genau überlegen, welche Vorteile eine gesetzliche Krankenversicherung sowie ganz explizit auch die mit dem Vertrag beschäftigten Mitarbeiter sich von dem Selektivvertrag versprechen können. Liegt der Schwerpunkt auf einem bestimmten Vorteil, der in Tab. 5.2 aufgelistet ist oder ist es ein gleichmäßiger Mix der aufgeführten Elemente?

Machen Sie sich auch bewusst, dass es je nach Größe der Krankenkasse innerhalb der Organisation viele unterschiedliche Abteilungen und Personen gibt, die in die Entscheidung über einen Selektivvertrag eingebunden werden, z. B. das Vertragsmanagement, die Rechtsabteilung, die medizinische Abteilung, die Finanzabteilung und im Erfolgsfall am Ende des Prozesses auch die Vorstandsebene.

Können sich die Mitarbeiter der Krankenkasse mit diesem Thema intern und extern profilieren oder besteht im Falle des Scheiterns ein erhebliches Karriererisiko? Werden alle vorhersehbaren Bedenken und Risiken mit Ihrem Vorschlag ausreichend berücksichtigt?

5.3.2 Versorgungslücke

Die simple Tatsache, dass keine ausreichende Erstattung im Kollektivvertragssystem vorliegt, stellt für eine Krankenkasse zunächst kein gravierendes Problem dar, auch wenn es für Sie den Erfolg oder Misserfolg Ihres Produktes oder Ihrer Dienstleistung bestimmen kann. Zum Problem wird es für eine Krankenkasse erst, wenn langfristige Nachteile für die Kasse bestehen oder potenzielle Vorteile existieren, die aufgrund der fehlenden Erstattung nicht erreichbar sind. Noch größer wird dieses Problem für die Krankenkasse, wenn andere Kassen sich bereits dieses Themas annehmen und von den potenziellen Vorteilen eventuell schneller profitieren könnten.

Es ist von entscheidender Bedeutung, dass ein gewisser Handlungsdruck existiert, um Ihr Thema auf der Tagesordnung weit genug nach oben zu bringen. Versetzen Sie sich dabei immer in die Lage eines Kassenmitarbeiters, häufig aus der Abteilung „Versorgungs- und Vertragsmanagement", dem eine Vielzahl von Versorgungsmodellen und Vertragsvorschlägen vorliegen, die gesichtet und bewertet werden müssen. So wie in Ihrem Unternehmen vermutlich gewisse Kernfragen darüber entscheiden, ob ein Projekt höher oder niedriger priorisiert wird, so laufen auch in einer Krankenkasse die eingehenden Vorschläge durch verschiedene Stufen der Prüfung und Priorisierung, bevor es überhaupt zu einer ernsthaften Auseinandersetzung mit einem Thema kommen kann. Und so wie in jedem Unternehmen schadet es auch nicht, wenn sich ein Mitarbeiter, der sich als Befürworter und Unterstützer eines Projektes engagiert, im Erfolgsfall davon eine Profilierung innerhalb der Krankenkasse versprechen kann.

An dieser Stelle ist es nun besonders wichtig, eine Schwachstelle im Kollektivvertragssystem zu identifizieren, die den Kostenträger entweder viel Geld kosten kann (Schwerpunkt Gesundheitsökonomie) oder große öffentliche Aufmerksamkeit erregt bzw. erregen könnte (Schwerpunkt Marketing/Wettbewerb).Hier beginnt nun Ihre eigentliche Detailarbeit, die wir Ihnen nur konzeptionell bzw. anhand eines praktischen Beispiels genauer erklären können.

Da Sie Ihr Medizinprodukt, Ihre Dienstleistung oder die Versorgungsmethode, bei der diese Verwendung finden, besser kennen als jeder andere, sollten Sie auch das Kernproblem, das Sie im deutschen Gesundheitssystem lösen helfen, sehr genau beschreiben können. Es wird sich fast immer um ein Problem oder einen Schwachpunkt handeln, der in irgendeiner Form Kosten verursacht, die über den Zusatzkosten liegen, die beim Einsatz Ihrer Methode anfallen. Denn nur dann verfügen Sie über ein nachhaltiges Geschäftsmodell. Sollte Ihnen hier nicht auf Anhieb etwas einfallen, verwenden Sie unbedingt ausreichend Zeit darauf, den Schwachpunkt im Kollektivvertragssystem, die „Versorgungslücke", möglichst genau zu analysieren und zu beschreiben. In Tab. 5.3 ist dargestellt, wie sich diese Versorgungslücke systematisch beschreiben lässt. Häufig sind die Einsparungen eher langfristig realisierbar und die erforderlichen Investitionen dafür kurzfristig sehr hoch. Trotzdem sollte es Ihnen gelingen, die Versorgungslücke genau zu benennen und auch ungefähr zu beziffern.

Bei dem Beispiel, das wir zur Verdeutlichung der einzelnen Schritte verwenden werden, handelt es sich um die Hochfrequenzablation der Gebärmutterschleimhaut, einer Methode zur sogenannten Endometriumablation. Diese wird zur Behandlung von zu starker, zu häufiger oder unregelmäßiger Menstruation eingesetzt.

Tab. 5.3 Beschreibung der Versorgungslücken. (Quelle: eigene Darstellung)

Versorgungslücke	Beschreibung (eigene Definition)
Fehlversorgung	Patienten werden mit einer weniger geeigneten Methode diagnostiziert oder behandelt. Bei der optimalen Versorgung würden unmittelbar geringere Kosten anfallen oder die langfristigen Kosten wären geringer
Überversorgung	Patienten werden zu früh mit zu teuren Methoden diagnostiziert oder behandelt. Dadurch entstehen unnötige Kosten, die z. B. durch besser Diagnoseverfahren oder leitliniengerechte Behandlungskonzepte vermieden werden könnten
Unterversorgung	Patienten werden nicht ausreichend versorgt. Dadurch kommt es langfristig zu höheren Kosten, z. B. wegen häufigerer Krankenhausaufenthalte, teurerer Therapien oder höherem Pflegebedarf

Beispiel

Laut einer Veröffentlichung des Robert-Koch-Institutes aus dem Jahr 2014 [22] gibt es in Deutschland ungefähr 50 stationäre Fälle pro 100.000 Einwohner und Jahr, bei denen eine zu starke, zu häufige oder unregelmäßige Menstruation (ICD-10 Schlüssel N92) diagnostiziert wird. Dies wären auf Deutschland hochgerechnet ca. 41.000 Patientinnen pro Jahr. Aus den Qualitätsberichten der Krankenhäuser in Deutschland aus dem Jahr 2016 lassen sich 18.151 stationäre Fälle ableiten und 6159 Endometriumablationen. Daten des Statistischen Bundesamtes bestätigen für 2015 mit 19.131 N92-Diagnosen die Größenordnung [29]. Eine theoretische Versorgungslücke könnte also sein, dass bei circa 12.000 bis 13.000 Patientinnen pro Jahr eine Gebärmutterentfernung (Hysterektomie) durchgeführt wurde, um starke Regelblutungen zu behandeln, die nicht von Tumoren verursacht wurden. Bei diesen Patientinnen wäre eine Endometriumablation möglich und verglichen mit einer Gebärmutterentfernung auch mit niedrigeren Kosten verbunden. Eine Gebärmutterentfernung sollte in diesen Fällen eigentlich die Ultima Ratio sein, wie es auch die S3-Leitline der Deutschen Gesellschaft für Gynäkologie und Geburtshilfe (DGGG) vorsieht [20, 21]. In Abb. 5.2 ist dies dargestellt.

Eine Endometriumablation, also die Verödung der Gebärmutterschleimhaut, kann in der überwiegenden Mehrzahl der Fälle (98 %) eine Reduktion der Regelblutung auf ein Normalmaß bewirken, in vielen Fällen wird die Regelblutung ganz gestoppt. Eine Gebärmutterentfernung kann in über 90 % der Fälle vermieden werden.

Die Hochfrequenzablation wäre zudem in den meisten Fällen ambulant durchführbar, während die meisten Gebärmutterentfernungen stationär durchgeführt werden. Eine ambulante Durchführung der Hochfrequenzablation ist jedoch derzeit nicht Teil der Regelversorgung, da die zugehörige OPS-Ziffer (5-681.53) nicht im EBM-Katalog, also dem Katalog aller ambulant zulasten der Kostenträger erbringbaren Leistungen [15] enthalten ist, während der Katalog der stationär erbringbaren Leistungen diesen Prozedurenschlüssel aufführt [3]. Eine Bewertung der Methode durch den G-BA steht noch aus.

Somit handelt es sich bei dieser Versorgungslücke um eine klassische „Fehlversorgung" aus der Perspektive der GKV, da Patientinnen aktuell mit einem teureren Verfahren versorgt werden, als es erforderlich wäre.

Wichtig ist bei der Beschreibung der Versorgungslücke in diesem Beispiel, dass auch andere Methoden zur Endometriumablation existieren (OPS 5-681.50 ff.), die sich aber aus unterschiedlichen Gründen nicht flächendeckend durchsetzen konnten, u. a. weil sie einen zu hohen Trainingsaufwand verursachen oder in klinischen Studien keine ausreichend guten Erfolgsraten nachweisen konnten.

Krankenkassen und deren Mitarbeiter sind es gewohnt, in sogenannten „Versorgungspfaden" zu denken. Es ist daher empfehlenswert, die aktuelle Versorgungslage inklusive der von Ihnen identifizierten Versorgungslücke in einem solchen Pfad darzustellen. Dies kann

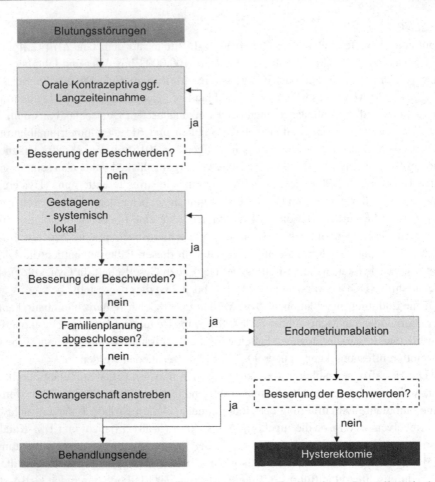

Abb. 5.2 Behandlungsalgorithmus bei Blutungsstörungen. (Quelle: eigene Darstellung in Anlehnung an [20])

dann die Grundlage für einen optimierten Versorgungspfad darstellen, der im Rahmen eines IV-Vertrages umgesetzt werden soll.

Im Idealfall kennen Sie den Versorgungspfad aufgrund umfangreicher Markterfahrungen bereits gut und können ihn adäquat abbilden. Sollte dies nicht der Fall sein, empfehlen sich Interviews mit Ihren Kunden, ggf. zusätzlich mit wichtigen Meinungsbildnern oder auch einem medizinischen Beirat (Advisory Board).

In den letzten Jahren werden auch immer häufiger GKV-Routinedaten zu Forschungszwecken verwendet, mit denen sich reale Versorgungspfade analysieren lassen. Hierauf geht der Beitrag von Vogelmann (Kap. 9) ausführlich ein und zeigt auf, wie Sie diese Informationen nutzen können. Eine Analyse der aktuellen Versorgungsrealität kann also auch auf Basis einer solchen Datenabfrage erfolgen, wenn noch kein ausreichendes

Wissen dazu in Ihrem Unternehmen vorliegt. Häufig verfügen Medizinproduktehersteller in einem neuen Therapiefeld noch nicht über ausreichende Kundenkontakte oder die Gewinnung von Informationen wird durch Compliance-Regeln sehr stark eingeschränkt, sodass der Blick in die GKV-Routinedaten einen pragmatischen und sinnvollen Ausweg darstellen kann.

> **Beispiel**
>
> Im Beispielfall ist eine solche Analyse erfolgt, um die aktuelle Versorgungssituation möglichst vollständig zu beschreiben und zu quantifizieren.
>
> Dabei wurden die Abrechnungsdaten speziell nach Patientinnen mit der Diagnose N92.x (starke Regelblutung) durchsucht und dann in einem 2-Jahres-Fenster betrachtet, welche diagnostische, therapeutische und medikamentöse Versorgung erfolgte.
>
> Zunächst wurde dabei untersucht, welche Therapieentscheidungen wie häufig getroffen wurden. So war eine Quantifizierung der verschiedenen Maßnahmen möglich und die zeitliche Abfolge verschiedener Diagnose- und Therapieschritte konnte beschrieben werden. Von Interesse ist ebenfalls, wann und wo die Entscheidungen getroffen werden, welcher Akteur im Gesundheitssystem sie trifft und welche Informationen zum Zeitpunkt der Entscheidung vorliegen. Im vorliegenden Fall war es natürlich besonders wichtig, genauer zu analysieren, wer die Entscheidung über die häufig durchgeführte Hysterektomie trifft bzw. wer sie entscheidend beeinflusst.
>
> Im vorliegenden Beispiel war zu berücksichtigen, dass Hormone zur Kontrazeption in Deutschland nicht von der Krankenkasse erstattet werden, diese aber häufig eingesetzt werden, um neben der Kontrazeption auch eine Blutungsreduktion zu erreichen. Somit können GKV-Routinedaten keine Informationen darüber liefern, ob ein Teil der vermeintlich unbehandelten Patientinnen tatsächlich erfolgreich mit Hormonen behandelt wurde, diese aber privat finanziert wurden. An solchen Stellen müsste die Analyse also mit weiteren Instrumenten ergänzt werden.

Aus den verschiedenen oben genannten Quellen sollte es Ihnen nachfolgend möglich sein, einen Behandlungspfad zu entwickeln, der die aktuelle Versorgungsrealität darstellt. In diesem sollte die von Ihnen identifizierte Versorgungslücke klar dargestellt werden.

> **Beispiel**
>
> Abb. 5.3 zeigt für unser Beispiel den Versorgungspfad im Kollektivvertragssystem und die verschiedenen Therapieoptionen auf. Die Versorgungslücke beschreibt die Differenz zwischen durchgeführter Intervention (Hysterektomie) und der möglichen alternativen Intervention (ambulante Endometriumablation).

Im nächsten Schritt ist es nun erforderlich, der identifizierten Versorgungslücke einen Geldwert zuzuordnen, der nachvollziehbar ist und bei den Gesprächspartnern ein ausreichendes Handlungsinteresse weckt.

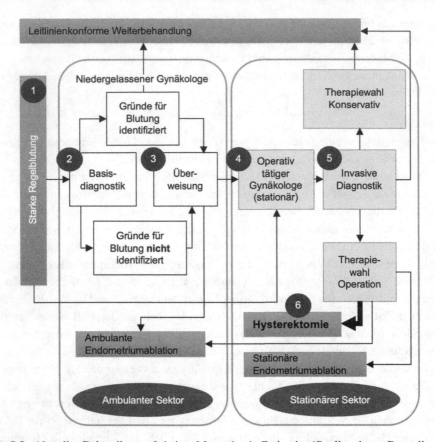

Abb. 5.3 Aktueller Behandlungspfad einer Menorrhagie-Patientin. (Quelle: eigene Darstellung)

5.3.3 Gesundheitsökonomische Evidenz

Viele Medizinproduktehersteller sind es gewohnt, mit medizinischen Argumenten über Verbesserungen in der Gesundheitsversorgung zu reden, die mit ihren Produkten oder Dienstleistungen möglich sind. Häufig tun sie sich jedoch schwer, die ökonomischen Vorteile für das Gesundheitssystem oder für die Kostenträger zu benennen oder gar zu beziffern.

Dies mag u. a. auch daran liegen, dass der Weg ins Kollektivvertragssystem (G-BA) die Berücksichtigung gesundheitsökonomischer Aspekte explizit auf einen Zeitpunkt nach der Bewertung des medizinischen Zusatznutzens verschiebt. Dies geschieht allerdings primär mit dem Ziel, Patienten eine sehr teure Versorgung nicht bereits aus monetären Erwägungen vorzuenthalten. Medizintechnische Innovationen bewegen sich häufig im Grenzbereich zwischen Produkt- und Prozessinnovation. Eine gleichwertige medizinische Versorgung, die mit einem preiswerteren Versorgungsprozess erreicht wird, hat es im deutschen Kollektivvertragssystem jedoch nicht unbedingt leicht. Auch wenn die Äquivalenz einer Methode theoretisch ausreicht, um eine Erstattung im Kollektivvertragssystem zu erreichen, sind für die Einführung neuer Methoden in der Regel zusätzliche Investitionen erforderlich, die sich irgendwann auch amortisieren müssen. Diese Tatsache verschafft den etablierten Methoden oft einen Vorteil und kann eine zusätzliche Hürde für neue Methoden darstellen. Gesundheitsökonomische Argumente sind daher wichtig und sollten während des Lebenszyklus Ihres Produktes oder Ihrer Dienstleistung konsequent angepasst und weiterentwickelt entwickelt werden.

Beispiel

Im Beispielfall der Hochfrequenzablation erfolgte im Rahmen einer Versorgungsforschungsstudie mit GKV-Routinedaten im Hinblick auf die Kosten, die die Therapie einer starken Regelblutung im Behandlungsquartal und in den Folgequartalen verursacht. Insbesondere wurde die Frage betrachtet, welche Kosten durch die Fehlversorgung mit einer Hysterektomie im Vergleich zu einer leitlinienkonformen Versorgung mit einer Endometriumablation anfallen [16]. In Abb. 5.4 sind die durchschnittlichen Therapiekosten der Behandlungsalternativen dargestellt.

Während des Behandlungsquartals verursacht das Durchführen einer Hysterektomie über alle Kostenkategorien Mehrkosten in Höhe von 1844 € im Vergleich zu einem Einsatz der Hochfrequenzablation. Dieser Unterschied ist statistisch signifikant ($p = 0{,}001$). Der Kostenvorteil bleibt nahezu konstant, auch nach einer 2-jährigen Beobachtungsperiode (Ersparnis von 1771 €).

Die Ergebnisse der Versorgungsforschungsstudie zeigen also, dass eine leitlinienkonforme Versorgung der Patientinnen mit der Hochfrequenzablation im Vergleich zur immer noch häufig durchgeführten Hysterektomie zu einer Einsparung von circa 1771 € pro Fall führen würde. Diese Ergebnisse sind besonders für die Kostenträger, die diese Einsparungen realisieren, von großem Interesse.

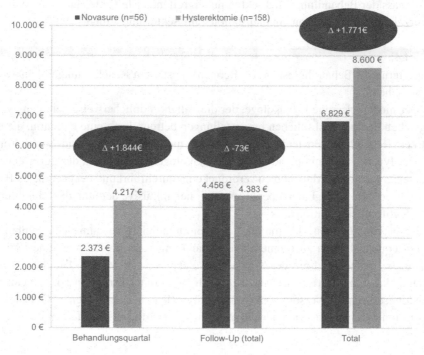

Abb. 5.4 Durchschnittliche Therapiekosten. (Quelle: eigene Darstellung in Anlehnung an [16])

Bei der Entwicklung von gesundheitsökonomischer Evidenz sollten Sie darauf achten, dass diese für Ihre Ansprechpartner, also in aller Regel Kostenträger, Leistungserbringer und Managementgesellschaften, relevant und nachvollziehbar ist. Evidenz, die aus anderen Gesundheitssystemen stammt (z. B. gesundheitsökonomische Studien aus den USA oder Großbritannien) oder komplexe Rechenmodelle, die auf deutsche Verhältnisse „umgerechnet" wurden, reichen oft nicht aus. In der Regel werden Kassen die gesundheitsökonomische Evidenz anhand der eigenen Abrechnungsdaten bestätigen wollen. Insbesondere Inzidenzraten, Therapiekonzepte, Versorgungs- und Kostenstrukturen sollten daher möglichst nahe an der deutschen Versorgungsrealität liegen, um glaubwürdig überzeugen zu können. Bei Untersuchungen, die im Ausland erfolgt sind, stellt sich häufig die Frage nach der Übertragbarkeit der Ergebnisse, da die strikte Trennung zwischen ambulantem und stationärem Sektor in Deutschland einzigartig ist.

5.3.4 Alternativer Behandlungspfad

Aus der klaren Identifikation und Beschreibung der Versorgungslücke und der entwickelten gesundheitsökonomischen Evidenz sollten Sie nun in der Lage sein einen alternativen Behandlungspfad zu entwickeln, der es verschiedenen Akteuren im Gesundheitssystem ermöglichen soll, die identifizierten Einsparpotenziale zu realisieren. Mit Blick auf die angestrebte Verhandlung von Selektivverträgen wird der alternative Behandlungspfad im Idealfall bereits zu einem überzeugenden Business Case für Kostenträger dargestellt.

Für bestimmte Selektivverträge, z. B. integrierte Versorgungsverträge, ist es außerdem wichtig, dass der Behandlungspfad sektorenübergreifende Elemente enthält, also die bessere Verzahnung von ambulantem und stationärem Sektor unterstützt.

Beispiel

Der alternative Behandlungspfad im Bereich der starken Regelblutungen könnte z. B. so aussehen:

Der niedergelassene Gynäkologe, der die Patientin üblicherweise bei allen gynäkologischen und geburtshilflichen Fragestellungen betreut, kann eine Patientin, die unter starken Regelblutungen leidet, deren Gründe nicht identifiziert sind (keine Tumore oder Polypen) an einen operativ tätigen Gynäkologen überweisen, der ggf. weitere invasive diagnostische Maßnahmen verordnet oder durchführt und bei geeigneten Patientinnen über alle verfügbaren operativen Optionen inklusive der ambulant durchführbaren Hochfrequenzablation aufklärt.

Ist die Hochfrequenzablation für die Patientin indiziert, so kann sie der ambulanten Hochfrequenzablation zustimmen. Die Behandlung kann im Rahmen eines Selektivvertrages erfolgen und mit der Krankenkasse abgerechnet werden. Die dabei von der Krankenkasse gezahlte Pauschale wird nach bestimmten Kriterien auf die einzelnen Leistungserbringer (Vorsorge/Nachsorge durch den niedergelassenen Gynäkologen, Operation durch den operierenden Gynäkologen, Anästhesie etc.) aufgeteilt.

Ist die Hochfrequenzablation nicht indiziert, geht die Versorgung der Patientin innerhalb des Kollektivvertragssystems oder im Rahmen anderer Versorgungskonzepte weiter.

Obwohl mit dem dargestellten Behandlungspfad ein Teil, der heute noch stationär erbrachten Hysterektomien durch ambulante Hochfrequenzablationen ersetzt werden soll, handelt es sich dabei nicht um ein sektorenübergreifendes Konzept. Alle Leistungen werden hier ja im ambulanten Sektor erbracht. Ein IV-Vertrag ist nach § 140a SGB V jedoch auch möglich, wenn er interdisziplinär und fachübergreifend zu einer verbesserten Versorgung beiträgt. In diesem Fall sind Hausärzte, niedergelassene Gynäkologen, Labormediziner und ambulant operativ tätige Gynäkologen in den Behandlungspfad eingebunden.

5.3.5   Business Case

5.3.5.1   Analyse der aktuellen Erstattungssituation

Um einen attraktiven Business Case für Leistungserbringer und Kostenträger entwickeln zu können, ist es zunächst empfehlenswert, die aktuelle Erstattungssituation etwas tiefer gehender zu analysieren. Dabei sollten Sie u. a. folgende Fragen für sich beantworten:

- Wird die mit Ihrem Medizinprodukt verbundene Methode derzeit überwiegend ambulant oder stationär erbracht?
- Existiert ein „Ambulantisierungs-Potenzial", d. h. die Möglichkeit zur Verlagerung stationärer Behandlungen in den ambulanten Sektor?
- Wird die Methode im Kollektivvertragssystem bereits von den Kostenträgern erstattet?
- Wenn ja, wie wird sie erstattet (DRG, EBM, Praxisbedarf, Hilfsmittelverzeichnis etc.)?
- Wie kalkulieren die Leistungserbringer die Methode (Vollkostenkalkulation!) und ist sie für einen Leistungserbringer profitabel?
- Welchen Erstattungsbetrag zahlt ein Kostenträger für den einmaligen Einsatz der Methode?
- Welche durchschnittlichen Sachkosten sind in dem Erstattungsbetrag bereits berücksichtigt?
- Werden die Sachkosten aus Sicht der Leistungserbringer ausreichend erstattet?
- Mit welchen Folgekosten muss ein Kostenträger rechnen und können diese durch den alternativen Behandlungspfad teilweise vermieden werden?
- Welche Wettbewerbsprodukte werden für die gleiche Methode eingesetzt und welche anderen Methoden stehen im direkten oder indirekten Wettbewerb mit Ihrer Methode?
- Wie werden Wettbewerbsprodukte im Rahmen der jeweiligen Methode im Kollektivvertragssystem erstattet?

Im Behandlungspfad, der von Ihnen wie in Abschn. 5.3.4 empfohlen entwickelt wurde, sollten sich die handelnden Akteure aufseiten der Leistungserbringer, der Krankenkassen und möglicherweise beteiligter Managementgesellschaften klar identifizieren lassen.

Um am Ende des nun anstehenden Verhandlungsprozesses tatsächlich einen erfolgreich umsetzbaren Selektivvertrag zu erreichen, ist es von größter Wichtigkeit, dass alle Akteure nicht nur die Sinnhaftigkeit des alternativen Behandlungspfades erkennen, sondern auch für sich selbst einen Vorteil gegenüber der aktuellen Versorgungsrealität sehen. Dieser Vorteil muss nicht immer finanzieller Art sein, da Qualitätsaspekte (bessere Patientenversorgung), Marketingaspekte, Fragen der strategischen Positionierung in bestimmten Marktsegmenten und viele weitere Aspekte eine wichtige Rolle spielen können. Jedoch werden Sie vermutlich große Schwierigkeiten haben, einen Akteur von dem Versorgungskonzept zu überzeugen, wenn dieser damit finanziell schlechter dasteht als im Kollektivvertragssystem.

5.3.5.2 Business Case für Leistungserbringer

In vielen Fällen werden Sie diesen Teil des Buches vermutlich lesen, weil Ihre Kunden, also die Leistungserbringer, die das Medizinprodukt anwenden, Ihnen recht genau vorrechnen können, dass sie bei der aktuellen Erstattungslage im Kollektivvertragssystem beim Einsatz Ihres Medizinproduktes keine Kostendeckung erreichen oder sogar Verluste machen.

Im stationären Sektor wird dazu gerne die sogenannte InEK-Kostenmatrix herangezogen, in der die Kalkulationsgrundlage für die Fallpauschalen des DRG-Systems abgebildet ist. Das InEK ist verantwortlich für die „kontinuierliche Weiterentwicklung des DRG-Systems auf der Grundlage des § 17b KHG" [10] und erhält hierfür jährlich detaillierte Leistungs- und Kostendaten aus den sogenannten Kalkulationshäusern [11]. Diese werden ausgewertet und fließen im Folgejahr in die Bewertung jeder einzelnen Fallpauschale des DRG-Systems ein, sodass die Kostenmatrix also immer auf den Daten des Vor-Vorjahres basiert.

In der Kostenmatrix finden Sie für jede DRG-Fallpauschale in den Spalten 6a, 6b und 6c die Durchschnittskosten, die für den Einsatz von Medizinprodukten berücksichtigt werden, wenn eine Therapie mit dieser Fallpauschale vergütet wird. Die Daten werden jährlich aktualisiert und sind öffentlich über den sogenannten G-DRG-Report-Browser [9] zugänglich. Für seine Verwendung ist es erforderlich, die genaue Kodierung der Leistungen, die mit Ihrem Medizinprodukt erbracht werden, zu kennen und zu verstehen. Dazu können Sie z. B. den DRG-Webgrouper der Universität Münster verwenden [4].

Ihre Aufgabe als Medizinprodukthersteller ist es, dem Leistungserbringer einen Business Case vorzulegen, der ihm die Wirtschaftlichkeit des Einsatzes Ihres Medizinproduktes glaubhaft nachweist. Umgedreht ist es üblich, dass Krankenhauseinkäufer, Medizincontroller oder Verwaltungsleiter Ihnen diese InEK-Kostenmatrix zeigen und damit zu erklären versuchen, dass die hohen Kosten Ihres Medizinproduktes unweigerlich zu finanziellen Verlusten führen.

Bei Verwendung des DRG-Groupers und des G-DRG-Report-Browsers für die Hochfrequenzablation ergeben sich im stationären Einsatz für die DRG-Fallpauschale N25Z für den Einsatzort des Medizinproduktes im OP-Bereich insgesamt 72,15 € (6a) + 136,26 € (6b) + 1,68 € (6c) = 210,09 € für die Sachkosten. Der Einsatz des Medizinproduktes kostet aber pro Operation ein Vielfaches dieses Betrages. In Tab. 5.4 sind die hierfür relevanten Kostenarten dargestellt.

Tab. 5.4 Kostenarten gem. Handbuch zur Kalkulation von Behandlungskosten. (Quelle: eigene Darstellung in Anlehnung an [11])

Kostenartengruppe	Beschreibung
Kostenartengruppe 6a	Sachkosten des medizinischen Bedarfs (ohne Arzneimittel, Implantate und Transplantate)
Kostenartengruppe 6b	Sachkosten des medizinischen Bedarfs (Einzelkosten/Istverbrauch; ohne Arzneimittel, Implantate und Transplantate)
Kostenartengruppe 6c	Sachkosten für von Dritten bezogene medizinische Behandlungsleistungen

Die InEK-Kostenmatrix, aus der die aufgeführten Kostenarten stammen, stellt allerdings einen Durchschnittwert dar, der sich aus vielen unterschiedlichen Fällen berechnet, deren Kosten mit der Fallpauschale erstattet werden. Es gibt also Fälle mit deutlich höheren Sachkosten und Fälle mit deutlich niedrigeren Sachkosten in den Spalten 6a, 6b und 6c. Ebenso sind in allen anderen Feldern der Matrix höhere oder niedrigere Kosten möglich. Wenn Ihr Produkt einen geringeren Preis hat als die angesetzten durchschnittlichen Sachkosten, lässt sich der Krankenhauseinkauf relativ leicht überzeugen. Sollte Ihr Produkt teurer sein, müssen Sie über alle Kostenarten hinweg argumentieren und den Nachteil bei den Sachkosten durch ggf. einen Vorteil bei geringerem Personalaufwand wettmachen. Wenn Sie einem Leistungserbringer glaubhaft darlegen können, dass sich die Investition in höhere Sachkosten lohnt, weil an andere Stelle dadurch Kosten eingespart werden können (z. B. kürzere OP-Zeiten, kürzere Liegedauern, optimierter Einsatz anderer diagnostischer oder therapeutischer Verfahren, Reduktion von Notfällen und Krankenhauseinweisungen) können Sie vermutlich einen überzeugenden Business Case erstellen.

Wird Ihr Medizinprodukt im ambulanten Sektor eingesetzt, so ist zwischen dem Einsatz durch medizinisches Fachpersonal und dem Einsatz durch den Patienten oder Pfleger im häuslichen Umfeld (z. B. Blutzuckermessgeräte, Rollstühle) zu unterscheiden. Die Regelversorgung im Kollektivvertragssystem ist bei Letzteren über das sogenannte Hilfsmittelmittelverzeichnis des GKV-Spitzenverbandes [6] geregelt. Die Aufnahme von Produkten in das Verzeichnis erfolgt auf Antrag des Herstellers. Für einige Hilfsmittel werden vom GKV-Spitzenverband Festbeträge festgelegt. Fällt Ihr Produkt in diesen Bereich sollten Sie die Einordnung im Verzeichnis kennen.

Sind Ihre Produkte Teil einer ambulanten Leistung, werden also von medizinischem Fachpersonal eingesetzt, so ist die Erstattung im Kollektivvertragssystem üblicherweise durch den EBM-Katalog (einheitlicher Bewertungsmaßstab) geregelt. Hier sollten Sie die Zuordnung Ihres Produktes zu einer (oder mehreren) EBM-Ziffern sowie die aktuelle Erstattungssituation kennen. Die Erstattung der Sachkosten für ein Medizinprodukt hängt in diesem Fall u. a. davon ab, ob es sich um Praxisbedarf oder übliche Verbrauchsmaterialien handelt, die mit dem EBM-Pauschalbetrag abgedeckt sind oder die Sachkosten direkt bei der Kassenärztlichen Vereinigung zur Erstattung eingereicht werden. Die Erstattung ist hier von Bundesland zu Bundesland durchaus unterschiedlich, da die kassenärztlichen Vereinigungen mit den Krankenkassenverbänden sogenannte „Sachkostenvereinbarungen" schließen können, die wie eine Positivliste fungieren.

Nur wenn Sie den aktuellen Kostendeckungsgrad im Kollektivvertragssystem kennen, können Sie für einen Selektivvertrag eine vergleichbare oder im besten Fall höhere Erstattung für den Leistungserbringer aushandeln. Wie bereits erwähnt, hängt die Wichtigkeit einer höheren Erstattung auch von anderen Faktoren ab, die bei der Entscheidung eines Leistungserbringers für einen Selektivvertrag eine Rolle spielen können, u. a. zählen dazu auch die Planbarkeit und Sicherheit der Erstattung, insbesondere wenn bisher eine häufige Prüfung durch den MDK erfolgt und die vollständige Erstattung nicht immer gegeben ist.

5.3.5.3 Business Case für Kostenträger

In vielen Fällen gehen Krankenkassen, Managementgesellschaften und Leistungserbringer mit der Faustformel „DRG minus 20 %" in die Gespräche über einen Selektivvertrag. Dies hat insbesondere für die Krankenkassen den Charme, dass die Überzeugungsarbeit innerhalb der Krankenkassenorganisation und die Argumentation gegenüber den Aufsichtsbehörden, die Selektivverträge auf deren Wirtschaftlichkeit prüfen können, recht einfach ist, da Einsparungen gegenüber dem Kollektivvertragssystem durch die simple Formel „minus 20 %" recht augenscheinlich sind.

Bei rein ambulant erbrachten Leistungen werden Sie häufig auch auf die Faustformel „EBM plus Sachkosten" treffen, insbesondere bei neuen Methoden, deren Sachkosten besonders hoch sind.

Bei dieser simplifizierten Herangehensweise orientieren sich die Gesprächspartner jedoch an den Leistungs- und Kostenstrukturen des Kollektivvertragssystems, die ja durch einen Selektivvertrag gerade aufgebrochen werden sollen. Ebendiese Optimierungen an der Grenze zwischen stationärem und ambulantem Sektor lassen sich vermutlich nicht mit einer eindimensionalen Sichtweise abbilden. Verlagert eine neue Methode z. B. bisher stationär erbrachte Leistungen in den ambulanten Sektor, so bleiben bei der einfachen Faustformel „DRG minus 20 %" die Investitionskosten in Gebäude und Infrastruktur zu einem großen Teil unberücksichtigt, da diese nicht aus der DRG-Fallpauschale finanziert werden.

Lassen Sie sich daher nicht von möglicherweise angewandten Faustformeln irritieren und orientieren Sie sich vor allem an den gesundheitsökonomischen Argumenten, die Sie nach Abschn. 5.3.3 herausgearbeitet haben. Versuchen Sie, bei der ökonomischen Einschätzung der aktuellen Versorgungssituation, alle derzeit angewandten Methoden zu berücksichtigen und konzentrieren Sie sich eventuell auf die besonders aufwändigen und teuren Methoden, die Sie durch Ihre Methode ablösen könnten.

Auch im Fall der Kostenträger ist die finanzielle Besserstellung im Vergleich zum Kollektivvertragssystem keine zwingende Voraussetzung für einen erfolgreichen Selektivvertrag.

Andere Faktoren wie der Wettbewerb um Versicherte, Erhöhung der Versorgungsqualität oder verbesserte wohnortnahe Versorgung spielen ebenfalls eine wichtige Rolle.

Die einfachste Form eines Business Case, mit dem das Interesse für einen Selektivvertrag bei den Kostenträgern geweckt werden kann, ist das sogenannte Budget Impact Model. Vereinfacht dargestellt betrachten Sie dazu den aktuellen Behandlungspfad im Kollektivvertragssystem und vergleichen ihn gesundheitsökonomisch mit dem alternativen Behandlungspfad (Abschn. 5.3.4), den Sie mit dem Selektivvertrag umsetzen wollen. Im Idealfall ergibt sich für den vorgeschlagenen alternativen Behandlungspfad pro behandeltem Patient ein Kostenvorteil für den Kostenträger. Multiplizieren Sie die Behandlungskosten im Einzelfall mit der Anzahl der Patienten, die beim jeweiligen Kostenträger zu erwarten sind, so erhalten Sie den Budget Impact. Multiplizieren Sie die Kostenreduktion pro Patient mit der Patientenzahl, so erhalten Sie das gesamte Einsparpotenzial für den Kostenträger.

Hierzu wird es in den meisten Fällen erforderlich sein, Patientenpopulationen klar zu definieren und Inzidenzraten (Häufigkeit des Auftretens bestimmter Indikationen) abzuschätzen. Es empfiehlt sich dabei, wann immer möglich auf publizierte Daten zurückzugreifen.

Um den Budget Impact für einen Kostenträger möglichst realistisch abzuschätzen, benötigen Sie natürlich Informationen über die Versichertenzahlen und deren Verteilung auf bestimmte Kategorien (z. B. Altersstruktur, Geschlechterverteilung, chronische Erkrankungen). Insbesondere dann, wenn Ihre Methode auf bestimmte Risikogruppen oder chronisch Kranke beschränkt ist, sollten Sie hier möglichst gute Abschätzungen vornehmen.

Bei der Erstellung des Budget Impact Model werden Sie immer zwischen zwei Extremen abwägen müssen. Ein besonders großer Budget Impact kann dazu beitragen, dass Ihr Vorschlag auf der Prioritätenliste eines Kostenträgers weiter nach oben gelangt und damit eine größere Chance auf einen Gesprächstermin besteht. Bedenken Sie aber, dass bei den Krankenkassen jährlich hunderte von Anfragen und Vorschlägen eingehen und auch dort mit den verfügbaren Mitteln gehaushaltet werden muss.

Eine möglichst breite und undifferenzierte Indikationsstellung kann dazu beitragen, dass der Budget Impact rechnerisch groß wird. Dies kann aber bei den Kostenträgern die Angst vor einer „Mengenausweitung" schüren, d. h. dem Effekt, dass Patienten „aktiviert" werden, die sich bisher gar nicht in Behandlung begeben und im Kollektivvertragssystem daher auch keine Kosten verursachen.

Flexibel aufgebaute Budget Impact Modelle, die es Ihnen erlauben, schnelle Anpassungen auch während eines Gespräches vorzunehmen scheinen hier eine geeignete Lösung zu sein, um den maximal möglichen Budget Impact vorzustellen und gleichzeitig den Befürchtungen vor einer „Mengenausweitung" zu begegnen.

Falls die gesundheitsökonomische Evidenz, die in die Entwicklung des Business Cases eingeflossen ist, auch auf Basis von Qualitätsberichten oder GKV-Routinedaten erfolgt ist, ist es empfehlenswert, den Kostenträgern ein Protokoll zur Auswertung der eigenen Routinedaten mitzuliefern, damit diese Ihren Business Case anhand der eigenen Datenbanken nachvollziehen können.

Für die Hochfrequenzablation kann man ein mögliches Budget Impact Model am Beispiel von Patientinnen, die an einer starken Regelblutung (N92) leiden, wie folgt erstellen: Die ermittelten Kosten des bisherigen Behandlungspfades (vgl. Abschn. 5.3.3)
werden den Kosten des neuen Behandlungspfades gegenübergestellt und mit der Anzahl der voraussichtlichen Vertragsteilnehmerinnen multipliziert. Hierbei sind Erfolgs-
quoten bzw. Misserfolgsquoten und eine potenzielle Mengenausweitung zu berücksichtigen. Ferner sind bei großen, regionalen Krankenkassen, bspw. den AOKen,
Mindererlösausgleiche und Substitutionseffekte in die Kalkulation aufzunehmen.

Die entscheidende Komponente für das hier betrachtete Beispiel ist die Umsteue-
rung eines Teils der heute noch stationär behandelten Patientinnen, die medizinisch
unbegründet eine Hysterektomie erhalten, in eine ambulante (bzw. stationsersetzende)
Therapie mit der Hochfrequenzablation.

Berücksichtigen Sie beim Business Case für die Kostenträger ggf. auch die Einnahmeseite
der gesetzlichen Krankenversicherungen, also die jährlichen Zuweisungen, die diese aus
dem Gesundheitsfonds erhalten. Die unterschiedliche Struktur der Versichertengemeinschaft mit einer ungleichmäßigen Verteilung der Risiken (und deren Kosten) auf die Krankenkassen soll über den sogenannten „Morbi-RSA" (morbiditätsorientierter Risikostrukturausgleich) teilweise ausgeglichen werden. Im Rahmen eines Selektivvertrages ist es
manchmal möglich, die korrekte Diagnose und Kodierung einer Haupt- oder relevanten
Nebenerkrankung sicherzustellen. Besonders die für eine Morbi-RSA-Relevanz erforderliche Kodierung in zwei aufeinanderfolgenden Quartalen stellt im Kollektivvertragssystem nicht selten für die Kostenträger eine Herausforderung dar. Der Morbi-RSA kann
daher unter Umständen eine wichtige Rolle in Ihrem Business Case spielen.

Wie in Abschn. 5.2.4 bereits erwähnt, spielen Marketingfaktoren eine fast ebenso wichtige Rolle wie der finanzielle Business Case, den Sie in diesem Abschnitt entwickelt haben. Versicherte müssen ihre freiwillige Teilnahme an der besonderen Versorgung schriftlich gegenüber ihrer Krankenkasse erklären, was häufig auch als „Einschreibung des
Patienten" bezeichnet wird. Es muss also ein gewisses Interesse bzw. eine Nachfrage von
Patienten nach diesem Verfahren existieren. Dies ist nicht nur wegen der später erforderlichen Einschreibung sinnvoll, sondern auch in den Verhandlungen mit Krankenkassen
wichtig. Bei Selektivverträgen geht es immer auch darum, sich als Krankenkasse von anderen Kassen mit innovativen Leistungen hoher Qualität abzuheben.

Im Idealfall bringt Ihr Medizinprodukt bzw. der Selektivvertrag eine starke, emotional
gut vermittelbare „Geschichte" mit. Ein aktuell in den Medien heiß diskutiertes Thema
kann dabei von Vorteil sein. In unserem Beispielfall der Hochfrequenzablation geht es
z. B. um die Vermeidbarkeit von Gebärmutterentfernungen und im weiteren Sinne auch
um die Fehlanreize des DRG-Systems, die vermeintlich zu einer großzügigeren
Indikationsstellung geführt haben. Sowohl Presse und TV als auch Initiativen wie „Rettet
die Gebärmutter" [8] haben das Thema in den vergangenen Jahren aufgegriffen, sodass es
für eine Krankenkasse auch aus Marketinggründen interessant sein kann. Andere stark

emotional geprägte Themen können ähnliche Effekte erzielen. Berücksichtigen Sie hierbei bei der Erstansprache unbedingt die strategische Ausrichtung einer Krankenkasse. „Familienkassen" und Kassen, die Schwerpunkte bspw. zum Thema „Frauengesundheit" kommunizieren, könnten offener für solche Themen sein.

5.3.6 Transparente Preispolitik

Bereits in der Zeit vor dem Eintritt in Gespräche zu Selektivverträgen ist eine wohl überlegte und strategisch ausgerichtete Preispolitik sinnvoll. In den Gesprächen zwischen Krankenkassen und Leistungserbringern kommt es erfahrungsgemäß immer wieder zu „Einigungen", die letztendlich zulasten des Medizinprodukteherstellers gehen können. Häufig geraten Sie als Hersteller in eine Situation, in der Sie den Produktpreis für den Leistungserbringer nur noch um „X %" senken müssen und schon käme ein Selektivvertrag zustande. Dies geht üblicherweise aber nicht mit Fallzahl- oder Abnahmegarantien einher, sodass es sich de facto häufig um eine Verlagerung des Mengenrisikos auf den Medizinproduktehersteller handelt.

Daher ist es bereits vor dem Eintritt in Vertragsverhandlungen wichtig, klare Rahmenbedingungen für die Preisfindung zu definieren. Unter welchen Umständen sind Sie als Hersteller bereit, Rabatte zu geben (z. B. Mengenrabattstaffeln)? Welche Zusagen benötigen Sie dazu? Sind nachträgliche Rabatte bei Erreichung bestimmter Fallzahlen, z. B. als Rückzahlung am Quartals- oder Jahresende, im Rahmen von Rabattverträgen denkbar?

Vermeiden Sie es unter allen Umständen, im Rahmen von kleineren Pilotprojekten Sonderrabatte zu gewähren, die Sie später in einem breiter angelegten Selektivvertrag nicht auch beibehalten können. Selbst bei vertraglich vereinbarter Vertraulichkeit wird es sich nicht vermeiden lassen, dass solche Preisnachlässe innerhalb einer Krankenkasse in anderen Regionen sichtbar werden und Ihnen dann zum Nachteil gereichen.

Bedenken Sie ebenfalls, dass lokale oder regionale Vereinbarungen zwischen Leistungserbringern und Krankenkassen, die ohne Ihre Beteiligung abgeschlossen wurden, einen ähnlichen Effekt als „Benchmark" haben können. Eine Vereinbarung, die in einer strukturschwachen Region mit niedrigen Personal- und Gebäudekosten abgeschlossen wurde, kann so in späteren Gesprächen unerwartete Effekte haben.

Gehen Sie gemeinsam mit Leistungserbringern in die Gespräche mit Krankenkassen, so ist es auch hier empfehlenswert, eine transparente Kalkulation aus Sicht des Leistungserbringers zu erstellen. Gerade im ambulanten Sektor kann eine klare und transparente Kommunikation der erforderlichen Investitionen der gängigen Fehleinschätzung entgegenwirken, dass die Erstattung im ambulanten Bereich deutlich niedriger sein kann als im stationären. Häufig bleibt bei dieser Einschätzung nämlich die duale Finanzierung des stationären Sektors unberücksichtigt. Gute Vorbereitung und Transparenz sind hier entscheidend. Ihre Gesprächspartner bei den Krankenkassen sind nicht daran interessiert, einen Selektivvertrag zu vereinbaren, für den sich später aufgrund mangelnder finanzieller Anreize keine Leistungserbringer finden lassen. Scheuen Sie sich hier nicht, mit

Managementgesellschaften zu kooperieren oder gemeinsam in Gespräche mit den Kostenträgern zu gehen. Gerade bei der Einschätzung der erforderlichen Anreize für Leistungserbringer bringen Managementgesellschaften oft einen großen Erfahrungsschatz mit.

Auch das finanzielle Risk-Sharing kann in manchen Fällen einen überzeugenden letzten Impuls setzen, wenn Gespräche bereits in einem fortgeschrittenen Stadium sind. Dabei
geht es in den meisten Fällen darum, dass Leistungserbringer und Medizinproduktehersteller gegenüber den Kostenträgern bestimmte Garantien abgeben und sich das damit
eingegangene Risiko teilen. Dieses Risiko sollten Sie möglichst genau beziffern und kalkulieren können. Der Leistungserbringer sollte in dem Selektivvertrag auch einen Gegen-
wert für die Übernahme des Risikos realisieren.

Beachten Sie jedoch, dass der Einsatz von Medizinprodukten stärker von den individuellen Fähigkeiten des medizinischen Fachpersonals abhängt als z. B. der Einsatz von Medikamenten. Sie müssen also auch dafür sorgen, dass die wirklichen ärztlichen Experten
am Vertrag teilnehmen. Das ist aber auch im Sinne der Krankenkassen, weil somit auch
ein Qualitätswettbewerb stattfindet.

Beispiel

Im Fall der Hochfrequenzablation wurde in enger Zusammenarbeit zwischen Medizinproduktehersteller und einzelnen Leistungserbringern, die bereits über langjährige Erfahrung mit dieser Therapie verfügen und daher die erzielbaren Erfolgsraten sehr genau
einschätzen können, solche Risk-Sharing-Komponenten in einzelne Selektivverträge
integriert.

Übersteigt die postoperative Hysterektomie-Rate innerhalb von 12 Monaten einen
bestimmten akzeptablen Wert und die erforderliche Hysterektomie wird – sozusagen
als Garantieleistung – durch den gleichen Leistungserbringer durchgeführt, so wird die
vorherige Erstattung der Hochfrequenzablation dem Kostenträger gutgeschrieben. Der
Medizinproduktehersteller beteiligt sich im Rahmen des Vertrages mit den Sachkosten
(kostenloser Ersatz des eingesetzten Medizinproduktes) am Risiko. Der Leistungserbringer hat im „Garantiefall" die Hochfrequenzablation (ärztliche Leistung, technische
Leistung, Anästhesie) kostenlos erbracht.

5.4   Stakeholdermanagement

An den Gesprächen zur Vereinbarung eines Selektivvertrages sind üblicherweise verschiedene Interessengruppen (Stakeholder) beteiligt, deren Erwartungen teilweise weit ausei-
nandergehen können.

In diesem Abschnitt wird darauf eingegangen, wie Sie die einzelnen Erwartungen managen und zusammenführen können, um einen für alle Parteien langfristig tragfähigen
Vertrag zu entwickeln.

5.4.1 Engagierte Kunden und Leistungserbringer

Erfolgreiche Gespräche über Selektivverträge stehen und fallen mit dem Vorhandensein engagierter Leistungserbringer, die im Idealfall auch schon Erfahrungen mit dem Abschluss von Selektivverträgen haben. Ohne ausreichendes Interesse vonseiten der Leistungserbringer ist es extrem schwierig aufseiten der Krankenkassen ein ausreichendes Interesse zu erzeugen.

Hier sollte schon im Vorfeld eine intensive Zusammenarbeit mit den Leistungserbringern erfolgen, die später am Selektivvertrag teilnehmen könnten. Regelmäßig bei den Krankenkassen eingehende Anfragen von Leistungserbringern sowie gemeinsame Kostenübernahmeanträge von Patienten und Leistungserbringern können später als Nachweis für ein vorhandenes Interesse und Marktpotenzial dienen. Wenn eine bestimmte Methode noch nie vonseiten der Leistungserbringer oder Patienten bei einer Krankenkasse nachgefragt wurde, werden Sie mit Ihrem Vorschlag vermutlich eher weiter unten auf der Prioritätenliste landen. Leistungserbringer sind verständlicherweise schnell enttäuscht, wenn einige Kostenübernahmeanträge für eine bestimmte Methode von Krankenkassen abgelehnt wurden und auch ein Widerspruch nicht zum Erfolg geführt hat. Lenken Sie die Erwartungen der Leistungserbringer von vornherein so, dass auch abgelehnte Kostenübernahmeanträge nicht als sinnlos investierte Zeit angesehen werden. Jede Ablehnung kann später als Beispiel dafür dienen, dass die Versorgungslücke mithilfe von Einzelanträgen eben gerade nicht erfolgreich geschlossen werden kann und ein Selektivvertrag daher sinnvoll ist. Für jede Krankenkasse, mit der Sie später Gespräche führen wollen, sollten Ihnen zwei oder drei Beispiele vorliegen, egal ob diese von der Krankenkasse am Ende positiv oder negativ beschieden wurden.

Für die Entwicklung eines tragfähigen Konzeptes benötigen Sie mehrere kooperationswillige Leistungserbringer, deren Erwartungen an einen Selektivvertrag Sie in ausführlichen Gesprächen oder Workshops genau ermitteln sollten. Je besser Sie die Erwartungen der Leistungserbringer kennen, desto fundierter können Sie in den Gesprächen mit Krankenkassenvertretern argumentieren und für einen Interessenausgleich sorgen. Achten Sie dabei besonders auf möglicherweise widerstreitende Interessen von Leistungserbringern aus unterschiedlichen Sektoren (ambulant vs. stationär) sowie auf regionale Besonderheiten (strukturschwache Region vs. Großstadt).

In den vielen Fällen werden Sie als Medizinproduktehersteller noch gar nicht genau wissen, welche Leistungserbringer bereits mit Krankenkassen über selektivvertragliche Vereinbarungen gesprochen haben. Hier gilt es, sich so früh wie möglich einen Überblick zu verschaffen (siehe auch Abschn. 5.3.6).

Unterstützen Sie Ihre engagiertesten Kunden und Leistungserbringer von Anfang an dabei, mit Krankenkassen auf lokaler und regionaler Ebene ins Gespräch zu kommen. Die verständliche Aufbereitung und Bereitstellung vorhandener klinischer und gesundheitsökonomischer Evidenz, die Entwicklung von Business Cases und Kalkulationshilfen bis hin zu gemeinsam geführten Gesprächen mit Kassenvertretern hilft Ihren Kunden und erlaubt es auch Ihnen selbst, einen tieferen Einblick in die Erwartungshaltung der verschiedenen Stakeholder zu gewinnen.

Sammeln Sie gemeinsam Erfahrungen, geben Sie diese innerhalb vorhandener Netzwerke (z. B. Fachgesellschaften) an interessierte Leistungserbringer weiter oder bauen Sie im Rahmen von Workshops und Fortbildungsveranstaltungen neue Netzwerke auf, die Sie dann in die Entwicklung eines Selektivvertrages einbinden können.

5.4.2 Managementgesellschaften

Wie in Abschn. 5.2.4 bereits erwähnt können Managementgesellschaften bei der Entwicklung eines Selektivvertrages und bei der Ansprache der Kostenträger hilfreich sein und den Aufwand reduzieren, der sich durch die Einbindung vieler Leistungserbringer und Kostenträger in einen solchen Vertrag ergeben kann. Häufig bestehen enge Beziehungen zwischen Managementgesellschaften und Leistungserbringern oder Krankenkassen, da bereits andere Selektivverträge erfolgreich umgesetzt wurden.

Managementgesellschaften werden meist aus eigenem Antrieb aktiv und sind an einem Vertrag interessiert, der für alle Parteien attraktiv ist und ausreichend hohe Fallzahlen generiert, also wirklich „gelebt wird". Die Managementgesellschaft erhält in der Regel einen pauschalen Betrag pro abgerechnetem Fall. Aufgrund des hohen Aufwandes für Vertragsentwicklung, Abschluss und Einbindung der Vertragspartner, wird ein Vertrag für eine Managementgesellschaft in der Regel erst lohnenswert, wenn sich eine gewisse Routine einstellt und die Fallzahlen steigen ohne dass der Aufwand für Abrechnung und Abwicklung in gleichem Maße steigt.

Managementgesellschaften werden ihre Zeit möglichst sinnvoll in die Projekte investieren, die die höchsten Erfolgschancen haben und ihnen interessante Fallzahlen versprechen. Ihr Fokus kann sich im Zweifelsfall auch schnell wieder auf ein anderes erfolgversprechenderes Thema verschieben, besonders wenn erste Absagen von Krankenkassen eintreffen oder Entscheidungen sich zu lange hinauszögern. Bleiben Sie daher involviert, nehmen Sie gemeinsame Termine mit Krankenkassen wahr, bieten Sie Unterstützung mit neuester Evidenz, pflegen und entwickeln Sie ihr Netzwerk gemeinsam weiter.

Managementgesellschaften haben oft regionale Schwerpunkte, sind aber meist daran interessiert, neue Leistungserbringer vertraglich an sich zu binden und streben in der Regel auch an, überregional oder bundesweit aktiv zu werden. Der Außendienst eines Medizinproduktherstellers kann dabei ein willkommener Multiplikator für die Managementgesellschaft werden und auch umgekehrt. Eine gute Kooperation zwischen Ihrem Außendienst und einer beteiligten Managementgesellschaft kann daher den oben bereits angesprochen Fokus aufrechterhalten oder verbessern.

5.4.3 Patienten

Wie in Abschn. 5.3.5.3 bereits ausgeführt, ist die bestehende Nachfrage von Patienten nach einer bestimmten Methode für die Kostenträger ein wichtiger Indikator dafür, ob ein Selektivvertrag für die Versicherten interessant werden könnte (Marketingaspekt) und ob im Kollektivvertragssystem tatsächlich eine Versorgungslücke besteht, die mit einem Vertrag geschlossen werden könnte (Versorgungsaspekt).

Es ist daher von besonderer Bedeutung, dass Patienten schon im Vorfeld der ersten Gespräche über einem möglichen Selektivvertrag, ihr Interesse an die Kostenträger kommunizieren. Dies erfolgt bei Methoden, die nicht oder nicht ausreichend im Kollektivvertragssystem abgebildet sind, in der Regel durch individuelle Kostenübernahmeanträge von Patienten bei ihren Kassen. Hier können Sie als Medizinproduktehersteller unterstützend tätig werden, indem Sie z. B. Vorlagen für solche Anträge zur Verfügung stellen (Patienten und/oder Leistungserbringern) oder die Antragstellung sogar für die Patienten übernehmen, wenn diese Sie damit beauftragen, wie dies z. B. ein Hersteller von Systemen zur kontinuierlichen Glukosemessung bereits tut [19].

Aus der Kommunikation mit den Patienten ist das Internet heute nicht mehr wegzudenken. Gerade im Gesundheitsbereich und in Zeiten von „Dr. Google" ist es ein starkes Informations-, Kommunikations- und Marketinginstrument. Da Ihre Methode jedoch nicht im Kollektivvertragssystem erstattet wird, sollten Sie auch hier transparent und korrekt informieren, ohne falsche Hoffnungen zu wecken. Aufgrund der Komplexität des deutschen Gesundheitssystems ist es nicht immer einfach, diese Informationen patientengerecht und korrekt zu präsentieren, ohne Verwirrung zu stiften.

Beispiel

Beim Beispiel der Hochfrequenzablation ist es schon aufgrund der weltweiten Etablierung des Verfahrens praktisch unmöglich, nicht mit den potenziellen Patientinnen zu kommunizieren, da zahlreiche internationale Webseiten existieren, die über das Verfahren informieren.

Daher entschied sich der Hersteller zu einer offensiven und transparenten Information auf den deutschsprachigen Webseiten, die einer Patientin u. a. die Möglichkeit bietet, auf einer Landkarte Deutschlands gezielt nach Leistungserbringern zu suchen, die bereits Selektivverträge mit der eigenen Krankenkasse abgeschlossen haben [8].

Auswertungen der Besucherzahlen und der Häufigkeit, mit der bestimmte Krankenkassen auf dieser Seite gesucht werden, lassen sich natürlich auch als Nachweis für eine bestehende Nachfrage nutzen, wenn Gespräche mit einem Kostenträger geführt werden.

In vielen Fällen können Patientenorganisationen und Selbsthilfegruppen einen guten Kommunikationskanal zu den Patienten sowie von den Patienten zu den Krankenkassen darstellen.

Häufig existieren schon langjährige Beziehungen zwischen Patientenorganisationen und Krankenkassen, die sowohl für die Vorbereitung von Gesprächen als auch zur Information der Patienten über neu abgeschlossene Selektivverträge genutzt werden können.

5.4.4 Medizinproduktehersteller

Im Abschn. 5.2.3 sind wir bereits darauf eingegangen, wann ein Selektivvertrag für einen Medizinproduktehersteller sinnvoll sein könnte.

Der Medizinproduktehersteller und die verschiedenen Entscheidungsebenen innerhalb der Organisation erwarten in der Regel einen adäquaten und schnellen Marktzugang zum gesamten deutschen Gesundheitssystem und einen adäquaten Erstattungspreis.

Für den langfristigen Erfolg und die Unterstützung des Projektes durch die internen Stakeholder ist es wichtig, übersteigerte Erwartungshaltungen bzgl. der Marktdurchdringung zu dämpfen bzw. professionell zu managen. Berücksichtigen Sie dabei, dass Sie über Selektivverträge in den seltensten Fällen das gesamte Marktpotenzial der gesetzlich Versicherten, was ca. 72,26 Mio. im Jahr [27] entspricht, erschließen können. Dazu wären bundesweit gültige Selektivverträge mit allen gesetzlichen Krankenkassen und einem flächendeckenden Netz von Leistungserbringern erforderlich.

Schätzen Sie daher möglichst realistisch ab, wie viele gesetzlich Versicherte maximal erreicht werden und in welchem Zeitraum Vertragseinschreibungen erfolgen können. Die Zeiträume können Sie dabei vermutlich gar nicht großzügig genug einschätzen. Der Abschluss von Selektivverträgen hängt von so vielen Faktoren ab, dass eine exakte zeitliche Vorhersage praktisch unmöglich ist.

Realistischer Weise sollten Sie bei den Entscheidungsprozessen innerhalb einer gesetzlichen Krankenversicherung je nach Größe der Organisation und Anzahl der an der Entscheidung beteiligten Mitarbeiter mit mindestens 6 Monaten und bis zu 36 Monaten zwischen Erstansprache und Vertragsunterschrift rechnen.

Beispiel

Je nachdem an welchem Punkt Sie Ihr Projekt beginnen, sollten Sie mehrere Jahre einplanen, bis sich erste Umsätze aus einem angestrebten Selektivvertrag ergeben. In Abb. 5.5 ist die Projektdauer des gewählten Beispiels dargestellt. Bei diesem Projekt wurden die detaillierte Analyse der Versorgungsrealität, die Versorgungslücke und der neue Behandlungspfad in einem Workshop mit Medizinern und Gesundheitsökonomen erarbeitet. Außerdem erfolgte eine gesundheitsökonomische Publikation (vgl. Abschn. 5.3.3).

Vergessen Sie beim internen Stakeholdermanagement auch nicht, weitere Geschäftsbereiche Ihres Unternehmens in die Gespräche mit Krankenkassen einzubinden oder deren bestehende Kontakte zu nutzen.

Seien Sie sich außerdem des Risikos bewusst, dass es im Bereich der Selektivverträge keine Erfolgsgarantien gibt. Im schlimmsten Fall findet kein einziger Kostenträger oder

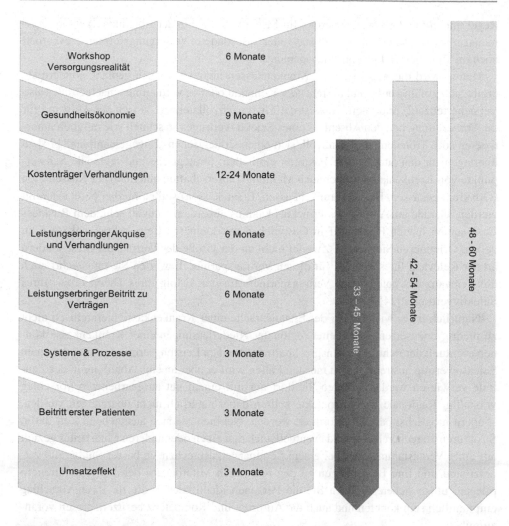

Abb. 5.5 Projektdauer (beispielhafte Darstellung). (Quelle: eigene Darstellung)

Leistungserbringer an Ihrem Konzept Interesse. Auch im Kollektivvertragssystem besteht das Risiko eines Misserfolges, z. B. bei der zentralen Bewertung durch den G-BA. Mit dem Weg über die Selektivverträge streuen Sie dieses Risiko immerhin auf eine größere Zahl von Einzelverhandlungen mit den Kostenträgern.

5.4.5 Kostenträger

Eine der größten Herausforderungen bei der Anbahnung von Selektivverträgen ist das Identifizieren und Kontaktieren der relevanten Krankenkasse von den insgesamt 110 Krankenkassen [28] und der richtigen Ansprechpartner in einer Krankenkassenorganisation. In der

Regel finden Sie die Ansprechpartner für Selektivverträge in der Abteilung „Versorgungsmanagement", „Vertragsmanagement" oder „Besondere Versorgungsformen", eventuell auch im allgemeinen Leistungsmanagement.

Häufig wird die Ansprache der Krankenkassen nicht strategisch geplant, sondern sie ergibt sich zufällig aufgrund bestehender Kontakte oder es wird einfach nach Größe (also Versichertenzahl) priorisiert. Dies ist natürlich nachvollziehbar, da sich der Aufwand für die Vorbereitung und den Abschluss eines Selektivvertrages so schnell wie möglich amortisieren soll. Trotzdem ist es sinnvoll, sich einen strategischen „Engagementplan" [24] zu überlegen, in den auch andere Faktoren einfließen. Strategische und regionale Schwerpunkte von Krankenkassen, aber auch Meinungsführerschaften innerhalb der Kassenarten (Ortskrankenkassen, Betriebskrankenkassen, Ersatzkassen) sollten hierbei berücksichtigt werden. Gerade am Anfang des Projektes kann es außerdem sinnvoll sein, dem Business Case seinen letzten Feinschliff in Gesprächen mit kleineren Betriebskrankenkassen zu geben. Orientieren Sie sich im Zweifel nicht an der Größe des Vertragspartners, sondern an der Relevanz Ihres Themas für diesen Vertragspartner. Bewerten Sie umgekehrt auch die Relevanz des potenziellen Vertragspartners für den Erfolg Ihres Themas bzw. Ihres Selektivvertrages [24].

Natürlich ist es wichtig, bei der Erstansprache einer Krankenkasse hierarchisch nicht zu niedrig anzusetzen. Mitarbeiter regionaler Niederlassungen einer Krankenkasse können eventuell der richtige Erstansprechpartner für einen Leistungserbringer sein, der einen Selektivvertrag anstrebt. In den meisten Fällen wird er aber an eine Abteilung in der Zentrale verwiesen werden. Werden Sie dort nur mit einem gut ausgearbeiteten Vorschlag vorstellig. Regionale Kassenkontakte sollten dabei natürlich nicht übergangen werden, sondern möglichst parallel informiert werden. Nehmen Sie sich ausreichend Zeit dafür, Strukturen zu recherchieren und eventuell auch den einen oder anderen Mitarbeiter gezielt auf einer Veranstaltung oder bei einem Seminar anzusprechen. Je besser Sie bereits vernetzt sind und Ihre Beziehungen zu den relevanten Mitarbeitern bei den Kostenträgern pflegen, umso sicherer können Sie die Personen identifizieren, die für Ihren Vorschlag empfänglich sein könnten und auch die Autorität und Kompetenz besitzen, diesen voranzutreiben.

Eine Kassenansprache auf Vorstandsebene dürfte eher zu hoch angesetzt sein, da von „oben herabgereichte" Projekte selten die volle Unterstützung auf der operative Ebene erfahren. Das bedeutet jedoch nicht, dass eine gezielte Diskussion der bestehenden Versorgungslücke auf der Vorstandebene ein Fehler sein muss. Ein Bewusstsein für die Problematik schadet sicher nicht, wenn der Vorschlag auf der Fachebene diskutiert und zur Kommentierung oder Entscheidung an den Vorstand herangetragen wird.

Ebenso wichtig ist es, die strategischen Schwerpunkte einer Krankenkasse zu kennen, um die Ansprache und den Business Case nach dieser Strategie ausrichten zu können.

Persönliche Interessen, Erfolgschancen und Profilierungsmöglichkeiten der Mitarbeiter können ebenfalls eine Rolle spielen, ob ihr Vorschlag für einen Selektivvertrag innerhalb einer Krankenkasse ausreichende Unterstützung gewinnt. Ebenso können persönliche Erfahrungen oder eine Betroffenheit im persönlichen Umfeld eine Rolle spielen.

5.4.6 Beratungsunternehmen

Die im vorangehenden Abschn. 5.4.5 beschriebene Kontakt- und Netzwerkpflege kann sich als zu schwierig und zeitaufwändig herausstellen, weil der Marktzugang über Selektivverträge meist nur für wenige Medizinprodukte aus dem Portfolio eines Herstellers sinnvoll ist.

Beratungsunternehmen, die sich auf dieses Tätigkeitsfeld spezialisiert haben, profitieren davon, dass sie sich gute Kontakte und ein breit gefächertes Netzwerk von Krankenkassenkontakten aufgebaut haben und die Entscheidungswege innerhalb der verschiedenen Krankenkassenorganisationen bereits aus anderen Projekten kennen. Persönliche Kontakte, gemeinsame Erfahrungen und Erfolge sowie ein bereits bestehendes gegenseitiges Vertrauen haben im Gesundheitswesen wie in jedem anderen Geschäftsfeld einen hohen Stellenwert.

Für die Entwicklung eines interessanten Business Cases sind oft auch gewisse Spezialkenntnisse im Bereich der Gesundheitsökonomie und der Kostenerstattung im deutschen Gesundheitssystem erforderlich. Es kann im jeweiligen Einzelfall daher sinnvoll sein, Berater mit Spezialkenntnissen oder guten Kontakten zu den relevanten Kostenträgern in Ihr Projekt einzubinden und von deren Netzwerk zu profitieren.

5.5 Erfolgsmessung

5.5.1 Erfolgsmessung des Medizinprodukteherstellers

Wenn Sie sich dafür entscheiden, den Zugang der gesetzlich versicherten Patienten zu Ihrem Medizinprodukt über Selektivverträge zu ermöglichen, sollten Sie Ihre Ziele vorab realistisch definieren, insbesondere bezüglich der erreichbaren Versichertenpopulation und der Zeiträume, die für die Vorbereitung und Verhandlung von Selektivverträgen benötigt werden (vgl. Abschn. 5.4.4).

Die Zahl aller gesetzlich versicherten Patienten betrug 2017 in Deutschland 72,26 Mio. (ca. 87 % der Gesamtbevölkerung) inklusive mitversicherter Familienangehöriger. Wie bereits erwähnt, dürfte ein vollständiger Zugang für alle gesetzlich versicherten Patienten realistischerweise nicht erreichbar sein, da dies Verträge zwischen allen Krankenkassen und einem deutschlandweiten Netzwerk von Leistungserbringern erfordern würde. Je nach Methode und Medizinprodukt dürfte die maximal erreichbare Versichertenzahl nach eigenen Schätzungen des Autors bei 30 % bis 50 % aller gesetzlich Versicherten liegen, in Ausnahmefällen vielleicht auch bei 70 % oder höher.

Für die Erfolgsmessung empfiehlt sich in einem ersten Schritt die Bestimmung der Gesamtzahl der Patienten, die über den Selektivvertrag Zugang zur Versorgung mit Ihrem Medizinprodukt hätten, unabhängig davon, wie weit die Anreise dazu im Einzelfall wäre. Ein Patient hätte also bereits Zugang zur Versorgung, wenn seine Kasse einen Vertrag mit einem einzelnen Leistungserbringer in Deutschland abgeschlossen hätte. Alle Versicherten dieser Krankenkasse wären somit beim ersten Vertragsschluss bereits erfolgreich versorgt. Diese Form der Erfolgsmessung kann bei hoch spezialisierten Diagnose- oder Therapieformen sinnvoll und ausreichend sein, wenn eine längere Anreise akzeptabel erscheint.

Für weniger spezialisierte Verfahren empfiehlt sich in einem zweiten Schritt die Festlegung einer realistischen Anreisestrecke (ggf. Anreisezeit oder Kosten), die ein Patient bereit wäre, für die Versorgung im Rahmen eines Selektivvertrages in Kauf zu nehmen. Dies kann ggf. durch eine einfache Patientenbefragung verifiziert werden. Als erfolgreich versorgt würden in einem solchen Fall dann alle Versicherten gelten, die bei akzeptabler Anreisezeit einen Leistungserbringer erreichen können, der mit der jeweiligen Krankenkasse einen Selektivvertrag abgeschlossen hat.

In einigen Fällen wird es möglich sein, die Absatzzahlen Ihres Medizinproduktes zu kategorisieren und der Versorgung im Kollektivvertragssystem oder der Versorgung über einen Selektivvertrag zuzuordnen. Dies ermöglicht aus Sicht des Medizinprodukteherstellers die konkreteste Erfolgsmessung, da Absatz und Umsatz dann direkt einem Selektivvertrag zugeordnet werden können.

In den meisten Fällen werden die Leistungserbringer Ihr Medizinprodukt jedoch in einem Mix aus unterschiedlichen Versorgungs- und Abrechnungsformen einsetzen (ambulant, stationär, Privatpatienten, Selbstzahler usw.). Falls Sie eine konkrete Erfolgsmessung beabsichtigen, sollten Sie also bereits frühzeitig über entsprechende Elemente nachdenken und diese in die Vertragsentwürfe einbauen, um eine vom Kollektivvertragssystem getrennte statistische Auswertung zu ermöglichen.

5.5.2 Erfolgsmessung der Krankenkasse

Aufgrund der Vorgaben des SGB V und des Bundesversicherungsamtes (BVA) sind die Kostenträger dazu verpflichtet, die Wirtschaftlichkeit eines Selektivvertrages nach 4 Jahren nachzuweisen (vgl. Abschn. 5.2.4). Daher besteht aus Sicht der Krankenkassen ein hohes Eigeninteresse am Erfolg eines Selektivvertrages sowie an Messung und Nachweis der Wirtschaftlichkeit.

Es kann daher sinnvoll sein, einen Selektivvertrag wissenschaftlich zu begleiten, um die angestrebten Erfolge, wie z. B.

- Schließung der identifizierten Versorgungslücke,
- Kosteneinsparungen,

- Qualitätsverbesserung,
- Reduktion von Doppeluntersuchungen oder Doppeltherapien,
- Reduktion von Komplikationen,
- reduzierter Arzneimittelverbrauch,
- Verhinderung stationärer Krankenhausaufenthalte,

zu untersuchen und zu belegen.

Eine solche wissenschaftliche Begleitung könnte z. B. im Rahmen einer Registerstudie erfolgen, bei der alle Fälle in einem Register dokumentiert und nach bestimmten Kriterien ausgewertet werden. Es ist für den Kostenträger grundsätzlich auch möglich, eine wissenschaftliche und gesundheitsökonomische Auswertung der eigenen Abrechnungsdaten durchzuführen, solange der Datenschutz durch eine Anonymisierung gewährleistet bleibt.

Im Rahmen des Innovationsfonds hat der G-BA u. a. den Auftrag, begleitende Versorgungsforschung bei neuen Versorgungsformen zu fördern. Leider wird bislang nur ein relativ geringer Teil der jährlich hierfür verfügbaren 75 Mio. € für die wissenschaftliche Begleitung von Selektivverträgen genutzt [24].

5.5.3 Erfolgsmessung des Leistungserbringers

Auch für einen Leistungserbringer, der einem Selektivvertrag beitritt, empfiehlt sich eine Auswertung des medizinischen und wirtschaftlichen Erfolges. Die Entwicklung der Fallzahlen im Rahmen des Selektivvertrages, aber auch die Entwicklung der Patientenzahlen insgesamt können wichtige Erfolgsfaktoren darstellen. Ebenso ist es für einen Leistungserbringer von Interesse, ob sich die Verteilung seiner Patienten auf die einzelnen Krankenkassen durch den Beitritt zu einem Selektivvertrag signifikant zugunsten bestimmter Kassen verschiebt.

Ist eine Managementgesellschaft in den Selektivvertrag eingebunden, so sind einige Auswertungen (z. B. Fallzahlen und Umsätze) oft bereits Bestandteil der üblichen Dienstleistungen. Auch einige Qualitätskennzahlen (z. B. Patientenzufriedenheit oder Rezidivraten) werden von Managementgesellschaften häufig bereits im Rahmen der Abrechnung oder nachfolgender Patientenbefragungen ermittelt und ausgewertet.

5.6 Fazit

Die folgende Tab. 5.5 fasst die vorangestellten Beiträge zusammen und kann Ihnen als eine Art Checkliste für die Entwicklung eigener Selektivverträge dienen.

Tab. 5.5 Checkliste für die eigene Selektivvertragsplanung. (Quelle: eigene Darstellung)

Step	Bezeichnung	Abschnitt im Buch
1	Entwicklung: Zeitplan des Projektes	Abschn. 5.4.4
2	Analyse: Aktuelle Erstattungssituation im Kollektivvertragssystem	Abschn. 5.2.3
3	Analyse: Optionen zur Erlangung adäquater Erstattung im Kollektivvertragssystem	Abschn. 5.2.4
4	Prüfung: Erfüllung genereller Voraussetzungen für einen Selektivvertrag	Abschn. 5.3.1
5	Analyse: Aktuelle Versorgungssituation und Behandlungspfad	Abschn. 5.3.2
6	Definition: Identifizierte Versorgungslücke	Abschn. 5.3.2
7	Entwicklung: Gesundheitsökonomische Evidenz	Abschn. 5.3.3
8	Entwicklung: Alternativer Behandlungspfad	Abschn. 5.3.4
9	Entwicklung: Business Case für Leistungserbringer	Abschn. 5.3.5.2
10	Entwicklung: Business Case für Kostenträger	Abschn. 5.3.5.3
11	Prüfung: Einbindung von Managementgesellschaften	Abschn. 5.4.2
12	Prüfung: Einbindung von Patienten oder Patientenorganisationen	Abschn. 5.4.3
13	Entwicklung: Engagementplan für Kostenträger	Abschn. 5.4.5
14	Prüfung: Einbindung von Beratungsunternehmen	Abschn. 5.4.6
15	Entwicklung: Erfolgsmessung Medizinproduktehersteller	Abschn. 5.5.1
16	Entwicklung: Erfolgsmessung Kostenträger	Abschn. 5.5.2

Literatur

1. 10. öffentliche Tagung der Praxisklinikgesellschaft, 03.03.2018, Berlin
2. Bundesverband für Ambulantes Operieren e.V. (2018) Ambulantes Operieren. http://www.operieren.de/content/e3224/e308/e331. Zugegriffen am 13.01.2018
3. Deutsches Institut für Medizinische Dokumentation und Information (DIMDI) (2017) POS Version 2018. http://www.dimdi.de/static/de/klassi/ops/kodesuche/onlinefassungen/opshtml2018/block-5-65...5-71.htm#code5-68. Zugegriffen am 13.01.2018
4. DRG Research Group (2018) Webgrouper. Universitätsklinikum Münster. http://drg.uni-muenster.de/index.php?option=com_webgrouper&view=webgrouper&Itemid=112. Zugegriffen am 13.01.2018
5. Gemeinsamer Bundesausschuss (2015) Beschluss des Gemeinsamen Bundesausschusses über eine Neufassung der Krankenhausbehandlungs-Richtlinie. https://www.g-ba.de/downloads/39-261-2171/2015-01-22_KE-RL_Neufassung_BAnz.pdf. Zugegriffen am 13.01.2018
6. GKV-Spitzenverband (2018) Hilfsmittelverzeichnis. Version: 07.01.01. https://hilfsmittel.gkv-spitzenverband.de/hmvAnzeigen_input.action. Zugegriffen am 13.01.2018
7. Grothhaus F-J (2009) Gemeinsame Registrierungsstelle zur Unterstützung der Umsetzung des § 140d SGB V. Entwicklung der integrierten Versorgung in der Bundesrepublik Deutschland 2004–2008 – Bericht gemäß § 140d SGB V auf der Grundlage der Meldungen von Verträgen zur integrierten Versorgung. http://www.bqs-register140d.de/dokumente/bericht-140d.pdf. Zugegriffen am 13.01.2018
8. Hologic (2018) Finden Sie hier ein NovaSure Zentrum in Ihrer Nähe. https://www.starke-regelblutung.com/de-de/zentrensuche. Zugegriffen am 13.01.2018

9. Institut für das Entgeltsystem im Krankenhaus (InEK) (2018) G-DRG-Report-Browser 2018. http://www.g-drg.de/Datenbrowser_und_Begleitforschung/G-DRG-Report-Browser/G-DRG-Report-Browser_2018. Zugegriffen am 13.01.2018

10. Institut für das Entgeltsystem im Krankenhaus (InEK) (2018) Wir über uns. http://www.g-drg.de/Das_Institut/Wir_ueber_uns. Zugegriffen am 13.01.2018

11. Institut für das Entgeltsystem im Krankenhaus (InEK), Deutsche Krankenhausgesellschaft (DKG), Spitzenverbände der Krankenkassen (GKV), Verband der privaten Krankenversicherung (PKV) (2016) Kalkulation von Behandlungskosten – Handbuch zur Anwendung in Krankenhäusern. Version 4.0. Deutsche Krankenhaus Verlagsgesellschaft mbH, Düsseldorf

12. Institut für Qualität und Wirtschaftlichkeit im Gesundheitswesen (IQWiG) (2010) Die Geheimarchive der Medizin. https://www.iqwig.de/de/presse/pressemitteilungen/pressemitteilungen/die-geheimarchive-der-medizin.2422.html. Zugegriffen am 13.01.2018

13. Institut für Qualität und Wirtschaftlichkeit im Gesundheitswesen (IQWiG) (2016) Auf den Punkt gebracht – Schwerpunkt: Studienaspekte. Zahlen und Fakten aus dem IQWIG 2016. https://www.iqwig.de/download/2016_IQWiG_Auf_den_Punkt_gebracht.pdf. Zugegriffen am 13.01.2018

14. Institut für Qualität und Wirtschaftlichkeit im Gesundheitswesen (IQWiG) (2018) RCTs sind auch bei Medizinprodukten Standard. https://www.iqwig.de/de/presse/pressemitteilungen/2018/rcts-sind-auch-bei-medizinprodukten-standard.8370.html. Zugegriffen am 13.01.2018

15. Kassenärztliche Bundesvereinigung (KBV) (2018) Online-Version des EBM. http://www.kbv.de/html/online-ebm.php. Zugegriffen am 13.01.2018

16. Kessel S, Hucke J, Görgen C, Söder R, Römer T (2015) Economic and clinical benefits of radiofrequency ablation versus hysterectomy in patients suffering from menorrhagia: a retrospective analysis with German health claims data. Expert Rev Med Devices Early online 12(3):365–372

17. Klinikum rechts der Isar der Technischen Universität München (2015) Übertherapie bei Brustkrebs vermeiden. http://www.mri.tum.de/pressemeldungen/%25C3%25BCbertherapie-bei-brust-krebs-vermeiden. Zugegriffen am 13.01.2018

18. Luntz SP, Schröder B (2009) Planung und Organisation klinischer Studien mit Medizinprodukten. https://www.klinikum.uni-heidelberg.de/fileadmin/kks/Publikationen/Planung_und_Organisation_klinischer_Studien_mit_Medizinprodukten.pdf. Zugegriffen am 13.01.2018

19. Medtronic GmbH (2018) Information zur CGM-Beantragung. https://www.medtronic-community.de/produkte/kosten-beantragung/beantragung-cgm/. Zugegriffen am 13.01.2018

20. Neis KJ, Schwerdtfeger K (2016) Indikation und Methodik der Hysterektomie bei benignen Erkrankungen – S3-Leitlinie (AWMF-Nummer 015/070). http://www.awmf.org/fileadmin/user_upload/Leitlinien/015_D_Ges_fuer_Gynaekologie_und_Geburtshilfe/015-070d_S3-Indikation_Methodik_Hysterektomie_2016-11.pdf. Zugegriffen am 13.01.2018

21. Neis KJ, Zubke W, Fehr M, Römer T, Tamussino K, Nothacker M (2016) S3-LEITLINIE – Hysterektomie bei benignen Erkrankungen der Gebärmutter. Dtsch Ärztebl 113(14). https://www.aerzteblatt.de/pdf/113/14/m242.pdf. Zugegriffen am 13.01.2018

22. Robert Koch Institut (rki) (2014) GBE kompakt 1/2014: Hysterektomie. https://www.rki.de/DE/Content/Gesundheitsmonitoring/Gesundheitsberichterstattung/GBEDownloadsK/2014_1_hysterektomie.pdf. Zugegriffen am 13.01.2018

23. Roland Berger (2017) Roland Berger Krankenhausstudie 2017. http://www.rolandberger.com/publications/publication_pdf/roland_berger_krankenhausstudie_2017.pdf. Zugegriffen am 13.01.2018

24. Schubert T (2018) Integrierte Versorgung als Innovationstreiber, MedInform Seminar

25. Schubert T, Vogelmann T, Pieper D, Neugebauer E (2015) Kosteneffektivität eines telefonischen Versorgungsmanagementprogramms bei psychischen Erkrankungen aus Sicht der gesetzlichen Krankenversicherung. Georg Thieme Verlag KG, Stuttgart/New York. https://doi.org/10.1055/s-0034-1399458

26. Sozialgesetzbuch (SGB) Fünftes Buch (V) Gesetzliche Krankenversicherung (Stand: Zuletzt geändert durch Art. 4 G v. 17.8.2017 I 3214) §§ 63–65 Grundsätze
27. Statista GmbH (2018) Anzahl der Mitglieder und Versicherten in der GKV und PKV bis 2017. https://de.statista.com/statistik/daten/studie/155823/umfrage/gkv-pkv-mitglieder-und-versichertenzahl-im-vergleich/. Zugegriffen am 13.01.2018
28. Statista GmbH (2018) Anzahl gesetzlicher Krankenkassen in Deutschland bis 2018. https://de.statista.com/statistik/daten/studie/74834/umfrage/anzahl-gesetzliche-krankenkassen-seit-1970/. Zugegriffen am 13.01.2018
29. Statistisches Bundesamt (2015) Bevölkerung und Erwerbstätigkeit – Bevölkerungsfortschreibung auf Grundlage des Zensus 2011. Fachserie 1, Reihe 1.3. Statistisches Bundesamt: Wiesbaden. S. 11. https://www.destatis.de/DE/Publikationen/Thematisch/Bevoelkerung/Bevoelkerungsstand/Bevoelkerungsfortschreibung2010130157004.pdf?__blob=publicationFile. Zugegriffen am 13.01.2018
30. Struckmann V (2014) Einführung in das Management im Gesundheitswesen – Integrierte Versorgung, TU Berlin. https://www.mig.tu-berlin.de/fileadmin/a38331600/2014.lectures/Berlin_2014.05.15.rb_DKCT-KostenQualitaetDRGs.pdf. Zugegriffen am 13.01.2018
31. Techniker Krankenkasse (TK) (2017) Fortschritt erleben – Wenn ein Ionenstrahl zum Hoffnungsstrahl wird. https://dietechniker.de/ Zugegriffen am 13.01.2018
32. Techniker Krankenkasse (TK) (2018) Tinnitracks. https://www.tinnitracks.com/de/tk. Zugegriffen am 13.01.2018
33. Wente MN (2012) SCHWERPUNKT I: Hürden bei Studien mit Medizinprodukten. Z Evid Fortbild Qual Gesundhwes ZEFQ 106:315–319. Elsevier Inc. https://doi.org/10.1016/j.zefq.2012.05.002

Viktor Makowski, Dipl.-Ing. Viktor Makowski ist seit 2008 im Bereich Marketing und Erstattung bei der Hologic Deutschland GmbH tätig. Er verantwortet derzeit als Marketing Manager den Bereich Surgical Products für den deutschsprachigen Raum, d. h. Deutschland, Österreich & Schweiz. Neben einem Abschluss zum Diplom-Ingenieur der Biomedizinischen Technik (TU Berlin) schloss er ein Studium zum Master of Business Administration (Open University Business School) im Jahr 2004 ab.

Sind Praxiskliniken Innovatoren des Marktzugangs für Medizinprodukte?

6

Janine Leonhardt

Inhaltsverzeichnis

Zusammenfassung

Einen schnellen Zugangsweg für den Einsatz von innovativen Medizinprodukten zulasten der GKV könnten Praxiskliniken darstellen. Bei diesen Institutionen handelt es sich vor allem um Erbringer von ambulanten Operationen mit großen Fallzahlen. Durch einen hohen Spezialisierungsgrad und optimierten Prozessablauf können Leistungen meist kostengünstiger als im Krankenhaus erbracht werden und verschaffen so auch der GKV Vorteile. Über die besondere Versorgung nach § 140 SGB V lässt sich der Einsatz von innovativen Medizinprodukten regulatorisch in die Versorgung zulasten der GKV überführen und unter Einbezug von Ärztenetzen schnell relevante Größenordnungen erreichen. Die Vorteile für Medizinproduktehersteller sind dabei vielfältig und ermöglichen neben einem konzentrierten Vertrieb auch zeitnahe Rückkopplungseffekte und ein Feedback der Behandler zum Einsatz der neuen Verfahren und Produkte.

J. Leonhardt (✉)
IVM plus GmbH, Halle (Saale), Deutschland
E-Mail: ts@link-care.de

© Springer Fachmedien Wiesbaden GmbH, ein Teil von Springer Nature 2019
T. Schubert, T. Vogelmann (Hrsg.), *Market Access in der Medizintechnik*,
https://doi.org/10.1007/978-3-658-23476-8_6

6.1   Einleitung

Der Marktzugang für innovative Produktneuheiten ist im deutschen Gesundheitswesen nicht nur sehr anspruchsvoll, sondern für den stationären und vertragsärztlichen ambulanten Bereich auch unterschiedlich geregelt. Die größten Unterschiede bilden dabei die zwei Erstattungsprinzipien: der im stationären Bereich, d. h. im Krankenhaussektor, geltende Verbotsvorbehalt und der im ambulanten Bereich vorherrschende Erlaubnisvorbehalt.

▶ **Definition** *Verbotsvorbehalt*: Im stationären Sektor darf eine neue Methode erbracht werden, außer der G-BA hat die Leistung nach Prüfung der Wirksamkeit und Wirtschaftlichkeit ausdrücklich nicht anerkannt.
Erlaubnisvorbehalt: Im ambulanten vertragsärztlichen Bereich darf eine neue Methode nur erbracht werden, wenn der G-BA die Wirksamkeit und Wirtschaftlichkeit anerkannt (erlaubt) hat [5].

Gerade bei Produkteinführungen im vertragsärztlichen Bereich führt der Weg somit nicht am Gemeinsamen Bundesausschuss (G-BA) vorbei, der eine ausführliche Nutzen- bzw. Methodenbewertung vornimmt. Nicht immer funktioniert der „traditionelle" Weg über den G-BA in die Regelversorgung, weshalb Medizintechnikunternehmen vermehrt auf Alternativen im „Market Access" zurückgreifen müssen, um ihr Produkt von den Krankenkassen sowie Krankenversicherungen erstattet zu bekommen.
Dass sich hierfür ebenso regional geprägte Strukturen wie Praxiskliniken oder bundesweit tätige Arztnetzwerke eignen, soll der nachfolgende Beitrag darlegen. Denn trotz der vorherrschenden Erstattungsprinzipien und des nicht bestehenden Anspruchs auf Förderung von Investitionen, kommen viele Innovationen bzw. auch der dringliche Bedarf und Wunsch danach aus dem vertragsärztlichen Bereich.

6.2   Praxiskliniken

Praxiskliniken sind nach § 115 Abs. 2 Nr. 1 Sozialgesetzbuch Fünftes Buch (SGB V):

„Einrichtungen in denen die Versicherten durch Zusammenarbeit mehrerer Vertragsärzte ambulant und stationär versorgt werden".

In der praktischen Umsetzung bedeutet dies, dass neben den ambulanten Operationen nach dem einheitlichen Bewertungsmaßstab (EBM) auch elektive, also planbare, stationäre Eingriffe durchgeführt werden können. Darunter fallen bspw. komplexe Mittelfußkorrekturen (Lapidus-Arthrodese) oder die Entfernung der Gebärmutter (Hysterektomie).
Um solche Eingriffe durchführen zu können, müssen Praxiskliniken entsprechende strukturelle Anforderungen erfüllen, die hinsichtlich

- Hygiene (z. B. Vorhalten eines entsprechenden Hygieneplans und Hygienearztes),
- Qualitätsstandards (z. B. Zertifizierungen, Erstellen von Qualitätsberichten),
- Patientensicherheit (z. B. barrierefreier Zugang)

mit vorgeschriebenen Krankenhausstandards vergleichbar sind [4, 14].

Derzeit gibt es keine genauen Vorgaben vom Gesetzgeber bezüglich der infrastrukturellen Anforderungen, dennoch halten viele Praxiskliniken moderne OP-Säle mit dem dazugehörigen diagnostischen und operativen Equipment vor. Beispielsweise verfügen die Mitglieder *der Deutschen Praxisklinikgesellschaft* über 2 bis 5 OP-Säle. Darüber hinaus werden auch überwachte Betten für eine postoperative Betreuung angeboten, deren Anzahl unter den Mitgliedern zwischen 2 und 21 Betten schwankt [4]. Ergänzend hierzu hat das Oberlandesgericht Hamm am 27.02.2018 ein Urteil getroffen, dass einer Praxisklinik eine „wenn auch nur im Ausnahmefall notwendige vorübergehende stationäre Versorgung, und zwar auch über Nacht" ermöglicht (Urteil vom 27.02.2018, Az. I-4 U 161/17).

Praxiskliniken sind durch § 122 SGB V vom Gesetzgeber als Versorger anerkannt und zeichnen sich in erster Linie dadurch aus, dass die dort tätigen Fachärzte auf bestimmte Eingriffe spezialisiert sind und Behandlungsprozessabläufe regelhaft definiert werden. Die Behandlung der Patienten folgt dabei nach dem „Alles-aus-einer-Hand"-Prinzip, sodass von der Diagnose über die Operation bis zur Nachbehandlung alles von einem Arzt übernommen wird. Durch deren vielfältige Behandlungsmöglichkeiten (ambulant, kurzstationär, krankenhausersetzend) verschmelzen in solchen Institutionen die starren Sektorengrenzen zwischen ambulant und stationär. Dies kommt vor allem den Patienten zugute, die von

- kurzen Wartezeiten,
- geringer Infektionsgefahr,
- kurzen Verweildauern,
- kurzen Arbeitsunfähigkeitszeiten,
- einer Unterbringung im Ein- oder Zweitbettzimmer

profitieren können [4].

Praxiskliniken unterliegen ferner nicht der dualen Finanzierung, sondern die Investitionskosten werden ausschließlich privat durch den Betreiber finanziert.

▶ *Duale Finanzierung*: Bei einer dualen Krankenhausfinanzierung werden die Betriebskosten vom Krankenhaus selbst getragen und Investitionskosten über öffentliche Investitionsförderung aus Steuermitteln finanziert [13].

Das finanzielle Risiko liegt vollständig beim Betreiber der Praxisklinik, was ein effizientes Handeln innerhalb der Praxisstrukturen unabdingbar macht. Darüber hinaus müssen die Investitionskosten privat finanziert werden, weshalb Praxiskliniken auf Basis einer Vollkostenkalkulation rechnen werden. Hierbei kommen nicht nur die reinen Leistungskosten, sondern auch Punkte wie Raummiete, Gerätemiete und Übernachtungskosten zum Tragen. Tab. 6.1 zeigt eine beispielhafte Kostenkalkulation.

Festgelegte Behandlungspfade, gut durchdachte Wege innerhalb dieser Häuser und routinierte Abläufe, die schnelle Wechselzeiten ermöglichen, tragen zu einem effizienten Handeln bei. Durch diese genannten Prozessoptimierungen und durch geringere Vorhaltekosten

Tab. 6.1 Mögliche Vollkostenkalkulation einer Praxisklinik für eine Operationsstunde. (Quelle: eigene Darstellung)

Bezeichnung	Kosten pro Stunde
Fixe Kosten:	
Miete OP-Säle	33,07 €
Miete Verwaltungsräume	8,65 €
Leasing OP-Geräte	4,61 €
Versicherung	0,67 €
Reinigung	1,48 €
Hygiene	0,61 €
Reparatur & Wartung	0,24 €
Sicherheit	0,69 €
Sterilisationskosten	0,37 €
Wäsche/Kleidung	0,74 €
Summe der fixen Kosten	*51,13 €*
Variable Kosten:	
OP-Personal (operationstechnischer Assistent mind 2 x)	35,76 €
Operateur	53,22 €
Verwaltungspersonal (30 h)	14,23 €
Anästhesiepersonal (anästhesietechnischer Assistent)	17,88 €
Anästhesist	53,22 €
OP-Materialbedarf	0,92 €
Summe der variablen Kosten	*175,23 €*
Vollkosten:	
Summe für eine Operationsstunde	**226,36 €**

können Praxiskliniken operative Eingriffe oft kostengünstiger als ein Krankenhaus anbieten. Finanziert werden die ambulant operativen Leistungen über die Einnahmen nach dem einheitlichen Bewertungsmaßstab (EBM) oder der Gebührenordnung für Ärzte (GOÄ), die bei privatversicherten Patienten zum Tragen kommt.

Zur Aufrechterhaltung der genannten Standards ist die ausschließliche Abrechnung über administrierte Preise wie EBM oder die GOÄ nicht ausreichend, da diese Gemeinkosten nicht integrieren und eine Abrechnung analog dem stationären System (=DRG-System; Diagnosis Related Groups) nicht erlaubt ist. Da Praxiskliniken keine zugelassenen Krankenhäuser nach § 108 SGB V sind, ergeben sich relevante ökonomische Unterschiede in der GKV-Erstattung. Ein und dieselbe Leistung am Beispiel der laparoskopischen Entfernung eines Myoms, wie in Tab. 6.2 dargestellt, führt zu einer völlig unterschiedlichen ökonomischen Bewertung in den beiden Settings.

Hieraus ergeben sich deutliche finanzielle Anreize die o. g. Prozedur im stationären Setting durchzuführen, da der Abrechnungsbetrag ca. dreimal höher als im ambulanten Setting ausfällt. Dieses finanzielle Ungleichgewicht hat der Gesetzgeber erkannt und mit dem Krankenhausfinanzierungsreformgesetz von 2009 einen Rahmenvertrag zwischen dem GKV-Spitzenverband und dem Spitzenverband der Praxiskliniken vorgegeben, dem

Tab. 6.2 Unterschiedliche Vergütung gleicher Eingriffe am Bsp. laparoskopische Entfernung eines Myoms. (Quelle: eigene Darstellung)

Ziffer	Bezeichnung	Punktwert	EBM-Vergütung	DRG-Vergütung
08211	Grundpauschale Arzt	145	15,45 €	N07Z
31011	OP-Vorbereitung	297	31,64 €	(OPS:5-681.82,92)unter
31313	Ambulante Operation (T3)	2673	284,79 €	Verwendung des bundes-
31505	Überwachungskomplex	1031	109,85 €	einheitlichen Basisfallwerts 2018
31698	Postoperative Behandlung	272	28,98 €	
05211	Grundpauschale Anästhesist	95	15,45 €	
31823	Anästhesie	1542	164,29 €	
	Sachkosten (ca. Pauschale)		132,00 €	
	Übernachtungskomplex (2 Nächte)		220,00 €	
	Summe	6055	*1002,45 €*	*3335,54 €*

letztendlich eine Förderung des Grundsatzes „ambulant vor stationär" zugrunde liegt. Dieser beinhaltete die Erstellung eines Kataloges, der Leistungen umfasst, die in Praxiskliniken erbracht werden dürfen und Maßnahmen zur Qualitätssicherung beschreibt (siehe auch § 122 SGB V). Allerdings konnte diese Vorgabe bis heute nicht umgesetzt werden. Die Deutsche Praxisklinikgesellschaft schreibt hierzu in ihrer letzten Stellungnahme vom September 2017: „Die Vorteile der Versorgung in Praxiskliniken sind leider durch die fehlende gesetzliche oder vertragliche Regelung der stationären Vergütung für GKV Versicherte wesentlich eingeschränkt." Diese Ausgangslage hat Praxiskliniken dazu veranlasst, andere Wege der Finanzierung zu suchen und einen dieser Wege mit der integrierten Versorgung (jetzt: besondere Versorgung) nach § 140a SGB V erfolgreich zu beschreiten. Praxiskliniken haben sich zur Umsetzung ebensolcher Verträge mit regional stark vertretenen Krankenkassen zusammengetan.

§ 140a SGB V: „Die Krankenkassen können Verträge mit … Leistungserbringern über eine besondere Versorgung der Versicherten abschließen. Sie ermöglichen eine verschiedene Leistungssektoren übergreifende oder eine interdisziplinär fachübergreifende Versorgung (integrierte Versorgung) sowie unter Beteiligung vertragsärztlicher Leistungserbringer oder deren Gemeinschaften besondere ambulante ärztliche Versorgungsaufträge."

Die Verträge nach § 140a SGB V ermöglichen den Kliniken, die Versicherten der vertragsschließenden Krankenkassen stationär sowie mit neuen Behandlungsmethoden, die (noch) nicht vom G-BA für den vertragsärztlichen Bereich bewertet wurden, zu versorgen und auch gegenüber den Kostenträgern abzurechnen. Dementsprechend haben sich Praxiskliniken als wichtiger Bestandteil der Patientenversorgung – vor allem regional – etabliert. So werden bspw. in der Region Halle (Saale) durch die Praxisklinik *Saale-Klinik Halle* in einem Jahr über 3300 Patienten mit ambulanten und stationsersetzenden Eingriffen versorgt, die sich auf die Fachbereiche HNO, Orthopädie, Urologie, Augenheilkunde, Chirurgie und Kinderchirurgie aufteilen. Davon werden 1400 Operationen im Rahmen der integrierten/besonderen Versorgung (Selektivverträge) erbracht.

6.3   Arztnetzwerke

Ärztenetze, auch Praxisnetze genannt, sind regionale Zusammenschlüsse von Vertrags-
ärzten verschiedener Fachrichtungen [7]. Je nach Größe des jeweiligen Netzes ist es auch
möglich, dass Medizinische Versorgungszentren (MVZ), Praxiskliniken oder Krankenhäuser an dieser Organisationsform teilnehmen, da solche Netze unabhängig von der sektoralen Arbeitsteilung agieren. Alle teilnehmenden Ärzte bzw. Praxen bleiben indes für
sich weiterhin selbstständig, kooperieren allerdings miteinander über die sektoralen Grenzen hinaus. Dabei arbeiten nicht nur Fachärzte miteinander, sondern Leistungserbringer
unterschiedlichster Disziplinen, wie z. B. Anästhesisten, Laborärzte oder Physiotherapeuten sind je nach Versorgungziel (indikationsspezifisch oder indikationsübergreifend) beteiligt. Das Arztnetzwerk „Leipziger Gesundheitsnetz" hat bspw. 98 Mitglieder, welche
sich auf 53 Fachärzte, 41 Allgemeinmediziner und hausärztlich tätige Internisten sowie
vier Physio- und Ergotherapeuten aufteilt [11].

Durch diese Art der Interdisziplinarität und des fachlichen Austausches soll die ambulante Versorgung effizient und qualitativ hochwertig wohnortnah gestaltet werden. Diese
Art der Kooperation ermöglicht es, zukunftsfähige Versorgungsmodelle zu entwickeln und
zu erproben [12]. Regionale Besonderheiten können dabei individuell berücksichtigt werden. Durch ihre flächendeckende Organisation sind Arztnetzwerke zudem geeignete Partner im Rahmen der operativen Vor- und Nachbetreuung und damit sehr wichtige Stakeholder und Partner von Praxiskliniken.

In Deutschland gibt es derzeit ca. 400 Netzwerke [1] in denen laut dem Ärztemonitor
von 2016 [6] ein Viertel der ambulant tätigen Ärzte organisiert sind. Dabei schwankt die
Größe und Professionalisierung der Netze von losen Zusammenschlüssen bis hin zu
Mitarbeitern in Vollzeit für das Management, die sich dann bspw. auch um selektivvertragliche Lösungen mit den ortansässigen Krankenkassen kümmern.

Darüber hinaus gibt es auch speziell gefördert Praxisnetze. Sie werden von der jeweils
verantwortlichen KV honoriert bzw. gefördert. Die Kassenärztliche Bundesvereinigung
(KBV) hat hierfür Anforderungen entwickelt, ab wann ein Netz förderungsfähig ist [14]:

• mind. 20 und max. 100 vertragsärztliche Praxen dürfen teilnehmen;
• mind. 3 Fachgruppen müssen beteiligt sein (darunter zwingend Hausärzte);
• das Praxisnetz muss ein zusammenhängendes Gebiet darstellen, um eine wohnortnahe
  Versorgung gewährleisten zu können;
• mind. eine verbindliche Kooperation mit einem weiteren Gesundheitsberuf (z. B. Lo-
  gopäde, Ergotherapeut, Krankenhaus, o. Ä.) muss vorliegen;
• es müssen eine Geschäftsstelle, ein Geschäftsführer und ein ärztlicher Leiter ernannt
  werden.

An den Kriterien und der Tatsache, dass die KBV eine Förderung institutionalisiert hat,
wird deutlich, wie relevant auch der ambulante Bereich eine intradisziplinäre Versorgung (d. h. eine fachübergreifende Versorgung innerhalb des eigenen Sektors) einordnet.

Arztnetzwerke, seien es nun geförderte oder nicht geförderte, haben aufgrund ihres kooperativen Charakters, ihrer interdisziplinär abrufbaren Kompetenz und ihrer Reichweite einen großen Einfluss auf den Patientenzulauf in Praxiskliniken. Je besser die Netze organisiert sind und je weiter die Kooperationen reichen, desto besser können Zuweiserkonzepte initiiert und die Nachbehandlung organisiert werden. Die Zusammenarbeit hat daher Einfluss auf die Auslastung in der Praxisklinik, erleichtert darüber hinaus die Entlassung des Patienten und stellt damit die Nachbehandlung auf einer weniger ressourcenintensiven Stufe sicher.

6.4　Managementgesellschaft als ökonomisches Scharnier für Praxiskliniken und Arztnetzwerke

Damit selektivvertragliche Lösungen für Praxiskliniken und Arztnetzwerke auch bundesweit funktionieren und die Kooperation dieser Institutionen (bspw. Arztnetzwerke als Zuweiser für Praxiskliniken) gelingen, benötigt dies entsprechende Ressourcen und Wissen. Dieses halten sogenannte Managementgesellschaften vor, deren Kernkompetenz in der administrativen und ökonomischen Verwaltung solcher Netzwerke und der dazugehörigen Verträge liegt. Dabei konzentrieren sie sich nicht nur auf bestehende Netzwerke, sondern sie akquirieren weitere Leistungserbringer und Praxiskliniken, um aus diesen Zusammenschlüssen wiederum Netzwerke zu bündeln und entsprechende Synergieeffekte zu erzielen. Netzwerke weiten sich damit in einer Art Spinnennetz über die Zeit immer weiter aus, bis zu überregionalen Verbünden. Alle Fäden laufen dann bei der Managementgesellschaft zusammen, was nicht nur organisatorische Vorteile bringt, sondern auch ein zentrales Argument für Krankenkassen ist, solchen Verträgen beizutreten. Krankenkassen sind meist bundesweit organisiert, während Versorgung immer im regionalen Kontext stattfindet. Lassen sich daher regional attraktive Modelle auf den Bund übertragen, sind Krankenkassen an einer Förderung interessiert und können die Versorgung der gesamten Versichertenpopulation anbieten.

Seit 2004 können sogenannte Service- oder Managementgesellschaften im Rahmen der besonderen (ehemals integrierten) Versorgung Vertragspartner der Krankenkassen werden. Im Gesetzestext werden sie als Träger von Einrichtungen definiert, die eine besondere Versorgung durch zur Versorgung der Versicherten nach dem vierten Kapitel berechtigte Leistungserbringer anbieten (§ 140a SGB V). Sie vermitteln im Grunde Leistungen, die durch die gesetzliche Krankenversicherung (GKV) getragen werden. Dabei bündeln sie meist mehrere integrierte Versorgungsverträge (IV-Verträge) unter einem Dach und schließen Kooperationsverträge mit allen Leistungserbringern ab, die am jeweiligen Fall beteiligt sind. Diese Verträge vereinbaren sie nicht nur mit ärztlichem Personal, wie operativen oder konservativen Fachärzten oder Hausärzten, sondern auch mit Laboren oder Physiotherapeuten und anderen Gesundheitsberufen [8]. Das Einbinden von Leistungserbringern ist eine der Kernkompetenzen von Managementgesellschaften. Somit wird aus einer 1:1-Beziehung, wie sie üblicherweise bestehen würde, wenn ein Vertrag zwischen zwei Parteien geschlossen wird, eine 1:N-Beziehung. Die Managementgesellschaft fungiert wie ein Sammelbecken von Verträgen. So wird bspw. zwar ein Vertrag zwischen Hausarzt und Management-gesellschaft notwendig, dieser führt aber gleichzeitig dazu, dass der Hausarzt mit dem Facharzt und der Hausarzt mit der Krankenkasse in Vertragsbeziehung stehen. In diesem einfachen Beispiel führt also ein Vertrag zu zwei weiteren Vertragsbeziehungen, ohne dass diese explizit vereinbart werden müssen und das wiederum gilt in dem Beispiel auch für den Facharzt und die Krankenkasse. Auf diesem Weg entsteht die 1:N-Beziehung, die nach-weislich Transaktionskosten, also Kosten in der Vertragsanbahnung, Vertragsverhandlung und der Vertragsanpassung, einspart. Transaktionskosten sind für Krankenkassen oft ein Hemmnis Verträge zu schließen, insbesondere dann, wenn die Leistungsausgabeneinspa-rung nicht hoch genug ausfallen.

Auch die Akquise relevanter und qualifizierter Leistungserbringer ist eine wichtige Aufgabe der Managementgesellschaften. Neben der Telefon- und Postakquise sowie dem aktiven Werben auf Arztkongressen werden hier aber vor allem auch Medizintechnikun-ternehmen (MedTech-Unternehmen) hinzugezogen. Naturgemäß besteht ein sehr gutes Kontaktnetzwerk zwischen MedTech-Unternehmen und ihren Anwendern, da die Techno-logie in einer Praxisklinik in der Regel nur durch eine ärztliche Leistung zum Einsatz kommt.

Gerade bei neuen und innovativen Produkten, die noch nicht im Leistungskatalog der GKV enthalten sind, haben first-mover-Anwender eine „Schlüsselfunktion" inne. Das Medizinprodukt findet nur Absatz, wenn den Ärzten auch eine entsprechende Abrech-nungsmöglichkeit angeboten werden kann. Arbeitet ein MedTech-Unternehmen mit einer Managementgesellschaft zusammen, kann es auf diese verweisen und der Leistungser-bringer wird unter Vertrag genommen. Bevor es jedoch zur Unterschrift des Arztes kommt, müssen vorab einige Punkte geklärt und beachtet werden. An was Ärzte denken bzw. wel-che Schritte sie gehen müssen um an einem Selektivvertrag teilzunehmen, zeigt die bei-spielhafte Checkliste in Abb. 6.1.

Managementgesellschaften verhandeln mit verschiedenen Kostenträgern, weshalb sie ein breites und belastbares Netzwerk haben. Dennoch können neu eintretende Ärzte auch ihr eigenes Netzwerk mit einbringen, wie unter Abschn. 6.3 beschrieben. Bei Vertragsver-handlungen können sie mit entsprechendem vertraglichen Know-how Selektivverträge professionell abschließen und administrieren. Folglich können sich Ärzte bzw. Leistungs-erbringer stärker auf ihre eigentliche Kernarbeit, die Versorgung von Patienten, konzen-trieren [8]. Darüber hinaus gehören neben der Bündelung von Know-how, dem Durchfüh-ren von Vertragsverhandlungen sowie der Koordinierung von organisatorischen Prozessen noch weitere Aspekte zu den Aufgaben einer Managementgesellschaft. Diese umfassen:

- die vertragliche Anbindung von Leistungserbringern,
- die Sichtung und Speicherung der Dokumentation,
- das gesamte Controlling inkl. Forderungsmanagement,
- die elektronische Übermittlung von Abrechnungsdaten,

Checkliste für Ärzte zur Teilnahme an der besonderen Versorgung

Allgemeine Voraussetzungen

☐ Sie verfügen über eine Niederlassung, Ermächtigung oder sind als Krankenhaus im Sinne des § 108 Nr. 1 und 2 SGB V zugelassen

☐ Sie sind zum ambulanten Operieren nach § 115b SGB V zugelassen

☐ Sie verfügen über eine der nachfolgenden Räumlichkeiten:

- eine zum ambulanten Operieren zugelassene Betriebs- oder Nebenbetriebsstätte gemäß § 1a, Nr. 21, 22 BMV-Ä i.V.m. § 24 Ärzte-ZV

- ein ambulantes Operationszentrum nach § 1a, Nr. 20 BMV-Ä i.V.m. § 24 Abs. 5 Ärzte-ZV

- eine Praxisklinik nach § 115 Abs. 2 Satz 1 Nr.1 SGB V und § 122 SGB V

- eins nach §108 SGB V zugelassene Einrichtung

☐ ein Pflegedienst für die postoperative Überwachung ist vorhanden

Vor Vertragsunterzeichnung

☐ Kooperationsvertrag inkl. Anlagen erhalten

☐ Katalogauszüge erhalten

☐ kooperierende Anästhesie informiert

☐ Kooperationsvertrag / Vergütungsvereinbarung für Anästhesisten erhalten

Vor der ersten Patientenmeldung

☐ Kooperationsvertrag inkl. Unterschrift und Stempel zurücksenden

☐ Mitteilung LANR, BSNR, Rechnungsanschrift, IBAN, OP-Standort

☐ Zusendung Nachweis gültiger Berufshaftpflichtversicherung (Kopie)

☐ Mitteilung des kooperierenden Labors

☐ Vergütungsvereinbarung mit Anästhesie zusenden

Wenn alle Unterlagen vorhanden sind

☐ Zugangsdaten für IV-Software erhalten

☐ Einrichtung Schnittstelle zwischen Praxisprogramm und IV-Software

☐ Termin für Schulung Prozessablauf und IV-Software vereinbaren

Abb. 6.1 Checkliste für Ärzte

- die Sicherstellung des Datenschutzes,
- die Abrechnung gegenüber der Krankenkasse,
- die Honorarverteilung an die Leistungserbringer,
- die Evaluation,
- die gesamte Arzt- und Kassenkommunikation.

Zudem gehört die Entwicklung von Angeboten und Konzepten zur Akquise von neuen Vertragspartner inkl. des Marketings ebenfalls zu den Aufgaben einer solchen Gesellschaft [9]. Durch die Konzentration von mehreren Verträgen unter einem Dach sowie der Kooperation mit einer Vielzahl von Ärzten entstehen Synergieeffekte, durch die sich die Verwaltungskosten auf viele Leistungserbringer verteilen lassen, mit in der Folge sinkenden Verwaltungskosten je Leistungserbringer [10].

Darüber hinaus unterstützt eine Managementgesellschaft nicht nur bei der Vertragserstellung, sondern stimmt sich im Vorfeld auch mit Medizinern und den MedTech-Unternehmen hinsichtlich der klinischen und technischen Komponenten eines Medizinproduktes ab. So ergänzt sich vertragliches Know-how mit medizintechnischem Fachwissen.

Über die inhaltliche Gestaltung der Verträge gibt es keine genauen Vorgaben. Diese können über operative Eingriffe, konservative Leistungen oder auch bspw. Telemedizin geschlossen werden. Der § 140a SGB V lässt hier relativ viel Spielraum, da neben der ehemals integrierten Versorgung auch § 73a SGB V (Strukturverträge) und § 73c SGB V (besondere ambulante ärztliche Versorgung) zusammengefasst wurden. Auf den Marktzugang mithilfe von Selektivverträgen, gemäß § 140a SGB V, wird in Kap. 5 ausführlich eingegangen. Tab. 6.3 beschreibt ein Beispiel einer Managementgesellschaft.

Tab. 6.3 Managementgesellschaft am Beispiel der IVM plus GmbH. (Quelle: eigene Darstellung)

Kriterium	IVM plus GmbH Merkmale
Anzahl Leistungserbringer	>7000 Leistungserbringer
Vertragsziel	Stationsersetzende & innovative Therapiemethoden für GKV-Versicherte anbieten
Versorgungsregion	Bundesweit tätig
Verträge	Kassenartenübergreifende Selektivverträge (aktuell mit 56 Kassenverträgen)
Leistungsportfolio	• Vertragsentwicklung • Vertragsmanagement inkl. laufender Berücksichtigung von rechtlichen Neuerungen • Vertragliche Bindung der Leistungserbringer • Schulungen zur Gewährleistung der Steuerungsfunktion • Forderungsmanagement & Arztkommunikation • Klärung von Anfragen für die Krankenkassen inkl. Zuarbeiten statistischer Auswertungen • Bereitstellung E-Health-Plattform mit elektronischer Patientenakte • Übermittlung von Abrechnungsdaten nach § 295 SGB V (DTA-Übertragung) • Unterstützung in der Korrespondenz mit der Aufsichtsbehörde • Honorarverteilung • Entwicklung von Versorgungskonzepten

6.5   Praxiskliniken und Arztnetzwerke als Zugangsweg

Ziel eines Medizintechnikunternehmens ist eine schnelle und erfolgreiche Markteinführung von neuen Produkten. Soll ein Produkt bzw. ein neues Verfahren nicht nur im Krankenhausbereich eingesetzt werden, sondern auch im vertragsärztlichen niedergelassenen Bereich Anwendung finden, ist der Weg in die Regelversorgung meist lang. Neben einer notwendigen CE-Kennzeichnung muss das Verfahren bei einer Erstattung im ambulant vertragsärztlichen Bereich und aufgrund des bestehenden Erlaubnisvorbehalts in die Methodenbewertung beim G-BA eingereicht werden. Selbst die Antragsstellung kann in der Regel nur durch ein Mitglied des G-BA durchgeführt werden und die anschließende Bewertung kann sich über mehrere Jahre erstrecken. Neuere Regelungen wie § 137h SGB V und § 137e SGB V führten spätestens seit 2017 mit der ersten Richtlinie zur Durchführung einer Erprobungsstudie nun jedoch auch zu einer durch die Firmen selbst ausgelösten Beratung im G-BA. Auf diese Grundlagen wird ausführlich in Kap. 4 eingegangen.

Alternativ bzw. zur Überbrückung der Zeit bis die Methodenbewertung abgeschlossen ist, kann der Zugang in den vertragsärztlichen Bereich auch über Praxiskliniken und den an diesen angeschlossenen Ärztenetzwerken vorgenommen werden. Welche Vorteile dieser Zugangsweg für Sie als MedTech-Unternehmen bietet, wird nachfolgend erläutert.

Wie bereits unter Abschn. 6.2 beschrieben, bieten Praxiskliniken nicht nur für ambulante Eingriffe, sondern bereits für eine Vielzahl an elektiven stationären Eingriffen die strukturellen und infrastrukturellen Gegebenheiten. Sie bilden somit eine ideale Plattform für viele Innovationen. Die umliegenden Arztnetzwerke ergänzen diese durch ihre kooperative Arbeitsweise und dem Wunsch nach guten Versorgungsmodellen.

Vorteil 1 – schneller Produkteinsatz Flache Hierarchieebenen innerhalb praxisklinischer Strukturen ermöglichen kurze Kommunikations- und Entscheidungswege, weshalb der Einsatz eines neuen Produktes oder Gerätes schnell umgesetzt werden kann. Zumal haben die anwendenden Ärzte oft selbst die Entscheidungskompetenz. Oft sind die Eigentümer der Praxisklinik noch mit im operativen Bereich tätig. Die damit verbundenen kurzen Entscheidungswege tragen dazu bei, dass neue Produkte schnell Anwendung finden.

Vorteil 2 – Imagetransfer Dabei sind vor allem die Ärzte innerhalb dieses Settings die wichtigsten Multiplikatoren. Das Produkt profitiert vom guten Ruf des Arztes automatisch mit. Patienten nehmen unter Umständen sogar lange Fahrtwege in Kauf, da sie sich qualitative Vorteile bei der Behandlung durch einen Spezialisten (mit einem guten Ruf) versprechen. Ist der Arzt mit dem Produkt zufrieden, wird er es weiterempfehlen und bei erfolgreichen Behandlungen wird er sich zudem an das Produkt binden, weil das wiederrum

seinem Ruf zuträglich ist. Gerade die enge Arzt-Patienten-Bindung, die im niedergelassenen Bereich durch eine langfristige Betreuung der Patienten gegeben und durch eine entsprechende Vertrauensbasis geprägt ist, fördert den Entschluss eines Patienten, ein neues
Verfahren anwenden zu lassen. Sogar eine mögliche Zuzahlungsbereitschaft ist hier denkbar und wird auch praktiziert.

Vorteil 3 – planbarer Absatz Ferner können Praxiskliniken sehr genau planen, wie viele
Eingriffe sie innerhalb eines bestimmten Zeitraumes durchführen werden. Akut- bzw.
Notfälle kommen eher selten vor, da sie auf planbare Eingriffe spezialisiert sind und keine
Notfallambulanzen vorhalten. Darüber hinaus können gut organisierte Arztnetzwerke als
Zuweiser bestimmte Zielgruppen sehr genau filtern, da die Anamnese der Patienten durch
eine oft langfristige konservative Betreuung bekannt ist. Das feste Zuweisernetz, welches
in der Regel in einem umliegenden Arztnetzwerk eingebettet ist, spielt hier eine zentrale
Rolle. Die im Umkreis liegenden Hausärzte wissen um die Möglichkeit der innovativen
Versorgung in der Praxisklinik. Oftmals finden auch Informationsveranstaltungen statt, in
denen die Kliniken über ihre Behandlungsmethoden informieren. So können die zuweisenden Ärzte die Patienten sehr gezielt, d. h. mit den entsprechend passenden Diagnosen,
an die Kollegen in der Praxisklinik überweisen.

Vorteil 4 – konzentrierter Vertrieb Durch die Konzentration mehrerer Ärzte an einem
Standort, sparen sich MedTech-Unternehmen vertriebliche Ressourcen. Vertriebsmitar-
beiter müssen nur einen Standort betreuen und nicht kleine Praxen einzeln anfahren. Denn
viele Fachärzte aus dem Umkreis einer Praxisklinik nutzen die OP-Kapazitäten und mie-
ten sich für Operationen ein. Am Beispiel der *Praxisklinik am Südpark* nutzen 60 externe
Ärzte aus der Region die operative Infrastruktur. Es sammeln sich sozusagen mehrere
Abnehmer an einer Niederlassung. Dabei können nicht nur Fahrtkosten und Reisezeit gespart werden, sondern auch notwendige Schulungen komprimiert an einem Ort für mehrere Ärzte durchgeführt werden. Dies alles mündet in einem professionellem Key Account
Management.

Darüber hinaus ermöglicht die Zentrierung von Ärzten und Patienten an einem Ort die
Investition in neue Geräte. Gerade große Geräte mit entsprechender Software eignen sich
für Praxiskliniken sehr gut, da dort die räumlichen Gegebenheiten sowie das entsprechenden
Investitionsvolumen vorhanden sind. Solche umfangreichen Investitionen bedürfen allerdings neuartiger Finanzierungs- und Bereitstellungmodellen, wie bspw. Pay Per Use oder
Managed-Service-Lösungen. Dabei erhalten MedTech-Unternehmen durch den direkten
und regelmäßigen Kontakt zu den Anwendern wertvolle Erfahrung, welche sie anschließend
im Optimierungsprozess verarbeiten können. Durch die intensive Beteiligung des Herstellers bei diesen Modellen erschließt sich eine neue Art der Kundenbindung und -gewinnung,
die zur Absatzförderung beiträgt. Auch Praxiskliniken oder Ärzte profitieren hiervon, da ihre
eigene Liquidität geschont und somit finanzieller Freiraum geschaffen wird. Überdies müssen sie sich nicht mehr über viele Jahre an ein Produkt binden und können mit dem technologischen Fortschritt (unabhängig von den eigenen Investitionskosten) mithalten.

Welche Art der Finanzierung oder Bereitstellung für einen Arzt oder eine Praxisklinik infrage kommen, ist neben der Nutzungsfrequenz und dem Leistungsspektrum nicht zuletzt auch von deren Finanzvolumen maßgeblich abhängig. Dabei sollte sich ein MedTech-Unternehmen individuell an den Kunden anpassen und bspw. nicht nur eine Finanzierungsart anbieten können. Oft bilden Kombinationen oder Mischformen eine attraktive Finanzierungsmöglichkeit.

Vorteil 5 – Praxiskliniken sind Mengenmaximierer Durch die Konzentration vieler Ärzte an einem Ort wird das Medizinprodukt in kürzerer Zeit auch häufiger eingesetzt und häufiger abgerechnet. Überdies etabliert sich das Verfahren auch schneller als Behandlung der Wahl. Dies hat aus Sicht des MedTech-Unternehmen auch höhere Verkaufszahlen zur Folge. Darüber hinaus können Großgeräte innerhalb praxisklinischer Strukturen auch vermietet werden, wodurch wieder ein neuer Absatzmarkt entsteht.

Beispielsweise stellt die Saale-Klinik Halle ein Gerät zur urologischen Versorgung von Patienten zur Verfügung, dass vom Medizintechnikunternehmen gegen eine Gebühr monatlich oder Pay Per Use vermietet wird. Im Umkreis der Praxisklinik gibt es vier Urologen, die ihre Patienten mit operativ urologischen Eingriffen versorgen. Alle Ärzte sind Mitglieder eines Ärztenetzwerks und können die Operation im Rahmen eines Selektivvertrages abrechnen. Da keiner der Fachärzte einen eigenen OP-Saal besitzt und die Anschaffung des Gerätes für eine einzelne Praxis zu teuer ist, nutzen sie die strukturellen Gegebenheiten der Praxisklinik. Der OP-Tag wird vorab unter den Ärzten festgelegt, sodass alle Patienten, die die notwendige Indikation aufweisen, gebündelt an einem Tag behandelt werden können. Für das Medizintechnikunternehmen ist dieses Vorgehen auch aus Kostengründen finanziell attraktiv, da die Servicemitarbeiter nicht alle Praxen einzeln anfahren müssen. Das Gerät muss an nur einen OP-Standort gebracht werden und anschließend wird auch nur eine Nutzungspauschale mit der Praxisklinik abgerechnet. Hieraus entsteht eine Win-win-Situation, da die Klinik selbst eine erhöhte Auslastung des OP-Traktes sowie der Bettenstation aufweisen kann und dadurch mehr Mieteinnahmen generiert. Als Gegenleistung übernimmt die Praxisklinik die Weiterberechnung der Nutzungspauschale, an die einzelnen Operateure. Auch der Hersteller selbst erreicht durch dieses Vorgehen einen größeren Absatzmarkt – sozusagen 5 Versorgungskreise an einem Ort gebündelt.

Vorteil 6 – bei Privatkliniken nach § 30 Gewerbeordnung (GewO) ist eine Preisdifferenzierung möglich Viele der Praxiskliniken haben darüber hinaus eine Zulassung als Privatklinik nach § 30 GewO. Privatkrankenanstalten mit einer solchen Zulassung sind Einrichtungen außerhalb der staatlichen Krankenhausplanung. Da sie keinen Versorgungsauftrag gegenüber den gesetzlichen Krankenkassen haben, können sie Leistungen nur gegenüber den privaten Krankenversicherungen abrechnen. Bei der Preisgestaltung sind sie dabei relativ frei und können bspw. ihren eigenen Basisfallwert festlegen. Jedoch sollte dabei beachtet werden, dass sich dieser nicht zu sehr von dem Bundesbasisfallwert unterscheidet, da die Krankenversicherungen, je nach vertraglicher Regelung, nur bis zu einer festgelegten Grenze die Kosten übernehmen. Der Restbetrag muss oftmals vom Patienten selbst übernommen werden.

Da Privatkrankenanstalten nicht an den gesetzlichen Leistungskatalog, welcher durch den G-BA vorgegeben ist, gebunden sind, können vor allem auch neue Verfahren und Methoden durchgeführt werden. So ermöglicht bspw. die GOÄ die Abrechnung eines neuen Verfahrens mittels Analogziffer, d. h., dass die neue Methode analog einer gleichwertigen in der GOÄ enthaltenen Leistung abgerechnet werden kann [3]. Eine Privatklinikzulassung bietet für ein MedTech-Unternehmen somit eine gute Möglichkeit das Medizinprodukt außerhalb des GKV-Katalogs zu vermarkten und dies sogar zu höheren Preisen anzubieten.

Vorteil 7 – Pilotphasen sind möglich Bevor nun das Unternehmen ein Produkt beim G-BA zur Methodenbewertung einreicht, ist eine entsprechende Studienlage bzw. Evidenz nachzuweisen. Ein solcher Nachweis kann innerhalb eines Pilotprojektes in einer Praxisklinik durchgeführt werden. Dabei kann eine neue Methode quasi als Testballon in einem überschaubaren geregelten Setting überprüft werden. Praxiskliniken bieten im niedergelassenen vertragsärztlichen Bereich eine einmalige Kombination von ambulanten und krankenhausähnlichen Strukturen, weshalb Studien dort gut durchgeführt werden können.

Eine solche Evidenz ist nicht nur für die Methodenbewertung von Relevanz, sondern auch im Rahmen von Selektivverträgen. Das Bundesversicherungsamt (BVA) als Aufsichtsbehörde der Krankenkassen kann nach aktueller Rechtslage Nachweise einfordern und Vertragsverhältnisse überprüfen, die eine Krankenkasse vereinbart hat. Verträge zur besonderen Versorgung stehen dabei unter einem besonderen Fokus. Die vertragliche Vereinbarung von neuen innovativen Verfahren ist ebenfalls an Studien gebunden, die zum einen die Wirksamkeit und zum anderen die Wirtschaftlichkeit belegen. Für die Darstellung der Wirtschaftlichkeit bieten sich sogenannte Piggy-back-Studien an. Hierbei wird eine ökonomische Studie nicht als eigenständige Erhebung durchgeführt, sondern an die klinische Studie gekoppelt, wodurch sich die Studienaufwände reduzieren lassen. Nur wenn entsprechende Nachweise gebracht werden, darf die Leistung (auch ohne eine positive Genehmigung des G-BA) im Rahmen von Selektivverträgen erbracht werden. Einzige Voraussetzung ist, dass die Leistung nicht bereits negativ vom G-BA bewertet worden ist.

Vorteil 8 – Ausbau und Weiterentwicklung des Medizinproduktes Die flachen Hierarchieebenen innerhalb praxisklinischer Strukturen begünstigen nicht nur einen schnellen Produkteinsatz, sondern fördern auch die Weiterentwicklung von Neuheiten. Die Firmen sind nah am Anwender und können daher von deren Anwendungskenntnissen profitieren. Bohnet-Joschko und Jandeck (2011) bestätigen, dass am häufigsten die Anwender selbst Ideenquelle für neue Innovationen sind. So nutzen 87 % der Unternehmen Anwenderideen in der Produktentwicklung. Dieses Einbinden von besonders fortschrittlichen Kunden in den Produktentwicklungsprozess wird auch Lead-User-Methode genannt. Vor allem die Meinung der Ärzte selbst spielt dabei eine wichtige Rolle, weshalb sie oft als Lead User genutzt werden [2].

Vorteil 9 – keine Finanzierungskosten Durch eine Kooperation mit einem Arztnetzwerk, welches durch eine Managementgesellschaft organisiert wird, kann ein MedTech-Unternehmen hohe Finanzierungskosten einsparen. Selbst beim Betreiben des Vertrags fallen für das Unternehmen keine Kosten an und es entsteht eine Win-win-Situation. Das MedTech-Unternehmen nimmt Erlöse aus dem Verkauf des Produktes ein und die Managementgesellschaft generiert Einnahmen über die Verwaltungspauschale, die pro Fall abgerechnet wird. In der Praxis hat sich diese Kooperationsform bisher am meisten durchgesetzt [9].

6.6   Fazit

Abschließend kann festgehalten werden, dass Praxiskliniken und Arztnetzwerke, insbesondere wenn diese professionell geführt werden, eine Alternative für den Marktzugang eines neuen Produktes darstellen können. Zum einen streben Praxiskliniken in der Regel danach, medizinisch-technologischen Fortschritt aktiv mitzugestalten und nach einer Weiterentwicklung von modernen und auch ökonomisch sinnvollen Versorgungsformen, sodass vor allem neue Produktinnovationen in diesem Setting schnell Anklang finden sollten. Zum anderen haben Praxiskliniken Erfahrungen mit selektivvertraglichen Regelungen und in der Kommunikation mit der GKV sammeln können und bieten so die Chance, Leistungen auch zulasten der GKV abrechnen zu können und damit letztlich auch Umsätze für Medizintechnikunternehmen.

Hierbei muss jedoch berücksichtigt werden, dass Praxiskliniken, trotz aller selektivvertraglicher Lösungen, regionale Versorger bleiben und bspw. Selektivverträge immer von regional agierenden Ärzten umgesetzt werden. Die Anzahl behandelter Patienten und damit, aus Sicht des Medizintechnikunternehmens, der Absatz, bleibt daher begrenzt. Darüber hinaus ist auch nicht jede Krankenkasse bundesweit aufgestellt und sieht daher auch nur für definierte Regionen Vorteile in einem erweiterten Versorgungsangebot. Typischerweise behelfen sich regionale Anbieter mit einem entsprechend großen Zuweisernetzwerk, sodass die Fallzahlen hierüber gesteigert werden können.

Letztlich wägen Medizintechnikunternehmen den Marktzugang über den ambulanten oder stationären Weg mit all seinen regulatorischen Erfordernissen genau ab. Praxiskliniken können ein geeigneter Umsetzungsort für den Produkteinsatz sein und Managementgesellschaften bei der Skalierung des Geschäfts unterstützen.

Literatur

1. Agentur deutscher Arztnetze e. V. (2018) Was sind Arztnetze? http://deutsche-aerztenetze.de/ueber_netze/was_sind_arztnetze.php. Zugegriffen am 07.04.2018
2. Bohnet-Joschko S, Jandeck L-M (2011) Erfolg durch Innovation. Das Innovationsmanagement der deutschen Medizintechnikhersteller, Witten/Berlin
3. Bundesärztekammer (2006) Analoge Bewertung in der GOÄ – eine Einführung. http://www.bundesaerztekammer.de/aerzte/gebuehrenordnung/ab-rechnung/einfuehrung/. Zugegriffen am 11.03.2018
4. Deutsche Praxisklinikgesellschaft (PKG) (2017) Praxiskliniken. https://pkgev.de/praxiskliniken/. Zugegriffen am 13.01.2018

 5. Gemeinsamer Bundesausschuss (2013) Informationsblatt. Voraussetzungen der Erbringung einer (neuen) Methode zu Lasten der gesetzlichen Krankenversicherung (GKV). https://www.g-ba.de/downloads/17-98-3563/Infoblatt_Voraussetzungen -Erbringung-Methode_2013-10-10.pdf. Zugegriffen am 18.03.2018
 6. Infas (2016) Ärztemonitor. Ergebnisse zur dritten Befragung im Frühjahr 2016. Bonn
 7. Kassenärztliche Bundesvereinigung (2015) Praxisnetze. Information zur Gründung, Anerkennung und Förderung. Broschüre, Berlin
 8. Klauber J, Robra B-P, Schellschmidt H (2006) Krankenhausreport 2005. Wege zur Integration. Schattauer, Stuttgart
 9. Koch K (2014) Die Pharmaindustrie als Versorgungspartner? Mögliche Rollen für die Pharmaindustrie als Partner in der Gesundheitsversorgung. Disserta Verlag, Hamburg
10. Lambrecht S (2013) Beleuchtung der integrierten Versorgung in Deutschland nach Beendigung der Anschubfinanzierung. Diplomica, Hamburg
11. Leipziger Gesundheitsnetz e. V. (2017) Qualitätsbericht 2016. Leipzig
12. Schrewe C (2016) Zur Position der Praxisnetze in Deutschland. Praxisnetz Herzogtum Lauenburg Management
13. Simon M (2013) Das Gesundheitssystem in Deutschland. Eine Einführung in Struktur und Funktionsweise, 4. Aufl. Hans Huber, Bern
14. WIEP (2017) Was ist eine Praxisklinik. Infobroschüre. http://wasisteinepraxisklinik.de/aktuelles/broschuere. Zugegriffen am 15.12.2017

Janine Leonhardt, M.A. Janine Leonhardt ist seit 2014 bei der bundesweit agierenden Managementgesellschaft IVM plus GmbH sowie für ein operativ ausgerichtetes medizinisches Versorgungszentrum (MVZ) mit angeschlossener Praxisklinik tätig. Zuvor arbeitete sie in der Geschäftsleitung eines großen MVZ im Raum Leipzig. Sie ist seit 2015 als Mitglied der Geschäftsleitung für die operative Geschäftsführung der IVM plus GmbH verantwortlich.

Internationaler Market Access am Beispiel Advanced Therapy Medicinal Product

7

André Roeder

Inhaltsverzeichnis

A. Roeder (✉)
TETEC AG, Reutlingen, Deutschland
E-Mail: ts@link-care.de

© Springer Fachmedien Wiesbaden GmbH, ein Teil von Springer Nature 2019
T. Schubert, T. Vogelmann (Hrsg.), *Market Access in der Medizintechnik*,
https://doi.org/10.1007/978-3-658-23476-8_7

Zusammenfassung

Advanced Therapy Medicinal Products (ATMP) sind eine besondere Produktklasse. Sie umfassen Gentherapeutika, somatische Zelltherapeutika und Tissue Engineered Products. Zunächst fand für diese besondere Produktklasse ein nationales Zulassungsverfahren statt, bei dem einige Staaten die Produkte den Arzneimitteln und andere Staaten den Medizinprodukten zuordneten. Eine Harmonisierung auf europäischer Ebene erfordert nun ein EU-weites Zulassungsverfahren. Eine solche Harmonisierung trägt im Sinne einer Abstimmung des Marktzugangs in verschiedenen Ländern bei. Dennoch hängt der Erfolg auch davon ab, mit welcher Technologie, wann, in welchem Umfeld, mit welcher Ressourcenausstattung, mit welchen Möglichkeiten einer Bewertung der eigenen Technologie und dem daraus resultierenden Preis(en), in welcher Sequenz, unter welchen Lizenzen (und vielen weiteren Aspekten) die Märkte adressiert werden. Grundsätzlich ist bei einem internationalen Marktzugang zudem der frühzeitige Dialog mit Zulassungsbehörden und Health Technology Assessment Bodies (HTABs) oder supranationalen Institutionen zu suchen.

7.1 Einleitung

Der Market Access für ein Produkt setzt voraus, dass das Produkt über eine Zulassung oder Wesensgleiches verfügt, um verkehrsfähig zu sein und damit legal in die jeweiligen Märkte eingeführt zu werden. Im Zulassungsverfahren werden Sicherheit, therapeutische Wirksamkeit und Qualität des Produkts untersucht. Es ist zunächst abhängig vom Produkt und von den Zielländern, welche Art der Verkehrsberechtigung erforderlich ist. Im Einleitungsartikel geht Kap. 1 auf die Erfordernisse für die Zulassung von Medizinprodukten im deutschen Markt ein.

Im folgenden Beitrag wird eine besondere Klasse an Produkten beschrieben, für die unter gewissen Voraussetzungen Ausnahmetatbestände geltend gemacht werden können. Das Besondere an dieser Klasse von Produkten ist, dass sie in der Europäischen Union in der Vergangenheit von einigen Mitgliedsländern als Medizinprodukt eingeordnet, von anderen hingegen den Arzneimitteln zugeordnet wurden. Anbieter waren bereits in EU-Auslandsmärkten mit diesen Produkten vertreten, bevor eine Harmonisierung zu einer neuen Einordnung der Produkte führte. Die Folge war, dass bis zu einer zentralen Zulassung bei der Europäischen Arzneimittelagentur fortan, über geschaffene Ausnahmetatbestände, der Vertrieb lediglich im jeweiligen Heimatmarkt erfolgen durfte. Die Auflagen erhöhten sich drastisch bei gleichzeitiger empfindlicher Schrumpfung des Absatzgebietes und damit auch der verbundenen Möglichkeit einer Refinanzierung.

Der Market Access für diese „neue" Klasse an Produkten begann also zunächst mit einem „Market Exit" und folgte keinen bekannten Wegen. Die über die Harmonisierung erfolgte Zuordnung war auch für die relevanten Institutionen in den Mitgliedstaaten eine Unbekannte, zumindest Variable, mit der Umzugehen gelernt werden und die zunächst

in nationales Recht umgesetzt werden musste. Der Fokus für Anbieter solcher Technologien rückte vom Ausbau von Vertriebspartnerschaften und dem Ausbau des Absatzes
im Ausland ab und musste sich zwingend mit zentralen Zulassungsfragen und klinischen Studien der Phase III beschäftigen. Eine Herstellungserlaubnis genügte nun nicht
mehr, um verkehrsfähig zu sein. An deren Stelle traten die für einen weiteren Vertrieb im
Heimatmarkt unerlässliche und für betroffene Unternehmen überlebenswichtige nationale (Ausnahme-)Genehmigung und der Druck, die Produkte durch ein zentrales, europäisches Genehmigungsverfahren zu führen, an dessen Ende der eigentlich bereits
bekannte Zustand vor „Market Exit" – eine (Wieder-)Eröffnung des europäischen Aus-
landsgeschäfts steht. Historisch bedingt sind folglich für diese Klasse von Produkten,
sogenannten Advanced Therapy Medicinal Products (kurz: ATMP), Zulassungsfragen
und Unternehmensentwicklungen in besonderem Maße für einen Market (Re-)Access
von Bedeutung.

7.2   ATMP – Advanced Therapy Medicinal Products

Unter den Begriff der ATMP, in Deutschland auch als neuartige Therapien bezeichnet,
wird die Gruppe der Gentherapeutika, der somatischen Zelltherapeutika und der biotechnologisch bearbeiteten Gewebeprodukte, sogenannte Tissue Engineered Products, subsummiert [31]. Teile dieser regelmäßig hoch innovativen und komplexen Arzneimittel,
d. h. somatische Zelltherapeutika und Gentherapeutika, wurden bereits in der europäischen Richtlinie 2001/83/EC definiert und reguliert. Hingegen bestand für die therapeutische Verwendung biotechnologisch bearbeiteter Gewebeprodukte auf europäischer Ebene
zeitweise eine regulatorische Lücke [12]. „Einige Mitgliedstaaten wie Österreich, Belgien,
Finnland oder Deutschland stuften diese Produkte als Arzneimittel ein, in anderen Mitgliedstaaten wie Spanien, Schweden oder Großbritannien galten sie hingegen je nach Art
des Produktes entweder als Arzneimittel oder Medizinprodukt. In Ländern wie Bulgarien,
Zypern, Irland, Niederlande und Polen waren biotechnologisch bearbeitete Gewebeprodukte unreguliert" [33].

„Die Vermarktung der ATMPs und hier insbesondere der Tissue-engineered Products
innerhalb der EU wurde national geregelt, was zu großen Unterschieden in der regulatorischen Praxis innerhalb der EU führte" [1].

„Um auf europäischer Ebene einheitliche regulatorische Rahmenbedingungen für die
Überwachung und Zulassung derartiger innovativer Produkte zu definieren, trat im Dezember 2008 die zentrale Verordnung (EC) Nr. 1394/2007 über Arzneimittel für neuartige Therapien in Kraft" [33]. Neben dieser Harmonisierung der Rahmenbedingungen
wurde mit der Verordnung die Gewährleistung eines höheren Maßes an Sicherheit für
Patienten bezweckt [1]. Mit Inkrafttreten wurden nunmehr nicht nur die in der Richtlinie 2001/83/EC bereits definierten somatischen Zelltherapeutika und Gentherapeutika,
sondern auch die biotechnologisch bearbeiteten Gewebeprodukte unter den Begriff der
ATMP gefasst [33].

▶ **Definition** „Biotechnologisch bearbeitete Gewebeprodukte" sind Produkte,

- die biotechnologisch bearbeitete Zellen oder Gewebe enthalten oder aus ihnen bestehen;
- denen Eigenschaften zur Regeneration, Wiederherstellung oder zum Ersatz menschlichen Gewebes zugeschrieben werden oder das zu diesem Zweck verwendet oder Menschen verabreicht wird [13].

7.3   Zulassung von ATMP

7.3.1   Zentrale Zulassung der European Medicines Agency (EMA)

Am 31.07.2008 veröffentlichte die EMA (damals noch EMEA) in einem Papier (EMEA/326145/2008 [11]), gerichtet an Hersteller, Krankenhäuser und Firmen, die ATMP-Produkte in Verkehr brachten, eine für die Hersteller folgenschwere Ankündigung: „having ATMPs legally on the market … will have to undergo a Marketing Authorisation procedure" [1]. Diese Ankündigung bereitete Unternehmen darauf vor, dass ihre ATMP künftig einen europäischen Zulassungsprozess zu durchlaufen haben, sofern sie weiterhin ihre Produkte in der Europäischen Union in den Verkehr bringen wollen. Ein solcher Zulassungsprozess impliziert den Aufbau von geeigneten Strukturen und Studienkosten in mehrstelliger Millionenhöhe.

Die ATMP-Verordnung 1394/2007/EG sieht für die Produktgruppen der somatischen Zell- und Gewebetherapeutika sowie biotechnologisch bearbeiteten Gewebeprodukte bei industrieller Herstellung zwingend das zentralisierte europäische Zulassungsverfahren nach den Grundsätzen der Verordnung 726/2004/EG vor. Nach Artikel 3 Absatz 1 handelt es sich bei dieser zentralen „Zulassung" genau genommen um eine Genehmigung [18, 23].

Für den zentralen Genehmigungsprozess sind von den Herstellern Zulassungsstudien für deren ATMP durchzuführen. In mehreren Phasen werden in den Zulassungsstudien Überlegenheit, bzw. Nichtunterlegenheit gegenüber dem bislang üblichen Verfahren der Versorgungsrealität – sog. Vergleichstherapie – nachgewiesen. Die Zulassungsstudien müssen vom Paul-Ehrlich-Institut (PEI), der national zuständigen Arzneimittel-Oberbehörde für ATMPs in Deutschland genehmigt werden.

7.3.2   Krankenhausausnahme, Hospital Exemption

Dagegen gilt das zentrale europäische Zulassungsverfahren nach Art. 3 Nr. 7 der Richtlinie 2001/83/EG (Gemeinschaftskodex), das mit Inkrafttreten der ATMP-Verordnung 1394/2007/EG eingeführt wurde, nicht für solche ATMPs, die „nicht routinemäßig" hergestellt werden – die sogenannte Krankenhausausnahme:

▶ **Definition** „Die Richtlinie gilt nicht für:

Nr. 7: Arzneimittel für neuartige Therapien gemäß der Verordnung (EG) Nr. 1394/2007, die nicht routinemäßig nach spezifischen Qualitätsnormen hergestellt und in einem Krankenhaus in demselben Mitgliedstaat unter der ausschließlichen fachlichen Verantwortung eines Arztes eigens für einen einzelnen Patienten angefertigten Arzneimittels verwendet werden. Die Herstellung dieser Arzneimittel muss durch die zuständige Behörde des Mitgliedstaats genehmigt werden. Die Mitgliedstaaten stellen sicher, dass die einzelstaatlichen Rückverfolgbarkeits- und Pharmakovigilanzvorschriften sowie die in diesem Absatz genannten spezifischen Qualitätsnormen denen entsprechen, die auf Gemeinschaftsebene für Arzneimittel für neuartige Therapien gelten, für die eine Genehmigung gemäß der Verordnung (EG) Nr. 726/2004 … erforderlich ist" [12].

Da Art. 3 Nr. 7 Gemeinschaftskodex in innerstaatliches Recht umzusetzen war, erließen die europäischen Mitgliedstaaten auf dieser Basis nationale Sonderregelungen für ATMPs als Ausnahme vom Grundsatz der zentralisierten Zulassungspflicht.

In Deutschland setzte der Gesetzgeber die Vorgaben des Gemeinschaftskodex mit den gesetzlichen Regelungen in §§ 4b und 21a Abs. 2 bis 8 Arzneimittelgesetz (AMG) um [18].

▶ **Definition** Gemäß § 4b Abs. 1 S. 1 AMG müssen ATMP, die im Geltungsbereich dieses Gesetzes als

(1) individuelle Zubereitung für einen einzelnen Patienten ärztlich verschrieben,

(2) nach spezifischen Qualitätsnormen nicht routinemäßig hergestellt

(3) in einer spezialisierten Einrichtung der Krankenversorgung unter der fachlichen Verantwortung eines Arztes angewendet werden,

zuvor von der national zuständigen Behörde, dem Paul-Ehrlich-Institut, genehmigt werden.

Das Privileg des § 4b AMG genießen damit nur individuelle Zubereitungen [30].

Das Arzneimittel muss demnach für einen im Herstellungszeitraum bekannten Patienten und aufgrund einer ärztlichen Verschreibung hergestellt werden. Der Begriff der nicht routinemäßigen Herstellung wird in § 4b Abs. 2 Satz 1 AMG genauer erläutert. Verkürzt werden hier zwei Alternativen unterschieden. Entweder das ATMP wird in so geringem Umfang hergestellt und angewendet, dass eine umfassende Bewertung des Arzneimittels anhand der zur Verfügung stehenden klinischen Erfahrung nicht zu erwarten ist. Oder für das ATMP liegen noch nicht ausreichende Erkenntnisse zur Durchführung eines zentralen Zulassungsverfahrens vor [20].

Eigens für einen einzelnen Patienten angefertigte Arzneimittel für neuartige Therapien sind damit unter bestimmten Voraussetzungen vom Regelungsbereich des Gemeinschaftskodex ausgenommen und bedürfen keiner Verkehrsgenehmigung in einem zentralen Zulassungsverfahren. An dessen Stelle tritt ein nationales Genehmigungsverfahren (Art. 3 Nr. 7 Gemeinschaftskodex) [20].

Die nationale Sondervorschrift für Arzneimittel für neuartige Therapien regelt einerseits (§ 4b Abs. 3 AMG), dass ATMPs nur nach Genehmigung durch die zuständige Bundesoberbehörde, das Paul-Ehrlich-Institut, an andere abgegeben werden dürfen (Genehmigungsvorbehalt). Hieraus ergibt sich, dass ATMPs, die über die Genehmigung gem. § 4b Abs. 3 AMG verfügen, verkehrsfähig sind. Andererseits regelt § 4b AMG ausdrücklich (§ 4b Abs. 1 S. 1 AMG), welche allgemeinen Regelungen des AMG aufgrund der Spezialität der ATMPs keine Anwendung finden. Es finden damit die Regelungen des vierten Abschnittes des AMG, § 21 bis 37 zur Zulassung von Arzneimitteln sowie der siebte Abschnitt des AMG, § 43 bis 53 zur Abgabe von Arzneimitteln, keine Anwendung. Der § 4b AMG ist somit für ATMPs bezüglich der Regelungen zur Zulassung und des Inverkehrbringens lex specialis im Verhältnis zu den allgemeinen arzneimittelrechtlichen Regelungen.

Für ATMPs, die über keine zentrale europäische Zulassung, aber über eine nationale Genehmigung gem. § 4b Abs. 3 AMG verfügen, wird Qualität, Wirksamkeit und Unbedenklichkeit durch das vom PEI durchgeführte Genehmigungsverfahren und die erteilte Genehmigung gem. § 4 b Abs. 3 AMG gewährleistet. Diese Produkte fallen damit weiterhin unter die Krankenhausausnahme, für die europarechtlich durch Artikel 28 der ATMP-Verordnung i. V. m. Art. 3 der Richtlinie 2001/83/EG gerade eine Ausnahme von der europäischen Genehmigungspflicht nach Art. 3 Nr. 1 der Verordnung (EG) Nr. 726/2004 vorgesehen ist. Die Genehmigungsbescheide des PEI nach § 4b Abs. 3 AMG sind zudem regelmäßig mit einer Nebenbestimmung versehen, eine nichtinterventionelle Unbedenklichkeitsprüfung durchzuführen, sodass neben der bereits genehmigten klinischen Studie (Zulassungsstudie) weitere Erkenntnisse hinsichtlich des jeweiligen Standes des Wissens und der Genehmigungsvoraussetzungen des § 4b AMG gesammelt werden können. Zudem besteht eine jährliche Berichtspflicht des Herstellers gegenüber der genehmigenden Behörde über den Umfang der Herstellung und der Abgabe bezogen auf alle behandelten Patienten [18].

Eine bestehende Genehmigung gem. § 4b Abs. 3 AMG wird nach Angaben von Juristen in ihrer Wirkung nicht dadurch beeinträchtigt, dass z. B. ein anderes Produkt eines anderen Herstellers während der bestehenden Genehmigung gem. § 4b Abs. 3 AMG eine europaweite Zulassung entsprechend der ATMP-Verordnung 1394/2007 erhält. Der Art. 3 Nr. 7 RL 2001/83/EG enthält keine Tatbestandsmerkmale, aus denen sich ergibt, dass die Ausnahmeregelung dann nicht anwendbar wäre, wenn in demselben Indikationsgebiet ein zugelassenes Arzneimittel verfügbar ist [21].

Die Krankenhausausnahme des PEI entfaltet ihre Wirkung aber lediglich auf solche Produkte, die in Deutschland hergestellt und auch lediglich in Deutschland in Verkehr gebracht werden.

Hersteller, die ihre ATMPs in Europa vermarkten wollen, dürfen dies nicht auf Basis einer Krankenhausausnahme ihres jeweiligen Mitgliedslandes, sondern benötigen hierfür die zentrale europäische Genehmigung der EMA.

7.4   Early Market Access in UK/Früher Marktzugang

Das Vereinigte Königreich bietet über die sogenannten Specials eine Möglichkeit, bestimmte Produkte auch ohne europäische Genehmigung u. a. zu importieren. Specials werden als Produkte charakterisiert, die speziell für die Behandlung eines individuellen Patienten hergestellt (Hospital Excemption) oder importiert und, z. B. von einem Arzt, verschrieben wurden. Dies kann für einen frühen Marktzugang genutzt werden, unterliegt aber strengen Kriterien, die anschaulich und verständlich in der Medicines and Healthcare Products Regulatory Agency (MHRA) Guidance Note 14 hinterlegt sind [22]. Der Import ist nur dann möglich, wenn bei der MHRA – der nationalen Zulassungsbehörde des Vereinigten Königreichs, über deren Internetportal eine adäquate Lizenz beantragt und später erteilt wird. Im Falle eines ATMP, das in einem anderen Land des Europäischen Wirtschaftsraums (EWR) hergestellt wird und im Vereinigten Königreich vor zentraler Zulassung zur Anwendung kommen soll, bedarf es einer sogenannten Wholesalers Distribution Authorisation for Human Use, WDA(H). Um die WDA(H) über das MHRA-Webportal beantragen zu können, muss der Importeur/Großhändler über eine Niederlassung in UK verfügen – eine Adresse im europäischen Ausland ist für die WDA(H) nicht hinlänglich. Zudem muss eine verantwortliche Person (Responsible Person) mit Sitz in UK benannt werden, die ihrerseits gewissen Anforderungen genügen muss, die Sie in der MHRA Guidance Note 14 bzw. in der darin verwiesenen weiterführenden Literatur nachlesen können. Wird der Antrag auf Erteilung einer WDA(H) von der MHRA angenommen, folgt wenige Wochen später die erste (Haupt-)Inspektion der Betriebsstätte vor Ort durch die MHRA. Inhalte der Inspektion können vorab mit der MHRA bilateral besprochen werden. Der Austausch und die an das Unternehmen gestellten Anforderungen werden transparent vermittelt. Die Inspektion dauert ca. einen Tag, relevant sind insbesondere Good Distribution Practise (GDP) Dimensionen. Auch Herstellungsaspekte (Good Manufacturing Practise, GMP) werden rudimentär beleuchtet. Am Ende des Inspektionstermins erfahren die Teilnehmer bereits erste, während der Inspektion festgestellte Abweichung – ein bis zwei Wochen später erhält der Antragssteller dann das offizielle Inspektionsprotokoll, indem dem Antragsteller nach Schweregrad geordnet „Abweichungen" bzw. Empfehlungen der MHRA zugestellt werden. Wurden keine groben „Abweichungen" ermittelt, wird die WDA(H) wenig später erteilt.

Verbunden mit dem Import eines Specials ist eine sogenannte Notification bei der Notification Unit der MHRA. Ein Import muss der Behörde mindestens 28 Tage vorab über ein spezielles Formular bekannt gegeben werden. Die Frist kann reduziert werden, wenn besondere produktspezifische Umstände existieren, die eine Reduktion aus Sicht der MHRA rechtfertigen. Pro Quartal dürfen maximal 25 individuelle Zubereitungen über eine WDA(H) importiert werden. Für Gewebezüchtungen muss beachtet werden, dass leistungserbringende Krankenhäuser in UK zudem über eine Human Tissue Authority licence verfügen müssen, um Gewebe in UK entnehmen zu dürfen, dass für eine Herstellung in einem EWR-Land vorgesehen und über die WDA(H) als Specials wieder in UK eingeführt wird. Auch die im EWR-Herstellungsland, z. B. Deutschland, national zuständigen Behörden für die Gewebeentnahmen sind einzubinden, ggf. erfolgt auch durch diese eine Inspektion, mindestens jedoch eine Anerkennung der erworbenen ausländischen Lizenzen.

Insofern setzt ein früher Marktzugang nicht unerheblichen Aufwand und Ressourceneinsatz voraus, der mit Blick auf die erwarteten Rückflüsse auf den ersten Blick unausgewogen erscheinen mag. Bei differenzierter Betrachtung ergibt sich aber eine Reihe an Vorteilen. Je komplexer das Produkt und die mit dem Produkt in Verbindung stehenden Prozesse, desto empfehlenswerter ist aus Sicht des Autors der frühe Weg über Specials. Über diesen frühen Marktzugang werden eine frühzeitige Schnittstelle und der Aufbau von persönlichen Kontakten zur nationalen Zulassungsbehörde möglich. Die auch nach EMA Marketing Authorisation (EMA-MA, zentrale Genehmigung) unter Umständen erforderliche nationale Importlizenz liegt mit zentraler Zulassung bereits vor, muss gegebenenfalls über eine Variation im MHRA-Portal nur an eventuell veränderte Produktspezifika des dann zentral bei der EMA genehmigten Produkts mit der Unterstützung eines im frühen Marktzugang etablierten Dialogs mit der nationalen Zulassungsbehörde angepasst werden. Dies reduziert idealerweise die *Time-to-Market* für das zentral genehmigte Produkt und eröffnet einen Dialog und die Vorbereitung einer Kostenerstattung über private Krankenversicherungen. Diese erstatten regelmäßig erst mit Vorliegen einer zentralen Zulassung, aber sind durchaus bereit, vorab Vertragsverhandlungen zu führen. Wichtige Key Opinion Leader (KOLs) und Krankenhausträger werden über einen frühen Zugang mit dem Produkt vertraut gemacht und notwendige Lizenzen der Leistungserbringer ggf. frühzeitig eingeholt. Mit zentraler Genehmigung können diese dann zügig auf das EMA-Produkt umgestellt werden. In Verbindung mit einem Technology Appraisal beim National Institute for Health and Care Excellence (NICE) unterstützt ein früher Kontakt zur MHRA mögliche Patient Access Schemes (PAS) über die Patient Access Scheme Liaison Unit (PASLU) des NICE. Patient Access Schemes sind innovative Preisvereinbarungen, die von Herstellern angestrebt werden können, um anfängliche Evidenzvorbehalten hinsichtlich des Zusatznutzens des Produkts zu überwinden und Patienten einen frühen Zugang zu Therapien zu ermöglichen. Zu den Voraussetzungen eines PAS zählt neben dem erwähnten Technology Appraisal, das über ein sogenanntes Horizon Scanning beim National Institut for Health Research (NIHR) initiiert wird, auch das Hinterlegen eines National Health System (NHS) Listenpreises im Pharmaceutical Price Regulation Scheme (PPRS), auf den dann die vertraulichen Preisnachlässe des PAS angewendet werden. Die Prozesse eines PAS werden auf den Webseiten des NICE [26] in aktueller Form bereitgestellt, so auch die Antragsformulare für die verschiedenen Arten eines PAS. Unterschieden wird nach „simple scheme", dass die Gewährung eines prozentualen oder absoluten Rabatts auf den Listenpreis enthält und eines Complex Schemes, das outcome-basierte Elemente, Deckelungen etc. inkorporiert [27]. Weitere Vorteile eines frühen Marktzugangs sind die Vorbereitung der internationalen Logistik, verbunden mit dem Zwang sich frühzeitig mit geeigneten Transportlösungen und Zollbestimmungen auseinanderzusetzen und die notwendigen Prozesse und Schnittstellen im Unternehmen zu implementieren. Dokumente werden in Landessprache benötigt, Trainingsmaterialen für die Anwender müssen übersetzt, ggf. an Landesspezifika angepasst, Berichtslinien aus den ausländischen Niederlassungen in das Hauptquartier müssen festgelegt werden, Abgrenzungsverträge aufgesetzt werden usw.

Zusammenfassend wird eine mit Vorliegen der zentralen Genehmigung möglich werdende Internationalisierung im Early Access unter realen Bedingungen im „Kleinen" vorbereitet und die unternehmensinternen Prozesse auf Tauglichkeit getestet. Der Mehrwert kann das Lehrgeld, also die notwendigen Investitionen für das Unternehmen bei Weitem übersteigen.

Insbesondere UK eignet sich aus Sicht des Autors für einen Early Access von ATMPs, da über Specials ein Zugang vor Zulassung bei ausländischer Produktion ermöglicht wird und die Strukturen transparent sowie verständlich sind (sämtliche Guidance ist in Englisch). Ein erfolgreich durchlaufenes NICE Technology Appraisal führt nicht nur zu einer obligatorischen Erstattung in England, sondern hilft zudem auch im Ausland, nicht nur in Europa, da NICE-Entscheidungen in mehr als 60 Länder referenziert werden. Das UK zieht für die Preisbildung einer Technologie neben Schweden als einziges Land in Europa nicht die Preise anderer Länder(-körbe) heran. Die hier in teilweiser Vorleistung erbrachten Investitionen in einen frühen Marktzugang bieten demnach auch mittelbare Chancen auf einen Return on Investment (ROI) über einen in UK hinterlegten hohen Listenpreis im PPRS, der wiederum von vielen anderen europäischen Ländern bei ihrer Preisbildung Berücksichtigung findet und damit einen positiven Referenzanker setzen kann. Bei frühen Marktzugängen ist hinsichtlich einer möglichen Preisreferenzierung eines reduzierten Preises in andere Länder auch Vorsicht geboten, weswegen ein oder wenige „frühe Testmärkte" – immer auch in Abhängigkeit der verfügbaren Unternehmensressourcen – dem Gesamtziel der Readiness eines ordentlichen Market Access bessere Vorzeichen bieten kann, als ein „Early Access um jeden Preis". In manchen Ländern ist ein Early Access auch schlichtweg regulatorisch nicht möglich.

Die Implikationen eines Brexit sind noch nicht vorhersehbar. In Bezug auf die Versorgung mit Arzneimitteln werden Verträge aber wahrscheinlich zügiger, wenn nicht nahtlos zustande kommen, als für andere Güter. Das NICE wird seine Strahlkraft wohl nicht einbüßen, nur weil es nicht mehr in der EU ansässig ist. Die Frage, wie die MHRA mit zentralen Genehmigungen einer EMA, die ihren Sitz dann nicht mehr in London, sondern in Amsterdam haben wird, umgehen wird, kann hier noch nicht beantwortet werden. Allein aus Ressourcenausstattungssicht liegt es aber nahe zu vermuten, dass eine Anerkennung der zentralen Genehmigungen für das UK erfolgen wird. Falls nicht, wäre der Prozess für ATMP-Importe aus nicht EWR-Ländern, sog. Drittstaaten, zumindest schon bekannt und in englischer Sprache auf den Seiten der MHRA nachzuvollziehen [22]. Eine Einfuhr nach Brexit wird aufgrund veränderter Zollbestimmungen womöglich aufwendiger und länger dauern, was für bestimmte ATMPs, bspw. solchen mit knapper Haltbarkeitszeit von wenigen Tagen, kritischer zu bewerten ist.

7.5 Market Access von ATMP

Die mit der zentralen Genehmigung erlangte Verkehrsfähigkeit der ATMPs für die EU erweitert den Markt, ist jedoch noch kein Garant dafür, dass über eine solche Zulassung adressierbare Potenzial tatsächlich auch zu heben. Hier bedarf es vieler weiterer Vorarbeiten im Unternehmen und in den Märkten, die in den Ausführungen zu einem frühen Marktzugang teilweise bereits benannt worden sind.

Im Sinne eines Pricing, Reimbursement und Market Access sind mögliche Anforderungen nicht ganz trennscharf zu anderen Funktionsbereichen, unter anderen die Wahl der Zielmärkte, die Vorbereitung der medizinischen Technologiebewertungen in den Zielmärkten, die Sequenz, in der die Zielmärkte bearbeitet werden, das Finden und das Partnering mit auf die Zielmärkte spezialisierte Agenturen und der Aufbau eines qualifizierten Personalstocks bzw. nationaler Market Access Manager, die als Vorhut einer späteren durch das Marketing/den Vertrieb zu entsendenden Sales Force die Märkte bzw. eine Erstattung vorbereiten.

7.5.1 Health Technology Assessment

Um neben der über die zentrale EMA-Genehmigung erlangten Verkehrsfähigkeit eine Erstattungsfähigkeit der ATMPs und damit in vielen Fällen eine Diffusion in die Routineversorgung über den Heimatmarkt hinaus in den verschiedenen europäischen Mitgliedstaaten zu erlangen, müssen ähnlich einem Zulassungsverfahren, Erstattungsdossiers bei den zuständigen nationalen Stellen eingereicht werden. Das Kapitel von Zöllner und Schareck (vgl. Kap. 2) geht explizit auf die Grundlagen der Health Technology Assessment (HTA) ein. Im Folgenden werden einige aus Sicht des Autors wichtige Aspekte hervorgehoben. Grundlage einer Erstattungsentscheidung der Zahler (payer) ist eine medizinische Technologiebewertung, ein sogenanntes HTA. Die EU-Kommission, die als politisch unabhängige Exekutive die Beschlüsse des Europäischen Parlaments und des Rates der EU umsetzt und allein zuständig für die Erarbeitung von Vorschlägen für neue europäische Rechtsvorschriften ist, definiert HTA wie folgt:

▶ **Definition** „The term ‚health technology' is to be understood in a broad sense comprising medicinal products, a medical device or medical and surgical procedures as well as measures for disease prevention, diagnosis or treatment used in healthcare."

„Health technology assessment (HTA) is a multidisciplinary process that summarizes information about the medical, social, economic and ethical issues related to the use of a health technology in a systematic, transparent, unbiased and robust manner. Its aim is to inform the formulation of a safe and effective health policies that are patient focused and seek to achieve best value."

„HTA can cover different aspects (domains) ranging from clinical domains (e.g. safety, clinical effectiveness) to non-clinical domains (e.g. economic, ethical, organizational)."

„HTA is thus an evidence-based process that independently and objectively assesses a new or existing technology and compares it with other health technologies and/or the current standard of care."

„HTA is primarily used to inform decision-making in Member States by providing a scientific evidence base for decisions on the pricing and reimbursement of health technologies" [9].

7.5.1.1 Europäische HTA-Projekte

Anders als im Zulassungsverfahren ist für die Erstattung (noch) kein vergleichbares zentralisiertes Verfahren verfügbar. Es existieren jedoch auch auf HTA-Ebene Möglichkeiten, Fragestellungen im europäischen Kontext einer konzertierten Einordnung oder nicht zwingend auch bindenden Beurteilung zuzuführen. Die Entstehung solcher EU-HTA-Projekte reicht bis in die 1970er-Jahre zurück und entwickelte sich über eine erste Konzeptualisierung der Bewertung gesundheitlicher Technologien, über die Entstehung nationaler HTA-Programme und internationaler HTA-Vernetzungen hin zu einer methodischen Weiterentwicklung und Standardisierung. Im Ergebnis lehnt sich die Erstellung von HTAs immer stärker an die Methodik systematischer Übersichten an, die über eine transnationale Verwendbarkeit einen großen Nutzengewinn gerade auch für Unternehmen schaffen, deren Produkte dieser systematischen Untersuchung unterzogen werden [29].

Über das EUnetHTA, das European Network for Health Technology Assessment, in dem mittlerweile 78 Organisationen aus 29 Ländern kooperieren, wird die HTA-Entwicklung systematisch stufenweise in sogenannten Joint Actions fortgeführt. Über HTA Core Model kann, wo möglich, redundante Arbeit vermieden und ein Zeitgewinn auch für Unternehmen erzielt werden, unter gleichzeitiger Berücksichtigung nationaler Besonderheiten des jeweiligen Gesundheitsmarkts [29]. Die Lizenz für eine kostenlose Nutzung von HTA Core Model erstreckt sich auch auf kommerzielle Zwecke. Bedingung ist, dass man sich auf der Webseite des HTA Core Model [4] registriert und die jeweils aktuelle Version nutzt, die für verschiedene Zwecke „vorkonfiguriert" ist. Hier kann zwischen Diagnostika, medizinischen und chirurgischen Interventionen, Arzneimitteln und Screening-Technologien gewählt werden, die alle neun Domains eines HTA beinhalten. Auch für ein beschleunigtes HTA (Rapid Relative Effectiveness Assessments, Rapid HTA) mit einer engeren Analyse der Technologiebewertung wird hier eine Vorlage angeboten. Die eingepflegten Inhalte bleiben gemäß Lizenz im Eigentum des Nutzers. Der Mehrwert für Unternehmen liegt an erster Stelle in der Dokumentation zum HTA Core Model. Hier erhält man Hinweise, welche Art von HTA-Informationen, sogenannte „assessment elements", die noch detaillierter auf sogenannten „element cards" dargestellt werden, einer core HTA-Information zuzurechnen ist, also für viele HTA-Institutionen von Relevanz sein werden [3]. Weiter lassen sich so auch Informationen identifizieren, die eher regional/national aufgrund unterschiedlicher Voraussetzungen von Relevanz sein werden und damit für jedes Land gesondert herauszuarbeiten sind. Vorzugsweise konzentriert man sich also im Core HTA Model über „element cards", die eine Übertragbarkeit der Fragestellung und Beantwortung enthaltener „assessment elements" auf eine generelle HTA-Sicht für die eigene

Technologie zulassen und für sie von Relevanz sind. So erhält man eine gute Grundlage für ein (Core) Value Dossier, das man dann um landesspezifische Parameter des jeweiligen Ziellands ergänzt. In Konsequenz hat man die grundlegenden Fragestellungen identifiziert, global übertragbar beantwortet und vermeidet so Redundanzen.

Positives Beispiel für eine solche Reduktion von Redundanzen und europäischer HTA-Standardisierung bilden die im Rahmen des Joint Action 2 (2012–2015) durchgeführten Rapid Assessments in europäischer Zusammenarbeit von 6–9 HTA-Instituten, deren Gesamtdauer zwischen 7 und 9 Monate betrug. Im Anschluss gaben 28 HTA-Institute an, die Assessments im eigenen Kontext verwenden zu wollen. Insofern verharren solche europäischen Projekte nicht in einem theoretischen Stadium, sondern es wird von vielen teilnehmenden HTA-Instituten auch die Bereitschaft geäußert, die Ergebnisse der europäischen Projektarbeit tatsächlich einer Anwendung in den Mitgliedstaaten zuzuführen. Einschränkend muss noch angeführt werden, dass sich als Barrieren für eine europäische HTA-Zusammenarbeit die Relevanz der Themen für einzelne HTA-Institute sowie der Zeitpunkt eines gemeinsamen Assessments herausstellten und die Implementierung gemeinsam entwickelter Methoden in die Prozesse nationaler HTA-Institute durch rechtliche Rahmenbedingungen erschwert wird [24].

Das in 2016 gestartete und bis 2020 laufende Joint Action 3 des EUnetHTA, ausgestattet mit einem Budget von mehr als 20 Mio. €, konzentriert die Zusammenarbeit auf die Entwicklung einheitlicher Bewertungsmethoden, auf die Etablierung eines gemeinsamen klinischen Bewertungsverfahrens und vollständigen HTA-Berichts und auf die Entwicklung und den Betrieb eines gemeinsamen Informations- und Kommunikationstools, das den Austausch von Informationen zwischen den Mitgliedstaaten ermöglicht bzw. effektiver macht.

Am 31. Januar 2018 hat die EU-Kommission einen Verordnungsentwurf für eine einheitliche europäische klinische Nutzenbewertung vorgestellt („Proposal for a regulation of the European Parliament and of the Council on health technology assessment and amending Directive 2011/24/EU") [9]. Damit liegt ein zentraler Baustein der Joint Action 3 des EUnetHTA in Entwurfsform vor. Der Vorschlag erstreckt sich sowohl auf im europäischen Verfahren zentral genehmigte Arzneimittel – also auch auf ATMPs, Indikationserweiterungen für existierende Zulassungen als auch auf Medizinprodukte der Risikoklassen IIb und III sowie auf In-vitro-Diagnostika. Begriffsdefinitionen, z. B. „Arzneimittel" und „Medizinprodukt", werden konsistent zu den Direktiven 2001/83/EC und 2011/24/EU sowie zur Verordnung (EU) No 2017/745 verwendet. Limitiert wird über strenge Auswahlkriterien. Der Fokus liegt auf den „innovativsten Technologien" mit der EU-weit größten öffentlichen Bedeutung. Die EU-Nutzenbewertung ist nach dem Vorschlag der Europäischen Kommission nur für die klinischen Aspekte verbindlich. Wirtschaftliche, soziale oder ethische Effekte sollen in die europäische Bewertung nicht einfließen, sondern in der Kompetenz der Mitgliedstaaten angesiedelt bleiben.

Sofern die Regelung in Kraft tritt, wäre die europäische Nutzenbewertung der klinischen Effekte nach einem Übergangszeitraum von drei Jahren für alle Mitgliedstaaten verpflichtend – weitere drei Jahre sind vorgesehen, damit sich die Mitgliedstaaten mit dem Prozess vertraut machen können („transitional period", Article 33). Der Zeitpunkt des Vorliegens der Bewertungsergebnisse der europäischen Nutzenbewertung soll zumindest für zentral genehmigte Arzneimittel so koordiniert werden, dass die Ergebnisse nahezu zeitgleich mit der Entscheidung der Kommission zur zentralen Zulassung ergehen, also zum Launch für die (weitere) Verwendung bei nationalen HTA-Behörden vorliegen. Dies wäre aus ATMP-Unternehmenssicht ein großer Schritt in Richtung Abbau von Redundanzen und könnte die *Time-to-market* für die ATMPs verkürzen. Für Medizinprodukte sei eine Koordination nicht zu erwarten, da für diese der Weg in die Märkte dezentral über Konformitätsbewertungen führe und eine Abstimmung der Zeiten hier nicht immer möglich sei. Organisiert würde die gemeinsame Nutzenbewertung durch die „Member State Coordination Group on Health Technology Assessment", in die die Mitgliedstaaten eine oder mehrere Vertreter einer oder mehrerer nationaler HTA-Behörden oder Körperschaften entsenden. Unabhängig von der Zahl der Repräsentanten hat jedes Mitgliedsland nur eine Stimme. Am Ende einer solchen gemeinschaftlichen Nutzenbewertung stünde ein sogenannter „joint clinical assessment report" und der „summary report", der unter Nennung der bewerteten Technologie in der Liste der bewerteten Gesundheitstechnologien („List of Assessed Health Technologies") über die noch zu schaffende IT-Plattform veröffentlicht würde. Es wäre für die Mitgliedstaaten verbindlich, die in dieser Liste geführten Technologien, nicht einem erneuten klinischen Bewertungsverfahren zu unterziehen und die Ergebnisse des „assessment reports" in den Mitgliedstaaten zu berücksichtigen. Zudem müssen sie die Kommission über das Ergebnis der Bewertung der restlichen, nichtklinischen Domänen auf Mitgliedstaatenebene, das Technologien betrifft, die zuvor im gemeinschaftlichen Nutenbewertungsverfahren bewertet wurden, informieren. Interessant ist hier die Pflicht der Mitgliedstaaten, gegenüber der Kommission Rechenschaft darüber abzulegen, wie die Ergebnisse des „joint clinical assessement report" in das Gesamt-Bewertungsverfahren eingeflossen sind. Mitgliedstaaten, die Gebrauch von der „transitional period" machen, dürfen während dieser Zeit weder als Assessoren nominiert werden noch die Bewertungsreports kommentieren oder am „annual work programme" mitarbeiten – auch richtet sich die Zahl der Bewertungsverfahren in der Übergangszeit nach der Zahl der bereits teilnehmenden Mitgliedstaaten. Der Gemeinsame Bundesausschuss und der Spitzenverband der Krankenversicherungen äußerten gleich nach Veröffentlichung des Vorschlags zur europäischen Nutzenbewertung ihre Sorgen. Eine europäische Nutzenbewertung „würde den sehr heterogenen nationalen Gesundheitssystemen nicht gerecht" und weiche von der „bewährten Bewertungspraxis im Rahmen des AMNOG-Verfahrens" ab [32, 34, 35].

Wenn es bei dieser Haltung bliebe, könnten die ersten europäischen Nutzenbewertungen ohne deutsche Beteiligung stattfinden. Auch würden die „Joint Scientific Consultations", die auch die Möglichkeit eines gemeinsamen Beratungsgesprächs mit der EMA vorsehen, ohne deutsche Einflussnahme abgehalten. Deutschland dürfte in dieser Zeit aber zu solchen Themen, die in einer „Joint Scientific Consultation" besprochen würden, keine Parallelberatungen auf nationaler Ebene anbieten (Article 14, 3.). Die Selektionskriterien stellen eine Hürde für Unternehmen dar, da die Assessment Slots stark begrenzt sein werden und nicht jeder Anbieter, der vom Nutzen seiner Technologie überzeugt ist, zum Zuge kommen wird.

Trotz dieser gegebenenfalls anfänglichen Einschränkungen ist der Vorschlag einer europäischen Nutzenbewertung ein großer Schritt in Richtung Vermeidung von Redundanzen und schnellerem Zugang von Patienten zu Technologien. Der Vorschlag überkommt die oben genannten Limitationen aus den Rapid Assessments und wirkt realisierbar, weil er den Mitgliedstaaten nötige Freiheiten in der Bewertung national/regional sensibler Effekte lässt und eine Preisfindung weiter in deren Kompetenz ansiedelt. Gleichzeitig wird Übertragbares gebündelt und ein europäisches Horizon Scanning eingeführt, dass potenziell relevante Innovationen frühzeitig identifiziert und über eine zentrale europäische Nutzenbewertung (in den klinischen Effekten) deren Stellenwert allein schon durch deren Auswahl anhand der „selection criteria" unterstreicht. Hiervon könnten auch deutsche Innovationen profitieren, da in Deutschland noch kein systematisches Frühwarnsystem (Horizon Scanning) existiert, sondern lediglich über den GKV-Spitzenverband positive Begutachtungsfälle, d. h. Einzelfallbegutachtungen zu neuen Methoden und einer Analyse der jedes Jahr neu für das DRG-System der Krankenhausvergütung neu beantragten Leistungen praktiziert wird [29]. Mit Veröffentlichung des EU-HTA-Berichts in der Assessment-Liste könnte ein Market Access in Nicht-EU-Ländern unterstützt werden. Ein Verweis auf „EU-HTA-approved" im Ausland würde aus Auslandsperspektive ein größeres Gewicht als nationale Entscheidungen einzelner EU-Mitgliedsländer eingeräumt werden.

Bis zu einer harmonisierten europäischen Nutzenbewertung braucht es, wie dargestellt, noch etwas Zeit sowie Einsicht bei nationalen Kompetenzträgern. Auch ist ungewiss, ob Klagen einzelner Mitgliedstaaten mit Verweis auf das Subsidiaritätsprinzip Erfolg haben werden und damit eine europäische Perspektive wieder nationalen Partikularinteressen weichen müsste. Der Weg in eine EU-Perspektive wurde über den Entwurf der Kommission passgenau skizziert. Nach dem Entwurf unterlägen Erstattungsentscheidungen auch nach Implementation nationaler/regionaler Verantwortung. Unternehmen würde ein EU-weiter HTA in der vorgeschlagenen klinischen Dimension einen großen Nutzen bieten. Die nationalen/regionalen HTA Behörden legten weiter ihre jeweiligen Grundsätze, Rechtsmaßstäbe und Spezifika an, die ihnen der Aufbau ihrer Gesundheitssysteme vorgibt. Mehr Europa war und wäre unter den jetzigen Rahmenbedingungen schwierig, weniger würde einem modernen Europa aber nicht mehr gerecht.

Ein möglicher Rahmen, um mit mehreren HTA-Behörden deren mögliche Sicht auf die eigene Technologie in nationalen Bewertungsverfahren zu erfahren, bilden sogenannte EUnetHTA Multi HTA Early Dialogues, im Falle einer zusätzlichen Einbindung der Zulassungsbehörde EMA sogenannte Parallel Consultation. Bei Multi HTA Early Dialogues erfolgt eine Bewerbung um einen solchen Dialog an die EUnetHTA, bei Parallel Consultation simultan an EMA und EUnetHTA. Im letzteren Fall prüfen EMA und EUnetHTA die Eignung des Themas und EUnetHTA nimmt eine Priorisierung vor. Bei geringer Priorität für die Health Technology Assessment Bodies (HTABs) kommt es zu einer sogenannten Individual Parallel Consultation, an der die EMA und auf freiwilliger Basis HTABs teilnehmen. Hier können lediglich Wünsche des Einreichenden geäußert werden, eine Teilnahme aller „Wunsch-HTABs" kann im Rahmen einer Individual Parallel Consultation nicht sichergestellt werden. Führt die Priorisierung hingegen zur Einschätzung der

EUnetHTA, dass das vorgeschlagene Beratungsthema für die HTABs von hoher Relevanz ist, kommt es zu einer sogenannten „Consolidated Parallel Consultation". Im Rahmen dieses Formats und auch im Rahmen eines Multi HTA Early Dialogue sitzt in jedem Fall die Early Dialogues Working Party mit am Tisch. Eine Priorisierung in eine Consolidated Parallel Consultation erfolgt anhand dreier Kriterien, die alle drei erfüllt sein müssen. Erstens muss es sich um eine neue Wirkungsweise für die angestrebte Indikation handeln. Zweitens muss die Technologie darauf abzielen, eine lebensbedrohliche oder zu chronischen Schädigungen führende Krankheit zu behandeln. Und drittens muss die Technologie einen „unmet (medical) need" adressieren, d. h., dass für dieses Krankheitsbild noch keine oder keine zufriedenstellende Therapieform verfügbar ist. Außerdem sollte eine möglichst große Bandbreite an Indikationen bedient werden. Insgesamt werden an eine Consolidated Parallel Consultation also sehr hohe Maßstäbe angelegt. Die Kosten für einen konsolidierten Dialog werden teilweise aus der Nutzung des EUnetHTA Budgets finanziert, während beim individuellen Ansatz Gebühren erhoben werden, die sich daran bemessen, welche HTABs am Dialog teilnehmen. Ansätze, wie z. B. flat rate oder individuelles Bepreisen aber auch ein genereller Übergang zu einem „Fee-for-service-Modell" sind in Planung.

Beide Early-Dialogue(ED)-Typen sind für keine der involvierten Parteien rechtlich bindend und nicht für jede (Entwicklungsstufe einer) Technologie geeignet. In der Aufforderung an den Early Dialogues teilzunehmen, wird von EUnetHTA darauf verwiesen, dass sich der Aufruf seinerzeit lediglich an Hersteller von Arzneimittel richte aber, dass ein Aufruf für Medizinprodukteanbieter in Kürze folgen werde. Auf den Webseiten der EUnetHTA konnte Stand Februar 2018 noch kein Aufruf an Medizinprodukehersteller im Rahmen der Joint Action 3 gefunden werden. Als Auswahlkriterium für Multi HTA wird insbesondere benannt, dass es sich um prospektive Beratungsgespräche handle, ein Early Dialogue also vor Beginn einer pivotalen Studie, idealerweise also vor der Phase III nachgefragt werden muss. Dies hat den Hintergrund, dass man in der Beratung gewonnene Erkenntnisse noch ins Studiendesign einfließen lassen können sollte. Für diese Early Dialogues wurde aufgrund der gewonnen Erfahrungen aus den Joint Action 2 ein sogenanntes „Standing Committee (SC) for EDs" eingerichtet, dass sich aus den substanziell erfahrensten ED-HTA-Partnern zusammensetzt. Dieses auch „Early Dialogues Working Party" (HTA-EDWP) genannte Gremium wird mit vollem Sitz von HAS (Frankreich), G-BA (Deutschland), NICE (UK), AIFA (Italien) und NIPN (Ungarn), mit geteiltem Sitz von RIZIV-INAMI (Belgien) und ZIN (Niederlande) besetzt, wobei für Italien alternierend AIFA oder RER teilnehmen. Das EUnetHTA-Sekretariat, angesiedelt bei der HAS, koordiniert die Teilnahme der jeweiligen HTABs sowohl für die Multi HTA ED (ohne EMA) als auch für Parallel Consultations (mit EMA). Für jeden ED wird dann zusätzlich ein „ED committee" von den teilnehmenden HTA-Behörden auf Basis ihrer Verfügbarkeit und ihrer Expertise gebildet. Der Antrag läuft über einen sogenannten Letter of Intent, gefolgt von dem Einreichen eines sogenannten Briefing Books. Anhand des Letter of Intent entscheidet das SC darüber, ob die vorgeschlagene Technologie für einen Early Dialogue geeignet ist. Über das nach Feststellung der Eignung vom Antragsteller anhand eines Templates vorzubereitende und einzureichende Briefing Book, wird der klinische Hintergrund, eine Technologiebeschreibung, die Zielpopulation,

Therapiealternativen, bereits existierende Daten zur Wirksamkeit und Sicherheit, Details zur geplanten Phase-III-Studie und zur ökonomischen Analyse beschrieben. Den entscheidenden abschließenden Teil des Briefing Books bilden die Fragen des Einreichenden an die HTA-Behörden, die bereits vom Antragssteller aus dessen Sicht zu beantworten sind! Als Antragssteller sollte man demnach nicht unvorbereitet in einen Dialog mit den HTA-Behörden treten, sondern bereits eine Vorstellung von dem haben, was man bezweckt oder überspitzt formuliert, man sollte die Fragen und eigenen Antworten so formulieren, dass man am Ende eines ED nicht mit dem, was man gerade nicht möchte, den Veranstaltungsort in Saint-Denis oder Berlin verlässt. Die fehlende rechtliche Bindung an die mit dem Antragssteller geteilten Positionen der EMA und der HTABs, bedeutet umgekehrt nicht, dass der Antragsteller die Positionen bei späteren Zulassungsverfahren/nationalen Bewertungsverfahren unkommentiert außer Acht lassen sollte. Der Antragssteller muss in diesen zeitlich später gelagerten Verfahren jede Abweichung von den im Rahmen eines Early Dialogues/ einer Parallel Consultation empfangenen Empfehlungen vollständig begründen. Beim konsolidierten Prozess erhält der Antragssteller zwischen den teilnehmenden HTABs abgestimmte Positionen, während die HTABs im Rahmen des anderen Formats mehr oder weniger nebeneinanderstehende Positionen abgeben. Im Hinblick auf ATMPs und hier auf die Tissue-Engineering-Verfahren sind die Auswahlkriterien eines konsolidierten Ansatzes nicht zu erfüllen. Auch der Anforderung einer prospektiven Beratung kann in Fällen nicht mehr entsprochen werden, da die Phase-III-Studien für diese Präparate bereits laufen oder abgeschlossen sind. ATMP-Anbieter in frühen Stadien der Produktentwicklung können von diesen Formaten jedoch profitieren. Die komplexen Produkte können zeit- und ressourcensparend mit einer Vielzahl von HTABs in kritischen Punkten beleuchtet werden und enden idealerweise in einem abgestimmten Ergebnis, dass viele Wege in nationale HTABs spart.

Einen groben zeitlichen und inhaltlichen Ablauf eines Early Dialogues veranschaulicht Abb. 7.1. Die Zahl der ED ist auf ca. 15 Fälle für die ersten zwei Jahre (Aufruf erfolgte im März 2017) limitiert und es wurden Stand August 2017 bereits sechs bis acht Parallel Consultation Slots bzw. zwei Multi HTA Slots vergeben. Sie werden an dieser Stelle daher nicht weiter vertieft [5, 6, 16].

► Suchen Sie frühzeitig den Dialog mit den national zuständigen Behörden und der EMA. Nutzen Sie die Möglichkeiten eines formellen oder informellen „scientific advice" und stimmen insbesondere Endpunkte und Vergleichstherapie(n) ab. Binden Sie externen Sachverstand ein und schließen sich unternehmensintern zu funktionsübergreifenden Teams mit Projektmanagement zusammen, um im Zulassungsstudiendesign auch Parameter einzubringen, die einer späteren HTA-Perspektive genügen! In Stadien der Produktentwicklung, die idealerweise vor einer Finalisierung eines Phase-IIb-oder Phase-III-Protokolls liegen, sollten Sie im Rahmen des EUnetHTA in einen frühen Dialog mit HTABs (Multi HTA Early Dialogue/Parallel Consultation) treten und Ihr erarbeitetes Studiendesign mit mehreren HTABs gleichzeitig moderiert abstimmen. In der Konsequenz sollten Sie sich darauf einstellen, mögliche Änderungswünsche der Payer in das Studienprotokoll einzuarbeiten, um einen Nutzen über eine bloße Bewertung Ihrer Vorbereitungen hinaus zu erzielen.

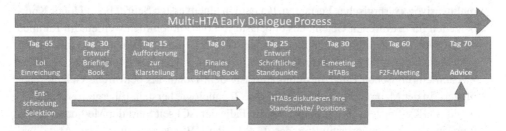

Abb. 7.1 Ablauf eines Early Dialogues. (Quelle: eigene Darstellung – in Anlehnung an [5] Procedure Description for Pharmaceuticals)

7.5.1.2 Nationale Health Technology Assessments

Bis eine europäische Nutzenbewertung verfügbar ist, die stringenten Einschlusskriterien im Zeitablauf aufgrund steigender Akzeptanz der Mitgliedstaaten eventuell weicher werden und gegebenenfalls durch Allokation weiterer finanzieller Mittel weitere Slots zur Verfügung stehen, muss sich der größte Teil der Technologien einer auf nationaler oder regionaler Ebene angesiedelten HTA-Bewertung stellen oder stellen wollen, um einen (Zusatz-)Nutzen nachzuweisen und damit eine Erstattung in staatlich finanzierten Gesundheitssystemen zu erzielen, die sich auch am Zusatznutzen orientiert, den diese Technologie zu stiften in der Lage sind. Dies impliziert schon, dass verschiedene Zugänge zu einem HTA existieren und dass hier davon ausgegangen wird, dass ein Unternehmen den Weg in ein Bewertungsverfahren eher sucht denn meidet, um den Mehrwert seiner Technologie zu belegen und einen höheren Preis dafür zu realisieren. Welcher Zugang relevant ist oder ob ein Zugang überhaupt aus eigenem, unternehmerischen Handeln heraus realisiert werden kann, hängt oftmals zunächst von der Technologie ab. Für Arzneimittel gestaltet sich der Zugang zu einem HTA regelmäßig anders als dies für ein Medizinprodukt der Fall wäre – beiden gemeinsam ist jedoch, dass der Weg in eine Erstattung bereits etablierten Pfaden folgt. Für ATMPs ist dieser Pfad hingegen nicht immer eindeutig zu bestimmen, bzw. folgt erstattungsseitig einem anderen Strang als zulassungsseitig. Die Tissue-Engineering-Verfahren wurden oben schon aus regulatorischer Sicht beschrieben. Über einen zentralen europäischen Genehmigungsprozess inklusive Phase-III-Studien oder über Ausnahmetatbestände erlangen ATMPs Verkehrsfähigkeit. Der Weg in eine Erstattung folgt für ATMPs regelmäßig dem gleichen Pfad, wie für „klassische" Pharmaka. Hiervon abweichend gibt es aber Ausnahmen, wie das folgende Praxisbeispiel der autologen Chondrocytentransplantation (synonym auch: -implantation) in Deutschland zeigt.

Beispiel

Erstattungsseitig sind ATMP, im Falle der matrixassoziierten autologen Chondrocytentransplantationen (ACI-M) in Deutschland, eindeutig den Methoden zugeordnet und werden folglich vom Gemeinsamen Bundesausschuss in der Methodenbewertung verortet. Der G-BA hat in zwei Beschlüssen deutlich gemacht, dass dies auch nach erfolgter zentraler Genehmigung durch die EMA Bestand hat [14, 15]. Die ACI-M, also die trägergekoppelte körpereigene Knorpelzelltherapie, ist ein personalisiertes, zweizeitiges, minimalinvasives, chirurgisches Verfahren, bei dem in einem ersten Schritt beim Donor Knorpelzellen im betroffenen Gelenk aus unbelasteter Zone entnommen werden. Im Rahmen einer GMP-zertifizierten Herstellung werden diese patientenindividuellen Knorpelzellen vermehrt, biotechnologisch bearbeitet und in einem Träger aus Biomaterial in einem zweiten chirurgischen Eingriff, minimalinvasiv dem Donor ins betroffene Gelenk reappliziert. In der Methodenbewertung wird eine Technologie herstellerübergreifend auf Antrag des GKV-Spitzenverbands bewertet. Im Falle der ACI seit Start der Methodenbewertung in der Vorgängerinstitution des G-BA, dem Bundesausschuss der Ärzte und Krankenkassen, im Jahr 2000 noch in den periost- und später kollagengedeckten Vorgängergenerationen der ACI, wurde die Beschlussfassung mehrere Male ausgesetzt, d. h. verschoben, um Ergebnisse aus laufenden randomisierten klinischen Prüfungen (RCTs) mit in eine (abschließende) Beschlussfassung einfließen zu lassen. Die aktuelle Aussetzung der Beschlussfassung wurde bis 31.12.2019 befristet. Der G-BA-Beschluss zur ACI-M sieht explizit eine Leistungserbringung zulasten der gesetzlichen Krankenversicherung im stationären Sektor vor. Eine vertragsärztliche (ambulante) Leistungserbringung ist über die G-BA-Richtlinie *Methoden vertragsärztliche Versorgung* ausgeschlossen. Die Methode ACI-M darf also zulasten der GKV lediglich im stationären (Krankenhaus-)Sektor unter Maßgabe der zugehörigen Qualitätsrichtlinie des G-BA erbracht werden. Stationär wird die ACI-M über zwei G-DRG-Fallpauschalen und ein bewertetes Zusatzentgelt (ZE) 126 abgebildet. Das ZE 126 erlöst in 2018 ca. 3.750 €, die in den beiden DRGs enthaltenen Sachkostenanteile summieren sich auf circa 464 EUR. Über Verweildauererersparnisse der tatsächlichen zur mittleren Verweildauer der DRGs, d. h. eine Differenzierung der InEK-Kostenmatrizen der beiden DRGs nach tagesabhängigen und tagesunabhängigen Kosten, lassen sich weitere „Reserven" für eine Refinanzierung der Sachkosten identifizieren. Die ermittelten „Reserven" werden für Preisverhandlungen in den leistungserbringenden Krankenhäusern herangezogen. Die Kostenmatrizen können Sie über den InEK-Report-Browser auf den InEK-Webseiten beziehen (vgl. hier auch die Hinweise im Beitrag von Makowski Abschn. 5.3.5.1). In Summe, also die Erlöse aus ZE126 plus die Summen der in den DRGs enthaltenen Sachkosten, ergibt sich ein Erstattungsbetrag von circa 4.214 €. Die Preissetzung im stationären Sektor ist zwar frei, jedoch bildet die Vergütung aus G-DRG den Rahmen für den realisierbaren Preis. Die Höhe der Relativgewichte, ein Faktor bei der Ermittlung des DRG-Erlöses, ändert sich jedes Jahr. Teilweise ändert sich auch die Zuordnung zu einer DRG und die Prozedur, abgebildet über den Operationen und Prozedurenschlüssel (OPS), wird im Folgejahr in eine andere DRG gruppiert. Das Zusatzentgelt wird jedes Jahr neu kalkuliert, basiert aber auf zwei Jahre zurückliegenden Kostendaten, ist also niemals aktuell. Einem europäischen Vergleich hält der Erstattungsbetrag in Deutschland für diese Methoden nicht stand. Beispielsweise sind für eine ACT in UK zwischen 10.000 und 15.000 £ vorgesehen [25, 28]. Rechnet man hier noch vertraulich gehaltene Rabatte ab, dürften die Preise immer noch deutlich über dem Niveau in Deutschland liegen. Hier muss aber weiter differenziert werden. Die Erstattung in UK in der hier angegebenen Höhe basiert auf sogenannten Technology Appraisals (TA) des NICE, einem MTA

(Multiple TA), und einem STA (Single TA). Im MTA wurden, ähnlich der Methodenbewertung des G-BA mehrere ACI-Produkte einem HTA unterzogen. In der Methodik unterscheiden sich die HTAs allerdings grundlegend. Während beim NICE über inkrementelle Kosten-Effektivitäts-Relationen auch Preisszenarien mit betrachtet werden, erfolgt in der Methodenbewertung keine Preisbewertung. Eine Einbeziehung des Preises erfolgt erst nachgelagert, d. h. nach Abschluss der momentan in der Beschlussfassung ausgesetzten Methodenbewertung, z. B. über den Bewertungsausschuss. Die Erstattungsfähigkeit der ACI-M in Deutschland basiert also auf der ausgesetzten Methodenbewertung (HTA) des G-BA, nicht jedoch der Preis, der jährlich neu über die Daten der Kalkulationskrankenhäuser in Deutschland mit der oben genannten Verzögerung von circa 2 Jahren ermittelt wird. Der Preis für die ACT ist demnach noch nicht nutzengekoppelt, sondern basiert auf historischen initialen Preissetzungen der Hersteller. Diese Preisanker lassen sich über das G-DRG-System nur sehr langsam über tatsächlich in den an der Kalkulation teilnehmenden Krankenhäusern platzierte Absatzpreise für die Technologie und tatsächliche Anwendung und Abrechnung dieser Technologie in diesen Krankenhäusern verändern. Die Preise unterliegen allerdings einem zeitlichen Bias, denn sie wurden zu einer Zeit etabliert, als die zusätzlichen Kosten für ein zentrales Zulassungsverfahren der EMA und die Phase-III-Studien noch gar nicht absehbar bzw. kalkulierbar waren – eine Herstellungserlaubnis genügte seinerzeit, die Produkte in den Verkehr zu bringen. Mithin fanden diese Unbekannten in der initialen Preissetzung überhaupt keine Berücksichtigung. Die heute am Markt bestehenden Preise sind also per se unterbewertet und bedürfen einer Anpassung an aktuelle Kostensituationen der Hersteller. Darüber hinaus ist nicht sicherzustellen, dass ACI-Wettbewerber marginale Preissteigerungen über Preissenkungen für eigene Präparate konterkarieren, um eine höhere Marktdurchdringung für ihre Produkte zu erzielen. Alle Wettbewerbspreise würden über Kalkulationskrankenhäuser in die Kalkulation des InEK einbezogen und sich im Szenario Preiserhöhung des einen und Preissenkung des anderen nahezu nivellieren. Im Ergebnis kann der Erstattungsbetrag (=Zusatzentgelt + Anteile aus G-DRG) sogar sinken. Man sollte hier für einen länderübergreifenden Preisvergleich die Ergebnisse des Bewertungsausschusses abwarten. Das Ergebnis des Bewertungsausschusses sollte dann aber auch zu einer Annäherung der Preise für die ACT an die Preise im europäischen Ausland führen. Im Vergleich der beiden hoch entwickelten Gesundheitsmärkte Deutschland und UK, wäre der Bestand einer Preisdifferenz, wie Sie aktuell zu beobachten ist, nicht nachvollziehbar, auch vor dem Hintergrund der vergleichbaren Indikationsempfehlungen.

Der in Deutschland für die Leistungserbringung im stationären Sektor geltende Verbotsvorbehalt ist in vielen Fällen ein Innovationsförderer, wie dies auch die ACI unterstreicht. Wahrscheinlich wurden in keinem anderen Land mehr ACT-Fälle erbracht als in Deutschland. Weil eine frühe, wenn auch nur teilweise refinanzierende Kostenerstattung eine frühe Anwendung parallel zur Evidenzgenerierung ermöglichte, konnte unter der Maßgabe von parallel geltenden G-BA-Qualitätsrichtlinien ein hoher Standard in der Versorgung und eine hohe Kompetenz bei den Leistungserbringern aufgebaut werden. Diese initiale Vorreiterrolle gilt es auch nach Abschluss eines Bewertungsverfahrens über eine dann leistungsgerecht zu gestaltende Remuneration, d. h. ein Einpreisen der für die Entwicklung, den Zulassungsprozess und das sehr hohe Qualitätsregime aufzuwendenden Mittel in den Preis für die Therapie, aufrechtzuerhalten. Ein dauerhaft sich deutlich unterscheidendes Preisniveau könnte Anreiz für eine Opportunitätskostenbetrachtung der Unternehmen und daraus resultierendem Wechsel des primären Absatzlandes geben, da die Unternehmen ihre Produktionskapazitäten auslasten und über einen angemessen hohen Preis pro Einheit refinanzieren müssen. Eine große Preisdiskrepanz könnte Hersteller mit zentraler Genehmigung der EMA dazu veranlassen, ihre Kapazitäten priorisiert für eine Nachfrage aus einem höherpreisigen Auslandsmarkt zu reservieren und sich in der Konsequenz vom deutschen Markt zurückzuziehen.

Es bleibt abzuwarten, ob der G-BA einzelne ATMP einer frühen Nutzenbewertung zuführen wird. In Bezug auf die ACI-M scheint dies rechtlich problematisch und damit unwahrscheinlich, da der G-BA im Rahmen der ersten zentralen EMA-Genehmigungen für mehrere ACI-M-Produkte bereits Beschlüsse über deren Verbleib in der Methodenbewertung gefasst hat. [14, 15, 32] Über eine geplante Anpassung der Verfahrensordnung hat der G-BA die frühe Nutzenbewertung jedoch für stationär erbrachte Arzneimittel geöffnet. [17] Für Hochpreis-ATMP mit Therapiekosten im sechsstelligen Euro-Bereich ein aus Systemsicht nachvollziehbarer Schritt. Für die ACI-M hingegen, die seit nunmehr fast 20 Jahren in der Methodenbewertung verortet ist, insbesondere vor dem Hintergrund der gefassten G-BA-Beschlüsse zu bereits zentral-genehmigten ATMP keine Option.

Problematisch im Zusammenhang mit der Erstattung der ACI-M in Deutschland ist die sozialmedizinische Beurteilung durch den Medizinischen Dienst der Krankenversicherungen (MDK). Trotz eindeutiger Vorgaben des G-BA, wird aus eigener Erfahrung seitens des MDK regelmäßig in Einzelfallgutachten postuliert, dass eine Erstattung der ACI-M aus verschiedentlichen Gründen nicht empfohlen werden kann. Für ATMPs, die im Rahmen einer Krankenhausbehandlung gem. § 137 c Abs. 3 SGB V erbracht werden, gilt es, drei Ebenen des Prüfumfangs des MDK zu differenzieren. In der methodenbezogenen Ebene wird geprüft, ob eine Methode, die Kriterien des § 137 c Abs. 3 SGB V erfüllt, also den anerkannten Stand der medizinischen Erkenntnisse entspricht (B1 KR 10/17 R vom 24.04.2018). In der zweiten Ebene, einer leistungserbringerbezogenen, wird überprüft, ob das konkrete Krankenhaus die Voraussetzungen erfüllt, um die (neue Untersuchungs- und Behandlungs-)Methode anzuwenden. Die dritte Ebene bildet eine patientenbezogene, verbunden mit der Fragestellung, ob der konkrete Patient die Voraussetzungen für die Anwendung der (NUB-)Methode zulasten der GKV erfüllt. Der MDK hat hinsichtlich der leistungserbringer- und patientenbezogenen Ebene ein vollumfängliches Prüfrecht gem. § 275 SGB V. Für die methodenbezogene Ebene ist der Prüfumfang des MDK hingegen nur eingeschränkt, wenn sich der G-BA schon mit der konkreten Methode befasst hat und G-BA-Beschlüsse (z. B. Erprobung, Medizinprodukte mit hohen Risikoklassen, Methodenbewertung) existieren. Im Falle der ACI-M gibt es G-BA Aussetzungsbeschlüsse. Der G-BA hat sich mit der ACI-M schon ausführlich und konkret auseinandergesetzt. Aus Sicht des Autors bezogen auf die eigene Erfahrung mit unterschiedlichen ACI-M-Präparaten überschreitet der MDK hier regelmäßig seine Prüfungskompetenzen und suggeriert den ihn beauftragenden Kostenträgern über sogenannte sozialmedizinische Stellungnahmen eine (irrig angenommene) fehlende Erstattungsfähigkeit von ACI-M-Produkten, indem er die Methode als solche hinterfragt und seine Prüfung nicht auf Fragestellungen der richtigen Indikation und vom G-BA vorgegebener Qualitätsvoraussetzungen begrenzt. Die Krankenkassen lehnen daraufhin Kostenübernahmen ab, was wiederum Leistungserbringer verunsichert. Krankenhäuser verzichten vorsichtshalber auf Anwendung wiederholt abgelehnter Methoden, um ihre Liquidität nicht zu gefährden. Anbieter dieser ACI-M Produkte, die in den wenigsten Fällen juristisch gegen den MDK vorgehen können, da sie nicht klageberechtigt sind, verlieren diese betroffenen Krankenhäuser bis zu einer endgültigen Klärung des Sachverhalts als Abnehmer ihrer Produkte, können aber eine (juristische) Klärung nicht selbst beeinflussen. Eine Klage bleibt regelmäßig den Leistungserbringern vorbehalten. Ob es allerdings zu Klagen der Krankenhäuser kommt oder ein Versagen der Erstattung folgenlos bleibt, entscheidet nicht selten ein nachvollziehbares politisches Kalkül. Viele Krankenhäuser wägen ab, ob der Aufwand der Klage bzw. ein Festhalten an der betreffenden Therapiealternative das gleiche Gewicht beigemessen werden sollte, wie einer hierdurch möglichen Gefährdung eines in vielen Fällen gewachsenen Verhältnisses zu Kostenträgern, mit denen in den jährlichen Budgetverhandlungen für das Krankenhaus gewichtigere Themen verhandelt werden müssen. In Konsequenz bildet die infrage gestellte Methode häufig Verhandlungsmasse für die Budgetverhandlungen. In Fällen, in denen das Krankenhaus tatsächlich gegen die Ablehnung der Kasse klagt, ist dann meist ausschließlich der Sozialgerichtsweg eröffnet, bei dem ein Urteil selten vor Ablauf von 1,5–2 Jahren zu erwarten ist, wenn zuvor nicht vom Klagegegner (der Kasse) anerkannt wird. Bei Klageanerkenntnis entsteht keine Präzedenzwirkung. Der Fall wird kurz vor Schluss beendet, „ohne" eine Wirkung auf zukünftige oder andere laufende Gerichtsverfahren in dieser Sache zu entfalten. Der MDK ist zudem auch im Falle falscher Auslegungen geschützt, da es sich bei diesen Auslegungen häufig um hoheitliche Meinungsäußerungen und keine Tatsachenbehauptungen handelt. In einer solchen Situation sollten Sie MDK-Gutachten genau lesen und überprüfen, ob hier eine Meinung geäußert wird oder vielleicht doch Tatsachen falsch wiedergegeben werden. Sie sollten außerdem prüfen, ob es nicht aufgrund einer faktischen Betroffenheit ihres Unternehmens Möglichkeiten gibt, direkt gegen MDK oder ablehnende Krankenkassen vorzugehen. Prüfen Sie die zitierten Quellen, die der Auffassung des MDK zugrunde liegen, oftmals werden hier veraltete Gerichtsentscheidungen zitiert oder solche, die gar nicht auf das konkrete Thema anzuwenden sind. Unterstützen Sie Krankenhäuser bei der Erstellung von Widersprüchen oder verweisen auf Tools, die den Krankenhäusern das Verfassen solcher Widersprüche erleichtern. Auf dieses spezielle Thema geht der Beitrag von Kontekakis Kap. 8 im Detail ein. Im Umgang mit MDK-Gutachten ist darauf zu achten, dass diese nur in datenschutzkonformer Weise bereitgestellt werden, also um patientenbezogene Daten bereinigt sind – die methodenbezogene Ebene interessiert, da hier gegebenenfalls Kompetenzüberschreitungen des MDK festgestellt werden können. Vor einer Klage sollten Sie immer den Dialog mit MDK und Krankenkasse suchen, um eine einvernehmliche Lösung zu finden und die Problemlage darzustellen. Diese Gespräche sind allerdings recht aufwändig in der Vorbereitung und Terminanbahnung, da regelmäßig ATMPs eine noch untergeordnete Rolle im Budget der Krankenkassen einnehmen. Gesprächsbereiter sind hier, eigene Erfahrungswerte anlegend, die Krankenkassen.

Das Beispiel zur ACI-M verdeutlicht einige Besonderheiten von ATMPs, insbesondere jener, die bereits vor Inkrafttreten der ATMP-Verordnung am Markt waren. Es dient auch der Zusammenführung der in den vorangegangenen Kapiteln beschriebenen Voraussetzungen. So wurde gezeigt, dass eine Erstattung vor Zulassung aufgrund von Ausnahmegenehmigungen etabliert werden konnte. Die Krankenhausausnahme ermöglicht damit einen frühen Marktzugang im Heimatmarkt. Insofern ist auch Deutschland als attraktiver Early-Access-Markt zu empfehlen. Der Preis im Early Access spiegelt hingegen noch nicht den finalen nutzenbasierten Preis wider, wie der Vergleich zu nutzenbasierten Preisen in UK herausstellt. Die nicht einfache Einordnung der ATMPs in bekannte oder spätere Zuordnung zu geeigneteren Klassen von Produkten spiegelt sich auch im deutschen „HTA" wider, der momentan noch in der Methodenbewertung angesiedelt ist, womöglich aber in einer sogenannten frühen Nutzenbewertung aufgehen wird, sollte sich der G-BA durchsetzen. Die ACI-M wird in Deutschland von hoch qualifizierten Anwendern erbracht und Anwendungsempfehlungen haben sich entwickelt und werden von der maßgeblichen Fachgesellschaft der Deutschen Gesellschaft für Orthopädie und Unfallchirurgie regelmäßig evidenzbasiert aktualisiert. Damit ist ein KOL-Netzwerk in diesem Bereich aufgrund des frühen Marktzugangs entstanden, das auch international Anerkennung findet. Dass es sich immer noch um einen frühen Marktzugang handelt, deuten zumindest die stellenweise auftretenden Schwierigkeiten in der Erstattung an, insbesondere im Hinblick auf den MDK. Auch kann ein früher Marktzugang Implikationen für die Rekrutierung von Patienten in die Zulassungsstudien haben. Wenn das ATMP im Heimatmarkt routinemäßig erstattet wird und Fachgesellschaften den Verfahren bereits einen positiven Stellenwert attestieren konnten, scheuen Patienten eine randomisiert kontrollierte Studie. Da sie nicht sicher sein können, die Therapieform ihrer Wahl zu erhalten, sondern eventuell den Komparator erhalten, entscheiden sich gegebenenfalls einige Patienten für eine Therapie mit dem ATMP im Routinebetrieb ohne zeitaufwendige Nachbeobachtungsbesuche. Abschließend verdeutlicht das Beispiel der ACI-M, dass ein EU-HTA in der klinischen Dimension viel Arbeit gespart hätte. Die ACI-M wurde parallel in Deutschland vom G-BA und vom NICE in UK unter anderen auf ihren klinischen Nutzen hin untersucht, weil die Bewertungsverfahren in der klinischen Domäne europäisch (noch) nicht supranational koordiniert werden.

▶   Um einen zügigen Patienteneinschluss in die Zulassungsstudien sicherzustellen,
    führen Sie diese auch in solchen EU-Ländern durch, in denen das zu untersuchende
    ATMP – z. B. über Krankenhausausnahmen – noch nicht erhältlich und somit ge-
    gebenenfalls nicht bereits von den jeweiligen sozialen Sicherungssystemen erstat-
    tet wird! Die Bereitschaft von Patienten, sich in eine randomisierte Studie mit Nach-
    beobachtungsbesuchen zu begeben, ist größer, wenn die zu untersuchende
    Therapieform noch nicht im regulären Versorgungskontext erhältlich ist oder viel-
    mehr bereits regelmäßig erstattet wird und damit als Regelleistung verfügbar ist.

Trotz ihres therapeutischen Potenzials müssen sich ATMPs im Vergleich zu anderen
Therapieformen im Pricing, Reimbursement und Market Access vier spezifischen Herausforderungen stellen.

1. Zwingen ihre hohen Produktionskosten zu einem hohen Zielpreis, der auch bei attestier-
   ter Kosteneffektivität zu *Budget Impact* Bedenken bei den Stakeholdern führen kann.
2. Lösen diese Therapien ihre inkrementellen Nutzenversprechen häufig über einen sehr
   langen Zeitraum ein, die über den Nachbeobachtungszeiten der Zulassungsstudien liegen. Hier kann der Aufbau oder die Nutzung von Registern helfen, Langzeitdaten zu
   sammeln. Ein gutes Beispiel für solche Register ist das Knorpelregister der Deutschen
   Gesellschaft für Orthopädie und Unfallchirurgie, das industrieunabhängig und indikationsübergreifend funktioniert. Teilweise werden Register als Voraussetzung einer Erstattung von HTABs verlangt – so z. B. in Italien für innovative Arzneimittel. Teilweise
   bedarf es nur einer Anwendung oder zumindest endlicher Anwendungen des ATMP,
   um lebenslange Verbesserungen herbeizuführen. Die anfangs hohen Therapiekosten
   müssen für eine Kosteneffektivitätsermittlung demnach über sehr lange Zeiträume verteilt werden, für die noch keine klinischen Daten vorliegen.
3. Werden ATMP teilweise in Verbindung mit Eingriffen erbracht, die ihrerseits auch neu
   sind. Zum Beispiel müssen diese „neuartigen" Prozeduren in England ihrerseits als
   Voraussetzung für ein HTA des eigentlich infrage stehenden ATMP ein eigenes HTA,
   sogenanntes Interventional Procedure Guidance, durchlaufen bzw. vom NICE bescheinigt bekommen. Mögliche Folgen dieser ATMP-Prozeduren-Kombination sind Rest-
   riktionen der Anwendung (z. B. darf eine Leistungserbringung ausschließlich in Exzel-
   lenzzentren stattfinden) und ein negativer Einfluss auf das Preispotenzial des ATMP, da
   die Kosten der Prozedur mitberücksichtigt werden.
4. Stellen ATMP mitunter besondere Voraussetzungen an die Ausstattung von Leistungs-
   erbringern/Krankenhäusern [19]. Beispielsweise bedarf es einer Entnahmeerlaubnis
   für die Entnahme menschlichen Gewebes, zusätzlicher Auditierungen und Dokumen-
   tationsanforderungen – teilweise auf regionaler Ebene, unterschiedlich gehandhabt,
   wie dies in Deutschland der Fall ist. In England ist eine Human Tissue Authority Licence erforderlich, über die die großen Trust-Center oftmals bereits verfügen, die gegebenenfalls aber noch um sogenannte Satelite Licences für beispielsweise Gewebeentnahmen erweitert werden muss. Im Unterschied zu Deutschland werden diese
   Lizenzen in England zentral bei der Human Tissue Authority beantragt.

Die EU-Transparenzrichtlinie, 89/105/ECC, sieht vor, dass der Entscheidungsprozess zu Preisfindung und Erstattung von Arzneimitteln in den Mitgliedstaaten innerhalb von 180 Tagen zu erfolgen hat, sofern der Prozess kombiniert abläuft. Ansonsten sind jeweils 90 Tage vorgesehen [10]. Grundsätzlich sind ATMPs mit Vorliegen der zentralen Genehmigung im gesamten Europäischen Wirtschaftsraum verkäuflich. Viele Mitgliedstaaten gewähren eine Erstattung zulasten der öffentlich finanzierten Systeme aber erst nach Abschluss eines nationalen Postlizensierungsverfahrens, d. h. die maximal 180 Tage, die für das Durchlaufen des HTA benötigt werden (dürfen), verlängern die Time-to-Market des ATMP für die Mehrzahl der Patienten, die ohne Postlizensierung als Selbstzahler auftreten müssten, weil der patientenrelevante Nutzen über die randomisierten kontrollierten Studien (RCT) aus Erstattungssicht noch nicht hinreichend belegt werden konnte [2]. Für die Ermittlung dieses patientenrelevanten Nutzens wird die Therapie oftmals mit dem Standard of Care (SOC) verglichen. Die pivotalen Studien für die EMA enthalten bspw. schon einen Komparator, der SOC im Sinne der EMA. Sieht man von den Herausforderungen der Rekrutierung ab, ist dies ein Vorteil gegenüber placebokontrollierten klassischen Arzneimitteln, da der patientenrelevante Nutzen für diesen konkreten Komparator klinisch bereits vorliegt. Bei den nationalen Postlizensierungsverfahren in Europa richtet sich die Vergleichstherapie allerdings nach dem in dem jeweiligen Mitgliedstaat tatsächlich im klinischen Alltag angewendeten SOC, der von Land zu Land variieren kann und häufig nicht nur einen, sondern mehrere Vergleichstherapien beinhaltet.

7.5.2 Wettbewerbsvorteil zentrale Genehmigung

Den geschilderten Herausforderungen, die sich aus einem zentralen Genehmigungsverfahren für die oftmals kleinen und mittelständischen Unternehmen im Bereich des Tissue Engineering ergeben aber auch den Vorteilen einer Ausnahmeregelung, die es Herstellern von ATMPs unter bestimmten Voraussetzungen ermöglicht, ihren Heimatmarkt zu bedienen, steht ein immenser Wettbewerbsvorteil für Inhaber einer zentralen europäischen Genehmigung gegenüber. Sie erweitern den Markt und damit das Absatzpotenzial ihrer ATMPs vom Heimatmarkt in einen gesamteuropäischen Kontext exponentiell. EU-weit von einer oder wenigen Produktionsstätte(n) aus zu agieren, schafft hier eine erhebliche Markteintrittsbarriere für andere. Die Krankenhausausnahmen erfordern für nationalen Absatz eine nationale Produktionsstätte und limitieren den Absatz teilweise, beispielsweise in den Niederlanden oder UK. Zudem ist der Aufwand für die Erlangung einer zentralen Genehmigung enorm und zeitintensiv. Diejenigen, welche eine Zulassung erhalten haben, haben über die Webseiten der EMA Transparenz darüber, welcher andere Hersteller für einen gegebenenfalls in das gleiche Marktsegment zielenden Wirkstoff ebenfalls in einen zentralen Genehmigungsprozess strebt. Anhand der eigenen Erfahrungswerte, die im eigenen Zulassungsprozess gewonnen wurden, kann im Zusammenspiel mit Recherchen zu Phase-III-Studienbeginn, Endpunkten (europäisches Studienregister) und EMA-Genehmigungserteilung zumindest grob hergeleitet werden, wann ein anderer Anbieter zum möglichen europäischen Wettbewerber aufsteigt. Entsprechend können Vertriebspartnerschaften mit Exklusivitätseinräumung/Wettbewerbsausschluss strategisch aufgebaut werden und so eine Markteintrittsbarriere auch nach Zulassungserteilung gegenüber dem hinzustrebenden, konkurrierenden Anbieter faktisch aufrechterhalten werden.

7.5.3 Unternehmensstruktur und -kultur

Im Bereich der ATMPs, insbesondere im Tissue Engineering, agieren viele kleine und mittelständische Unternehmen oder solche, die sich zwischenzeitlich mit strategischen Partnern in konzernähnliche, bzw. Konzernstrukturen entwickelt haben. Viele dieser Unternehmen legten bei Gründung oder Ausgründung den Schwerpunkt auf Forschung und Entwicklung, investierten dann in die klinische Entwicklung und konzentrierten einen gewichtigen Teil ihrer Ressourcen in den Aufbau einer Zulassungsabteilung (Regulatory Affairs), um den Anforderungen der EMA und des zentralen Genehmigungsverfahrens gerecht zu werden. Der Aufbau von Strukturen, die es ermöglichen, weitere Zielmärkte neben dem Heimatmarkt zu adressieren, wie z. B. eines Vertriebs, eines Marketings, eines Market Access, eines Medical, eines internationalen Standards genügenden Accounting und weitere, ist ressourcenintensiv und kann nicht zwingend über die geschlossenen strategischen Partnerschaften inkorporiert bzw. simultan implementiert und refinanziert werden. Diese Prozesse brauchen Zeit und sollten parallel zum zentralen Genehmigungsprozess über ein ebenfalls zu implementierendes Projektmanagement gesteuert werden. Ein Prozess, der noch mehr Zeit in Anspruch nimmt und daher noch früher in den Fokus rücken sollte, ist ein Wandel der Unternehmenskultur (in vielen Fällen) hin zu einem kommerziellen, vollintegrierten Unternehmen. Ein früher Beginn ermöglicht einen schonenden Wandel, der die Vorteile der bestehenden Kultur der agilen Unternehmen bewahrt und sicherstellt, dass das meist über Jahre angeeignete ATMP-spezifische Wissen der Mitarbeiter im Unternehmen verbleibt. Idealerweise erhält man so den „Start-up-Spirit", aber spezialisiert die Funktionsbereiche, um den aus der Internationalität resultierenden Anforderungen gerecht zu werden.

▶ Sofern Sie sich als voll integrierter Anbieter positionieren wollen, implementieren Sie frühzeitig ein professionelles Projektmanagement für den Zulassungsprozess, das parallel andere nach Zulassung relevante Funktionsbereiche im Unternehmen entwickelt und mit Zulassung oder zeitnah nach Zulassung qualifiziert verfügbar macht! Setzen Sie ein gesundes Wachstum Ihres Unternehmens bereits mit dem Start der Zulassungsaktivitäten in Gang respektive planen dieses, das mit den erwarteten zusätzlichen Absatzzuwächsen nach Zulassung im Einklang stehen.

7.5.4   Pricing

Das Preispotenzial hängt stark vom Ergebnis einer Nutzenbewertung im Rahmen eines HTA ab. Den Wert und die Arten der denkbaren Nutzenbewertung können dem Beitrag Kap. 3 entnommen werden. Im Hinblick auf immer aufwendigere und teurere Gesundheitstechnologien und deren steigenden Anteil an den Gesundheitsausgaben wird die Nutzenbewertung in Zukunft noch mehr Gewicht bekommen. Technologien mit größerem Nutzen(-gewinn) für die Gesellschaft werden zukünftig zwingend einen höheren Preis erzielen als solche, die nur einen geringen (zusätzlichen) Nutzen im Vergleich zum Standard (SOC) stiften, um eine Versorgung der Bevölkerung mit innovativen Technologien über öffentliche Budgets nachhaltig abbilden zu können. In den großen fünf europäischen Mitgliedstaaten entwickelte sich das Preispotenzial für ATMPs von kostenorientierten (cost-based), über wettbewerbsorientierte (competitor-based) hin zu nutzenbasierten (value-based) Preismodellen. Beispiel für das Cost-based Pricing ist das Cost-plus Pricing, d. h. der Preis wird aus den Kosten, den erwarteten Absatzmengen und den Margen gebildet. Im Competitor-based Pricing entsteht der Preis über den Wettbewerb, z. B. über Referenzgruppen (Reference Group Pricing), assoziiert mit Technologien, die keinen Zusatznutzen gegenüber der amtierenden Standardtherapie aufweisen, sich im Nutzen nicht von bestehenden Therapien differenzieren. Bei innovativen Therapien/Technologien basiert der Preis zunehmend auf einem therapeutischen und/oder ökonomischem (Zusatz-)Nutzen für den Stakeholder. Der Grad der Verbesserung gegenüber der Vergleichstherapie bestimmt in der öffentlich finanzierten Gesundheitsversorgung zu großen Teilen das Preispotenzial. Dies trifft insbesondere für Technologien zu, die keine lebensbedrohlichen Krankheitszustände und größere Patientenpopulationen adressieren. Zahler legen teilweise höhere Schwellenwerte an „End-of-life"-Behandlungen oder Technologien, die sich gegen Krankheitsbilder richten, bei denen der Leidensdruck der Patienten sehr groß ist – ihre Zahlungsbereitschaft ist hier höher. Das Value-based Pricing birgt für Unternehmen einen Anreiz, ihre Forschungsaktivitäten auf relevante Technologien zu richten, die einen Mehrwert für Patienten bieten. Ein beliebtes nutzenbasiertes Konzept stellen die sogenannten Managed Entry Agreements (MEAs) dar, die in verschiedenen Formen auftreten. Unter MEAs werden vertrauliche Vereinbarungen zwischen dem pharmazeutischen Hersteller/dem Hersteller der Technologie und den Zahlern (z. B. Krankenversicherungen, Krankenhäuser etc.) subsummiert, die meist dann verhandelt werden, wenn der tatsächliche klinische Nutzen der Technologie noch nicht ausreichend belegt ist, aber hohe öffentliche Ausgaben zu erwarten sind. Die MEAs unterscheiden sich grundsätzlich über einen Bezug zu Preisen (z. B. Rabatte, Diskontierungen, Preis-Volumen-Vereinbarungen, Budgetlimitierung etc.) oder einen Bezug zum klinischen Outcome (z. B. bedingte Erstattung, sofern Dokumentation in Registern erfolgt, leistungs-/ergebnisbezogene Vergütung etc.). Am meisten Erfahrung mit MEAs haben England – hier wurden weiter oben schon die PAS beschrieben – und Italien. Die MEAs teilen das Risiko, das aus der noch ungewissen Evidenz resultiert unter den Verhandlungspartnern auf. Ein solches Risk Sharing kann eine Markdurchdringung insbesondere dann fördern, wenn eine Erstattung an einen Behandlungserfolg geknüpft wird. Zahler tendieren dann teilweise zu Moral Hazard und machen (ggf. zu) vielen Patienten eine Behandlung zugänglich, da ein Versagen der Therapie für sie nicht mit direkten Kosten assoziiert ist. Ein Risk Sharing, das einen Preisbezug herstellt, bietet für Anbieter der Technologien den Vorteil, das effektive aber vertrauliche Preise gesetzt werden können, ohne eine Verbindung zum External Reference Pricing herzustellen, das auf öffentlich zugänglichen Listenpreisen in den jeweiligen Referenzländern basiert. Über ein Risk Sharing lassen sich Bedenken der Zahler moderieren. Diese Modelle oder Kombinationen dieser Modelle im Sinne eines „pay-for-treatment" anstelle eines „pay-for-product" könnten zukünftig an Bedeutung gewinnen, da auch ein Value-based Pricing Grenzen der Refinanzierbarkeit über öffentliche Systeme hat, wenn z. B. hoher (nutzenbelegter) Preis und hohe Absatzvolumina zusammenkommen oder der gesellschaftliche Nutzen einer Technologie nur inkrementell ist. Im Rahmen einer unternehmerischen Preispolitik sollten diese möglichen Entwicklungen berücksichtigt werden [8, 19].

► In Italien existiert eine Vielzahl von Risk-Sharing-Vereinbarungen. In England können Sie mit Rabatten über Patient Access Schemes arbeiten. In Spanien sind outcome-basierte Vereinbarungen auf nationaler Ebene vereinbart worden, in Frankreich werden häufig Preis-Mengen-Vereinbarungen (je größer die Absatzmenge, desto geringer wird der Preis pro Einheit) oder Deckelungen herangezogen, in Deutschland können Sie integrierte Versorgungsverträge nutzen. In Ländern, die in HTA auf inkrementelle Kosten-Effektivitäts-Relationen zurückgreifen, sollten Sie Ihren Preis ICER-optimiert an den zulässigen Schwellenwerten orientieren. Der Preis fließt im Rahmen der ICER-Ermittlung als Kosten in die Rechnung ein. Bemessen Sie den Preis hier zu hoch, reißen Sie die zulässigen Schwellenwerte („social willingness to pay", „thresholds"), erzielen keine inkrementelle Kosten-Effektivität für Ihre Technologie und erhalten damit keine (zufriedenstellende) Erstattung. Für diese Länder sollten Sie frühzeitig ein Kosteneffektivitäts-Modell mit spezialisierten Beratungen entwickeln, indem Sie verschiedene Preisszenarien testen können, um zu einem optimalen Preis zu finden. Für ATMP besteht die Schwierigkeit häufig darin, dass der Nutzen, den diese Technologien stiften, über einen längeren Zeitraum anfällt, während der Preis bereits bei Leistungserbringung fällig wird. Hier können outcome-basierte Modelle, auch wenn sie schwer zu steuern sind, helfen, Budgetrestriktionen entgegen zu wirken. Alternativ können Sie auch kleinere Patientenpopulationen ansprechen, um das Risiko von Erstattungseinschränkungen zu reduzieren.

7.5.5 Wahl der Zielmärkte

Die Kriterien für die Wahl der Zielmärkte sind vielschichtig und hängen von vielen unternehmens- und technologiespezifischen Faktoren ab. Wie ist Ihr Unternehmen aufgestellt und ausgestattet? Können Sie gegebenenfalls Verbundvorteile nutzten, z. B. auf Vertriebsstrukturen zugreifen? Ist Ihr Unternehmen vollintegriert? Wie ist das Absatzpotenzial für

Ihre Technologie in den Zielländern zu bewerten, was wiederum von potenziellen Patientenpopulationen, potenziellen Anwendern, direkten und indirekten Wettwerbern, der Erstattungssituation u. v. m. abhängt? Bietet die Elastizität der Nachfrage Ansatzpunkte im
Sinne einer Preisdiskriminierung in Segmenten? Wie ist die Awareness für Ihre Technologie – ist sie bereits in anderer Ausprägung etabliert? Diese Aufzählung könnte man noch
über Seiten fortführen, ohne auch nur in einem Punkt in die Tiefe gegangen zu sein. Eine
intensive Auseinandersetzung mit der Wahl der Zielmärkte ist ein sehr wichtiger Aspekt
des Market Access, der in größeren Unternehmen im Marketing angesiedelt sein wird und
den Rahmen dieses Beitrags sprengen würde. Zusammenfassend sollten Sie zunächst die
für Ihr Unternehmen und Ihr Produkt relevanten Kriterien identifizieren. Diskutieren Sie
diese interdisziplinär mit Ihren Kollegen und erstellen Sie eine Rangordnung. Limitieren
Sie sich nicht von vornherein in Ihren Ideen über die verfügbaren Ressourcen. Über Partnerschaften können Sie eigene Ressourcenengpässe eventuell überbrücken. Erst im folgenden Schritt legen Sie Ihre verfügbaren Ressourcen an und grenzen die Möglichkeiten
ein. Eine Eingrenzung könnte z. B. auch rein praktischen Erwägungen folgen, indem Sie
bspw. Frankreich als zwar wichtigen aber auch komplexen Markt erst nach Erschließen
der Anrainerstaaten adressieren. So hätten Sie Preisanker gesetzt, an denen sich die fran-
zösischen HTABs orientieren können. Ein weiterer möglicher Weg könnte Pionierproduk-
ten folgen: Sie konzentrieren sich zunächst auf Märkte, in denen ein ähnliches Verfahren
bereits etabliert wurde und die Vorarbeiten für diese Art der Produkte vorangeschritten
sind. Die Awareness ist über das Pionierprodukt bereits geschaffen und Sie können sich
auf die Positionierung Ihres Produkts konzentrieren.

7.5.6 Launch Sequence

Sind die Zielmärkte über z. B. Potenzialanalysen bestimmt und die modellierten Ziel-
preise z. B. über primäre Marktforschung und Referenzpreise validiert, muss die Reihenfolge bestimmt werden, in der die Zielländer bedient werden. Eine solche Launch Se-
quence sollte u. a. das sogenannte External Reference Pricing (ERP) einkalkulieren.
Hinter ERP verbirgt sich ein Konzept, das in den meisten Staaten der EU gängige Praxis
zur Preisbildung ist. Hierüber wird der Preis in der Regel eines erstattungsfähigen, ver-
schreibungspflichtigen Arzneimittels, also auch ATMP, anhand der Preise im Ausland für
dasselbe Medikament bestimmt, wobei individuelle Länderkörbe herangezogen und unterschiedliche Algorithmen der Berechnung angewendet werden. Ob und auf welcher Ein-
satzebene das ERP Anwendung findet, differiert von Staat zu Staat. In Deutschland betrifft
dies aktuell lediglich erstattungspflichtige verschreibungspflichtige Arzneimittel im ambulanten Sektor mit Zusatznutzen. Die Referenzländer werden hier nach Umsatz und
Kaufkraftparität gewichtet. Belgien, Irland, Niederlande bilden den Durchschnitt aller
Länderpreise ihrer Körbe. Andere, wie z. B. Griechenland gewichten nur den Durchschnitt
der drei niedrigsten Preise, Polen hat alle EU-Länder im Korb, zieht aber nur den niedrigsten Preis heran. Portugal nutzt im ambulanten Sektor den Durchschnitt aller (drei) Länder,

im stationären Sektor lediglich den niedrigsten. Abb. 7.2 veranschaulicht von links gelesen die von den einzelnen europäischen Staaten jeweils für die nationale Preisbildung referenzierten Länder. Die Gesamtheit der referenzierten Länder eines Staates bildet dessen Referenzländerkorb. Zwei Länder ziehen keine ausländischen Referenzpreise für die eigene Preisbildung heran, das Vereinigte Königreich und Schweden, wobei das TLV in Schweden angehalten wurde, die Preise in Schweden zu analysieren, dass diese ausländische Preise nicht übersteigen. In Deutschland spielt das ERP für die Preisbildung nur eine nachgelagerte Rolle, wird aber nach einer frühen Nutzenbewertung bei festgestelltem Zusatznutzen im Rahmen der Verhandlung des Erstattungsbetrags zwischen Hersteller und GKV-Spitzenverband angewendet. Der in Deutschland gesetzte Preis wird hingegen in den Körben von 17 Staaten auf dem europäischen Kontinent referenziert – nur auf französische Preise wird mit 19 Verweisen in anderen Körben häufiger zurückgegriffen. Von den in Abb. 7.2 in der ersten Spalte abgetragenen Ländern, sind solche in schwarz gedruckt, die Deutschland in ihren Länderkörben führen und diejenigen unterstrichen, die ERP als Hauptkriterium für die Preisbildung heranziehen. Alle anderen Länder nutzen ERP lediglich als Nebenkriterium, UK und Schweden ausgenommen.

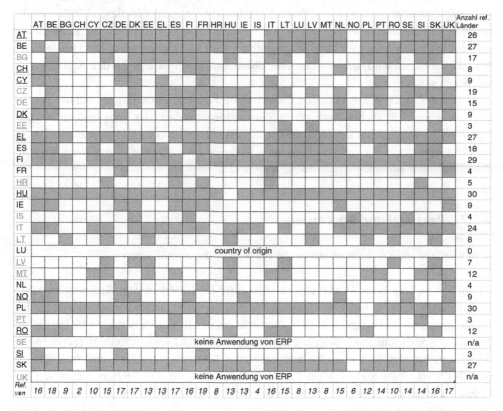

Abb. 7.2 External Reference Pricing. (Quelle: eigene Darstellung in Anlehnung an European Commission 2015 [7])

Einige Länder, z. B. Belgien und Luxemburg basieren ihre Bewertung auf Preise im Ursprungsland („country of origin") der zu bewertenden Technologie, andere wie Rumänien nur dann, wenn sich in den Ländern in ihrem Korb keine Preise finden und sich damit kein Durchschnitt bilden lässt. Preisaktualisierungen werden teilweise ad hocvorgenommen, teilweise periodisch, manchmal auch bei Revisionen von Erstattungsentscheidungen oder am Ende einer mit dem Hersteller vereinbarten Laufzeit. Eine Aktualisierung kann auf Produktebene, auf Produktgruppenebene, selten auch auf die gesamte Erstattungspalette angewendet werden [2].

External Reference Pricing wird demnach in fast allen Ländern praktiziert, Preise werden auf Basis der Preise in anderen Ländern gebildet und unterschiedlich kalkuliert, teilweise fließt nur der niedrigste Preis in die Betrachtung mit ein und die Preise werden stellenweise regelmäßig überprüft und neukalkuliert. Wenn Sie einen Preis setzen und mehr als ein Land bedienen, muss Ihnen also klar sein, dass dieser Preis nicht isoliert ist und mit großer Wahrscheinlichkeit einen Einfluss auf Ihre Preissetzung in anderen Ländern haben wird. Anhand der Matrix in Abb. 7.2 und einer Tabellenkalkulation können Sie sich kleine Launch-Planning-Tools entwickeln, in die Sie oben genannte Parameter mit einfließen lassen. Anhand dieser Tools können Sie den Preisverfall ermitteln, der in unterschiedlichen Länderfolgen aufgrund der unterschiedlichen Länderkörbe und der in diesen Ländern praktizierten Berechnungsmethoden und Reevaluierungen eintritt. Wählen Sie die Reihenfolge so, dass Sie einen optimalen Preis in möglichst vielen Ländern erzielen. Die Quellen, auf die hier verwiesen wird, geben Ihnen eine übersichtliche Grundlage für den Aufbau eines solchen Tools.

Neben dem ERP wenden einige Länder interne Preisreferenzierung an, bei der gemäß äquivalenter oder ähnlicher Produkte auf dem nationalen Markt der Preis zusätzlich reguliert wird. Im Ergebnis entstehen so maximale Erstattungsbeträge für Produkte oder Preise für Produktgruppen. Die meist verwendeten Kriterien einer solchen Gruppierung sind die aktive Substanz oder die therapeutische Klasse [2].

7.5.7 Personal und Agenturen

Abschließend stellt sich Ihnen sicher die Frage, wer das alles machen soll.

Option 1: Aufbau einer Market-Access-Abteilung im Unternehmen Angenommen Sie wollen fünf Länder adressieren. Das sind fünf spezifische Gesundheitsmärkte mit fünf Landessprachen und einer Guidance, die nicht immer in englischer Sprache verfügbar sein wird. Spezifische Pfade der Patienten führen in diesen Ländern zu Ihrer Technologie, doch zunächst müssen Sie ein landesspezifisches Erstattungsdossier einreichen, das einem HTA standhält und zum gewünschten Ergebnis führt. Qualifiziertes Personal im Markt ist nicht nur schwer zu bekommen, sondern kostet in Konsequenz auch seinen Preis. Sie werden wahrscheinlich niemanden finden, der Experte für sämtliche der fünf Länder in diesem Beispiel ist. Experte meint hier bestens vernetzt zu sein – in jedem dieser fünf Länder – mit Zugang zu den HTABs, landesspezifischem Wissen zum Erstellen von Cost-Effectiveness-Modellen, Budget-Impact-Modellen, der auch noch die Dossiers zusammenstellt usw.

Option 2: Sie arbeiten mit auf die Länder spezialisierten kleineren Agenturen zusammen Sie können auch Cluster bilden, wo dies sinnvoll ist. Eine auf DACH spezialisierte Agentur, eine auf BENELUX, eine weitere für Osteuropa usw. So stellen Sie sicher, dass Ihre Dossiers am Puls der Zeit des jeweiligen Ziellandes in die richtigen Kanäle gelangen. Idealerweise suchen Sie nach kleinen, landesspezifischen Agenturen, die über ein Netzwerk miteinander verbunden sind. Beispielsweise ein Pharmaökonom für die Modelle aus den Niederlanden, einen Reimbursement- und Pricing-Experten aus Belgien für BENELUX. Wenn der HTA-Prozess angeschoben ist, können Sie die Optionen vermengen. Stellen Sie einen Market Access Manager für jedes Ihrer Zielländer oder zunächst für jedes Cluster ein. Sie können nicht alles allein machen, brauchen ab einem bestimmten Zeitpunkt jemanden vor Ort. Das wird auf Dauer zu teuer mit Agenturen. Nach erfolgreichem Access können Sie den Market Access Manager auch zu Sales transferieren oder eine Landesvertretung anvertrauen. Ein In-Aussicht-stellen dieser Entwicklungsmöglichkeit gibt Ihnen gute Voraussetzungen, motiviertes und engagiertes Personal zu finden, das im jeweiligen Zielland angesiedelt ist. Die Agenturen brauchen Sie vor allem zu Beginn, zahlen diese, wenn Sie sie brauchen und shiften dann sukzessive in eigenes Personal.

7.6 Fazit

Wie harmoniert man den Market Access in verschiedenen Ländern? Hierfür gibt es kein Patentrezept. Im vorliegenden bereits stark komprimierenden Artikel wird schon deutlich, dass eine Harmonisierung im Sinne einer Abstimmung eines Marktet Access in verschiedenen Ländern stark davon abhängt, mit welcher Technologie, wann, in welchem Umfeld, mit welcher Ressourcenausstattung, mit welchen Möglichkeiten einer Bewertung der eigenen Technologie und dem daraus resultierenden Preis(en), in welcher Sequenz unter welchen Lizenzen (und vielen weiteren Aspekten) weitere Märkte neben dem Heimatmarkt adressiert werden. Grundsätzlich sollten Sie so früh wie möglich mit der Planung beginnen, sehr frühzeitig den Dialog mit Zulassungsbehörden und HTABs oder supranationalen Institutionen suchen. Beachten Sie aber, dass eine grundlegende Planung vor diesen Dialogen erfolgen muss, da Sie sonst Gefahr laufen, nicht mit einer optimalen, sondern maximalen Vorbereitung ins Rennen zu gehen, das könnte Zeit und viel Anstrengung kosten. Vernachlässigen Sie bei allen internationalen Vorbereitungen nicht Ihren Heimatmarkt, sofern hier bereits Strukturen geschaffen wurden, die Ihnen einen Absatz Ihrer Technologie ermöglichen. Versuchen Sie für die internationalen Märkte zunächst ein globales Nutzendossier zu schaffen, füllen und verdichten dieses sukzessive im Zeitablauf („living document"). Hierbei sind Sie gezwungen sich auf das Wesentliche, also den Kern Ihrer Technologie zu konzentrieren, bevor Sie es an spezifische

Märkte anpassen. Ein solches Dokument hilft Ihnen auch in den zu suchenden Dialogen – Sie werden feststellen, dass bestimmte Fragen immer wiederkehren und sich die Antworten auf diese Fragen in Ihrem Core-Value-Dossier befinden oder hier eingehen sollten. Für die Erstellung eines solchen Dossiers können Sie auch die Kompetenz von spezialisierten Beratern nutzen, um so Ressourcenengpässe zu überwinden und die Erfahrungskurve schnell zu durchlaufen. Treffen Sie sich mit Agenturen in den Ländern, die Sie bedienen wollen. Bereits über Eingangsgespräche erhalten Sie hier nützliche Informationen zu weiteren Schritten und Informationsquellen im potenziellen Zielland. Ziehen Sie einen frühen Marktzugang in Betracht, um „Land und Unternehmen zu testen" und ein KOL-Netzwerk aufzubauen. Suchen Sie den Kontakt zu medizinischen Fachgesellschaften in den Ländern – gibt es Anwendungsempfehlungen für Ihre Technologie? Seien Sie schließlich realistisch – Big Pharma kann eine Vielzahl an Ländern professionell simultan erschließen. Gleiches gilt nicht zwingend für zunächst wenig integrierte KMU, kann aber gegebenenfalls durch strategische Allianzen korrigiert werden. Bei allem Realismus, verlieren Sie bitte nicht die Freude an der Sache – Market Access bietet ein hoch komplexes aber spannendes Betätigungsfeld, das niemals langweilig wird.

Literatur

1. Buljovčić Ž (2011) Der lange Weg zur zentralen Zulassung, Erfahrungen kleiner Biotechnologieunternehmen mit der ATMP-Verordnung. Bundesgesundheitsblatt 54(7):831–838
2. Busse R, Henschke C, Pantelli D (2015) Arzneimittelversorgung in der GKV und 15 anderen europäischen Gesundheitssystemen, Ein systematischer Vergleich, working papers in health policy and management. Universitätsverlag/Technische Universität Berlin, Berlin
3. EUnetHTA (2016) Joint action 2, work package 8, HTA core model® application for pharmaceuticals version 3.0 (html). http://meka.thl.fi/htacore/ViewApplication.aspx?id=23764. Zugegriffen am 15.03.2018
4. EUnetHTA (2016) Joint action 2, work package 8, HTA core model®. http://meka.thl.fi/htacore/BrowseModel.aspx. Zugegriffen am 15.03.2018
5. EUnetHTA (2017) EUnetHTA mulit-HTA early dialogues, procedure description for pharmaceuticals, version 25/01/2017. https://5026.makemeweb.net/sites/default/files/news-attachments/procedure_eunethta_multi-hta_pharma_20170125.pdf. Zugegriffen am 15.03.2018
6. EUnetHTA (2017) Initial call: multi HTA procedure, call for expression of interest to the attention of developers of medicinal products, Version 24-March-2017. https://5026.makemeweb.net/sites/default/files/news-attachments/call_for_expression_of_interest_ed_multi_hta_20170324.pdf. Zugegriffen am 15.03.2018
7. European Commission (2015) Directorate-general for health and food safety health systems, medical products and innovation study on enhanced cross-country coordination in the area of pharmaceutical product pricing, Final report. Gesundheit Österreich Forschung- und Planungs GmbH, December 2015. https://ec.europa.eu/health/sites/health/files/systems_performance_assessment/docs/pharmaproductpricing_frep_en.pdf. Zugegriffen am 15.03.2018
8. European Commission (2018) Opinion on innovative payment models for high-cost innovative medicines. Report of the expert panel on effective ways of investing in Health (EXPH), 17.01.2018. https://ec.europa.eu/health/expert_panel/sites/expertpanel/files/docsdir/opinion_innovative_medicines_en.pdf. Zugegriffen am 15.03.2018

9. European Commission (2018) Proposal for a regulation of the European parliament and of the council on health technology assessment and amending directive 2011/24/EU, 31.01.2018, Brüssel. https://ec.europa.eu/health/sites/health/files/technology_assessment/docs/com2018_51_en.pdf. Zugegriffen am 15.03.2018

10. European Council (1989) Council directive 89/105/EEC of 21 December 1988 relating to the transparency of measures regulating the pricing of medicinal products for human use and their inclusion in the scope of national health insurance systems, Official Journal No L 40 of 11.02.1989, S 8. https://ec.europa.eu/health/sites/health/files/files/eudralex/vol-1/dir_1989_105/dir_1989_105_en.pdf. Zugegriffen am 15.03.2018

11. European Medicines Agency (2008) EMEA announcement, Doc. ref. EMEA/326145/2008. http://www.ema.europa.eu/docs/en_GB/document_library/Public_statement/2009/10/WC500004073.pdf. Zugegriffen am 14.01.2018

12. European Parliament und European Council (2001) Richtlinie 2001/83/EG des Europäischen Parlaments und des Rates vom 6. November 2001 zur Schaffung eines Gemeinschaftskodexes für Humanarzneimittel, Offizielles Journal L 311. http://eur-lex.europa.eu/LexUriServ/LexUriServ.do?uri=CONSLEG:2001L0083:20070126:de:PDF. Zugegriffen am 14.01.2018

13. European Parliament und European Council (2007) Regulation (EC) No 1394/2007 of the European parliament and oft he council of 13 November 2007 on advanced therapy medicinal products and amending Directive 2001/83/EC and Regulation (EC) No 726/2004, Offizielles Journal L 324. http://academy.gmp-compliance.org/guidemgr/files/REG_2007_1394_CONS_2012-07_EN.PDF. Zugegriffen am 15.03.2018

14. Gemeinsamer Bundesausschuss (2013) Beschluss des G-BA über die Nutzenbewertung von Arzneimitteln mit neuen Wirkstoffen nach §35a SGB V – matrixassoziierte autologe kultivierte Chondrocyten, Berlin 20.06.2013. https://www.g-ba.de/downloads/39-261-1739/2013-06-20_35a_MACI.pdf. Zugegriffen am 15.03.2018

15. Gemeinsamer Bundesausschuss (2017) Beschluss des G-BA über die Nutzenbewertung von Arzneimitteln mit neuen Wirkstoffen nach §35a SGB V – Sphäroide aus humanen autologen matrixassoziierten Chondrocyten, Berlin 06.07.2017. https://www.g-ba.de/downloads/39-261-2997/2017-07-06_AM-RL-XII_Chondrozyten-Sphaeroide.pdf. Zugegriffen am 15.03.2018

16. Gemeinsamer Bundesausschuss (2017) Status quo EUnetHTA early dialogues, Fachaustausch – Herstellerverbände. Bundesverband der Pharmazeutischen Industrie, Berlin 16.08.2017

17. Gemeinsamer Bundesausschuss (2018) Künftig auch für Arzneimittel mit ausschließlich stationärem Anwendungsbereich Nutzenbewertung nach § 35a SGB V, Pressemitteilung Nr. 4/2018, 23.01.2018, Berlin. https://www.g-ba.de/downloads/34-215-730/04-2018-01-23_AMNOG-stationaer.pdf. Zugegriffen am 15.03.2018

18. Hägele-Rebmann I, Brucklacher U (2018) Rechtsgutachten zur Erstattungsfähigkeit der ATMP-Produkte der TETEC AG, 05.02.2018. Voelker Gruppe, Reutlingen

19. Jørgensen J, Kefalas P (2015) Reimbursement of licensed cell and gene therapies across the major European healthcare markets. J Market Access Health Policy 3:1. https://doi.org/10.3402/jmahp.v3.29321. Zugegriffen am 15.03.2018

20. Kloesel A, Cyran W (Begr), Feiden K, Pabel HJ (Hrsg) (2013) Arzneimittelrecht – Kommentar. Deutscher Apotheker, Stuttgart

21. Kügel JW, Müller R-G, Hofmann H-P (2016) Arzneimittelgesetz, Kommentar, 2. Aufl. (hier: Pannenbecker A zu § 4b). C.H. Beck, München

22. Medicines and Healthcare products Regulatory Agency (2014) The supply of unlicensed medicinal products („specials"), MHRA Guidance Note 14, London. https://www.gov.uk/government/uploads/system/uploads/attachment_data/file/373505/The_supply_of_unlicensed_medicinal_products__specials_.pdf. Zugegriffen am 15.03.2018

23. Müller E-M (2011) Die Sonderregelung des §4b AMG für somatische Zell- und Gentherapeutika sowie Tissue-Engineering-Produkte – Auslegung im Lichte des Unionsrechts. Medizinrecht 29(11):685–756

24. Nachtnebel A, Mayer J, Erdös J, Lampe K, Kleijnen S et al (2015) HTA goes Europe: European collaboration on joint assessment and methodological issues becomes reality. Z Evid Fortbild Qual Gesundheitswes 109(4–5):291–299

25. National Institute for Health and Care Excellence (2017) Technology appraisal guidance TA477, Autologous chondrocyte implantation for treating symptomatic articular cartilage defects of the knee, Published date 04 Oct 2017. https://www.nice.org.uk/guidance/ta477/chapter/1-Recommendations. Zugegriffen am 15.03.2018

26. National Institute for Health and Care Excellence, Patient Access Scheme Liaison Unit at NICE (2018) Procedure for the review of patient access scheme proposals, version 2. https://www.nice.org.uk/Media/Default/About/what-we-do/PASLU/PASLU-procedure-guide.pdf. Zugegriffen am 15.03.2018

27. National Institute for Health and Care Excellence (2018) Patient access scheme liaison unit at NICE. https://www.nice.org.uk/about/what-we-do/patient-access-schemes-liaison-unit. Zugegriffen am 15.03.2018

28. National Institute for Health and Care Excellence (2018) Technology appraisal guidance TA508, Autologous chondrocyte implantation using chondrosphere for treating symptomatic articular cartilage defects of the knee, Published date 07 March 2018. https://www.nice.org.uk/guidance/TA508/history. Zugegriffen am 15.03.2018

29. Perleth M, Busse R, Gerhardus A, Gibis B, Lühmann D, Zentner A (Hrsg) (2014) Health technology assessment, Konzepte, Methoden, Praxis für Wissenschaft und Entscheidungsfindung, 2. Aufl. Medizinisch Wissenschaftliche Verlagsgesellschaft, Berlin

30. Rehmann WA, Greve K (2014) Arzneimittelgesetz:AMG, Kommentar, 4. Aufl. C.H. Beck, München

31. Reiss M, Büttel IC, Schneider CK (2011) Erfahrungsbericht aus dem Ausschuss für neuartige Therapien (CAT), Fallstricke auf dem Weg vom Konzept zur medizinischen Anwendung neuartiger Therapien. Bundesgesundheitsblatt 54(7):822–830

32. Schlingensiepen I (2018) Neuartige Therapien, Nutzenbewertung auch für neue Gen- und Zelltherapien? Ärzte Zeitung online, 13.03.2018. Springer Medizin, Berlin. https://www.aerztezeitung.de/praxis_wirtschaft/unternehmen/article/958891/neuartige-therapien-nutzenbewertung-neue-gen-zelltherapien.html. Zugegriffen am 15.03.2018

33. Walter C, Rohde B, Wicke DC, Pohler C, Lührmann A et al (2011) Regulatorischer Rahmen für neuartige Therapien, Vom Labor zur klinischen Prüfung. Bundesgesundheitsblatt 54(7):803–810

34. Winnat Ch (2018) EU-Kommission entwirft einheitliche Nutzenbewertung. Ärzte Zeitung online, 31.01.2018. Springer Medizin, Berlin. https://www.aerztezeitung.de/politik_gesellschaft/arzneimittelpolitik/article/956589/arzneimittel-eu-kommission-entwirft-einheitliche-nutzenbewertung.html?wt_mc=nl.upd.AEZ_NL_NEWSLETTER.2018-02-01.Arzneimittelpolitik.x. Zugegriffen am 15.03.2018

35. Winnat Ch (2018) GBA wehrt erst mal ab bei der EU-Nutzenbewertung. Ärzte Zeitung online, 02.02.2018. Springer Medizin, Berlin. https://www.aerztezeitung.de/politik_gesellschaft/arzneimittelpolitik/article/956681/hecken-gba-wehrt-erst-mal-ab-eu-nutzenbewertung.html?wt_mc=nl.upd.AEZ_NL_NEWSLETTER.2018-02-02.Arzneimittelpolitik.x. Zugegriffen am 15.03.2018

André Roeder, Dipl.-Kfm., André Roeder ist seit 2011 für pharmazeutische Unternehmen im Bereich der Advanced Therapy Medicinal Products (ATMP) tätig. Er verantwortet den Global Market Access bei der TETEC AG, einem Tochterunternehmen der B. Braun/Aesculap AG. Zuvor leitete er den Global Market Access bei der codon AG und studierte Wirtschaftswissenschaften an der Ernst-Moritz-Arndt Universität Greifswald mit den Schwerpunkten Gesundheitsmanagement, Gesundheitsökonomie und Marketing.

Rechnungsprüfungen im Krankenhaus – Eine relevante Herausforderung nach Marktzugang

8

Antonis Kontekakis und Birgit Burgstaller

Inhaltsverzeichnis

A. Kontekakis (✉)
Mallinckrodt Pharmaceuticals, Frankfurt am Main, Deutschland
E-Mail: ts@link-care.de

B. Burgstaller
Mallinckrodt Pharmaceuticals, Berlin, Deutschland
E-Mail: ts@link-care.de

© Springer Fachmedien Wiesbaden GmbH, ein Teil von Springer Nature 2019
T. Schubert, T. Vogelmann (Hrsg.), *Market Access in der Medizintechnik*,
https://doi.org/10.1007/978-3-658-23476-8_8

Zusammenfassung

Der Einsatz von Medizintechnik im Krankenhaus erfolgt bislang weitestgehend, anders als bei Arzneimitteln, ohne eine zentrale Nutzenbewertung durch das IQWiG oder den G-BA. Jedoch prüfen Krankenkassen und der MDK Krankenhausrechnungen nach der Abrechnung auf Angemessenheit, Zweckmäßigkeit und Wirtschaftlichkeit. Vermehrte Rechnungskürzungen seitens der Krankenkassen senken den durchschnittlichen Erlös des Krankenhauses beim Einsatz eines Medizinproduktes. Durch die MDK-Prüfungen entsteht so eine relevante Herausforderung für den Market Access, auch nach bereits erfolgtem Marktzugang. Das Market Access Management für Medizinprodukte endet daher nicht mit Erzielung eines Erstattungspreises, sondern muss auch den Erhalt der Erstattungsfähigkeit und eines wettbewerbsfähigen Preises nach Inverkehrbringen beinhalten.

8.1   Einleitung

Rechnungskürzungen durch die Krankenkassen bei Krankenhausbehandlungen gehören zum Alltag für die Leistungserbringer. Krankenhäuser monieren, es gehe hierbei weniger um tatsächlich falsche Abrechnungen, sondern primär um Kosteneinsparungen für die gesetzliche Krankenversicherung [2]. Wenig überraschend stehen hohe und häufig mit Zusatzentgelten verbundene Rechnungen daher besonders im Fokus. Da der Einsatz innovativer Medizintechnik im Krankenhaus regelmäßig hohe Kosten verursacht und häufig auch mit Zusatzentgelten vergütet wird, trifft dieses Vorgehen nicht nur die Leistungserbringer, sondern auch die medizintechnischen Unternehmen. Rechnungsprüfungen und -kürzungen haben einen direkten Effekt auf die durchschnittliche Vergütung des Krankenhauses für den Einsatz einer Technologie. In Konsequenz sind Auswirkungen auf die Nachfrage nach dem betreffenden Produkt zu erwarten. Es ist daher im Interesse der medizintechnischen Unternehmen, Krankenhäuser bei der Abwehr von Rechnungskürzungen zu unterstützen.

In den folgenden Kapiteln werden die zugrunde liegenden Vergütungsmechanismen kurz erklärt, Ablauf und Inhalt der Rechnungsprüfung beschrieben, mögliche Unterstützungsmaßnahmen durch die Hersteller aufgezeigt und Implikationen für die Unternehmen diskutiert.

8.2   Vergütung von Medizintechnik im Krankenhaus

Gemäß § 17b Krankenhausfinanzierungsgesetz (KHG) basiert die Vergütung der allgemeinen Krankenhausleistungen auf einem pauschalierten Vergütungssystem, dem sogenannten German-Diagnosis-Related-Groups-System (G-DRG). Im G-DRG-System werden Patienten entsprechend der verschlüsselten Hauptdiagnosen, behandlungsrelevanten Nebendiagnosen, demografischen Merkmalen der Patienten, Verweildauern sowie den am Patienten durchgeführten Leistungen (Prozeduren) in DRGs eingruppiert und erbrachte Leistungen damit pauschal vergütet. Diagnosen werden hierbei als Codes gemäß der internationalen statistischen Klassifikation der Krankheiten und verwandter Gesundheitsprobleme, 10. Revision, German Modification (ICD-10-GM), verschlüsselt, Prozeduren werden über Operationen- und Prozedurenschlüssel (OPS-Codes) abgebildet. Die eigentliche Erstattung für den Krankenhausaufenthalt erfolgt als Pauschale, die mit der entsprechenden DRG verknüpft ist. Bestimmte, aufwändige Prozeduren sind mit sogenannten Zusatzentgelten verknüpft [6].

Medizintechnische Produkte werden im Krankenhaus also nicht gesondert erstattet, sondern sind, über die entsprechenden Prozedurencodes, entweder in die Fallpauschale oder in die Zusatzentgelte integriert. Über die OPS-Codes werden durchgeführte Untersuchungs- und Behandlungsmethoden für die Vergütung dokumentiert, deren Bestandteil auch der Einsatz von medizintechnischen Produkten sein kann. Die ständige Rechtsprechung definiert eine Untersuchungs- und Behandlungsmethode als eine medizinische Vorgehensweise, der ein eigenes theoretisch-wissenschaftliches Konzept zugrunde liegt, welches sie von anderen Verfahren unterscheidet und das ihre systematische Anwendung in der Untersuchung und Behandlung bestimmter Krankheiten rechtfertigt (vgl. B 1 KR 19/96 R). Untersuchungs- und Behandlungsmethoden können also den Einsatz von Medizintechnik beinhalten, der Fokus liegt hierbei aber nicht auf den Produkten. Für die Erstattung eines medizintechnischen Produktes im Krankenhaus ist somit entscheidend, ob und wie die Methode vergütet wird, in der die Technologie zum Einsatz kommt. Hiervon abzugrenzen sind die Investitionskosten für Großgeräte, die Mittel hierfür werden im Rahmen der dualen Finanzierung durch die zuständigen Bundesländer zur Verfügung gestellt.

Die Höhe der Vergütung für Fallpauschalen und Zusatzentgelte wird vom Institut für das Entgeltsystem im Krankenhaus (InEK GmbH) festgelegt. Für die Rechnungsprüfung von besonderer Relevanz ist die Frage, wann eine Untersuchungs- und Behandlungsmethode überhaupt zulasten der gesetzlichen Krankenversicherung (GKV) erbracht werden darf. An dieser Stelle muss man sich zunächst den Unterschied zwischen ambulanter und stationärer Vergütung im deutschen Gesundheitssystem verdeutlichen. Während für den Bereich der ambulanten Versorgung bezüglich neuer Behandlungsmethoden gemäß § 135 Abs. 1 Satz 1 Sozialgesetzbuch Fünftes Buch (SGB V) ein Verbot mit Erlaubnisvorbehalt gilt, ist die rechtliche Konstruktion für den stationären Bereich durch § 137c SGB V so ausgestaltet, dass neuartige Behandlungsverfahren im Rahmen einer Krankenhausbehandlung keiner besonderen Zulassung bedürfen und nur dann ausgeschlossen sind, wenn der Gemeinsame Bundesausschuss (G-BA) eine negative Stellungnahme abgegeben hat. Als „neue" Untersuchungs- und Behandlungsmethode gilt hierbei jedes Verfahren, welches nicht als abrechnungsfähige ärztliche oder zahnärztliche Leistungen im einheitlichen Bewertungsmaßstab (EBM) enthalten ist. Gleiches gilt für Verfahren, die zwar im EBM enthalten sind, aber deren Indikation oder deren Art der Erbringung, wesentliche Änderungen oder Erweiterungen erfahren hat [7]. Der sachliche Grund für die unterschiedliche rechtliche Behandlung zwischen ambulantem und stationärem Sektor besteht darin, dass der Gesetzgeber die Gefahr des Einsatzes zweifelhafter oder unwirksamer Maßnahmen aufgrund der internen Kontrollmechanismen und der anderen Vergütungsstrukturen im

Krankenhausbereich geringer einstuft als bei der Behandlung durch einzelne niedergelassene Ärzte (BSG, Urteil vom 19.02.2003, Az.: B 1 KR 1/02 R).

Medizintechnische Produkte werden im Krankenhaus also ausschließlich kalkulatorisch für die Berechnung der DRGs und Zusatzentgelte berücksichtigt. Eine Bewertung im Sinne eines Health Technology Assessments findet außerhalb der in § 137c Abs. 1; § 137e und § 137h SGB V definierten Prozesse nicht statt (vgl. Beitrag Zöllner und Schareck Kap. 2).

Erbracht werden kann zunächst jede Methode, die nicht ausgeschlossen ist. Dies heißt allerdings nicht, dass keinerlei Kontrollen stattfinden. Die eigentliche Evaluation und damit die Beantwortung der Frage, ob die Methode zulasten der GKV erbracht werden darf bzw. durfte, erfolgt nachgelagert, durch die Krankenkasse und den Medizinischen Dienst der Krankenversicherung (MDK) einzelfallbezogen im Kontext der Rechnungsprüfung im Krankenhaus. Für die Leistungserbringer ergeben sich hieraus erhebliche Unsicherheiten, da die Refinanzierung einer Methode sowie der eingesetzten medizintechnischen Produkte, erst ex post, also nach Leistungserbringung, final geklärt wird. In Konsequenz kann den medizintechnischen Unternehmen, selbst wenn entsprechende Vergütungsmechanismen etabliert sind, nach Markteinführung ein faktischer (teilweiser) Marktausschluss aus dem System der gesetzlichen Krankenversicherung drohen.

8.3 Die Rechnungsprüfung im Krankenhaus

8.3.1 Die GKV und der Medizinische Dienst der Krankenversicherung

Die gesetzliche Kranken- und Pflegeversicherung hat dafür zu sorgen, dass alle von ihr finanzierten Leistungen ausreichend, zweckmäßig und wirtschaftlich sind. Die Beurteilung einer medizinischen oder pflegerischen Leistung erfordert jedoch in der Regel ein hohes Maß an fachlicher Expertise. Daher benötigen die Mitarbeiter der Kranken- und Pflegekassen das medizinische und pflegerische Wissen des Medizinischen Dienstes der Krankenversicherung.

Der MDK ist eine von den gesetzlichen Kranken- und Pflegekassen getragene Arbeitsgemeinschaft, d. h. er ist in 15 eigenständige Arbeitsgemeinschaften gegliedert, eine je Bundesland, mit Ausnahme von Nordrhein-Westfalen. Hier existieren zwei Arbeitsgemeinschaften, der MDK Nordrhein und der MDK Westfalen-Lippe. Zudem gibt es einen landesübergreifenden Medizinischen Dienst für Berlin und Brandenburg sowie Hamburg und Schleswig-Holstein. Auf Ebene des GKV-Spitzenverbands existiert zudem der *Medizinische Dienst des Spitzenverbandes Bund der Krankenkassen*, kurz MDS. Der MDK untersteht der Aufsicht des Sozialministeriums im jeweiligen Bundesland. Die Finanzierung erfolgt aber vollständig durch die entsprechenden Verbände der Krankenkassen auf Bundes- und Landesebene.

Der MDK berät die gesetzlichen Krankenkassen und Pflegeversicherungen sowohl bei allgemeinen Grundsatzfragen sowie bei Einzelfallbegutachtungen. Im Rahmen der Einzelfallbegutachtung übernimmt der MDK z. B. die Prüfung der Arbeitsunfähigkeit oder der Verordnung von Heil- und Hilfsmitteln, aber auch die Dauer und Notwendigkeit einer Krankenhausbehandlung, also die Rechnungsprüfung im Krankenhaus.

Die regionalen Medizinischen Dienste und der MDS bilden zusammen die MDK-Gemeinschaft und kooperieren fachlich eng miteinander. Hierzu wurden sechs „sozialmedizinische Expertengruppen" (SEG) eingerichtet:

- SEG 1: Leistungsbeurteilung/Teilhabe
- SEG 2: Pflege/Hilfebedarf
- SEG 4: Vergütung und Abrechnung
- SEG 5: Hilfsmittel und Medizinprodukte
- SEG 6: Arzneimittelversorgung
- SEG 7: Methoden- und Produktbewertungen

Die sozialmedizinischen Expertengruppen sind federführend an einem regionalen MDK angesiedelt und bearbeiten grundsätzliche Fragestellungen von sozialmedizinischer Relevanz für die Fallbegutachtung durch den Medizinischen Dienst.

Darüber hinaus gibt es vier medizinische Kompetenzzentren, das Kompetenzzentrum „Onkologie", das Kompetenzzentrum für „Psychiatrie und Psychotherapie", das Kompetenzzentrum „Geriatrie", sowie das Kompetenzzentrum „Qualitätssicherung/Qualitätsmanagement". Die Kompetenzzentren beraten die gesetzlichen Krankenkassen und ihre Verbände zu grundsätzlichen Fragestellungen in ihren medizinischen Fachgebieten, bieten MDK-interne Fortbildungen an und stehen bei weitergehenden Fragen im Rahmen der Einzelfallbegutachtung zur Verfügung.

8.3.2 Ablauf der Rechnungsprüfung

Details zum Ablauf haben die Partner der Selbstverwaltung in der Prüfverfahrensvereinbarung (PrüfvV) vertraglich geregelt. Abb. 8.1 fasst den zeitlichen Ablauf sowie die Fristen des Prüfverfahrens zusammen.

Die Rechnungsprüfung beginnt, wenn der Krankenkasse eine auffällige bzw. fehlerhafte Rechnung vorliegt. Die Krankenkasse muss einen oder mehrere Prüfgründe benennen, die in der Rechnung beanstandet werden bzw. einer weitergehenden Prüfung zugeführt werden sollen. Folgende Prüfgründe werden im Gesetzestext genannt (§ 4 Prüfverfahrensvereinbarung):

- primäre Fehlbelegung: Leistungen, die unter stationären Bedingungen erbracht wurden, jedoch auch ambulant erbracht hätten werden können;
- sekundäre Fehlbelegung: Die Versorgung des Patienten erfordert eine Krankenhausbehandlung, diese ist jedoch in ihrer Länge nicht nachvollziehbar;
- Prüfung der sachgerechten Entgeltzuordnung, d. h. Kodierprüfung unter Benennung der beanstandeten Haupt- und/oder Nebendiagnose(n) und/oder Prozedur(en), unter Benennung der beanstandeten OPS-Ziffer(n);

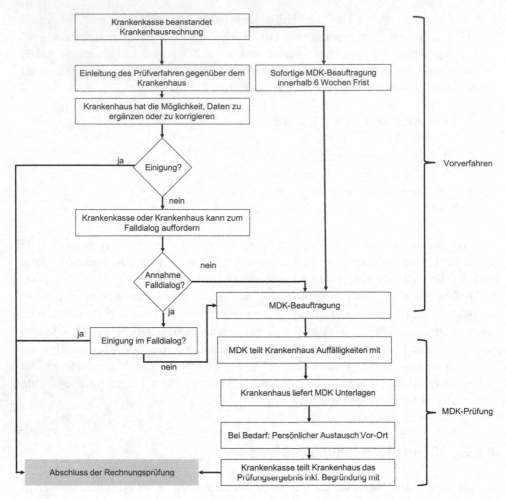

Abb. 8.1 Rechnung im Krankenhaus. (Quelle: eigene Darstellung, in Anlehnung an MDK Bayern 2018 [10])

- Fragen zur Voraussetzung bestimmter Maßnahmen (medizinische Indikation, neue Untersuchungs- und Behandlungsmethoden etc.), d. h. Prüfung des Qualitäts- und Wirtschaftlichkeitsgebotes.

Diese Aufzählung ist jedoch nicht als abschließend zu verstehen, zudem sind Prüfungen aus mehreren der genannten Gründe möglich.

Nach § 275 Abs. 1c SGB V muss das Prüfverfahren sechs Wochen nach Rechnungseingang bei der Krankenkasse initiiert werden. Es ist jedoch zu beachten, dass diese Frist nur in Gang gesetzt wird, wenn die Krankenkasse vom Krankenhaus über Anlass und Verlauf der Krankenhausversorgung ordnungsgemäß informiert worden ist, d. h. die Rechnung des Krankenhauses muss vollständig sein. Das Bundessozialgericht (BSG) hat die

Tab. 8.1 Urteile des Bundessozialgerichts zur Einhaltung der Sechs-Wochen-Frist zur Einleitung der Prüfung einer Krankenhausbehandlung durch den MDK. (Quelle: eigene Darstellung)

Urteil	Datum	Zusammenfassung
B 3 KR 14/11 R	16.05.2012	Sechs-Wochen-Frist nicht abgelaufen: Ungenaue Mitteilung des Aufnahmegrundes
B 3 KR 28/12 R	21.03.2013	
B 1 KR 24/13 R	01.07.2014	Sechs-Wochen-Frist nicht abgelaufen: Abweichende Kodierpraxis, die bei der Rechnungsstellung nicht mitgeteilt und erläutert wurde
B 1 KR 29/13 R	01.07.2014	Nur die sachlich-rechnerische Richtigkeit wird geprüft, die entsprechenden Regeln des SGB V greifen daher nicht
B 1 KR 34/13 R	14.10.2014	
B 1 KR 25/13 R	14.10.2014	Maßnahmen zur Frührehabilitation nicht mitgeteilt

6-Wochen-Frist bereits in mehreren Entscheidungen gekippt, weil das Krankenhaus die Krankenkasse, aus Sicht des Bundessozialgerichts, eben nicht vollumfänglich informiert hat. Einige Urteile haben wir in Tab. 8.1 kurz zusammengefasst.

Auch über die definierten Fristen hinausgehende Rechnungsprüfungen durch die GKV sind daher möglich. Die gesetzliche Verjährungsfrist für die Erstattungs- bzw. Rückerstattungsansprüche beträgt nach § 113 Abs. 1 Zehntes Buch Sozialgesetzbuch (SGB X) vier Jahre.

Die Rechnungsprüfung erfolgt vereinfacht in zwei voneinander abgrenzbaren Schritten, dem Vorverfahren und der eigentlichen Prüfung durch den MDK. Im Vorverfahren haben Leistungserbringer und Kostenträger die Möglichkeit, sich hinsichtlich der strittigen Rechnung im Dialog abzustimmen und diese zu plausibilisieren. Kommt es zu einer Einigung zwischen den Parteien, kann eine MDK-Prüfung abgewendet werden. Andernfalls wird der Kostenträger den MDK mit einer Fallprüfung beauftragen. Hierfür gilt eine 12-Wochen-Frist. Wenn diese Zeit verstrichen ist, und kein MDK-Verfahren eingeleitet wurde, ist die Prüfung abgeschlossen [15].

Wenn es zu keiner Einigung kommt, wird im zweiten Schritt des Verfahrens der Medizinische Dienst durch den Kostenträger beauftragt. Es steht der Krankenkasse allerdings frei, ob sie ein Vorverfahren eröffnen möchte oder darauf verzichtet und direkt den Medizinischen Dienst einschaltet. Für diese Prüfung hat das Krankenhaus dem MDK die verfügbaren Unterlagen zum Versicherten und zum Behandlungsfall zur Verfügung zu stellen. In Einzelfällen kann die Prüfung durch den MDK im Rahmen einer sogenannten Begehung auch im Krankenhaus und im Dialog mit den Mitarbeitern des Leistungserbringers erfolgen. Von der Beauftragung des Medizinischen Dienstes durch die Krankenkasse bis zur Mitteilung des Ergebnisses an das Krankenhaus dürfen höchstens 11 Monate vergehen, danach gilt die Rechnung automatisch als bestätigt [15].

8.3.3 Prüfalgorithmen

Die Gutachter des MDK sind nur ihrem ärztlichen Gewissen verpflichtet und grundsätzlich frei in ihrer Begutachtung. Trotzdem werden zur Sicherstellung der Begutachtungs-
qualität und im Sinne der Arbeitseffizienz in der Praxis Prüfalgorithmen zur Unterstützung
der einzelnen Prüfer definiert. So gibt es z. B. detaillierte Algorithmen zur Prüfung der
Arzneimitteltherapien in Zusammenhang mit Krankenhausbehandlung [5] oder für *Außervertragliche „Neue Untersuchungs- und Behandlungsmethoden" (NUB)* [11].

Die sozialmedizinische Bewertung von Krankenhausbehandlungen im Allgemeinen
umfasst eine Vielzahl verschiedener Prüfpunkte. Abb. 8.2 zeigt eine schematische Darstellung der Begutachtung von neuen Untersuchungs- und Behandlungsmethoden im
Krankenhaus durch den MDK. Die Grafik dient dazu, die übergeordneten Prüfpunkte in
einem logischen Ablauf darzustellen.

Zunächst wird nach § 39 SGB V geprüft, ob der Patient überhaupt der Behandlung durch
ein Krankenhaus bedurfte, also ob die Mittel des Krankenhauses erforderlich waren, oder ob
die Leistung ambulant hätte erbracht werden können. Es gilt der Grundsatz „ambulant vor
stationär". Sind die Voraussetzungen des § 39 SGB V nicht erfüllt (Abschn. 8.3.4.1), ist die
Erstattung durch die GKV abzulehnen. Wäre das Krankenhaus berechtigt gewesen, die Leistung ambulant zu erbringen, steht der Klinik eine Vergütung in Höhe der EBM-Pauschale zu,
andernfalls wird die Leistung nicht vergütet (B 3 KR 4/03 R). Im nächsten Schritt wird geprüft, ob die Behandlung dem Qualitäts- und Wirtschaftlichkeitsgebot nach § 12 Abs. 1 Satz
2 SGB V sowie § 12 Abs. 1 Satz 1, § 4 Abs. 3, § 70 Abs. 1 SGB V entspricht. Dies kann
sowohl die Prüfung der korrekten Kodierung sowie der Verweildauer, der grundsätzlichen
Voraussetzungen sowie der individuellen Notwendigkeit einer medizinischen Maßnahme,
beinhalten. Dementsprechend ist der tatsächliche Inhalt der Prüfung stark vom Prüfgrund
und den Gegebenheiten im Einzelfall abhängig (Abschn. 8.3.4.2). Sind Qualitäts- und

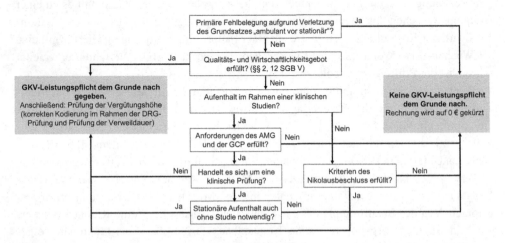

Abb. 8.2 Prüfstrategie des MDK bei stationären Behandlungen, in Anlehnung an Heyll 2007 [8]

Wirtschaftlichkeitsgebot nicht erfüllt, kann die Methode unter bestimmten Voraussetzungen dennoch zulasten der GKV erbracht werden. Dies kann dann der Fall sein, wenn die Behandlung im Rahmen einer klinischen Studie erfolgt (Abschn. 8.3.4.3) oder wenn die vom Bundesverfassungsgericht im sogenannten „Nikolausbeschluss" (vgl. BvR 347/98) definierten Voraussetzungen erfüllt sind (Abschn. 8.3.4.4).

8.3.4 Inhalte der Rechnungsprüfung

8.3.4.1 Primäre Fehlbelegung (§ 39 SGB V)

Paragraf 39 SGB V: (1) Die Krankenhausbehandlung wird vollstationär, stationsäquivalent, teilstationär, vor- und nachstationär sowie ambulant erbracht. Versicherte haben Anspruch auf vollstationäre oder stationsäquivalente Behandlung durch ein nach § 108 zugelassenes Krankenhaus, wenn die Aufnahme oder die Behandlung im häuslichen Umfeld nach Prüfung durch das Krankenhaus erforderlich ist, weil das Behandlungsziel nicht durch teilstationäre, vor- und nachstationäre oder ambulante Behandlung einschließlich häuslicher Krankenpflege erreicht werden kann.

Das deutsche Gesundheitssystem hat eine klare sektorale Trennung von vertragsärztlicher Versorgung durch niedergelassene Mediziner und der stationären Behandlung durch ein Krankenhaus. Aber auch im Krankenhaus gibt es verschiedene Versorgungsformen, die aus sozialrechtlicher Sicht hierarchisch organisiert sind. Eine Krankenhausbehandlung kann sowohl ambulant, vor- und nachstationär, teilstationär oder vollstationär erfolgen (vgl. Abb. 8.3).

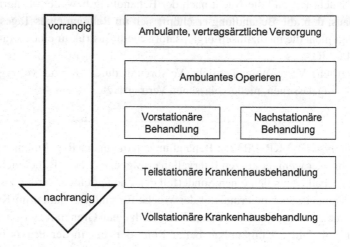

Abb. 8.3 Sozialrechtliche Hierarchie der Versorgungsformen, in Anlehnung an Dirschedl et al. 2010 [4]

Der Gesetzgeber bzw. das Bundessozialgericht haben für diese Versorgungsformen folgende Definitionen entwickelt:

- Vollstationäre Krankenhausbehandlung: Die Krankenhausbehandlung erstreckt sich zeitlich über einen Tag und eine Nacht, da in diesem Fall eine physische sowie organisatorische Eingliederung in das spezifische Versorgungssystem eines Krankenhauses gegeben ist (B 3 KR 4/03 R).
- Teilstationäre Krankenhausbehandlung: Es handelt sich um Behandlungen, die aufgrund eines spezifischen Krankheitsbildes (in der Regel aus den Fachgebieten Psychiatrie, somatischer Erkrankungen und Geriatrie) über einen gewissen Zeitraum hinweg in einzelnen Intervallen erfolgen. Diese Form der stationären Behandlung erfolgt insbesondere in Tages- und Nachtkliniken: Es wird die medizinisch-organisatorische Infrastruktur eines Krankenhauses benötigt, ohne dass eine ununterbrochene Anwesenheit des Patienten im Krankenhaus notwendig ist (B 3 KR 4/03 R).
- Vorstationäre Krankenhausbehandlung: Das Krankenhaus kann bei Verordnung von Krankenhausbehandlung Versicherte in medizinisch geeigneten Fällen ohne Unterkunft und Verpflegung behandeln, um die Erforderlichkeit einer vollstationären Krankenhausbehandlung zu klären oder die vollstationäre Krankenhausbehandlung vorzubereiten (§ 115a Abs. 1 SGB V).
- Nachstationäre Krankenhausbehandlung: Das Krankenhaus kann bei Verordnung von Krankenhausbehandlung Versicherte in medizinisch geeigneten Fällen ohne Unterkunft und Verpflegung behandeln, um im Anschluss an eine vollstationäre Krankenhausbehandlung den Behandlungserfolg zu sichern oder zu festigen (§ 115a Abs. 1 SGB V).
- Ambulante Krankenhausbehandlung (z. B. ambulantes Operieren): der Patient verbringt die Nacht vor und die Nacht nach der Behandlung bzw. dem Eingriff nicht im Krankenhaus, d. h. die Behandlung erschöpft sich im Rahmen eines Tagesaufenthalts und benötigt nicht die medizinisch-organisatorische Infrastruktur eines Krankenhauses (B 3 KR 4/03 R).
- Vertragsärztliche Versorgung: ärztliche Versorgung durch die zur vertragsärztlichen Versorgung zugelassenen, niedergelassenen Vertragsärzte.

Beispiel

Beispiel Dialyse (B 3 KR 4/03 R): Behandlungen, die in der Regel nicht täglich, wohl aber in mehr oder weniger kurzen Intervallen erfolgen, wie es z. B. bei vielen Dialysepatienten der Fall ist, stellen einen Sonderfall dar. Die Patienten werden zwar nicht jeden Tag behandelt, aber mehrmals in der Woche für einige Stunden im Krankenhaus versorgt. Eine derartige Form der Behandlung stellt einen Grenzfall zwischen teilstationärer und ambulanter Krankenhausbehandlung dar, der in der Praxis nicht selten als teilstationär eingestuft wird, aus Sicht des Bundessozialgerichts (BSG) aber zur ambulanten Behandlung zu zählen ist.

Aus § 39 SGB V ergibt sich ein klarer Vorrang von ambulanten vor stationären Behandlungen. Die hierarchische Struktur der Versorgungformen im Krankenhaus ist in Abb. 8.3 dargestellt. Eine (voll-)stationäre Krankenhausbehandlung ist also nur von der GKV zu erstatten, wenn diese, in Abgrenzung zu den vorrangingen Versorgungsmöglichkeiten, zwingend erforderlich war. Das Bundessozialgericht hat die Erforderlichkeit einer vollstationären Krankenhausbehandlung in verschiedenen Urteilen wie folgt definiert: (vgl. BSG-Urteile vom 16. Dezember 2008, B 1 KN 1/07 KR R und B 1 KN 3/08 KR R):

1. Die Aufnahme des Patienten nach Prüfung durch das Krankenhaus ist geboten, weil das Behandlungsziel nicht durch teilstationäre, vor- und nachstationäre oder ambulante Behandlung einschließlich häuslicher Krankenpflege erreicht werden kann. Qualität und Wirksamkeit der Leistungen haben dem allgemein anerkannten Stand der medizinischen Erkenntnisse zu entsprechen und den medizinischen Fortschritt zu berücksichtigen.
2. Krankenhausbehandlungsbedürftigkeit ist dabei ein Krankheitszustand, dessen Behandlung den Einsatz der besonderen Mittel eines Krankenhauses erforderlich macht.
3. Besondere Mittel des Krankenhauses sind eine apparative Mindestausstattung, geschultes Pflegepersonal und ein jederzeit präsenter oder rufbereiter Arzt. Gleichzeitig erfordert die Notwendigkeit einer Krankenhausbehandlung weder den Einsatz aller dieser Mittel noch ist er stets ausreichend. Es ist vielmehr eine Gesamtbetrachtung vorzunehmen, bei der den mit Aussicht auf Erfolg angestrebten Behandlungszielen und den vorhandenen Möglichkeiten eine entscheidende Bedeutung zukommt.

In der Praxis stellt sich regelmäßig die Frage, ob eine Leistung nun der „besonderen Mittel des Krankenhauses" bedarf oder nicht. In vielen Fällen gibt es hierzu keine einfache Antwort. Die Entscheidung, ob die Aufnahme eines Patienten notwendig ist, ist von einer Vielzahl von Faktoren abhängig, darunter z. B. von der Schwere der Grunderkrankung, Komplexität und Aufwand der geplanten Behandlungen, diagnostischer Aufwand sowie Allgemeinzustand des Patienten [4].

Für den Spezialfall des ambulanten Operierens haben GKV-Spitzenverband und Deutsche Krankenhausgesellschaft einen Kriterienkatalog entwickelt, bei dessen Vorliegen eine stationäre Aufnahme zwingend erforderlich ist, das sogenannte German Appropriateness Evaluation Protocol (G-AEP) (siehe Tab. 8.2) Dieser Katalog wurde zunächst für die Stichprobenprüfungen nach § 17c KHG erstellt und wurde in den Folgejahren fester Bestandteil des Vertrages für ambulantes Operieren nach § 115b SGB V. Es existieren Anpassungen und Verfeinerungen für eine Reihe von Spezialfeldern, wie z. B. kardiologischen Eingriffen. Bei der Anwendung dieses Kriterienkataloges ist zu beachten, dass die Notwendigkeit der Krankenhausaufnahme auch dann gegeben sein kann, wenn keines der Kriterien erfüllt ist oder – umgekehrt – die Notwendigkeit auch verneint werden kann, obwohl ein Kriterium erfüllt ist (Override Option). In diesem Fall ist die abweichende Ermessensentscheidung allerdings zu begründen und umfassend zu dokumentieren [4].

Tab. 8.2 Auszug aus den G-AEP-Kriterien. (Quelle: eigene Darstellung)

Schwere der Erkrankung		In Verbindung mit Zusatzkriterium + B (Intensität der Behandlung)
A1	Plötzliche Bewusstseinsstörung oder akuter Verwirrtheitszustand	
A2	Pulsfrequenz: <50/min oder >140/min	
A3	Blutdruck: systolisch <90 oder >200 mmHg; diastolisch <60 oder >120 mmHg	
...	...	...
Intensität der Behandlung		In Verbindung mit Zusatzkriterium + A (Schwere der Erkrankung)
B1	Kontinuierliche bzw. intermittierende intravenöse Medikation und/oder Infusion (schließt Sondenernährung nicht ein)	Ja
B1	Operationen, Interventionen oder spezielle diagnostische Maßnahmen innerhalb der nächsten 24 Stunden, die die besonderen Mittel und Einrichtungen eines Krankenhauses erfordert	Nein
...	...	...
Operation/invasive Maßnahme (außer Notfallmaßnahmen)		In Verbindung mit Zusatzkriterium A, D, E, oder F
C1	Operation/Prozedur, die unstrittig nicht ambulant erbracht werden kann	Nein
C2	Leistungen, die gemäß des Vertrages nach § 115b Abs. 1 SGB V in der Regel ambulant erbracht werden sollen (mit [*] Sternchen gekennzeichnete Leistungen aus dem aktuellen Katalog ambulanter Operationen und stationsersetzender Eingriffe nach Anlage 1) und ein Kriterium der allgemeinen Tatbestände gemäß § 3 Abs. 3 des Vertrages nach § 115b Abs. 1 SGB V erfüllen	Nein
Komorbiditäten in Verbindung mit Operationen oder krankenhausspezifischen Maßnahmen		
D1	Signifikant pathologische Lungenparameter	
D2	Schlafapnoe-Syndrom: anamnestisch bekanntes mittelschweres oder schweres Schlafapnoe-Syndrom	
D3	Blutkrankheiten: Interventionsrelevante Gerinnungsstörung oder therapiepflichtige Blutkrankheit	
...	...	...

8.3.4.2 Qualitäts- und Wirtschaftlichkeitsgebot

Das Bundessozialgericht hat in einer Vielzahl von Entscheidungen klargestellt, dass § 137c SGB V nicht im Sinne einer generellen Erlaubnis aller beliebigen Methoden für das Krankenhaus mit Verbotsvorbehalt ausgelegt werden darf, sondern stets die Grenzen des Qualitäts- und Wirtschaftlichkeitsgebotes zu beachten sind. Ob diese Grenzen eingehalten wurden, ist in vollem Umfang durch die Krankenkassen bzw. den MDK und in letzter Konsequenz durch die Sozialgerichte überprüfbar (vgl. z. B. B 1 KR 70/12 R, B 1 KR 30/15 B, B 1 KR 62/12 R).

Gesetzestext

Paragraf 2 SGB V: (1) Die Krankenkassen stellen den Versicherten die im Dritten Kapitel genannten Leistungen unter Beachtung des Wirtschaftlichkeitsgebots (§ 12) zur Verfügung, soweit diese Leistungen nicht der Eigenverantwortung der Versicherten zugerechnet werden. Behandlungsmethoden, Arznei- und Heilmittel der besonderen Therapierichtungen sind nicht ausgeschlossen. Qualität und Wirksamkeit der Leistungen haben dem allgemein anerkannten Stand der medizinischen Erkenntnisse zu entsprechen und den medizinischen Fortschritt zu berücksichtigen.

Paragraf 12 SGB V: Die Leistungen müssen ausreichend, zweckmäßig und wirtschaftlich sein; sie dürfen das Maß des Notwendigen nicht überschreiten. Leistungen, die nicht notwendig oder unwirtschaftlich sind, können Versicherte nicht beanspruchen, dürfen die Leistungserbringer nicht bewirken und die Krankenkassen nicht bewilligen.

Das SGB V (vgl. § 12 Abs. 1 Satz 2 SGB V sowie § 2 Abs. 1 Satz 3, § 4 Abs. 3, § 70 Abs. 1 SGB V) beschreibt die Anforderungen an die Leistungserbringung dahingehend, dass Leistungen ausreichend, zweckmäßig und wirtschaftlich sein müssen; sie dürfen das Maß des Notwendigen nicht überschreiten. Leistungen, die nicht notwendig oder unwirtschaftlich sind, können Versicherte nicht beanspruchen und dürfen die Leistungserbringer nicht bewirken und die Krankenkassen nicht bewilligen.

Ausreichend ist eine Leistung dann, wenn sie den Erfordernissen des konkreten Einzelfalls und dem allgemein anerkannten Stand der medizinischen Erkenntnisse entspricht. Diese Vorrausetzung wurde vom BSG wie folgt konkretisiert (B 1 KR 70/12 R):

> „dass die große Mehrheit der einschlägigen Fachleute (Ärzte, Wissenschaftler) die Behandlungsmethode befürwortet und von einzelnen, nicht ins Gewicht fallenden Gegenstimmen abgesehen, über die Zweckmäßigkeit der Therapie Konsens besteht. Dieses setzt im Regelfall voraus, dass über Qualität und Wirksamkeit der neuen Methode – die in ihrer Gesamtheit und nicht nur in Bezug auf Teilaspekte zu würdigen ist – zuverlässige, wissenschaftlich nachprüfbare Aussagen gemacht werden können. Der Erfolg muss sich aus wissenschaftlich einwandfrei durchgeführten Studien über die Zahl der behandelten Fälle und die Wirksamkeit der Methode ablesen lassen. Die Therapie muss in einer für die sichere Beurteilung ausreichenden Zahl von Behandlungsfällen erfolgreich gewesen sein. Diese Anforderung darf aber nicht als starrer Rahmen missverstanden werden, der unabhängig von den praktischen Möglichkeiten tatsächlich erzielbarer Evidenz gilt."

Besondere Bedeutung misst das Bundessozialgericht hier dem Konsens der medizinischen Experten zu. Dieser Konsens wird in der Regel in den Leitlinien der medizinischen Fachgesellschaften formalisiert, denen daher auch ein erhebliches Gewicht bei der sozialgerichtlichen Überprüfung medizinischer Leistungen zukommt. Allerdings fordert das BSG auch, dass dieser Expertenkonsens sich auf „wissenschaftlich einwandfrei durchgeführte Studien" begründen muss. Hierbei handelt es sich in der Regel um randomisierte kontrollierte Studien, soweit diese praktisch realisierbar sind. In jedem Fall gilt, dass höherwertige Evidenz, wie z. B. eine randomisierte kontrollierte Studie, diesem Kriterium eher gerecht wird, als z. B. eine Expertenmeinung. Die Hierarchisierung des Evidenzgrades ist in Abb. 8.4 dargestellt.

Das Kriterium der Zweckmäßigkeit zielt darauf ab, dass die zu erbringende Leistung im Hinblick auf das konkrete Behandlungsziel im Einzelfall geeignet, zweckdienlich und zweckentsprechend ist. Es reicht also nicht aus, wenn eine Leistung generell von der Mehrheit der einschlägigen Fachleute befürwortet wird, ihr Einsatz muss auch individuell indiziert sein. An dieser Stelle ist z. B. zu prüfen, inwieweit Behandlungspfade in Leitlinien eingehalten wurden und in welchem Umfang die Merkmale des Patienten mit der Population in der/den Schlüsselstudie/n übereinstimmen.

Das Wirtschaftlichkeitsprinzip fordert, dass der angestrebte Behandlungserfolg mit den geringsten Mitteln erzielt werden muss (Minimalprinzip). Diese Forderung impliziert allerdings, dass die zur Verfügung stehenden Behandlungsalternativen hinsichtlich des gewünschten Behandlungserfolges gleichwertig sind. Eine Kosten-Nutzen-Bewertung im gesundheitsökonomischen Sinn findet hier nicht statt. Die Gleichwertigkeit verschiedener Therapien lässt sich allerdings, streng genommen, nur beim Vorliegen entsprechender Äquivalenzstudien annehmen. In jedem Fall müssen Unterschiede im Wirkungs- und Nebenwirkungsprofil zwischen verschiedenen Therapien berücksichtigt und entsprechend eingeordnet werden. Wenn die Gleichwertigkeit aber nicht gegeben ist, ist die Wirtschaftlichkeit nur im Sinne der medizinischen Notwendigkeit der aufwändigeren Maßnahme zu prüfen.

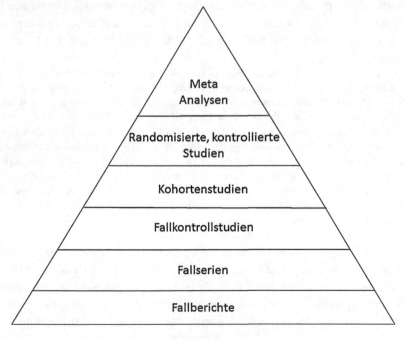

Abb. 8.4 Evidenzpyramide. (Quelle: eigene Darstellung)

Im Sinne einer wirtschaftlichen Verordnung ist aber auf jeden Fall immer zu prüfen, ob die Entgeltzuordnung sachgerecht ist. Da die Entgelte im G-DRG-System auf Basis der Diagnose- und Prozeduren-Codes ermittelt werden, ist festzustellen, ob eine korrekte Kodierung der durchgeführten Maßnahmen erfolgt ist. Insbesondere wird an dieser Stelle geprüft, ob ein sogenanntes Upcoding erfolgt ist, d. h. durch verzerrende Kodierung von Haupt-, Nebendiagnosen oder Prozeduren ein optimierter Erlös angestrebt wurde [13]. Hiervon abzugrenzen ist allerdings die vollständige und umfassende Kodierung aller relevanten Diagnosen und Maßnahmen, um eine sachgerechte Vergütung sicherzustellen.

8.3.4.3 Erstattung im Rahmen von klinischen Studien

Paragraf 8 Abs. 1 S. 2 KrHEntG: Bei Patienten, die im Rahmen einer klinischen Studie behandelt werden, sind die Entgelte für allgemeine Krankenhausleistungen nach § 7 zu berechnen; dies gilt auch bei klinischen Studien mit Arzneimitteln.

Als Rechtsgrundlage für die Finanzierung von klinischen Studien mit Medizinprodukten dient § 8 Krankenhausentgeltgesetz (KHEntG). Die Gesetzesbegründung stellt klar, dass jegliche Art klinischer Studien von § 8 KHEntG umfasst (Bundestagsdrucksache [BTDrs]. 15/5316). Dies gilt daher selbstverständlich auch für Studien mit Medizinprodukten. Die Vergütung erfolgt über die normalen Entgelte für die allgemeinen Krankenhausleistungen. Mehrkosten der Behandlung in Folge der Studien sind über Finanzmittel für Forschung und Lehre oder Drittmittel zu vergüten.

Allerdings müssen zwei wesentliche Vorrausetzungen erfüllt sein, um eine Leistungspflicht der GKV zu begründen. Zum einen muss die Studie allen Anforderungen nach Good Clinical Practice (GCP) sowie dem Arzneimittel- und/oder dem Medizinproduktegesetz genügen. Zum anderen muss die stationäre Krankenhausbehandlung unabhängig von der Studie erforderlich sein, d. h. die stationäre Behandlungsbedürftigkeit darf sich nicht ausschließlich durch die in der Studie untersuchten Maßnahmen ergeben. Der Grundsatz „ambulant vor stationär" wird durch § 8 Abs. 1 Satz 2 KHEntG nicht aufgehoben.

Unsicherheiten können sich aus der Frage ergeben, wann genau Mehrkosten der Behandlung in Folge einer Studie entstehen. Ein Zusatzentgelt mit hohem Sachkostenanteil für eine Methode, die z. B. im Rahmen einer Studie in einer neuen Indikation untersucht werden soll, zählt zu den „normalen" Entgelten für Krankenhausleistungen. Denn die normalen Entgelte umfassen alle für die Versorgung des Patienten erforderlichen Krankenhausleistungen, so z. B. auch die Verordnung von Medizinprodukten [12]. Bei Studien mit Arzneimitteln, gilt es allerdings als unstreitig, dass die Prüfprodukte kostenlos vom Hersteller zur Verfügung zu stellen sind. Dies ist durch die Vertriebswegeregelung des § 47 Abs. 1 Nr. 2 AMG festgelegt. Ein paralleles Regelungskonzept ist dem Medizinproduktrecht zwar fremd, eine analoge Anwendung kann aber nicht vollständig ausgeschlossen werden [12]. Sozialgerichtliche Urteile, die Abrechenbarkeit von Medizinprodukten im Rahmen von klinischen Studien konkretisieren, sind den Autoren dieses Beitrags zumindest nicht bekannt.

8.3.4.4 „Nikolausbeschluss"

Am 06. Dezember 2005 hat das Bundesverfassungsgericht (BverfG) eine wegweisende Entscheidung getroffen, den sogenannten Nikolausbeschluss (Az.: 1 BvR 347/98). Demnach haben Patienten auch dann Anspruch auf eine von ihnen gewählte, ärztlich angewandte Behandlungsmethode, wenn diese nicht im engeren Sinne ausreichend, zweckmäßig und wirtschaftlich ist, wenn folgende Vorrausetzungen vorliegen:

I. der Patient leidet an einer lebensbedrohlichen oder regelmäßig tödlich verlaufenden Erkrankung,

II. eine dem medizinischen Standard entsprechende Behandlung steht nicht zur Verfügung,

III. es besteht eine nicht ganz entfernt liegende Aussicht auf Heilung oder auf eine spürbar positive Einwirkung auf den Krankheitsverlauf.

Dieser Anspruch begründet sich, wenn die entsprechenden Voraussetzungen vorliegen, aus der staatlichen Schutzpflicht nach Art. 2 Abs. 1 und Abs. 2 des Grundgesetzes. Die Auslegung der oben genannten Kriterien wurde in einer Vielzahl von BSG-Entscheidungen weiter konkretisiert.

Eine lebensbedrohliche oder regelmäßig tödlich verlaufende Erkrankung Das Kriterium einer lebensbedrohlichen oder regelmäßig tödlich verlaufenden Erkrankung ist eng auszulegen, denn bei einer breiten Auslegung ließen sich, nach Ansicht des BSG, fast beliebig bewusst vom Gesetzgeber gezogene Grenzen überschreiten. Das BSG führt in seiner Entscheidung vom 14.12.2006 (B 1 KR 12/06 R) an, dass nahezu jede schwere Krankheit ohne therapeutische Einwirkung irgendwann auch einmal lebensbedrohende Konsequenzen nach sich zieht. Das entscheidende Element hier ist also eine bestehende Notlage, die durch akute Lebens- oder andere Höchstgefahr gekennzeichnet ist [3]. Denn, wenn durch einen langwierigen Krankheitsverlauf jahrzehntelang Zeit zur Therapie verbleibt, muss berücksichtigt werden, dass durch den Erkenntnisfortschritt neue Therapiealternativen möglich werden. Dies gilt erst recht, wenn in absehbarer Zeit Ergebnisse zu aktuell laufenden bzw. unmittelbar anstehenden aussagekräftigen, breit angelegten Forschungsvorhaben zu erwarten sind. Dann aber ist es auch verfassungsrechtlich hinnehmbar, dass der betroffene Patient bei fehlender Lebensbedrohlichkeit, trotz der mit der Erkrankung verbundenen Belastungen, den wissenschaftlichen und medizinischen Fortschritt abwartet. Mit dem Kriterium der Lebensbedrohlichkeit gleichzustellen ist der nicht kompensierbare Verlust eines wichtigen Sinnesorgans oder einer herausgehobenen Körperfunktion (B 1 KR 12/06 R).

Die Frage, wann die Notlage nun „akut genug" ist, um eine Leistungspflicht der GKV zu begründen, ist allerdings nicht abschließend geklärt und muss in jedem Einzelfall neu bewertet werden. In Tab. 8.3 fassen wir einige Entscheidungen des BSG hinsichtlich ihrer Beurteilungen des Schweregrades zusammen.

Eine dem medizinischen Standard entsprechende Behandlung in diesem Verständnis steht immer dann nicht zur Verfügung, wenn alle anderen – zugelassenen – Behandlungs-

Tab. 8.3 Beispiele für die Rechtssprechung des BSG zum Nikolausbeschluss. (Quelle: eigene Darstellung)

Entscheidung	Indikation	Schweregrad	Begründung
B 1 KN 3/07 KR R	Adrenomyeloneuropathie (AMN) ohne cerebrale Betroffenheit	Nicht hinreichend	- Die Lebenserwartung der Patienten mit reiner AMN ist nicht verkürzt, nur bei 10 bis 20 % der Patienten mit AMN kommt es zu einer so schwerwiegenden Hirnbeteiligung, dass sich schwere Folgen bis hin zum Tod ergeben - Der Kläger ist dieser Patientengruppe nach den derzeit aktuellen Erkenntnissen nicht zuzuordnen - Da der Kläger bereits an einer spastischen Querschnittslähmung mit Lähmungserscheinungen in den Beinen leidet, ist mit keinem Verlust einer herausgehobenen Körperfunktion (mehr) zu rechnen
B 1 KR 15/06 R	Restless Leg Syndrom mit schweren Schlafstörungen	Nicht hinreichend	- Erkrankung kann trotz der schweren Ausprägung nicht mit einer lebensbedrohlichen oder regelmäßig tödlich verlaufenden Erkrankung auf eine Stufe gestellt werden - Kläger hat in Vergangenheit suizidale Gedanken geäußert, aber LSG hat keine Gefahr der Selbsttötung festgestellt - Selbst hochgradige akute Suizidgefahr begründet regelmäßig nur einen Anspruch auf ihre spezifische Behandlung, etwa mit den Mitteln der Psychiatrie
B 1 KR 17/06 R	Multiple Sklerose	Nicht hinreichend	- Ca. 50 % der MS-Patienten benötigen nach 15 Jahren Hilfe beim Laufen. Die durchschnittliche Dauer vom Beginn der Krankheit bis zur Rollstuhlabhängigkeit beträgt 29,9 Jahre. - Die durchschnittliche Zeit von Krankheitsbeginn bis zum Tod beträgt in der Regel mindestens 30–40 Jahre
B 1 KR 7/05 R	Zoekum-karzinom mit Metastasen	Hinreichend	- Das bei der Patientin zunächst operativ und dann chemotherapeutisch behandelte Dickdarm-Karzinom befand sich nicht mehr im Anfangsstadium - Statistische Überlebenswahrscheinlichkeit auf Grund des fortgeschrittenen Stadiums und der unklaren Situation in Bezug auf Fernmetastasen erheblich herabgesetzt

möglichkeiten erfolglos ausgeschöpft wurden. Als zugelassene Therapiealternativen sind keineswegs nur solche zu betrachten, die über eine entsprechende arzneimittelrechtliche Zulassung verfügen, sondern alle Behandlungsoptionen, die im Leistungskatalog der GKV zur Verfügung stehen, wie z. B. die Psychotherapie (B 1 KR 14/06).

Eine nicht ganz fern liegende Aussicht auf Heilung oder eine spürbare positive Einwirkung auf den Krankheitsverlauf kann nur angenommen werden, wenn tatsächlich ein Einfluss auf die Grunderkrankung vorhanden ist. Geht es „ausschließlich" darum, die Krankheitsbeschwerden zu lindern bzw. die Lebensqualität des Patienten zu verbessern, so hat der Patient keinen Leistungsanspruch. Die Entscheidung des Bundesverfassungsgerichts zielt klar auf den „Strohhalm der Hoffnung auf Heilung" (B 6 KA 48/09 R) ab. Damit eine nicht ganz entfernt liegende Aussicht auf Heilung angenommen werden kann, müssen zumindest wissenschaftliche Indizien für einen solchen Effekt in der betreffenden Indikation bzw. Patientengruppe vorhanden sein. Wenn keinerlei Daten vorhanden sind, so ergeben sich i. d. R. auch keine Anhaltspunkte für eine mögliche Verbesserung der klinischen Situation (B 1 KN 3/07 KR).

Grundsätzlich ist zu beachten, dass die aktuelle Rechtsprechung zum Nikolausbeschluss bzw. seiner gesetzlichen Kodifizierung § 2 Abs. 1a SGB V sehr restriktiv ist. Seit der Entscheidung des BverfG im Jahr 2004 wurden 81,4 % der anhängigen Hauptsachverfahren negativ beschieden [14].

8.4 Unterstützung durch die Hersteller

8.4.1 Erfahrungs- und Informationsaustausch

Für ein möglichst dezidiertes Verständnis der Rechnungsprüfungen und damit einhergehenden Erstattungsproblemen ist es wichtig, dass Sie systematisch Informationen zur Rechnungsprüfung beim Einsatz Ihrer Technologie sammeln. Struktur und Arbeitsweise des MDK haben zur Folge, dass es oftmals eine Heterogenität, von Bundesland zu Bundesland, aber auch von Gutachter zu Gutachter, gibt. Für medizintechnische Unternehmen ist es allerdings wichtig, möglichst genau zu verstehen, in welchem Ausmaß ihre Technologien von Rechnungsprüfungen betroffen sind. Hierbei sind quantitative wie auch qualitative Aspekte von Relevanz, die Prüf- und Ablehnungsquote sollte ebenso erhoben werden, wie die regelhafte Argumentation der Prüfer und die Gegenargumente der Leistungserbringer.

▶ Dokumentieren und monitoren Sie die MDK-Prüfungen bei Ihren Kunden. Clustern Sie diese nach den Kürzungsgründen und nach der jeweiligen Krankenkasse. Berater haben sich hierauf spezialisiert und können Ihnen bei der Bewertung und dem Monitoring der MDK-Fälle behilflich sein. Sollten sich Hotspots herauskristallisieren, können Krankenhäuser auch in Erwägung ziehen, an die jeweilige Krankenkasse heranzutreten, um individuelle Vereinbarungen zu treffen.

Die einzelnen Leistungserbringer haben oftmals eine hohe Kompetenz im Umgang mit Rechnungsprüfungen, da diese Prozesse zum absoluten Kerngeschäft eines modernen Krankenhauses gehören [15]. Allerdings sind die Leistungserbringer mit Rechnungsprüfungen für eine Vielzahl von verschiedenen Verfahren konfrontiert und können daher für einzelne Themen nur begrenzt Zeit aufwenden. Sie können daher nicht davon ausgehen, dass in allen Kliniken die gleiche Kompetenz für Prüfverfahren im Zusammenhang mit Ihrer Technologie vorhanden ist. Zudem sammeln das medizinische Controlling sowie die Fachabteilungen eines Krankenhauses primär Erfahrungen mit dem regional zuständigen MDK. Eine überregionale Sicht ist zumeist nur auf die Themen vorhanden, die in den entsprechenden Gremien der Selbstverwaltung diskutiert werden und übergeordnete Relevanz haben.

Für die Anbieter medizintechnischer Produkte ist es daher wichtig, die Erfahrungen der Krankenhäuser zu sammeln, diese auszuwerten sowie aufzubereiten und den Leistungserbringern in kondensierter Form wieder zur Verfügung zu stellen. So kann sichergestellt werden, dass alle Beteiligten auf einem hohen und sachlich richtigen Niveau argumentieren. Gemäß der zu bearbeitenden Fragestellung können hier sowohl qualitative wie auch quantitative Marktforschungstechniken zum Einsatz kommen [9].

Mithilfe von strukturierten Fragebögen (quantitativ) lassen sich z. B. folgende Informationen gewinnen:

- Prüfquote für bestimmte Technologien
- Prüfquote für bestimmte Indikationen
- Regionale Prüfquoten
- Ablehnungsquoten
- Finanzielle Implikationen

Qualitative Techniken wie Fokusgruppen oder Advisory Boards sollten zum Einsatz kommen, um z. B. folgende Fragestellungen zu beantworten:

- Argumentationsstrategie des MDK
- Gegenargumente und Strategien der Leistungserbringer
- Informationslücken
- Bewertung möglicher Unterstützungsmaßnahmen

Ohne ein fundiertes Verständnis der Situation besteht die Gefahr, dass Unterstützungsmaßnahmen der Industrie an dem Problem vorbeigehen und somit ins Leere laufen.

8.4.2   Kodier- und Dokumentationsleitfäden

Die korrekte Kodierung beim Einsatz medizintechnischer Produkte ist zwingend notwendig für eine sachgerechte Vergütung. Leitfäden werden hierbei nicht nur von der Industrie, sondern oftmals auch von medizinischen Fachgesellschaften, so z. B. der Deutschen

Gesellschaft für Hämatologie und Onkologie e.V. oder der Deutschen Gesellschaft für Gastroenterologie e.V., herausgegeben. Ziel spezieller Leitfäden ist es, die wesentlichen Punkte der Kodierrichtlinien strukturiert auf das spezifische Abrechnungsproblem herunterzubrechen und so eine einheitliche und sachgerechte Kodierung sicherzustellen. Die allgemeinen und speziellen Kodierrichtlinien der Selbstverwaltung sollen hierdurch ergänzt, aber nicht ersetzt werden. Auch die Industrie unterstützt Krankenhäuser mit Kodier- und Dokumentationsempfehlungen. Beispiele hierfür sind Informationen, die das Unternehmen Abbott zur Verfügung stellt [1].

Eine vollständige und korrekte Dokumentation ist entscheidend, um im Fall einer Rechnungsprüfung den Behandlungsablauf glaubhaft darlegen zu können und ist daher auch essenziell, um in der Diskussion mit dem MDK bestehen zu können. Eine unvollständige Dokumentation ist, der Erfahrung des Autors zufolge, vielfach der Grund für ein negatives MDK-Votum. Die Hersteller können die Leistungserbringer hier unterstützen, indem kurze und leicht verständliche Leitfäden mit den wichtigsten zu dokumentierenden Parametern zur Verfügung gestellt werden. Diese sollten sich, soweit möglich, an den Therapieentscheidungs- und Bewertungsalgorithmen von Leitlinien orientieren. Wichtige Punkte, die häufig dokumentiert werden müssen, sind z. B. die Anwendung bestimmter (kostengünstiger) Erstlinientherapien bzw. die Gründe für den Verzicht auf einen Behandlungsversuch mit der Erstlinientherapie, Parameter zu Krankheitsschwere, -verlauf und Ansprechen auf die Behandlung oder Nebenwirkungen. Derartige Leitfäden können von Experten aus der klinischen Praxis validiert werden, um die richtige Balance zwischen Vollständigkeit und Umsetzbarkeit im klinischen Alltag zu gewährleisten.

8.4.3 Argumentationshilfen bei Rechnungsprüfungen

Die medizinische und rechtliche Bewertung eines Sachverhalts im Kontext der Rechnungsprüfung ist in der Regel komplex und die Krankenhäuser haben oftmals nicht die personellen Ressourcen, um die relevanten Fragestellungen für jede Methode bis ins Detail auszuarbeiten. An dieser Stelle kann die Unterstützung durch den Hersteller daher besonders wertvoll sein.

Die bei der Abrechnungsprüfung von MDK bzw. Kostenträgern angeführten Argumente unterscheiden sich natürlich von Fall zu Fall und können nur begrenzt verallgemeinert werden. Dennoch können Sie, entlang des Prüfalgorithmus, an den wichtigsten Knotenpunkten inhaltliche Gegenargumente entwickeln. In Tab. 8.4 haben wir beispielhaft verschiedene Fragestellungen, die hierbei zu beantworten sind, zusammengefasst.

Bei der Prüfung nach § 39 SGB V ist entscheidend darzulegen, warum die Leistung der Mittel des Krankenhauses bedarf. Dies kann sowohl über die Schwere der Erkrankung wie auch die Komplexität der Behandlung argumentiert werden. Zudem ist es bei der Prüfung der primären Fehlbelegung wichtig zu berücksichtigen, die Versorgungsrealität und die Besonderheit des individuellen Einzelfalls aufzuzeigen. Für die Konstellation einer fehlenden Versorgungsmöglichkeit im ambulanten Bereich wurde im gemeinsamen Katalog von Kriterien für das Prüfverfahren gem. § 17c Abs. 4 Satz 9 KHG (G-AEP) zwischen

Tab. 8.4 Wichtige Fragestellungen an Knotenpunkten des Prüfalgorithmus. (Quelle: eigene Darstellung)

Prüfschritt	Fragestellungen
Primäre Fehlbelegung (§ 39 SGB V)	- Werden die Patienten üblicherweise an spezialisierten Kliniken versorgt? - Ist die zur Durchführung der Behandlung notwendige apparative Ausstattung nur in Krankenhäusern zu finden? - Sind die notwendigen Kompetenzen regelmäßig bei Ärzten im niedergelassenen Bereich zu finden? - Erfordert die Anwendung einer Therapie/Versorgung der Patienten multidisziplinäre Teams (z. B. Fallkonferenzen)? - Erfordert die Anwendung einer Methode spezielle Vorbereitung und/oder Nachsorge? - Welche Überwachungsmaßnahmen sind notwendig? - Welche Komplikationen/Nebenwirkungen sind üblicherweise zu erwarten?
Qualitäts- und Wirtschaftlichkeitsgebot	- Inwieweit ist die Therapie, trotz evtl. fehlender RCTs, in Leitlinien verankert? - Wie bewerten die medizinischen Fachgesellschaften die Evidenzlage? Weicht deren Bewertung der Evidenz vom Ergebnis des MDK ab und wenn ja, warum? - Wie ist die Studienlage ganzheitlich zu bewerten und warum meinen Sie, dass trotz ggf. fehlender Studien der höchsten Evidenzstufe, die Methode notwendig ist? - Wie unterscheidet sich das Wirkungs- und Nebenwirkungsprofil der Methode von möglichen Alternativtherapien? - Wie ist die Studienlage möglicher Alternativtherapien im Vergleich zur fraglichen Methode zu bewerten? - Mit welchen Konsequenzen, sowohl medizinisch wie auch ökonomisch, wäre bei einer Nichtanwendung zu rechnen?
Nikolausbeschluss	- Verläuft die Erkrankung regelmäßig tödlich? Wie sind die 1-, 3-, und 5-Jahres-Überlebensraten? - Führt die Erkrankung regelmäßig zum vollständigen Verlust einer Körperfunktion oder zum Verlust von Organsystemen? - Warum besteht bei der Anwendung der Methode Aussicht auf Erfolg? - Gibt es Behandlungsalternativen? - Wie unterscheiden sich diese Alternativen hinsichtlich Wirksamkeit und Nebenwirkungen? - Gibt es zwingende Gründe, die die Anwendung der Alternativen bei bestimmten Patientengruppen ausschließen?

GKV-Spitzenverband und der Deutschen Krankenhausgesellschaft eine Vereinbarung getroffen: Wenn die Therapie demnach medizinisch notwendig ist und faktisch keine Möglichkeit zur ambulanten Leistungserbringung vorhanden ist, so gehen auch die G-AEP davon aus, dass eine stationäre Aufnahme in ein Krankenhaus erforderlich und gerechtfertigt wäre. Dies deckt sich mit der stehenden Rechtsprechung des Bundessozialgerichtes. Denn um die Erforderlichkeit einer Krankenhausbehandlung zu bejahen, genügt es, wenn eine medizinisch notwendige Versorgung aus Gründen der Rechtsordnung nur stationär erbracht werden darf. Die GKV darf bei Erfüllung ihrer Aufgabe die rechtlichen Strukturvorgaben nicht außer Acht lassen. In einem solchen Fall ist eine Krankenhausbehandlung im Rechtssinne aus allein medizinischen Gründen erforderlich (B 1 KR 18/15 R).

Hinsichtlich des Qualität- und Wirtschaftlichkeitsgebotes sollte sich die Argumentation im optimalen Fall auf die Bewertung des Therapienutzens im Vergleich zu möglichen Behandlungsalternativen in nationalen und internationalen Leitlinien beziehen. Stehen solche Leitlinien nicht zur Verfügung, sollte der Anbieter, in Zusammenarbeit mit Experten aus der klinischen Praxis, eigene Health Technology Assessments zur Verfügung stellen. Diese sollten zwar auf die deutsche Versorgungsrealität abgestimmt sein, dennoch bieten produktspezifische, globale Value Dossiers einen idealen Ansatzpunkt zur Entwicklung derartiger Materialien.

Die Frage, ob sich ein Erstattungsanspruch für eine bestimmte Methode unter Umständen aus der Rechtsprechung des Bundesverfassungsgerichts bzw. der Kodifizierung des Nikolausbeschlusses in § 2 Abs. 1a SGB V ergibt, muss immer vor dem Hintergrund der restriktiven Auslegung durch das BSG bewertet werten. Entscheidende Frage ist hierbei, ob eine bestehende Notlage durch akute Lebensgefahr oder Verlust einer herausgehobenen Körperfunktion vorliegt. Nur wenn dies bejaht werden kann, macht es Sinn, eine Argumentation für das Fehlen von Alternativen und die Aussicht auf Therapieerfolg zu entwickeln.

8.4.4 Unterstützung bei Kostenübernahmeanträgen

Krankenhausaufenthalte sind gemäß SGB V nicht genehmigungspflichtig. Krankenkassen sind verpflichtet, die jeweilige Vergütung an das Krankenhaus zu bezahlen, wenn eine Krankenhausbehandlung stattgefunden hat und die Versorgung des Versicherten in einem zugelassenen Krankenhaus erfolgt und i. S. von § 39 Abs. 1 S 2 SGB V erforderlich und wirtschaftlich ist (stRspr, vgl z. B. BSGE 102, 172 = SozR 4-2500 § 109 Nr. 13, RdNr. 11; BSGE 102, 181 = SozR 4-2500 § 109 Nr. 15, RdNr. 15; BSGE 109, 236 = SozR 4-5560 § 17b Nr. 2, RdNr. 13; BSG SozR 4-2500 § 109 Nr. 27 RdNr. 9). Die Zahlungsverpflichtung der Krankenkasse entsteht dann unabhängig von einer Kostenzusage unmittelbar mit der Inanspruchnahme der Leistung durch den Versicherten (vgl. bspw. BSG-Urteil vom 07.07.2005 – B 3 KR 40/04 R).

Daher gibt es auch keine gesetzliche Regelung der Kostenübernahmen im stationären Sektor. § 112 Abs. 2 SGB V überlässt es lediglich den Vertragsparteien auf Landesebene (Landesverbände der Krankenkassen und Landeskrankenhausgesellschaft), Verfahren der Kostenübernahme zu regeln. Als Rechtsgrundlage um dennoch vor Behandlungsbeginn ein gewisses Maß an Rechtssicherheit über Kostenübernahme durch die GKV herzustellen, kann § 13 Absatz 3a SGB V herangezogen werden. Hiernach haben Patienten ein Recht darauf, dass die Krankenkasse über einen Antrag auf Leistungen zügig, spätestens bis zum Ablauf von drei Wochen nach Antragseingang oder in Fällen, in denen eine gutachterliche Stellungnahme, insbesondere des MDK, eingeholt wird, innerhalb von fünf Wochen nach Antragseingang über die Leistungsgewährung entscheidet. Kann die Krankenkasse Fristen nicht einhalten, teilt sie dies den Leistungsberechtigten unter Darlegung der Gründe rechtzeitig schriftlich mit. Erfolgt keine Mitteilung eines hinreichenden Grundes, gilt die Leistung nach Ablauf der Frist als genehmigt. Ein Patient kann dem Leistungserbringer eine Vollmacht erteilen, um einen entsprechenden Antrag nach § 13 Absatz 3a SGB V zu stellen.

Allerdings ist zu berücksichtigen, dass eine Kostenübernahmeerklärung der Krankenkassen für die Entstehung eines Vergütungsanspruches des Krankenhauses nicht rechtsbegründend („konstitutiv") ist, denn dieser entsteht mit der Inanspruchnahme der Leistungen des Krankenhauses durch den Versicherten. Grundsätzlich kann es also nur dann sinnhaft sein, vor Behandlungsbeginn einen Kostenübernahmeantrag zu stellen, wenn davon auszugehen ist, dass die Krankenkasse die Rechnung beanstanden wird. Eine Kostenübernahmeerklärung der Krankenkassen entspricht einem sogenannten „deklaratorischen Schuldanerkenntnis". Folge eines solchen Schuldanerkenntnisses ist vor allem, dass solche Einwände der Krankenkasse gegen die Rechnung ausgeschlossen sind, die die Krankenkasse bei Abgabe der Kostenübernahmeerklärung kannte oder mit denen sie rechnen musste. Die Kostenübernahmeerklärung schließt damit nicht auch solche Einwendungen aus, die im Zeitpunkt der Abgabe noch nicht bekannt sein konnten (so bspw. BSG, Urteil vom 17.5.2000 – B 3 KR 33/99 R).

Im Folgenden haben wir eine Checkliste mit Punkten erstellt, die bei der Vorbereitung von Kostenübernahmeanträgen zu berücksichtigen sind:

- In jedem Fall sollten Sie die Rechtsgrundlage benennen, auf die sich der Antrag begründet. Die Krankenkasse geht grundsätzlich davon aus, dass die Anträge nicht nötig sind, weil Verträge nach § 112 SGB V geschlossen wurden. Sie folgert daher aus der Antragsstellung, dass die Regelversorgung verlassen wird.
- Es ist wichtig darzustellen, dass der anerkannte Stand der medizinischen Erkenntnisse gewahrt bleibt und nicht etwa experimentell und außerhalb der Regelleistungen behandelt wird. Neben der einzelnen Einschätzung des behandelnden Arztes ist es daher wichtig, im Antrag auf die Literatur, idealerweise auf Leitlinien, einzugehen.
- Adressat für Kostenübernahmeanträge ist die Krankenkasse, nicht der MDK. Beschreiben Sie dennoch sehr dezidiert, warum eine ggf. vorliegende Erstlinientherapie nicht mehr zweckmäßig ist, denn das begründet auch deren Unwirtschaftlichkeit.
- Die Argumentation sollte aus Sicht der Krankenkasse erfolgen, d. h. es gilt darzulegen, was die negativen ökonomischen Konsequenzen aus Sicht der Krankenkasse sind. Je konkreter die Alternativtherapien und deren Kosten benannt werden können, desto besser. Kann der Prüfer in der Krankenkasse erkennen, dass Alternativtherapien (und deren Folgen) teurer sind, wird er in der Regel den MDK nicht mehr einschalten.
- Vorsicht bei der Formulierung! Begriffe wie „Off Label Use" oder „vertragsärztlich ambulante Versorgung" sollten im Antrag nur verwendet werden, wenn sich dies nicht vermeiden lässt, da dies unnötige und nachteilhafte Prüfmechanismen auslösen kann.

Die medizintechnischen Unternehmen können die Leistungserbringer bei der Vorbereitung technologiespezifischer Kostenübernahmeanträge unterstützen und entsprechende Muster zur Verfügung stellen.

8.5 Fazit

8.5.1 Konsequenzen nach Marktzugang bei GKV-Rechnungsprüfungen

Der Markt für Medizintechnik ist heterogen und umfasst die Anbieter von Verbandsmaterial ebenso wie die Hersteller von implantierbaren Neurostimulatoren oder Großgeräten. Wenig überraschend sind Rechnungsprüfungen im Krankenhaus daher keinesfalls für alle Unternehmen gleich relevant. Vereinfacht gesagt, ist die Relevanz für die Hersteller potenziell immer dann gegeben, wenn der Einsatz des betreffenden Produktes

a. vergütungsrelevant ist.
b. aus Sicht des MDK das Qualitäts- und Wirtschaftlichkeitsgebot nicht erfüllt sind.

Sind diese Vorrausetzungen gegeben, lassen sich durch die Prüfung Kosteneinsparungen seitens der GKV realisieren. Spätestens dann sollten Sie den Bedarf bzgl. Ihres Produktes beim Kunden eruieren und können dann hierauf aufbauend Informationsmaterialien entwickeln.

Vergütungsrelevant ist die Methode, wenn die sachgerechte Kodierung zu erhöhten Zahlungen im DRG-System führt. Die Frage, ob Qualitäts- und Wirtschaftlichkeitsgebot erfüllt sind, lässt sich weniger einfach beantworten. Solange eine (teurere) Methode nicht klar und formalisiert, d. h. idealerweise in S3-Leitlinien, als Standardtherapie für eine bestimmte Patientenpopulation beschrieben ist, kann i. d. R. auch infrage gestellt werden, ob Qualitäts- und Wirtschaftlichkeitsgebot hinreichend erfüllt sind. Eine klare Datenlage, basierend auf Studien mit hohem Evidenzgrad, kann selbstverständlich auch vor der Übernahme in Leitlinien eine Erstattungsfähigkeit begründen.

Wird eine erlösrelevante Methode also in Patientengruppen eingesetzt, in denen sie nicht als Standard etabliert ist und ist die Datenlage zur Beurteilung der medizinischen Notwendigkeit des Verfahrens nicht hinreichend klar, muss mit Rechnungsprüfungen gerechnet werden. In diesem Fall lassen sich durch die Prüfung Kosteneinsparungen für die GKV realisieren. Vermehrte MDK-Prüfungen und die in Konsequenz erwartbare Rechnungskürzung setzen die Krankenhäuser und damit auch die Hersteller in mehrfacher Hinsicht unter Druck. Zum einen entsteht ein Aufwand für die Bearbeitung von MDK-Prüfungen, d. h. sie binden Ressourcen sowohl in den Fachabteilungen wie auch im medizinischen Controlling und in letzter Konsequenz im Justiziariat der Krankenhäuser.

Zum anderen müssen Rückstellungen für die laufenden Verfahren gebildet werden, die einen negativen Einfluss auf die Rentabilität der Krankenhäuser haben. Für den Hersteller ergeben sich hieraus und in Konsequenz ein erhöhter Preisdruck und/oder ein Absatzrückgang für das im Krankenhaus eingesetzte Produkt, da die Krankenhäuser auf andere Verfahren ausweichen.

Ist zu erwarten, dass Ihre Kunden im Krankenhaus beim Einsatz Ihrer Technologie mit regelmäßigen Rechnungsprüfungen konfrontiert sind, sollten Sie proaktiv tätig werden. Kurzfristig kann ein entsprechendes Unterstützungsprogramm für die Leistungserbringer entwickelt werden, um diese zu entlasten und die Auswirkungen der Rechnungsprüfungen so weit möglich zu minimieren. Mittelfristig sollte abgewogen werden, inwieweit der klinische Entwicklungsplan für ein Produkt das Problem der Rechnungsprüfung entkräftet. Je früher die speziellen Erfordernisse des deutschen Marktes im Allgemeinen und der Prozess der Rechnungsprüfung im Krankenhaus im Besonderen berücksichtigt werden, desto eher lassen sich Herausforderungen mit der Rechnungsprüfung der Krankenhäuser nach Marktzugang vermeiden.

8.5.2 Aufbau einer Unterstützungsfunktion bei Rechnungsprüfungen

Bei der Implementierung eines Programms zur Unterstützung der Krankenhäuser bei Rechnungsprüfungen im Krankenhaus sind eine Reihe von juristischen und prozessualen Aspekten zu beachten. In jedem Fall sollte ein klarer Prozess definiert werden, in dem festgelegt wird:

- Wer Kundenanfragen aufnimmt und bearbeitet?
- Welche Hilfestellung angeboten werden sollen und welche ggf. aus juristischen Überlegungen nicht?
- Wie die Anfragen nachverfolgt werden können?
- Wie das Angebot kommuniziert werden soll?
- Wie das Programm evaluiert wird?

In das Team zum Aufbau einer Unterstützungsfunktion sollten verschiedene, nachfolgend aufgeführte Fachabteilungen eingebunden werden. Aufgrund der thematischen Nähe sollte das Reimbursement/Market Access Team die projektbezogene Führung übernehmen, welches auch die Definition der Ziele, Projektplanung und Erfolgsmessung vornehmen sollte.

Medical Medial Affairs nimmt eine zentrale Rolle beim Aufbau eines Unterstützungsprogramms ein. Zum einen ist eine korrekte Aufarbeitung der Evidenz unerlässlich, um eine optimale Argumentation zum medizinischen Nutzen eines Produktes zu entwickeln.

Zum anderen ist eine enge und vertrauensvolle Zusammenarbeit mit Klinikern wichtig, um Feedback zu einer Methode aus dem klinischen Alltag zu erhalten. Nur so kann sichergestellt werden, dass die große Mehrheit der einschlägigen Fachleute (Ärzte, Wissenschaftler) die Behandlungsmethode kennt und diese eine flächendeckende Anwendung erfährt. Darüber hinaus kann Medical Affairs Rückmeldungen aus dem Unterstützungsprogramm ggf. in das klinische Entwicklungs- und Weiterentwicklungsprogramm einfließen lassen.

Account Manager Krankenhäuser haben, wie alle größeren Unternehmen mit Reibungsverlusten und Kommunikationsproblemen zwischen einzelnen Abteilungen zu kämpfen. Account Manager kennen diese Herausforderungen und die krankenhausinternen Prozesse ihrer Kunden. Sie streben einen reibungslosen Kommunikationsfluss zum Kunden an und können daher frühzeitig Warnsignale für Erstattungsprobleme erfassen. Ein eng mit dem Kunden zusammenarbeitender Account Manager kann daher frühzeitig den Bedarf gemeinsam mit Kliniker und anderen Abteilungen im Krankenhaus konkretisieren. Darauf basierend können Informationsmaterialien passgenauer zur Verfügung gestellt werden.

Rechtsabteilung Auf die juristischen Fragestellungen bei der Implementierung soll an dieser Stelle nicht vertieft eingegangen werden. Dennoch ist es wichtig, frühzeitig juristische Kompetenz einzubinden. So ist z. B. zu berücksichtigen, dass eine Rechtsberatung in Deutschland nur von Juristen durchgeführt werden darf und das Rechtsdienstleistungsgesetz der Tiefe der Beratung zu einzelnen Fällen u. U. Grenzen setzt. Zudem müssen bei der Gewährung von Vorteilen bzw. dem zur Verfügung stellen von Dienstleistungen stets die Grenzen des § 299b StGB (Bestechung im Gesundheitswesen) beachtet werden. Selbstverständlich ist juristische Expertise zudem unerlässlich, um sicherzustellen, dass die Argumentation mit Bezug auf das deutsche Sozialrecht korrekt ist.

Compliance/Regulatory (C&R) Um eine konsistente Entwicklung von Dokumenten und Dienstleistungen im Erstattungssektor aufzubauen, empfiehlt sich zu einem frühen Zeitpunkt mit C&R in Kontakt zu treten. Es sollte gemeinsam geklärt werden, welche und in welcher Tiefe Dienstleistungen für das Unternehmen compliant sind.

Marketing Es sollte eine Einbettung der Dienstleistung in die Gesamtstrategie zur Mehrwertdarstellung erfolgen. Standardisierte Materialien helfen, die Arbeitsbelastung gering zu halten und vermeiden das wiederholte Durchlaufen von internen Freigabeprozessen. Hierfür ist allerdings eine gute Vorbereitung notwendig. Andernfalls besteht die Gefahr, dass Unterlagen am tatsächlichen Kundenbedarf vorbei entwickelt werden. Im Unternehmen vorhandene Materialien müssen an die deutsche Versorgungssituation angepasst und mit Blick auf die sozialrechtlichen Fragestellungen weiterentwickelt werden.

Zusammenfassung der wichtigsten Schritte zum Aufbau Ihres Erstattungssupportes:

1. Analyse der Erstattungssituation:
   - Welche inhaltlichen Argumente werden bei der Rechnungsprüfung bzw. -kürzung verwendet?
   - Gibt es regionale Schwerpunkte bei der Rechnungsprüfung bzw. -kürzung? Welche Krankenkassen agieren besonders „aggressiv"? Gibt es Unterschiede hinsichtlich der Krankenhausträger?
   - Welche Strategien sind erfolgreich und wie können diese übertragen werden?
   - Diese Fragen können in offenen Gesprächs- oder Expertengruppen adressiert werden und dienen gleichzeitig dem Aufbau eines entsprechenden Netzwerkes.
2. Definition der cross-funktionalen Ansprechpartner/Aufgaben.
3. Entwicklung der notwendigen Dokumente, z. B. Dokumentationschecklisten, Kostenübernahmeanträge, Argumentationsleitfäden und andere.
4. Implementierung und Kommunikation:
   - Prozessentwicklung.
   - Mailings/Newsletter/Website/Mailadresse.
   - Schulung des Außendienstes: Sind alle erstattungsrelevanten Informationen bekannt und werden diese im richtigen Kontext verwendet?
   - Feedbackfunktion: Ist die Unterstützung erfolgreich? Wie bemisst man das?
   - Tracking der Tätigkeiten.

Alles in allem müssen Sie immer abwägen, ob der Aufwand für den Support dem Ertrag, d. h. den erwarteten Absatzzahlen entspricht. Beim Aufwand werden Sie ferner abwägen, ob ein Outsourcing einzelner Tätigkeiten ökonomisch zielführender ist.

Literatur

1. Abbott (2018) Kodierleitfaden. http://www.mrtinfo.de/media/2/D18020718/3183032512/Structural_Heart_Kodierleitfaden_2018_final.pdf. Zugegriffen am 08.04.2018
2. Aerzteblatt.de (2017) Krankenhausdirektoren kritisieren Rechnungskürzungen durch Krankenkassen. Deutscher Ärzteverlag GmbH. https://www.aerzteblatt.de/nachrichten/77871/Krankenhausdirektoren-kritisieren-Rechnungskuerzungen-durch-Krankenkassen. Zugegriffen am 24.04.2018
3. Bohmeier A, Schmitz-Luhn B (2013) Dringlichkeit und die „Rule of Rescue" im Recht. In: Bohmeier A, Schmitz-Luhn B (Hrsg) Priorisierung in der Medizin. Springer, Berlin, S 125–133
4. Dirschedl P, Waibel B, Mohrmann M (2010) Sozialmedizinische Begutachtung der Notwendigkeit und Dauer von Krankenhausbehandlung im G-DRG-System. Gesundheitswesen 72:433–442
5. Funk R, Grell L, Hanisch M, Korn U et al (2008) Arbeitshilfe zur Begutachtung von Arzneimitteltherapien in Zusammenhang mit Krankenhausbehandlung. Medizinischer Dienst des Spitzenverbandes Bund der Krankenkassen. https://www.mds-ev.de/fileadmin/dokumente/Publikationen/GKV/Begutachtungsgrundlagen_GKV/01_AHi_AM-Ther_KH_2008.pdf. Zugegriffen am 02.02.2018

6. Geissler A, Scheller-Kreinsen D, Quentin W, Busse R (2011) Germany: understanding G-DRGs. In: Busse R, Geissler A, Quentin W, Wiley M (Hrsg) Diagnosis-related groups in Europe moving towards transparency, efficiency and quality in hospitals. Open University Press, Maidenhead
7. Gemeinsamer Bundesausschuss (2013) Informationsblatt – Voraussetzungen der Erbringung einer (neuen) Methode zu Lasten der gesetzlichen Krankenversicherung (GKV). https://www.g-ba.de/downloads/17-98-3563/Infoblatt_Voraussetzungen-Erbringung-Methode_2013-10-10.pdf. Zugegriffen am 14.12.2017
8. Heyll A (2007) Leistungsumfang der GKV bei Behandlungen unter Teilnahme an klinischen Studien. KC Onkologie. http://www.muenchner-studienzentrum.me.tum.de/pdf/Vortrag_Heyll_GCPSem_2007.pdf. Zugegriffen am 30.11.2017
9. Kuss A, Wildner R, Kreis H (2014) Marktforschung – Grundlagen der Datenerhebung und Datenanalyse. Springer Gabler, Wiesbaden
10. Medizinischer Dienst der Krankenversicherung in Bayern (2018) Krankenhausrechnungsprüfung https://www.mdk-bayern.de/unserethemen/weitere-themen/krankenhausrechnungspruefung/. Zugegriffen am 25.02.2018
11. Medizinischer Dienst des Spitzenverbandes Bund der Krankenkassen e.V. (2008) Begutachtungsanleitung – Außervertragliche „Neue Untersuchungs- und Behandlungsmethoden (NUB)". Medizinischer Dienst des Spitzenverbandes Bund der Krankenkassen. https://www.mds-ev.de/fileadmin/dokumente/Publikationen/GKV/Begutachtungsgrundlagen_GKV/05_BegAnl_NUB_2008-10-08.pdf. Zugegriffen am 25.01.2018
12. Pflügler F (2009) GKV-Kostentragung für Medizinprodukte in klinischen Prüfungen. In: Ahrens H-J, von Bar C, Fischer G, Spickhoff A, Taupitz J (Hrsg) Medizin und Haftung. Springer, Berlin, S 405–414
13. Roeder N, Fiori W, Loskamp N, Bunzemeier H et al (2003) Strategische Kodierung – Schlüssel zum DRG-Erfolg? Das Krankenhaus 10:780–788
14. Ruhr Universität Bochum (2018) Nikolaus-Projekt – Institut für Sozial- und Gesundheitsrecht. http://www.nikolaus-beschluss.de/pages/statistik. Zugegriffen am 03.03.2018
15. Salome R (2017) Rechnungsprüfungen im Krankenhaus. Deutsche Krankenhaus Verlagsgesellschaft, Berlin

Antonis Kontekakis, Dipl.-Kfm. Antonis Kontekakis ist seit 2011 im Bereich Gesundheitsökonomie & Erstattung verschiedener Medizintechnik- und Pharmaunternehmen tätig. Er verantwortet derzeit als Manager Health Economics & Reimbursement bei Mallinckrodt Pharmaceuticals unter anderem den Bereich Krankenhausabrechnung und Programme zur Unterstützung von Krankenhäusern bei MDK-Prüfungen.

Birgit Burgstaller, Dipl.-Biologin Birgit Burgstaller ist seit 1998 im Gesundheitswesen tätig. Sie ist bei Mallinckrodt Pharmaceuticals als Territory Manager D/A/CH beschäftigt und für die Themen Erstattung, Netzwerkaufbau, Business Development, Marktanalysen und Vertrieb verantwortlich.

Evidence Generation: Wie können Sie mit Real World Evidence Ihren Marktzugang erfolgreicher gestalten?

9

Tobias Vogelmann

Inhaltsverzeichnis

Zusammenfassung

Gesundheitsdaten, die nicht aus randomisiert, kontrollierten Studien, sondern aus der Versorgungsrealität stammen, können bei der Erzeugung von Evidenz und dem Marktzugang eine wichtige Rolle spielen. Derartige Daten aus der Versorgungsrealität stammen meist aus Registern, GKV-Abrechnungsdaten, Patientenakten oder sie werden prospektiv beim Patienten erhoben. Sie werden heute sowohl bei der Beurteilung der

T. Vogelmann (✉)
LinkCare GmbH, Stuttgart, Deutschland
E-Mail: tv@link-care.de

© Springer Fachmedien Wiesbaden GmbH, ein Teil von Springer Nature 2019
T. Schubert, T. Vogelmann (Hrsg.), *Market Access in der Medizintechnik*,
https://doi.org/10.1007/978-3-658-23476-8_9

Sicherheit von Produkten als auch bei der Erzeugung von Langzeitdaten genutzt. Perspektivisch werden solche Daten eine noch wichtigere Rolle bei Entscheidungen der Zulassung und der Erstattungsfähigkeit von Medizinprodukten, bspw. zur Abbildung von Erfahrungskurveneffekte bei Anwendern oder bei der Umsetzung von adaptiven Marktzugängen, spielen.

9.1 Einleitung

Randomisierte kontrollierte Studien (Randomized Controlled Trials, RCTs) werden gemeinhin als Goldstandard bei der Untersuchung von Gesundheitsinterventionen angesehen. Durch die zufällige Einteilung der Versuchspersonen in eine Interventions- und eine Kontrollgruppe wird sichergestellt, dass sich beide Gruppen nur hinsichtlich der Intervention unterscheiden. Gut designte und durchgeführte RCTs haben daher eine hohe interne Validität: Das heißt die Veränderungen der abhängigen Variable (bspw. Tod, Gesundheitszustand) zwischen Interventions- und Kontrollgruppe können sehr gut auf die Unterschiede in der unabhängigen Variable (Scheinintervention oder richtige Intervention) zurückgeführt werden.

Ziel der klinischen Forschung mit RCTs ist es daher meist, einen kausalen Effekt einer Intervention auf einen bestimmten gesundheitlichen Outcome nachzuweisen. Hierfür bedarf es einer selektiven Auswahl von Patienten: Einerseits sollten sich die zu untersuchenden Gruppen möglichst ähnlich sein, damit sie sich nur in der Intervention unterscheiden und mögliche Störvariablen (Confounder) in beiden Gruppen gleich verteilt sind. Ohne genaue Einschluss- und Ausschlusskriterien, wie die Krankheitsschwere oder -dauer und der Ausschluss von Vorerkrankungen, würden in RCTs sehr große Fallzahlen benötigt werden, um eine gleichmäßige Verteilung der Risiken durch die zufällige Zuordnung in die verschiedenen Gruppen sicherzustellen. Andererseits werden manche Gruppen aus ethischen Gründen aus RCTs bisher nicht erprobter Interventionen ausgeschlossen. Ein Beispiel dafür sind Schwangere oder Multimorbide, da das Gesundheitsrisiko durch die Intervention als zu groß eingeschätzt wird. Zudem ist die Auswahl der Ärzte und die Betreuung in der Studie für das Versorgungsgeschehen nicht repräsentativ, da Ärzte, die freiwillig an klinischen Studien teilnehmen, sich erwartungsgemäß von anderen Ärzten unterscheiden und sich die engmaschige Betreuung der Patienten im Rahmen der Studie die Adherence- und Monitoring-Probleme der Versorgungsrealität deutlich verringert.

Diese engen Ein- und Ausschlusskriterien führen dazu, dass Effekte aus RCTs mit hoher interner Validität (also sehr wahrscheinlich „echte, unverzerrte Effekte") gemessen werden können, jedoch die in klinischen Studien betrachteten Populationen große Unterschiede zu den Patienten in realer Versorgung aufweisen (geringe externe Validität).

Im Rahmen von gesundheitsbezogenen Interventionen wird dieser Unterschied zwischen interner und externer Validität auch als *Efficacy* und *Effectiveness* bezeichnet: Die Efficacy beschreibt, wie gut die Wirksamkeit einer Behandlung in definierten Kohorten und unter Studienbedingungen im Vergleich zu Placebo untersucht ist. Die Effectiveness andererseits beschreibt die Wirksamkeit einer Intervention unter Alltagsbedingungen, in denen auch Problemstellungen wie die Wirkung bei Patienten mit Multimorbidität, Wechselwirkung mit anderen Medikamenten, Adhärenz-Probleme, ärztliche Anwendungsprobleme etc. eingehen.

Diese Lücke zwischen der internen und der externen Validität von RCTs zu schließen und einen Transfer der Wirksamkeit unter Studienbedingungen hin zur Wirksamkeit und Alltagsbedingungen zu finden, ist ein wichtiges Ziel der sogenannten *Real World Evidence* (RWE). Wie der Ausdruck schon besagt, geht es daher um die Evidenz, also nach der Definition des Deutschen Netzwerks für Evidenzbasierte Medizin um „Informationen aus wissenschaftlichen Studien und systematisch zusammengetragenen klinischen Erfahrungen, die einen Sachverhalt erhärten oder widerlegen" [5], die aus der *echten Welt* stammen, somit aus der täglichen Versorgungsrealität und nicht aus den streng kontrollierten Bedingungen, die bei RCTs zu finden sind.

Im Folgenden bezeichnet *Real World Data* oder Real-World-Daten alle Gesundheitsdaten, die außerhalb traditioneller klinischer Studien (RCTs) gewonnen werden. Hierzu gehören Daten aus Registern, GKV-Abrechnungsdaten, aus elektronischen Gesundheitsakten oder von prospektiven Erhebungen, die keine klassischen RCTs sind. *Real World Evidence* ist definiert als klinische Evidenz hinsichtlich des Einsatzes und den potenziellen Nutzen oder Risiken eines Arzneimittels oder eines Medizinprodukts, die auf der Analyse von *Real World Data* basiert.

Im Fokus der Real World Evidence steht dabei die Analyse von Patientendaten, wie sie in der Versorgungsrealität („Real World") erhoben werden können. „In der Versorgungsrealität" bedeutet, dass die Auswahl der Patienten und Behandler und die Behandlung „real" und damit unbeeinflusst von der Studie erfolgen sollte. Je eher eine RWE-Studie dieses Ziel erreicht, desto valider misst sie die Bedingungen der wahren Welt, d. h. desto höher ist ihre externe Validität. Die untersuchten Patienten sind dabei (bis auf wenige Ausnahmen, die in diesem Kapitel gesondert behandelt werden), ihrer jeweiligen Behandlung durch die gemeinsame Entscheidungsfindung mit ihrem behandelten Arzt zugewiesen und nicht aufgrund ihrer Studienteilnahme einer bestimmten Intervention zugeordnet.

In der Nutzenbewertung von Arzneimitteln und der klinischen Prüfung von Medizinprodukten werden für die Messung der Effekte randomisierte kontrollierte Studien (RCT) in den meisten Fällen bevorzugt. Wie das deutsche IQWiG (Institut für Qualität und Wirtschaftlichkeit im Gesundheitswesen) in seinem Methodenpaper hervorhebt, liegt dies an einer hohen Ergebnissicherheit der RCTs. So kann nur in begründeten Ausnahmefällen auf andere Studienarten zurückgegriffen werden, wenn diese ebenso eine hinreichende Sicherheit der Ergebnisse liefern. Anders als bei den Arzneimittelstudien werden die Sekundärdaten für Fragestellungen zum Thema nichtmedikamentöse Interventionen, epidemiologische Kennzahlen und gesundheitsökonomische Entscheidungen im Rahmen des Marktzugangs empfohlen [11]. So wird im Methodenpapier des IQWiG betont, dass es bei nichtmedikamentösen Interventionen wichtig ist, auf andere Studienarten als RCTs zuzugreifen, da es einen Mangel an RCTs geben kann, wie z. B. in der Chirurgie.

Für epidemiologische Fragestellungen werden vom IQWiG primär Daten von öffentlichen Datensammlungen (z. B. Robert-Koch-Institut) empfohlen, da diese eine hohe

Tab. 9.1 Unterschiede zwischen Randomized Controlled Trials und Real World Evidence. (Quelle: eigene Darstellung)

	Randomized Controlled Trials	Real World Evidence
Gemessene Effekte	Efficacy: Effektivität unter Studienbedingungen	Effectiveness: Effektivität unter Alltagsbedingungen
Population und Outcomes	Die Veränderung von vordefinierten klinischen Parametern in einer Kohorte von vordefinierten Patienten	Die Veränderung in unterschiedlichen Behandlungsendpunkten, die für Behandler und Patienten von Interesse sind – bei Patienten, die vom Behandler in der Routinebehandlung als geeignet ausgewählt wurden
Ausschlusskriterien	Zahlreiche Ausschlusskriterien	Wenig oder keine Ausschlusskriterien
Intervention und Kontrolle	Meistens Vergleich zu Placebo oder Scheininterventionen unter einem standardisierten Behandlungsprotokoll	Meistens im Vergleich zu anderen Therapien in einem echten Behandlungssetting mit unterschiedlicher Adherence und Compliance von Ärzten und Patienten
Ziel	Hohe interne Validität	Hohe externe Validität
Datenerhebung	Prospektiv	Prospektiv oder retrospektiv
Stichprobe	In der Regel wenige 100 bis <10.000	Je nach Datenquelle auch deutlich >10.000

methodische Qualität aufweisen. Zusätzlich können die Kennzahlen aus den GKV-Routinedaten genutzt werden. Da solche Daten oft einen regionalen Bezug haben, muss die Generalisierbarkeit der Ergebnisse geprüft werden.

Tab. 9.1 fasst die wesentlichen Unterschiede zwischen RCTs und RWE-Studien zusammen.

Dieser Beitrag soll die Fragen klären, an welchen Stellen Real World Evidence im Marktzugangsprozess von Medizinprodukten unterstützen kann, welche Datenquellen es für Real World Data gibt, wie aus diesen Daten Evidenz werden kann und wie Sie bei der Erstellung einer Real-World-Evidence-Studie vorgehen sollten.

9.2   Datenquellen für RWE: Real World Data

Daten aus der Versorgungsrealität werden überall dort generiert, wo Gesundheitsdaten oder Daten aus Versorgungsprozessen auf Patientenebene erfasst werden. Hierzu zählen [9]:

1. Registerdaten: Prospektive Datenerhebungen von Patienten ähnlicher Erkrankungen und/oder einer spezifischen Intervention. Der Einschluss erfolgt prospektiv. Die Erhebung von Interventionen, Risikofaktoren und Outcomes vor Einschluss werden oft retrospektiv ergänzt.
2. Routinedaten gesetzlicher Krankenversicherungen (GKV-Routinedaten): Retrospektive Auswertung von Daten, die zwischen Krankenkassen und Leistungserbringern zu

Abrechnungszwecken ausgetauscht wurden oder von Daten, die der Krankenkasse im Rahmen des Versicherungsverhältnisses vorliegen (Stammdaten).

3. Patientenakten: Elektronische Akten oder Akten aus Papier, in denen Krankenhäuser oder niedergelassene Ärzte die Dokumentation zum Patienten führen. Diese enthalten typischerweise Symptome und Behandlungen auf Patientenebene im Längsschnitt.

4. Primäre prospektive Datenerhebung: Prospektive klinische Studien mit oder ohne Randomisierung, die aber hinsichtlich Ein- und Ausschlusskriterien sowie Outcome-Messung näher an der Versorgungsrealität sind als klassische RCTs.

Zudem zählen Datenquellen wie Wearables, Smart Watches oder Fitness-Tracker, Gesundheitsdaten aus Social Media oder Anwendungsdaten von Medizinprodukten zu Real-World-Daten.

Im Folgenden wird auf die vier am häufigsten verwendeten Datenquellen bei Real-World-Evidence-Studien nämlich Registerdaten, GKV-Abrechnungsdaten, Patientenakten und prospektiv erhobene Daten im Detail eingegangen.

9.2.1 Registerdaten

In der Epidemiologie wird ein Register definiert als eine standardisierte Dokumentation von Daten eines definierten Kollektivs, welches eine Vollzähligkeit innerhalb dieses Kollektivs anstrebt [13]. Register dienen der systematischen, patientenübergreifenden Auswertung von Krankheitsverläufen. Sie können dabei populationsbezogen oder patientenbezogen sein: Populationsbezogene Register, die auch als epidemiologische Register bezeichnet werden, enthalten alle Fälle einer bestimmten Erkrankung in einer definierten Bevölkerungsgruppe, sodass die Fallzahl zur Basispopulation ins Verhältnis gesetzt werden kann. Dahingehend kann bspw. die Häufigkeit einer bestimmten Erkrankung in einem Bundesland zuverlässig ermittelt werden. Typischerweise werden mit epidemiologischen Registern Inzidenz und Prävalenz von Erkrankungen erhoben und die Verteilung der Erkrankung nach Alter und Geschlecht ermittelt. Das bekannteste Beispiel für epidemiologische Register sind die epidemiologischen Krebsregister, die in Deutschland auf Landesebene geführt werden. In Hamburg wurde bspw. bereits 1926 ein epidemiologisches Krebsregister eingerichtet und seit 1993 gibt es diese in ganz Deutschland [16].

Patientenbezogene Register (auch klinische Register genannt) sammeln standardisierte Daten zu Patienten in einer oder mehreren Versorgungseinrichtungen und sollen speziell helfen, den Outcome einer Krankheit bzw. einer Intervention oder Einflussfaktoren auf den Krankheitsverlauf zu bestimmen. Sie dienen vorrangig der Qualitätssicherung der Versorgung und im Regelfall werden Daten der Diagnose einzelner Behandlungen, Gesundheitsoutcomes und Tod erfasst. Patientenbezogene Register streben daher keine Repräsentativität an, weshalb eine Verallgemeinerung nur mit Einschränkungen möglich ist.

Aus diesem Grund ist es bei der Nutzung der Registerdaten unerlässlich, sich vor der Studienplanung sehr genau mit dem Aufbau und den Ein- und Ausschlusskriterien auseinanderzusetzen. Erfahrungsgemäß sind die Register in ihrer Vollständigkeit äußerst unterschiedlich ausgeprägt.

Enthaltene Daten: Grundsätzlich können Register Daten zu sämtlichen Leistungsbereichen beinhalten. In der Realität beteiligen sich hauptsächlich Krankenhäuser an der Erstellung und Pflege von Registern, in manchen Fällen auch ambulant tätige Ärzte.

Vorteile: Wenn das Register vollständig ist, können mit großen Fallzahlen repräsentative Aussagen zu Inzidenz, Prävalenz und Behandlung von Patienten getroffen werden. Zudem sind oftmals detaillierte klinische Daten zu Patienten und Interventionen erfasst, die in anderen Datenquellen so nicht vorhanden sind.

Nachteile: Es besteht ein potenzieller Selektionsbias der Patienten und der teilnehmenden Ärzte, insbesondere, wenn keine gesetzlichen oder behördlichen Meldepflichten bestehen. Typischerweise ist bei Registerdaten mit unvollständigen und unplausiblen Daten zu rechnen, die vor der Auswertung umfassend qualitätsgesichert werden müssen. Zudem sind die Register in aller Regel nicht über alle Leistungsbereiche und alle Leistungserbringer geführt, was die Abbildung von Patientenpfaden erschwert.

Zugang: Erfahrungsgemäß erfolgt der Zugang zu Registerdaten am besten über klinisch tätige Ärzte. Die Auswertung der Registerdaten ist grundsätzlich nur aggregiert möglich. Die Einbeziehung einer Ethikkommission ist üblicherweise in den Regularien der Registernutzung festgeschrieben, ebenso wie die Freigabe des Forschungsvorhabens durch das zuständige Sozialministerium.

9.2.2   GKV-Routinedaten

Eine weitere Datenquelle für Real World Data sind Daten von gesetzlichen Krankenkassen (GKV-Routinedaten). Durch die seit Jahren etablierte elektronische Datenübermittlung der vertragsärztlichen Versorgung nach § 295 SGB V und der stationären Versorgung nach § 301 SGB V liegen die Leistungsdaten der Krankenkassen bereits in elektronischer Form vor, was sie einer Auswertung schnell zugänglich macht. Da sie mit der Leistungsinanspruchnahme des Versicherten entstehen und unmittelbar nach Aufnahme (Krankenhäuser) bzw. quartalsweise (Vertragsärzte) an die Krankenkassen geliefert werden, sind sie im Vergleich zu anderen Routinedaten aktuell und schnell verfügbar. Zudem ist durch die Krankenversicherungsnummer bzw. die Nummer der elektronischen Gesundheitskarte ein eindeutiger Personenbezug gegeben, die Daten sind über die Leistungsbereiche vollständig und ohne Möglichkeiten des Opt-outs erhoben, was eine Analyse über verschiedene Leistungssektoren oder verschiedene Jahre hinweg ermöglicht.

Die Nutzung der Krankenkassendaten für Zwecke der Versorgungsforschung sind in § 287 SGB V und § 75 SGB X geregelt. Demnach dürfen anonymisierte Leistungsdaten von Krankenkassen unter bestimmten Bedingungen für die Gewinnung epidemiologischer Erkenntnisse, von Erkenntnissen über Zusammenhänge zwischen Erkrankungen und Arbeitsbedingungen oder von Erkenntnissen über örtliche Krankheitsschwerpunkte genutzt, gespeichert und übermittelt werden.

Die Nutzung von deutschen GKV-Routinedaten hat in der Vergangenheit zugenommen. Ein systematisches Review aus dem Jahr 2016 fand 341 Studien, die zwischen 2000 und 2014 publiziert und bei denen deutsche GKV-Routinedaten ausgewertet wurden. Dabei zeigte sich ein deutlicher Anstieg der Publikationen zwischen 2000 und 2014 [12].

Enthaltene Daten: In den GKV-Daten sind sämtliche Leistungsbereiche des GKV-Systems abgebildet. Hierzu zählen Verordnungen von niedergelassenen Ärzten über Arzneimittel, die stationäre Versorgung, die ambulant-vertragsärztliche Versorgung, Hilfsmittel, Heilmittel, Arbeitsunfähigkeit, Rehabilitationsdaten sowie sonstige Leistungen (z. B. Fahrtkosten). Medikamente, die im Rahmen der stationären Versorgung abgegeben werden, werden, von wenigen Ausnahmen abgesehen, im Rahmen der pauschalen DRG-Vergütung abgerechnet und sind nicht einzeln analysierbar. Pflegeleistungen, die von den gesetzlichen Pflegeversicherungen abgerechnet werden, liegen ebenfalls bei den Krankenkassen vor. Tab. 9.2 zeigt eine Übersicht über die in den Abrechnungsdaten der GKV enthaltenen Daten.

Die GKV-Daten sind pseudonymisiert, besitzen also einen Personenbezug, der eine Nachverfolgung von Versicherten über die Zeit und über verschiedene Leistungsbereiche ermöglicht, aber eine Identifizierung von Einzelpersonen nicht vorsieht. Der Personenbezug erlaubt es, im Gegensatz zu aggregierten Falldaten wie der Krankenhausstatistik, Inzidenzen und Prävalenzen auf Patienten- statt auf Fallebene zu erheben und Krankheitsverläufe auch über verschiedene Sektoren (Krankenhaus, ambulante Ärzte, Arzneimittel) nachzuverfolgen.

Vorteile: Die Daten sind im Vergleich zu anderen Datenquellen nicht mit einem Selektionsbias belegt. Da weder Patienten noch Ärzte der Datenerhebung widersprechen können, liegt keine Selbstselektion vor. Aufgrund dessen sind zudem Angaben zu Patienten enthalten, die in klinischen Studien, aber auch in Primärerhebungen bspw. anhand von Umfragen fehlen. Es kann sich dabei um multimorbide Patienten, demente Patienten, Heimbewohner oder Patienten, die der deutschen Sprache nicht mächtig sind, handeln. Darüber hinaus stehen die GKV-Daten für einen relativ langen Zeitraum zur Verfügung, je nach Datenquelle betragen typische Betrachtungszeiträume 5 bis 10 Jahre. Somit werden auch Entwicklungen über die Zeit, bspw. von Prävalenzen, sichtbar und Zeitverläufe in der Behandlung, wie der Einsatz bestimmter Verfahren als Erstlinien- oder Zweitlinientherapie, sind abbildbar. Ein weiterer großer Vorteil besteht darin, dass auch die Kostendaten der GKV vollständig erfasst sind, wodurch auch gesundheitsökonomische Analysen möglich sind.

Nachteile: Die zwei größten Limitationen der GKV-Daten liegen zum einen darin, dass keine Leistungen abgebildet sind, die außerhalb der GKV-Leistungspflicht liegen. So sind bspw. nichtverschreibungspflichtige Medikamente nicht in den Daten enthalten. Zum anderen liegen in den GKV-Daten relativ wenig Informationen zur Krankheitsschwere und anderen klinischen Werten vor. Der Vergleich zwischen verschiedenen Interventionen ist dadurch oft eingeschränkt, sodass keine klinischen Informationen zu den Patientengruppen vorliegen und auch durch Risikoadjustierung nicht sicher gesagt werden kann, ob Patienten gleich schwer erkrankt sind. Dies betrifft Informationen zum Blutdruck, Schweregrad von Erkrankungen, Raucherstatus etc.

Zugang: Der Datenzugang zu GKV-Daten erfolgt entweder über das DIMDI (siehe Infokasten) oder über Vereinbarungen mit einzelnen Krankenkassen. Während Sie beim

Tab. 9.2 Übersicht über die GKV-Daten. (Quelle: nach Schubert und Bischoff-Everding [17])

Datenaustauch TP = Teilprojekt	Rechtsgrundlage	Leistungsbereich	Enthaltene Daten (auszugsweise)
TP 1	§ 295 SGB V	Ärzte	• Arztnummer (LANR) • ICD-Schlüssel • Diagnosesicherheit • Gebührenordnungsnummer
TP 2	§ 295 SGB V	Zahnarzt	• Zahnarzt IK • Laborkennzeichen • Angaben Bonus • Zahnbezeichnung
TP 3	§ 300 Abs. 3 SGB V	Apotheken	• PZN • Darreichungsform • Wirkstoffstärke • Packungsgröße • Arztnummer • Mengenfaktor • Abgabedatum
TP 4a	§ 301 Abs. 1 SGB V	Krankenhäuser	• Aufnahme- und Entlassdiagnosen • OPS-/DRG-Codes • Fachabteilung • ICD-Schlüssel
TP 4b	§ 301 Abs. 4 SGB V	Rehabilitationseinrichtungen	• Aufnahme- und Entlassdiagnosen • Einweisender Arzt • Behandlungsart (stationär, ambulant) • Anzahl Therapietage • Arbeitsfähigkeit
TP 5	§ 302 Abs. 2 SGB V	Sonstige Leistungserbringer (Hilfsmittel, Heilmittel, häusliche Krankenpflege, Krankenpflege, Krankensport, Rehasport und weitere)	• Hilfsmittelpositionsnummer • Verordnungsdatum • Anwendungsort • Vertragsarztnummer • Versorgungszeitraum • ICD-Schlüssel
TP 6	§ 105 Abs. 2 SGB XI	Pflege	• Leistungskomplex • Pflegehilfsmittelpositionsnummer • Versorgungszeitraum • Leistungserbringer IK

DIMDI Zugriff auf die Daten aller GKV-Versicherten erhalten, können Sie bei Vereinbarungen mit einzelnen Krankenkassen nur auf deren Bestand zugreifen. Große Krankenkassen wie die Barmer, TK oder große AOKen stellen Daten für die Versorgungsforschung zur Verfügung, wenn sie an der Beantwortung der Forschungsfrage ebenfalls Interesse haben. Die Vereinbarung erfolgt hier individuell, wobei für die administrative Klärung wie Vertragsdetails und Datenschutz ausreichend Zeit eingeplant werden sollte. Kleinere

Krankenkassen wie BKKen oder kleinere IKKen haben in manchen Fällen auch ihre Abrechnungsdienstleister zur Zusammenarbeit mit Versorgungsforschern berechtigt. Ein gemeinsames Projekt mit einem Abrechnungsdienstleister kann Ihnen daher Zugang zu den Daten vieler kleiner Krankenkassen liefern, wodurch sich die Aufwände für die administrativen Abstimmungen reduzieren lassen. Wichtig ist in allen Fällen, dass es sich bei der Datenerhebung tatsächlich um eine Versorgungsforschungsstudie zur Evidenzgenerierung handelt und nicht bspw. um Zahlen zur Marktbeschreibung, denn hierfür ist die Verwendung der erhobenen Daten nicht zulässig.

Die konkrete Auswertung erfolgt in den meisten Fällen durch die Mitarbeiter der Krankenkassen bzw. deren Abrechnungsdienstleistern selbst. Es ist daher erfahrungsgemäß von großer Relevanz, dass Sie sämtliche Analysen, angefangen vom Versichertenaufgriff bis zur statistischen Auswertung, sehr genau und auch für die Statistiker und Datenbankadministratoren in den Krankenkassen nachvollziehbar beschreiben. Der Aufwand hierzu ist vergleichbar mit anderen Beobachtungsstudien und sollte in Ihrem Haus mit den Abteilungen, die klinische und nichtklinische Studien betreuen, gut abgestimmt sein. Der Einbezug einer Ethikkommission ist bei Nutzung der Daten im Rahmen der Regelungen des SGB V meist nicht vorgeschrieben.

Hintergrundinformation
Seit Februar 2014 steht für Hochschulen und sonstige Einrichtungen mit der Aufgabe unabhängig wissenschaftlicher Forschung, sofern die Daten wissenschaftlichen Vorhaben dienen, gem. § 303e Abs. 2 SGB V das sogenannte Informationssystem Versorgungsdaten beim Deutschen Institut für Medizinische Dokumentation und Information (DIMDI) zur Verfügung. Beim Informationssystem Versorgungsdaten handelt es sich um Daten, die durch das Bundesversicherungsamt im Rahmen des morbiditätsorientierten Risikostrukturausgleichs (Morbi-RSA) erhoben werden. Diese Daten enthalten eine niedrigere Datentiefe als die Abrechnungsdaten, die Krankenkassen selbst zur Verfügung stehen und die der Abrechnung mit den Leistungserbringern dienen. Im stationären Sektor sind bspw. keine tagesgenauen Angaben zu Beginn und Ende des stationären Aufenthalts enthalten. Aus allen Sektoren fehlen die für Sie als Medizinproduktehersteller wichtigen Angaben zu den durchgeführten Leistungen wie OPS-Codes oder EBM-Ziffern. Angaben zu den Facharztgruppen der Leistungserbringer fehlen vollständig. Zudem sind keine Informationen zu verordneten Heil- und Hilfsmitteln verfügbar.
Praktisch ergeben sich auch Probleme aus dem hohen Zeitverzug der Daten: Im April 2018 sind Daten von 2009 bis 2014 auswertbar, also vier bis neun Jahre alte Daten. Zudem ist erfahrungsgemäß mit einem langen Genehmigungsprozess zu rechnen. Dafür enthält das Informationssystem Versorgungsdaten eine Vollerhebung aller gesetzlich Krankenversicherten und bietet insbesondere für Indikationen mit einer kleinen Fallzahl eine bessere Datenbasis als die Daten einzelner Krankenkassen. Der Zugang über das Informationssystem Versorgungsdaten ist der einzige Weg, die GKV-Routinedaten aller 72 Mio. GKV-Versicherten auszuwerten.

9.2.3   Retrospektive Auswertung von Patientenakten

Eine weitere Datenquelle aus der Versorgungsrealität stellen Patientenakten von Krankenhäusern oder niedergelassenen Ärzten dar. Das Auslesen von Patientenakten zu Forschungszwecken wird auch als Chart Review oder Medical Records Review bezeichnet. Es handelt sich dabei ebenso wie bei GKV-Routinedaten um eine Sekundärquelle, da die

Daten ursprünglich für einen anderen Zweck, nämlich die ärztliche Dokumentation und Behandlungsplanung, erhoben wurden. Solche Chart Reviews eignen sich als Datenerhebung, insbesondere, wenn es zu einer Erkrankung kein (auswertbares) Register gibt und der Fokus der Auswertung medizinisch-klinische Faktoren, wie z. B. Laborwerte oder Krankheitsschwere sind, die in anderen Datenquellen, wie z. B. in GKV-Routinedaten, nicht so detailliert erfasst sind.

Enthaltene Daten: In Patientenakten sind typischerweise demografische Merkmale, Symptome, Diagnosen, Therapien und klinische Werte dokumentiert. Chart Reviews werden entweder in stationären Einrichtungen oder bei einzelnen ambulanten Ärzten durchgeführt. Hierbei ist zu beachten, dass Wechsel von Ärzten oder Krankenhäusern bzw. die Konsultation verschiedener Facharztrichtungen nicht in den Akten dokumentiert sein müssen, da sich diese nur auf die Informationen beschränken, die dem Leistungserbringer selbst bekannt sind.

Vorteile: Der Vorteil der Chart Review Daten gegenüber anderen Datenquellen, insbesondere gegenüber GKV-Daten, liegt in der größeren Verfügbarkeit von klinischen Informationen: Während in GKV-Daten typischerweise keine Informationen zu Body-Mass-Index, Raucherstatus oder der Erkrankungsschwere enthalten sind, ist dies in Patientenakten eher dokumentiert. Deshalb eignen sich Chart Reviews insbesondere für Fragen, bei denen die medizinischen Patientencharakteristika von entscheidender Bedeutung sind.

Nachteile: Der Nachteil dieser Datenquelle liegt im administrativen Erhebungsaufwand, da Patientenakten auch heute oft noch in analoger Form vorliegen und nicht (standardisiert auswertbar) digital erfasst sind. Eine große Herausforderung bei der Erstellung von Chart-Review-Studien ist die Vermeidung von Selektionsbias bei der Auswertung der Akten. Chart Reviews erfordern Strategien, die eine zufällige Auswahl der analysierten Patientenakten sicherstellen, bspw. durch die Zuordnung von Zufallszahlen zu den einzelnen Akten. Mehr als in anderen Datenquellen sind fehlende Werte ein Problem bei Studien, die auf Chart Reviews basieren. Dies ist insbesondere bei der Verwendung von Patientenakten von verschiedenen Ärzten problematisch, da in der Regel keine verbindlichen Dokumentationsstandards existieren und somit nicht alle Ärzte alle Variable dokumentiert haben.

Aus diesem Grunde sollten Sie am Anfang Ihrer Studienplanung sicherstellen, dass die Informationen, die Sie benötigen, auch wirklich vollständig und in hoher Qualität in den Patientenakten dokumentiert sind. Hierfür sollten Sie sich früh mit klinisch tätigen Ärzten abstimmen und in einer Machbarkeitsstudie einige Patientenakten ansehen, um die darin enthaltenen Informationen mit Ihrem Informationsbedarf abzugleichen.

Hintergrundinformation

Der hohe administrative Erhebungsaufwand bei der Auswertung von Patientenakten lässt sich durch die Nutzung von elektronisch geführten Akten (englisch: Electronic Health Records, EHR) deutlich abmildern. Die US-amerikanische FDA hat in einer im Juli 2018 beschlossenen Richtlinie Daten aus derartigen EHR als Ergänzung zu klinischen Studien für Medizinproduktehersteller zugelassen [21]. Laut FDA werde mit der weitverbreiteten Verwendung von EHR die Datengenauigkeit verbessert und die Effizienz der Studien erhöht. EHR können es den Versuchsleitern und dem Personal ermöglichen, Zugang zu vielen Arten von Daten zu haben (z. B. klinische Notizen, Arztanweisungen, Radiologie-, Labor- und Apothekenaufzeichnungen), die kombiniert, aggregiert und analysiert werden können.

Die FDA hat in ihrer Richtlinie auch Best-Practice-Hinweise bei der Verwendung ausländischer (also nichtamerikanischer) Datenquellen erlassen. Medizinproduktehersteller, die bspw. deutsche EHR für Studien verwenden, sollten darauf achten, dass Systeme die folgenden Eigenschaften erfüllen:

- Richtlinien und Verfahren für die Verwendung von EHR-Systemen am Ort der klinischen Studie sind vorhanden und es werden angemessene Sicherheitsmaßnahmen zum Schutz der Studiendaten ergriffen.
- Der Zugriff auf elektronische Systeme ist auf autorisierte Benutzer beschränkt.
- Autoren von Aufzeichnungen sind identifizierbar.
- Audit Trails sind verfügbar, um die Änderungen der Daten verfolgen zu können.
- Aufzeichnungen sind verfügbar und werden für die FDA-Inspektion aufbewahrt.

Zugang: Der Zugang zu Patientenakten erfolgt entweder über große Kliniken durch die Mitarbeiter des Studienteams oder durch die Ärzte selbst (siehe Infokasten). Beachten Sie bei der Studienplanung, dass Chart Reviews durch die Erhebung von Patienteninformationen von der jeweilig zuständigen Ethikkommission genehmigt werden müssen, was zu längeren Vorplanungszeiten führen wird.

► Chart Reviews wurden traditionell in großen Zentren durchgeführt, in denen die Studienmitarbeiter selbst die Patientenakten durchgesehen haben. Einerseits hat dieses Vorgehen den Vorteil, dass die Datenerhebung in der Hand der Studiensteller ist und somit transparent und valide erfolgt. Doch andererseits besteht der Nachteil, dass so nur Daten zu Patienten erhoben werden können, die in Zentren behandelt werden. Darüber hinaus bindet dieses Vorgehen stark die Ressourcen der Studienmitarbeiter, welches die Erstellung teuer und zeitaufwendig macht. Eine neuere Form der Chart Reviews erfolgt, in dem niedergelassene Ärzte selbst die Informationen aus den Patientenakten standardisiert erfassen, meist über ein Onlineformular der Studienersteller. Dieses Vorgehen ist nicht so valide wie die traditionelle Methode, da die Studienersteller die Datenerhebung nicht mehr überwachen können. Jedoch ist es ressourcensparender und kann auch Aufschluss zu Krankheiten und Patienten geben, die nicht in großen Zentren behandelt werden.

9.2.4 Primäre, prospektive Datenerhebung

Während es sich bei den bisherigen Datenquellen um bereits bestehende Datenbanken gehandelt hat, die zum Zwecke der RWE-Generierung ausgewertet werden, ist im Rahmen der Real-World-Evidence-Erzeugung auch eine prospektive Primärdatenerhebung möglich. Bei der prospektiven Datenerhebung werden die Patientencharakteristika, die Intervention sowie die Outcomes erst nach der Einschreibung des Patienten zum Zwecke der Studiendurchführung und -auswertung erhoben. Grundlegend erhobene Daten im Rahmen der prospektiven Datenerhebung sind Patientendaten (Alter, Geschlecht, klinische Vorgeschichte, Anamnese), Beschreibung der Intervention und Outcomes bzw. Behandlungsergebnisse.

Prospektive Real-World-Evidence-Studien können einarmig sein, d. h. es werden lediglich die Outcomes einer Intervention untersucht und bspw. in einem Vorher-Nachher-Design verglichen oder verschiedene Interventionen gegenübergestellt.

Enthaltene Daten: Welche Daten erhoben werden, liegt bei dieser Datenquelle ganz in der Hand der Studienautoren. Die prospektive Datenerhebung erfolgt meist bei niedergelassenen Ärzten oder in Krankenhäusern. Ähnlich wie bei Chart Reviews ist zu beachten, dass Wechsel von Ärzten oder Krankenhäusern bzw. die Konsultation verschiedener Facharztrichtungen nicht durch die Datenerhebung erfasst wird, da nicht alle Ärzte und Krankenhäuser an der Studie teilnehmen werden.

Vorteile: Der Vorteil der primären prospektiven Primärdatenerhebung liegt in der vollständigen und gesicherten Dokumentation. Da Sie selbst als Studienautor die Studie planen, ist sichergestellt, dass alle Variablen von Interesse erhoben werden. Da die Dokumentation zudem direkt bei den Studienärzten erfolgt, sind auch die Outcomes in der Regel detailliert und vollständig abbildbar.

Nachteile: Auch wenn die Erhebungsaufwände nicht mit klassischen RCTs vergleichbar sind, ist der Aufwand dennoch deutlich höher als bei der Verwendung bereits bestehender Datenquellen wie GKV-Routinedaten oder existierenden Registern. In der Regel sind Vergütungen an die Studienärzte zu bezahlen und die Studienplanung entsprechend aufwendig. Da die Daten zudem erst noch prospektiv erhoben werden, ist mit langen Zeiträumen zwischen Studienplanung und Auswertung der Ergebnisse zu rechnen. Zudem sind prospektive Datenerhebungen mit einem gewissen Selektionsbias versehen, da sie weder Ärzte noch Patienten zur Teilnahme zwingen können. Im Gegensatz zu GKV-Daten oder vollständigen Registern ist es also möglich, dass sie keine repräsentative Stichprobe haben. Daher sind der „Real-World"-Anspruch und folglich die externe Validität niedriger.

Zugang: Der Studienteilnahme müssen sowohl Ärzte als auch die Patienten zustimmen. Ein Votum einer Ethikkommission ist obligat. Die Rekrutierung der Studienzentren erfolgt in der Regel durch den Principal Investigator, den Sie zu Beginn der Studie ernennen müssen. Die Patienten werden wiederum von den Ärzten selbst gewonnen, wobei hier wie erwähnt mit gewissen Biasrisiken zu rechnen ist.

9.3   Studiendesigns: Von Real World Data zur Real World Evidence

9.3.1   Studienplanung

Wie werden die eben beschriebenen Versorgungsdaten aus dem Alltag jetzt zu Evidenz oder mit anderen Worten, worin besteht der Unterschied zwischen Real World Data und Real World Evidence? Nach der Definition der Food and Drug Administration (FDA) handelt es sich bei Real World Evidence um klinische Evidenz hinsichtlich des Einsatzes und den potenziellen Nutzen oder Risiken eines Arzneimittels oder eines Medizinprodukts, die auf der Analyse von Real-World-Daten basiert [20].

Ziel dieses Arbeitsschrittes ist es, aus den unterschiedlichen Datenquellen vorliegenden Real World *Data* auch wirklich Real World *Evidence* zu schaffen.

Um aus Real World Data also Real World Evidence zu generieren, müssen sie in einen wissenschaftlichen Kontext eingebunden werden. Dies ist nur bei Daten möglich, die aus einer relevanten und qualitativ hochwertigen Datenquelle stammen, die aufbereitet sind und die zur Beantwortung einer konkreten Forschungsfrage dienen. Der Aufbau von Real-World-Evidence-Studien ist dann ähnlich zu klinischen Studien.

Nachdem Sie Ihren Informationsbedarf bestimmt haben, müssen Sie sich für ein Studiendesign entscheiden. Dabei können Sie einmal zwischen Beobachtungsstudien und Interventionsstudien unterscheiden: Beobachtungsstudien („observational studies") unterscheiden sich von Interventionsstudien dadurch, dass durch die Studie nicht in die gesundheitliche Versorgung eingegriffen wird. Typischerweise untersuchen Beobachtungsstudien Eigenschaften und Verhalten von Patienten, die dann mit gesundheitlichen Outcomes in Verbindung gebracht werden. Beobachtungsstudien sind geeignet, Krankheitsverläufe zu beschreiben und Zusammenhänge zwischen Einflussfaktoren und gesundheitlichen Outcomes zu untersuchen. Dadurch, dass Patienten nicht zufällig in verschiedene Verhaltensgruppen eingeteilt werden, sind sie anfällig für Verzerrungen wie Confounding. Diese können mit verschiedenen statistischen Verfahren der Risikoadjustierung, wie z. B. Propensity Score Matching oder multivariaten Regressionsverfahren, abgemildert werden.

Zudem können Sie unterscheiden, ob Ihre Studie vergleichend oder nicht vergleichend ist: Bei vergleichenden Studien untersuchen Sie die Sicherheit und Wirksamkeit Ihres Produktes gegenüber einem Comparator. Neben der richtigen Wahl des zweckmäßigen Comparators ist die Definition der Endpunkte, also derjenigen Parameter, anhand derer Sie die Wirksamkeit und Sicherheit messen wollen, elementar. Bedenken Sie auch hier die möglicherweise eingeschränkte Informationsbreite und Informationstiefe Ihrer Datenquelle. Wenn Sie bspw. eine vergleichende Studie mit Krankenkassendaten durchführen, muss der Endpunkt entweder mit irgendeiner Form der Leistungsinanspruchnahme des Patienten einhergehen, die in den Krankenkassendaten anschließend ausgewertet werden kann, oder zum Ausscheiden des Patienten aus dem GKV-System, bspw. durch den Tod, führen. Endpunkte, die durch klinische Scores, wie z. B. Beweglichkeit oder Abnahme von psychischen Beschwerden, definiert sind, sind mit dieser Datenquelle daher nicht untersuchbar.

9.3.2 Nichtvergleichende Beobachtungsstudien

Ermittlung von Prävalenz/Inzidenz, Mortalität und Erstellung von Patientenbildern Zur Ermittlung der Inzidenz (Neuerkrankungsziffer, also die Anzahl neu auftretender Erkrankungsfälle in einer definierten Bevölkerungsgruppe) und Prävalenz (Bestand aller Fälle einer bestimmten Krankheit in der Bevölkerung) bieten sich Real-World-Daten an. Diese sind für Medizinproduktehersteller insbesondere in der Produktentwicklung und Vermarktungsplanung wichtig. Sie bestimmen den adressierbaren Markt. Um den relevanten Markt noch näher abzugrenzen, ist mit Real-World-Daten auch eine weitere Verfeinerung der Patientenbilder möglich. Beispielsweise können erkrankte Personen nach Alter, Geschlecht oder bestimmten Begleiterkrankungen eingegrenzt werden. Auf diesem Wege ist es möglich, Marktpotenziale und Konkurrenzprodukte zielgerichtet zu bestimmten und die eigene Zielgruppe besser einzugrenzen.

Mögliche Datenquellen: Für die Ermittlung von Prävalenz, Inzidenz und Patientenbildern eignen sich Datenquellen, die eine repräsentative Stichprobe beinhalten, um diese auch auf die Allgemeinbevölkerung hochrechnen zu können. Daher sind insbesondere Registerdaten für derartige Analysen geeignet, aber auch GKV-Abrechnungsdaten, wenn die Erkrankungen mit einem ICD-10-Code abgrenzbar sind und die verwendeten GKV-Daten auf die deutsche Bevölkerung standardisiert werden kann.

Patient Journey Eine Patient Journey ist definiert als die sequenzielle Abfolge aller Behandlungen eines Patienten. Im Gegensatz zu Querschnittsstudien, die sich auf Aussagen zu einem bestimmten Zeitpunkt beziehen (bspw.: Wie hoch ist die Prävalenz von Diabetes im Jahr 2018? Wie alt sind Patienten, die mit einem Flash-Glucose-Monitoringsystem ausgestattet sind?), handelt es sich bei einer Patient Journey um eine Längsschnittbetrachtung von Patienten. Typischerweise wird mit Patient-Journey-Analysen beantwortet, welche Diagnostik und Therapien Patienten, in welcher Reihenfolge und in welchen Zeitabständen erhalten. Dabei ist die Auswertung nicht vergleichend, sondern bezieht sich auf eine Patientengruppe. Für Sie als Medizinproduktehersteller können Aussagen aus der Patient Journey im Marktzugangsprozess von besonderem Interesse sein. Sie erfahren, welche Ärzte wann im Behandlungsablauf normalerweise tätig werden und was diese in welcher Reihenfolge verordnen. Ebenfalls von Bedeutung sind diese Informationen für Absatzprognosen und die Bestimmung des relevanten Marktes sowie für die Marketing- und Vertriebsplanung.

Beispielhafte Fragen, die mit Patient-Journey-Analysen beantwortet werden können, sind:

- Mit welcher Wahrscheinlichkeit werden welche Behandlungspfade durchlaufen?
- Wie viel Zeit liegt zwischen verschiedenen Behandlungen?
- Wie oft wird eine Therapie als Erstlinientherapie und wie oft als Zweitlinientherapie eingesetzt?
- Wie viele Patienten sind an welchen Komorbiditäten erkrankt?
- Wie viel Zeit vergeht zwischen einzelnen Krankheitsstadien?

Mögliche Datenquellen: Patient-Journey-Analysen setzen Datenquellen voraus, die möglichst alle Leistungsbereiche abdecken und vollständige Daten über einen langen Zeitraum erheben. Daher sind insbesondere GKV-Daten für Patient Journey geeignet. Bei Erkrankungen, bei denen in der Patientenbehandlung in der Regel nur wenige Behandler eingebunden sind, können auch Chart Reviews einen Überblick über Zeiträume und Reihenfolgen der Therapien liefern. Typischerweise werden Patient-Journey-Analysen zusätzlich mit Befragungen von Ärzten oder Patienten verbunden, um so auch Motive und Hintergründe abfragen zu können.

9.3.3   Vergleichende Beobachtungsstudien

Kohortenstudien Eine häufig verwendete Form der Beobachtungsstudien sind Kohortenstudien. Bei diesen werden Patienten basierend auf bestimmte Merkmale, wie ihre Vorerkrankungen oder ihre Therapie, in Gruppen aufgeteilt und dann über die Studiendauer beobachtet. Typische Fragen von Kohortenstudien lauten daher:

- Entwickeln Patienten mit einer bestimmten Vorerkrankung eine Erkrankung häufiger als Personen ohne dieses Merkmal?
- Ist eine Therapie mit Produkt A mit weniger Schlaganfällen assoziiert als Therapie B?
- Entwickeln Raucher häufiger Lungenkrebs als Nichtraucher?

Demnach werden die Patienten in der Kohortenstudie nach ihrem Expositionsstatus eingeteilt und die Gesundheitsoutcomes dann zwischen den Gruppen verglichen.

Mögliche Datenquellen: Kohortenstudien können mit nahezu allen Real-World-Datenquellen erstellt werden. Entscheidend ist eine gute Vergleichbarkeit der verschiedenen Patientengruppen, daher sollte die Wahl der Datenquelle davon abhängig gemacht werden, wie viele klinische Informationen für eine gute Vergleichbarkeit benötigt werden. Ist eine Erkrankung von wenigen klinisch-beschreibbaren Risikofaktoren abhängig, so bieten sich GKV-Daten an. Bei Erkrankungen mit vielen Risikofaktoren und Therapieentscheidungen, die von diesen abhängen, sind Chart Reviews oder prospektive primäre Datenerhebungen empfehlenswert.

Fall-Kontrollstudien Während Kohortenstudien die Gruppen basierend auf Therapien oder Expositionen auswählen und dann prospektiv weiterverfolgen, ist das Vorgehen bei Fall-Kontrollstudien umgekehrt: Bei Fall-Kontrollstudien werden die Patienten aufgrund ihres gesundheitlichen Outcomes (meistens: erkrankt bzw. verstorben ja oder nein) ausgewählt und dann retrospektiv ausgewertet. Dabei werden die Patienten eingeteilt in eine Gruppe mit erkrankten bzw. verstorbenen Personen (Fälle) und in Personen ohne diese Erkrankung bzw. Nichtverstorbenen (Kontrollen). Beide Gruppen werden nun hinsichtlich ihrer Expositionen in der Vergangenheit ausgewertet.

Typische Fragestellungen von Fall-Kontrollstudien lauten daher:

- Waren Personen, die eine Erkrankung entwickelt haben, in der Vergangenheit häufiger einer bestimmten Exposition ausgesetzt als Personen ohne diese Erkrankung?
- Haben Patienten, die Lungenkrebs entwickeln, in der Vergangenheit öfter geraucht als Personen ohne Lungenkrebs?

Entscheidend bei Fall-Kontrollstudien ist die Wahl der Kontrollgruppe: Diese sollten den Fällen möglichst ähnlich sein und sich nur in der Exposition unterscheiden.

Mögliche Datenquellen: Da Fall-Kontrollstudien als Ziel haben, insbesondere Risikofaktoren für das Auftreten bestimmter Erkrankungen zu ermitteln, bieten sich als Datenbasis

Daten an, die möglichst vollständige klinische Informationen zu vielen Patienten über einen langen Zeitraum beinhalten. Daher sind epidemiologische Register oftmals gut für Fall-Kontrollstudien geeignet. Auch ein Chart Review von Krankenhausakten kann für Fall-Kontrollstudien verwendet werden. Primärerhebungen im Zuge von Patientenbefragungen eignen sich nur bedingt für Fall-Kontrollstudien. Dies liegt am sogenannten Recall Bias: Werden Patienten mit einer bestimmten Erkrankung nach ihrem Risikoverhalten in der Vergangenheit gefragt, so erinnern sich diese eher an ihr Gesundheitsverhalten als Nichterkrankte, weshalb der Einfluss von Risikofaktoren bei Fall-Kontrollstudien, die auf Patientenbefragungen basieren, häufig überschätzt werden.

Gesundheitsökonomische Studien Im Vergleich zu klinischen Studien enthalten Real-World-Daten oftmals auch Informationen zu Kosten der Behandlung, womit sie auch für gesundheitsökonomische Analysen gut geeignet sind. Gesundheitsökonomische Auswertungen erfolgen meist, indem gesundheitliche Outcomes verschiedener Interventionen gemessen und mit den unterschiedlichen Kosten der Interventionen ins Verhältnis gesetzt werden. Gesundheitsökonomische Modelle sind insbesondere im europäischen Ausland wie in Großbritannien oder den Niederlanden bei Erstattungsentscheidungen verpflichtend. Sie sind bindend für die Erstattung im staatlichen Krankenversicherungssystem und daher vom Medizinproduktehersteller im HTA-Prozess vorzulegen. Insbesondere die Incremental Cost-Effectiveness Ratio (ICER), also die Zusatzkosten pro zusätzlich gewonnenem oder vermiedenem Outcome, werden oft verlangt. In Deutschland sind gesundheitsökonomische Modelle bislang nicht notwendiger Bestandteil der G-BA-Nutzenbewertung oder anderer Erstattungsentscheidungen. Sie können aber insbesondere für ausländische Erstattungsentscheidungen ein wichtiger Teil der Value Story sein. Tab. 9.3 fasst die Arten der gesundheitsökonomischen Studien zusammen.

Tab. 9.3 Arten gesundheitsökonomischer Studien. (Quelle: eigene Darstellung)

Evaluationsart	Kosten	Ergebnis	Beispiel
Krankheitskosten-Analyse	Monetär	Keine (=identische) Effekte	Kosten des Rauchens/der Demenz
Kosten-Minimierungs-Analyse	Monetär	Keine (=identische) Effekte	Zwei wirkstoffgleiche Arzneimittel
Kosten-Effektivitäts-Analyse	Monetär	Ein zentraler klinischer Parameter	Unterschiedliche Behandlungsmethoden, z. B. Nierentransplantation vs. Dialyse
Kosten-Nutzwert-Analyse	Monetär	Bewertete gesundheitsbezogene Lebensqualität (z. B. QALY)	Unterschiedliche Therapieformen Mamma CA/chronische Bronchitis
Kosten-Nutzen-Analyse	Monetär	Monetär bewertete Gesundheit	Kosten des Screenings vs. Kosten der Therapie ohne Screening

Datenquellen: Alle Datenquellen, die auch Kostendaten beinhalten, sind als Datenquelle für gesundheitsökonomische Studien geeignet. Da Kostendaten in GKV-Abrechnungsdaten enthalten sind (sie sind für die Abrechnung von Leistungen erhoben worden), stellen sie eine optimale Quelle für gesundheitsökonomische Analysen dar. Im Gegensatz zu rein administrierten Preisen sind zusätzlich Arzneimittelrabatte und Abstaffelungen, bspw. Vergütungsminderungen bei Überschreitung der Regelleistungsvolumina im ambulanten Bereich, vorhanden. Im Rahmen von gesundheitsökonomischen Modellierungen können die Kostendaten zudem mit klinischen Daten, bspw. aus Registerstudien oder pragmatischen klinischen Studien, verbunden werden, um bspw. die Kosten-Effektivität [18] oder den Kosten-Nutzwert zu berechnen.

9.3.4   Real-World Interventionsstudien

Neben den Beobachtungsstudien, können auch Interventionsstudien unter den Begriff „Real World Evidence" fallen. Dies ist dann der Fall, wenn sie, im Gegensatz zu herkömmlichen Studien in einem „Real-World"-Setting stattfinden. Es werden also Interventionen in alltäglichen Situationen untersucht, ohne rigorose Ein- und Ausschlusskriterien vorzunehmen. Auch die Outcome-Messung kann von herkömmlichen Studien abweichen und bspw. anhand der Patientenakten oder routinemäßig erzeugten Abrechnungsdaten erfolgen.

Diese Art der prospektiven Studien ist auch unter der Bezeichnung „pragmatic clinical trial" bekannt und können sowohl randomisiert als auch nichtrandomisiert durchgeführt werden.

Ein bekanntes Beispiel für eine derart pragmatische randomisierte Studie ist die Salford Lung Study, die 2012 vom Pharmahersteller GlaxoSmithKline im Großraum der Stadt Salford als Phase-III-Studie für die tägliche Inhalation des Wirkstoffs Fluticasonfuroat mit Vilanterol bei Patienten mit Asthma oder COPD [2] durchgeführt wurde. An der Studie nahmen mehr als 60 Hausarztpraxen und Krankenhäuser teil.

Durch den Verzicht der in RCT üblichen ausführlichen Ein- und Ausschlusskriterien, konnte mit dieser Studie die Wirkung von Adherence randomisiert und der Einfluss von Komorbiditäten und Polypharmazie auf die Sicherheit und Wirksamkeit der Medikation untersucht werden. Die Studie führte letztlich zur Zulassung des Präparats durch die Europäische Kommission im Jahr 2013 [24].

Datenquellen: Interventionsstudien müssen immer prospektiv geplant werden. Sie können bei der Outcome-Bewertung, im Gegensatz zu klassischen RCTs, auf prospektive, routinemäßig erfasste Werte zurückgreifen, bspw. auf Abrechnungsdaten oder elektronische Patientenakten (beispielhaft für eine pragmatische Interventionsstudie, die ausschließlich mit GKV-Routinedaten evaluiert wurde, siehe [18]). Diese Möglichkeit verschlankt die zusätzliche Datenerhebung gegenüber klassischen RCTs deutlich und führt auch zu erheblich niedrigeren Kosten für die Studiendurchführung.

9.4   Nutzung von Real World Evidence beim Marktzugang

In den folgenden Abschnitten wird der Market Access insbesondere als die Sicherung des Reimbursement und der Preisfestlegung verstanden. Für die Zulassung von Medizinprodukten regelt die MDR detailliert, wann klinische Prüfungen stattfinden müssen, die sich dann in aller Regel an klassischen RCT-Designs orientieren werden.

Abb. 9.1 fasst die Nutzung von RWE-Daten im Rahmen des regulatorischen Zulassungsprozesses zusammen.

RWE-Studien liefern insbesondere die folgenden Vorteile beim Marktzugang: Erstens können Sie mit RWE-Studien Ihr Produkt gegen eine Vielzahl an Wettbewerbern vergleichen, während Sie bei RCTs in der Regel gegen Scheinbehandlung oder maximal einen Comparator testen.

Zweitens können Sie durch RWE-Studien Effekte nachweisen, die in klinischen Studien nicht ermittelbar sind: Wenn der Vorteil Ihres Produkt bspw. in der vereinfachten Anwendung durch Ärzte besteht und diese durch Ihre neue Medizintechnik weniger Anwendungsfehler begehen können, die mit schlechten Gesundheitsoutcomes von Patienten einhergehen, so können Sie dies im Rahmen der Efficacy-Bewertung in RCTs nicht nachweisen: Da in den standardisierten Studienbedingungen des RCT nur sehr erfahrene Anwender teilnehmen, werden sich Anwendungsfehler im RCT nur sehr selten zeigen. In der Versorgungsrealität hingegen, wo auch Ärzte Ihr Produkt anwenden, die nicht zu den besten Anwendern zählen, wird sich die Anwendungssicherheit deutlicher zeigen. Diese Effectiveness Ihres Produkts können Sie daher am besten mit einem pragmatischen Trial oder einer anderen Real-World-Evidence-Studie belegen. Gleiches gilt, wenn Ihr Produkt einen Vorteil hat, der sich erst langfristig und somit nach typischen RCT-Laufzeiten von 2–5 Jahren zeigt. Hierbei können Registerdaten über 10 Jahre helfen, um den Zusatznutzen Ihres Produkts überhaupt erst sichtbar zu machen.

Drittens haben RWE-Studien wie bereits erwähnt den Vorteil, dass auch ökonomische Daten routinemäßig erhoben werden können und sie somit Aussagen zur Kosten-Effektivität treffen können. Das ist für HTA-Berichte in europäischen Ländern oft Voraussetzung für eine Erstattung.

Viertens und letztens sind RWE-Daten immer dann für den Marktzugang relevant, wenn RCTs aus praktischen oder ethischen Gründen nicht durchführbar sind. Dies ist für

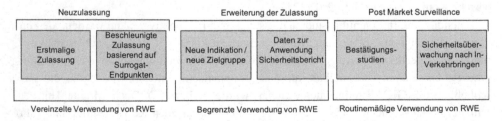

Abb. 9.1 Verwendung von RWE im Rahmen der Zulassung. (Quelle: in Anlehnung an Hampson et al. [10])

Sie als Medizinproduktehersteller besonders relevant, da im Vergleich zu Arzneimitteln Medizinprodukte oft schwerer in RCTs zu überprüfen sind. So sind operative Medizinprodukte aus ethischen Gründen oft nicht in RCTs vergleichbar, da eine Scheinoperation mit erheblichen Eingriffen in den Körper der Probanden verbunden ist und daher von Ethikkommissionen oft nicht genehmigt wird.

Real World Data können des Weiteren dazu dienen, die Handlungsbereiche für Ihre Aktivitäten und Angebote zu erkennen, also bspw. Indikationsgebiete oder Patientengruppen zu identifizieren, die für eine Marktbearbeitung interessant sein könnten.

Auch in Deutschland ist der Nutzen von Real World Data zumindest teilweise bei den Akteuren angekommen: Die Erprobungsrichtlinie des Gemeinsamen Bundesausschusses sieht verschiedene Formen der Beteiligung von Krankenhäusern an Studien im Rahmen der Erprobungsregelung bei Methoden unter Anwendung des Medizinproduktes vor: Krankenhäuser, die die Methode unter Anwendung des Medizinprodukts zulasten der Krankenkassen erbringen wollen, sind verpflichtet, an einer Erprobung nach § 137e SGB V teilzunehmen. Neben Leistungserbringern, die im Rahmen einer randomisierten kontrollierten Studie teilnehmen, können gemäß Verfahrensordnung des G-BA – wenn sich bereits genügend Leistungserbringer am RCT beteiligen – andere Krankenhäuser im Rahmen der Erprobung im Sinne einer Beobachtungsstudie flankierende Daten zu Wirksamkeit und Sicherheit liefern und damit ihrer Verpflichtung zur Teilnahme an der Erprobung nachkommen. Dies ist ein Beispiel für die Akzeptanz von RWE im Rahmen der Erprobung [8].

► Nutzen Sie die Möglichkeiten der Beobachtungsstudien im Rahmen des § 137e SGB V, um auch kleineren Kliniken, die den Aufwand des RCTs nicht stemmen können, an der Studiendurchführung zu beteiligen und diesen so auch während der Studienlaufzeit die Leistungserbringung zu ermöglichen. Zudem können Sie die gesammelten Daten der Beobachtungsstudie nutzen, um weitere Daten zur Sicherheit Ihres Produkts zu sammeln, bspw. bei einem Patientenklientel, das aus dem RCT aufgrund von Multimorbidität ausgeschlossen war.

In den USA ist die Verwendung von Real-World-Evidence-Daten bereits heute für die Zulassung akzeptiert. Im August 2017 hat die amerikanische Food and Drug Administration (FDA) eine sogenannte Guidance veröffentlicht, die den Umgang mit Real World Evidence (RWE) im Kontext der Zulassung von Medizinprodukten konkretisiert. Darin erläutert die FDA u. a., wie sie Real-Word-Daten bewertet und ob aus diesen die für eine Zulassungsentscheidung notwendige Evidenz generiert werden kann. Die Guidance richtet sich an Medizinprodukte und Software, die im Federal Food, Drug, and Cosmetic Act als „device" definiert sind. Die Guidance versteht sich nicht als rechtlich bindendes Dokument, sondern lediglich als Zusammenfassung der gegenwärtigen Überlegungen der FDA zu diesem Thema und damit als reine Empfehlung für Hersteller. Die FDA sieht das Potenzial von RWE in mehreren Bereichen eines Produktlebenszyklus: Zum einen kann RWE als Ergänzung zur klinischen Evidenz für Zulassungsentscheidungen oder

Indikationserweiterungen eingereicht werden. Sie kann sogar gegebenenfalls als alleinige Grundlage für Zulassungsentscheidungen oder Indikationserweiterungen geeignet sein. Zum anderen kann RWE sowohl bei Pre-Market-Entscheidungen als auch in der Post-Market-Surveillance nützlich sein.

Um die Eignung von RWE für bestimmte regulatorische Entscheidungen zu bestimmen, bewertet die FDA die Relevanz („relevance") und die Verlässlichkeit („reliability") der zugrunde liegenden Daten und Datenquellen [19]. Die Guidance listet einige Beispiele auf, die bereits in vergangenen Regulierungsentscheidungen eine Rolle gespielt haben und folglich den Anforderungen der FDA entsprechen, z. B.

- Cath-PCI Registry innerhalb des National Cardiovascular Data Registry (NCDR), für die Zulassung zur Indikationserweiterung (Produkt: Impella Herzpumpe [1])
- Existierendes Register zur Verwendung von vergleichbaren Medizinprodukten, von der FDA genehmigt, zwecks Generierung einer Kontrollgruppe im Rahmen der Zulassungsstudie
- Entwicklung eines Registers durch Kollaboration mehrerer Hersteller, die alle ähnliche Auflagen zur Post-Market-Surveillance von der FDA erhalten haben, konzipiert zur Sammlung von Real-World-Daten in geforderter Qualität.

Selbstverständlich gehört zu einer ausreichenden Entscheidungsgrundlage nicht nur die Eignung der Daten, sondern das Zusammenspiel von Daten, Analysen, Indikation und dem Medizinprodukt selbst. Die FDA rät Herstellern daher bereits vor der Antragstellung („pre-submission"), mit der FDA über die geplante Nutzung von Daten und das spezielle Einsatzgebiet zu sprechen und dadurch Eignungsfragen zu klären [19].

Auch die EMA nutzt RWE-Studien bei pharmazeutischen Produkten für Zulassungsentscheidungen: Im Projekt Adapt Smart können Pharmaunternehmen die Zulassungsentscheidungen auch mit Daten, die außerhalb klassischer RCTs gewonnen wurden, unterstützen. Bislang sind 18 Anträge in diesem Projekt eingegangen. Der Einsatz von RWE schloss u. a. ein:

- Den Gebrauch von Registern, um Daten zu Ressourcenverbrauch und Adherence zu ermitteln.
- Einarmige Interventionsstudien, denen eine künstliche Vergleichsgruppe mit Outcomes aus Registern gegenübergestellt wurden.
- Die Ausweitung der Zulassung basierend auf Anwendungsbeobachtungen und Registerdaten.

Accelerated Access Reassessment/Review
Auch die von der MDR geforderte Überwachung nach Inverkehrbringen (vgl. Kap. 1) lässt sich unter den Begriff der Real World Evidence subsumieren.

Analog der Entwicklung des Pharmamarktes ließe sich hier auch prognostizieren, dass diese Post-market-Follow-up-Studiendaten zukünftig bereits bei der Zulassung relevant

Abb. 9.2 Ziele von RWE-Studien. (Quelle: in Anlehnung an Miksad und Abernethy [15])

sind: Analog dem Konzept der Adaptive Pathways (Abschn. 3.3.4) könnte man sich auch bei Medizinprodukten für seltene Erkrankungen vorstellen, dass diese auch ohne ausführliche klinische Prüfung für sehr schwer betroffene Patienten zugelassen werden. Die nach der Zulassung routinemäßig erhobenen Daten zu Sicherheit und Wirksamkeit des Medizinproduktes werden wiederum genutzt, um als Real World Evidence die Wirksamkeit und Sicherheit für weniger stark betroffene Patienten nachzuweisen und die Zulassung so nach und nach auch für weitere Patienten zu öffnen. Diese beschleunigte Zulassung ist bei der EMA im Pharmabereich auch als „accelerated access" bekannt.

Abb. 9.2 fasst die wesentlichen Ziele von RWE-Studien im Produktlebenszyklus zusammen.

9.5 Planung einer RWE-Studie

Bevor Sie mit der Durchführung einer Real-World-Evidence-Studie anfangen, sollten Sie einige Vorüberlegungen anstellen:

1. Informationsbedarf bestimmen
   - Bestimmen Sie zunächst die fehlende Evidenz: Welche Frage, ist aus Ihren bisherigen klinischen Studien nicht ausreichend beantwortet? Unterscheiden Sie am besten zwischen den folgenden Kategorien:
     a. Fehlende Informationen zu Prävalenz oder Inzidenz einer Erkrankung
     b. Fehlende Information zu Behandlungspfaden von Patienten
     c. Fehlende Information zu Kosten oder Kostenstrukturen
     d. Fehlende Information zur Wirksamkeit oder Sicherheit
     e. Fehlende Information zur Kosten-Effektivität
   - Hier bietet es sich an, Ihre Informationen aus der klinischen Bewertung und Ihrem Marktüberwachungssystem heranzuziehen
2. Festlegung der wissenschaftlichen Ziele, Forschungsfrage und Hypothesen

3. Aufstellung eines Studiendesigns, inkl. ggf. Wahl des Comparators
4. Festlegung der verwendeten Datenquelle
5. Festlegung der Studienpopulation, Ein- und Ausschlusskriterien und zeitlicher Abgrenzung
6. Methoden um Confounding und Bias zu reduzieren
7. Fallzahlplanung
8. Aufstellung eines standardisierten Analyseprotokolls, inkl. statistischem Analyseplans
9. Darstellung der Studienlimitationen

Am Anfang jeder Arbeit steht die Forschungsfrage, an die sich die Wahl des Studiendesigns und der Datenquelle unmittelbar anschließt.

Der erste wichtige Punkt hierbei ist die Verfügbarkeit: Recherchieren Sie, ob es bereits
Register oder verfügbare Daten aus Anwendungsbeobachtungen gibt. Auch für die ande-
ren Datenquellen, muss die Verfügbarkeit überprüft werden: Mit GKV-Daten werden Sie
nur auswerten können, was Sie über einen eindeutigen OPS- oder PZN-Code identifizieren können und auch nur, wenn die Leistung bereits über die GKV abgerechnet wird.
Denken Sie auch an den Zeitverzug, der zwischen der Anwendung einer Prozedur und
Ihrer Abbildung in den Daten zurückliegt. Bei GKV-Daten liegt üblicherweise (je nach
Leistungsbereich und Krankenkasse) zwischen 1,5 Jahren und 2 Jahren zwischen der Leistungserbringung und dem Vorliegen von auswertbaren Daten. Zweitens sollten Sie sich
über Ihren persönlichen Zugang zu den Daten informieren: Kennen Sie Krankenkassen,
die an einer gemeinsamen Datenauswertung Interesse hätten? Haben Sie ausreichend viele
Arztkontakte, um mittels Chart Review Daten erheben zu können? Haben Sie über einen
Anwender Zugriff auf ein bereits bestehendes Register?

Neben diesen praktischen Fragen der Verfügbarkeit und des Zugriffs sind auch methodische Fragen für die Wahl der Datenbasis entscheidend. Die entscheidende Frage ist hier:
Wie adäquat kann die verwendete Datenquelle die formulierte Fragestellung beantworten?

Interessieren Sie sich bspw. für den Patientenfluss eines Patienten im System, so werden Ihnen üblicherweise Registerdaten nicht viel nützen, da diese nicht die Behandlungs-
beteiligten, also Hausärzte, Fachärzte, Krankenhäuser, Apotheken und Heil- und Hilfs-
mittelanbietern, erfassen. Für derartige Aussagen wären also Datenquellen, die einen
umfassenden Blick auf das Versorgungsgeschehen legen, wie z. B. Krankenkassendaten,
die geeignetere Datenquelle. Andererseits sind diese weniger geeignet, wenn Ihr Haupt-
interesse einem bestimmten klinischen Parameter gilt, da Krankenkassendaten nur wenige
klinische Informationen abseits der gesicherten Diagnosen bereitstellen. Hier wären Kran-
kenakten von Patienten (Chart Review) die bessere Datenquelle. Die Einschätzung der
Validität und Vollständigkeit der Daten ist daher ein wesentlicher Schritt in der Planung
der Real-World-Evidence-Studie.

Jede RWE-Datenquelle hat ihre Vorteile und ihre bekannten Nachteile, die wichtigsten
wurden in Abschn. 9.2 dargestellt: Bei GKV-Abrechnungsdaten sind dies die fehlenden klinischen Daten, bei Registern die Frage der Datenqualität und -vollständigkeit und fehlende

Standards sowie die Gefahr von Selektionsbias bei Chart Reviews. Diese Limitationen sollen aber nicht von der Verwendung von Real-World-Daten abhalten, sondern dazu dienen, für jede Fragestellung die optimale Datenquelle zu finden.

Nachdem Sie sich auf eine Forschungsfrage und eine Datenquelle festgelegt haben, müssen Sie im nächsten Schritt detailliert das Studiendesign planen. Dieser Schritt unterscheidet sich zunächst gar nicht so stark von Planung von klinischen Studien. Jede Real-World-Evidence-Studie sollte sorgfältig geplant und im Rahmen eines Ex-ante-Studienprotokolls durchgeführt werden. Dieses sollte nach wissenschaftlichen Anforderungen erstellt sein und bei Bedarf auch mit externen klinischen Experten besprochen werden. So stellen Sie bereits in der Planungsphase sicher, dass Sie belastbare und auch publizierbare Ergebnisse mit Ihrer Real-World-Evidence-Studie erzielen.

▶   **Tipp** In Anlehnung an die Good Clinical Practice (GCP) für RCTs haben sich in der Vergangenheit Gruppen zusammengefunden, die Standards für Real-World-Evidence-Studien formuliert haben. Sie sollten sich im Rahmen der Studienplanung mit den wichtigsten Empfehlungen vertraut machen. Allerdings sollten Sie beachten, dass keine dieser Empfehlungen bislang denselben Stellenwert wie GCP bei klinischen Studien erreicht hat und allgemein verbindliche und akzeptierte Vorgaben weiterhin fehlen.

- ISPOR: Die International Society for Pharmacoeconomics and Outcomes Research (ISPOR) hat auf ihrer Webseite unter der Rubrik *Research Tools* verschiedene Empfehlungen RWE zusammengestellt, darunter ein Best Practice Paper für vergleichende Studien [4].
- Die Arbeitsgruppe Erhebung und Nutzung von Sekundärdaten (AGENS) der Deutschen Gesellschaft für Sozialmedizin und Prävention und der Deutschen Gesellschaft für Epidemiologie hat in ihrem Leitfaden Gute Praxis Sekundärdatenanalyse (GPS) Standards für die Durchführung von Sekundärdatenanalysen verfasst [3].

Nach dem Festlegen des grundsätzlichen Studiendesigns müssen Sie dieses in Hinblick auf die verwendete Datenquelle operationalisieren. Legen Sie nun Ein- und Ausschlusskriterien der Fälle fest und stellen Sie sicher, dass sich diese auch in der verwendeten Datenquelle wiederfinden. Wenn Sie bspw. mit GKV-Daten arbeiten, müssen Sie die Diagnosen der ein- und ausgeschlossenen Patienten als ICD-10-Codes angeben, Arzneimittel mittels ATC- oder PZN-Codes und Operationen als OPS-Codes. Bestimmen Sie auch genau, in welchem Zeitraum diese vorliegen müssen.

Bei nichtvergleichenden Studien können Sie zudem zwischen zeitpunkt- und zeitraumbasierten Studien unterscheiden. Die erste erhebt Informationen zu jedem Patienten zu festgelegten Zeitpunkten, beispielsweise die Inzidenz von Diabetes im Jahr 2016 oder die Anzahl der Patienten mit Adverse Events nach Gabe eines Medikaments. Zeitraumbezogene Studien betrachten denselben Patienten bzw. dasselbe Patientenkollektiv über die Zeit und kann so auch Aussagen zum Behandlungsablauf der Patienten treffen.

Die größte Herausforderung bei vergleichenden Real-World-Evidence-Studien liegt in der Herstellung der Vergleichbarkeit der Gruppen. Im Gegensatz zu traditionellen RCTs, wo diese Vergleichbarkeit durch die zufällige Verteilung von Patienten in verschiedene Behandlungsarme sichergestellt wird (Randomisierung), muss diese bei Beobachtungstudien im Nachhinein hergestellt werden. An dieser Stelle soll auf zwei Verfahren eingegangen werden: natürliche Experimente und Risikoadjustierungen. Bei natürlichen Experimenten handelt es sich um eine Randomisierung, die nicht kontrolliert durch einen Studienleiter durchgeführt wird, sondern bei der die Probanden durch ein externes Ereignis in Interventions- und Kontrollgruppe eingeteilt werden. Beispielsweise sind Forscher in den USA der Frage nachgegangen, ob eine kontrollierte Abgabe von Opioiden (Naloxon) zu weniger Drogentoten aufgrund von versehentlichen Überdosierungen führt. Diese Frage ist aus ethischen, rechtlichen und praktischen Gründen mit einem RCT schwer zu beantworten. Da es durch das föderale System in den USA Unterschiede in den verschiedenen Bundesstaaten gibt, kann die Zuordnung von einzelnen Personen zu einem Bundesstaat als „natürliche Randomisierung" gesehen werden und die Auswirkung einer kontrollierten Abgabe von Naloxon so in einem quasirandomisierten natürlichen Experiment untersucht werden, in dem Patienten in verschiedenen Bundesstaaten verglichen werden [6].

Die zweite Möglichkeit, eine Vergleichbarkeit zwischen Gruppen herzustellen, besteht in der direkten Risikoadjustierung. Hierbei wird versucht, die beobachtbaren Merkmale der Probanden vor der Intervention zwischen verschiedenen Gruppen möglichst anzugleichen, sodass sie in beiden Gruppen gleich sind. Mit statistischen Verfahren wie multivariaten Regressionsanalysen oder Matching werden die Effekte, die vergleichsweise das Geschlecht, das Alter oder Vorerkrankungen auf den Krankheitsverlauf haben, von den Effekten der Intervention getrennt. Beispielshalber hat die Techniker Krankenkasse auf diese Weise das Disease-Management-Programm für Diabetes mithilfe ihrer Krankenkassendaten untersucht [7]. Damit die Risikoadjustierung erfolgreich ist, müssen alle Variablen, die das Ergebnis beeinflussen können, in die Analyse aufgenommen werden, u. a. Alter, Geschlecht, alle relevanten Nebenerkrankungen und die Krankheitsschwere der Patienten. Diese Risikoadjustierung stellt die größte Angriffsfläche einer Studie dar, sodass es ratsam ist, hier sehr sorgfältig vorzugehen. Zusätzlich ist es empfehlenswert, erfahrene Kliniker heranzuziehen, die abschätzen können, welche wichtigen Variablen das Ergebnis beeinflussen können.

Zu jeder Studienplanung gehört die Kalkulation der Stichprobengröße und ggf. der statistischen Power. Während dies in interventionellen Studien dazu dient, die Anzahl der zu untersuchenden Probanden zu bestimmen, liegt in RWE-Studien typischerweise die Fallzahl durch die verwendete Datenquelle bereits vor. Die Fallzahlplanung dient in diesem Fall eher dazu, bereits im Vorfeld herauszufinden, ob statistisch-signifikante Effekte bei den angenommenen Unterschieden zwischen verschiedenen Verfahren wahrscheinlich festgestellt werden können oder nicht. Sollten Sie an diesem Punkt merken, dass die Fallzahl vermutlich nicht ausreichen wird, müssen Sie das Studiendesign eventuell nochmals anpassen oder die Datenbasis wechseln bzw. erweitern, in dem Sie z. B. mehr Patientenakten oder noch eine weitere GKV für Ihre Datenauswertung gewinnen. Insbesondere bei seltenen Outcomes (z. B Adverse Events) ist eine Fallzahlplanung unabdingbar.

Diese Überlegungen sollten anschließend in einem standardisierten Analyseprotokoll inkl. statistischem Auswertungsplan münden. In diesem beschreiben Sie vor der Datenerhebung ausführlich die Forschungsfrage, die Ein- und Ausschlusskriterien und die Endpunkte Ihrer Studie. Hier sind auch die Wahl und die Anwendung der statistischen Methoden zu beschreiben. Beschreiben Sie, welche Forschungsfrage mit welchem Test beantwortet werden soll und das Signifikanzniveau der verwendeten Tests, ob es sich um ein- oder zweiseitige Tests handelt. Auch die Risikoadjustierung und die separate Auswertung von Subgruppen müssen bereits an dieser Stelle beschrieben werden.

Tab. 9.4 fasst zusammen, welche Fragen Sie in Ihrem Studienprotokoll vor dem Beginn der RWE-Studie beantworten sollten.

Tab. 9.5 fasst die typischen Phasen und die typische Dauer von RWE-Studien zusammen.

Vor der Durchführung Ihrer RWE-Studie sollten Sie zudem prüfen, ob es ggf. Förderungsmöglichkeiten für Ihre Studie gibt. Neben den Förderungsoptionen des Bundesministeriums für Bildung und Forschung (BMBF) besteht auch die Möglichkeit, Ihre Studie durch den Innovationsfonds fördern zu lassen (siehe Hintergrundinformation).

In den Jahren von 2016 bis 2019 fördert der Innovationsausschuss Projekte zur Versorgungsforschung und zu den neuen Versorgungsformen. Zu diesem Zweck werden in jedem Jahr Förderbekanntmachungen ausgelobt. Für die Versorgungsforschung stehen jährlich 75 Mio. € zur Verfügung. Die Gewinnung von Erkenntnissen zur Versorgungsforschung ist auch ohne Beteiligung einer Krankenkasse, z. B. im universitären oder klinischen Umfeld, möglich. Die Forschungsvorhaben müssen sich auf eine für die Versorgung in der gesetzlichen Krankenversicherung relevante Frage beziehen. Der G-BA veröffentlicht auf seiner Webseite regelmäßig in Förderbekanntmachungen die Förderschwerpunkte und die Kriterien für die Förderung. Über die Vergabe der Mittel entscheidet der Innovationsausschuss, bestehend aus dem unparteiischen Vorsitzenden des G-BA, 3 Vertretern des GKV-Spitzenverbandes, einem Vertreter der Kassenärztlichen Bundesvereinigung (KBV), einem Vertreter der Kassenzahnärztlichen Bundesvereinigung, einem Vertreter der Deutschen Krankenhausgesellschaft (DKG), zwei Vertretern des Bundesministeriums für Gesundheit (BMG), einem Vertreter des Bundesministeriums für Bildung und Forschung (BMBF) und zwei Patientenvertretern. Die Große Koalition hat in ihrem Koalitionsvertrag 2018 die Fortführung des Innovationsfonds mit einem Volumen von 200 Mio. € jährlich geplant, wobei dann 50 Mio. € jährlich auf die Versorgungsforschung entfallen sollen.

Praxisbeispiel Stellen Sie sich vor, Sie arbeiten im Market Access eines Medizinprodukteherstellers, der ein Medizinprodukt produziert, dass bei minimalinvasiven Operation in der Urologie genutzt wird. Ihr Gerät wird im Ausland in der ambulanten Praxis angewandt. In Deutschland existiert jedoch keine EBM-Ziffer für die Erstattung der Gebrauchskosten Ihres Gerätes und auch der OPS-Code, der Ihrem Gerät eindeutig zugeordnet ist, ist nicht im Katalog der ambulanten Operationen enthalten. Daher wird Ihr Gerät in Deutschland bislang fast ausschließlich im Krankenhaus eingesetzt. Zusätzlich beansprucht wird das Produkt bei niedergelassenen operativtätigen Urologen für Privatpatienten als IGeL-Leistung für Selbstzahler und nach Kostenübernahmeerklärungen für gesetzlich Versicherte. Der MDK kürzt in letzter Zeit aber vermehrt Rechnungen von Krankenhäusern mit dem Verweis auf die theoretische ambulante Erbringung, weshalb Krankenhäuser anfangen, den Einsatz Ihres Produkts zu vermeiden (vgl. Kap. 8).

Tab. 9.4 Fragen, die Sie im Studienprotokoll beantworten sollten. (Quelle: eigene Darstellung)

Forschungsfrage	Ist die Forschungsfrage klar definiert? („Eine Forschungsfrage ist ein Satz mit einem Fragezeichen am Ende.") Orientiert diese sich am Stand der Wissenschaft?
Forschungshypothesen	Wurden aus den Forschungsfragen Hypothesen abgeleitet, die im Rahmen der Studie bestätigt oder widerlegt werden können?
PICO	
• Population	Angabe zu Ein- und Ausschlusskriterien, bei prospektiven Studien auch zur Rekrutierung (durch wen? Wo? Was ist zu tun?)
• Intervention	Wie ist die Intervention genau definiert? Bei der Verwendung von GKV-Routinedaten: Ist diese durch OPS-Codes genau abgrenzbar und beschrieben? In welchem Versorgungsbereich wird die Intervention untersucht? Bei prospektiven Studien: Wie ist die Intervention genau vorzunehmen?
• Control	Wurde der Comparator passend zur Population ausgewählt und ist dies durch Literatur gedeckt? Bei der Verwendung von GKV-Routinedaten: Ist diese durch OPS-Codes genau abgrenzbar und beschrieben? In welchem Versorgungsbereich wird die Intervention untersucht?
• Outcomes	Wie wird der Outcome gemessen? Ist dieser in der Datenquelle valide und reliabel vorhanden? In welcher Zeit wird dieser gemessen? Bei zusammengesetzten Outcomes: Was passiert beim Erreichen mehrerer Outcomes?
Datenquelle	Welche Datenquelle wurde aus welchem Grund gewählt? Wie viele Patienten sind enthalten? Sind Intervention und Outcome darin messbar?
Risikoadjustierung	Wie erfolgt ggf. eine Risikoadjustierung? Welche Variablen werden aus welchem Grund gewählt (Literatur beachten!)? Anhand welcher statistischen Werte wird die Risikoadjustierung überprüft oder validiert?
Statistische Methoden	Welche Skalenniveaus haben die Outcomes? Welche statistischen Methoden werden gewählt? Werden parametrische oder nichtparametrische Tests verwendet? Welches Signifikanzniveau wird gewählt?
Fallzahlplanung	Wie viele Fälle sind in der Datenquelle enthalten und wie hoch müssen Unterschiede sein, damit diese signifikant sind? Ist dies gem. Literatur zu erwarten? Bei prospektiven Studien: Wie hoch müssen die Fallzahlen sein?
Reporting	Wie wird mit fehlenden oder unplausiblen Werten umgegangen? Wie werden Ergebnisse validiert? Wie erfolgt die Publikation der Ergebnisse? Bei prospektiven Studien: Ist die Studie vorab registriert?
Ethik und Schutz der Probanden	Ist der Einbezug einer Ethikkommission erforderlich? Wie wird der Datenschutz der Probanden sichergestellt? Müssen „adverse events" während der Studie gemeldet werden und wenn ja, wer ist verantwortlich?

Tab. 9.5 Typische Dauer einer RWE-Studie. (Quelle: eigene Darstellung)

Zeit	Phase
1–3 Monate	Festlegung des Studiendesigns, Erstellung des standardisierten Analyseprotokolls
0–2 Monate	Ggf. Einholung einer Genehmigung der Ethikkommission
3–18 Monate	Datenerhebung gem. Analyseprotokoll Dauer ist abhängig von Art der Studie GKV-Datenanalysen gehen relativ schnell, Chart Reviews oder prospektive Erhebungen dauern länger
3 Monate	Datenanalyse und Schreiben eines Ergebnisberichts
3–6 Monate	Publikationsprozess
10–32 Monate	Dauer der gesamten RWE-Analyse

Daher geht die Strategie Ihres Unternehmens in die Richtung, langfristig in die vertragsärztliche Erstattung zu gelangen. Für die Überbrückungszeit will Ihr Unternehmen Selektivverträge mit einzelnen Krankenkassen abschließen, in deren Rahmen auch Ihr Produkt erstattet werden soll (vgl. Kap. 5). Sie haben allerdings keine Daten dazu, wie Ihr Produkt langfristig gegen Ihren Comparator abschneidet und was dies für die Kosten der Krankenkassen bedeutet. Sie planen daher die Verwendung von Real World Data, um so Evidenz aus Sicht der Krankenversicherung zu erzeugen. Sie wollen zeigen, dass Ihr Produkt weniger Folgekosten verursacht als die derzeit ambulant erstattete Konkurrenz.

Aktuelle klinische Studien deuten einen Vorteil Ihres Produkts gegenüber des Comparators hinsichtlich Re-Operationsraten an. Existierende klinische Studien bilden zudem die Vorteile bei Surrogatparametern gut ab. Ihr Unternehmen ist insbesondere interessiert an Real-World-Unterschieden des Versagens der Operation gegenüber dem Versagen des Comparators.

Outcomes der Studie: Für die Ausformulierung der Forschungsfrage müssen Sie zunächst, analog zu klinischen Studien, einen Endpunkt bestimmen. Fragen Sie sich daher: Was geschieht, wenn die Operation erfolgreich war mit den Patienten? Da Sie bei Real World Evidence nicht alle Daten zur Verfügung haben, müssen Sie im Gegensatz zu klinischen Studien noch spezifizieren, wie sich dies in den Real-World-Daten ablesen, zumindest aber approximieren, lässt. Primär soll der Outcome des erneuten chirurgischen Eingriffs und damit einhergehend die Gesamtkostenbelastung innerhalb von 24 Monaten in einem Real-World-Studiendesign abgebildet werden. Sonstige Outcomes sollen nur analysiert werden, wenn sie zufällig in der gewählten Datenbasis verfügbar sind. Lebensqualität und klinische Outcomes bilden keinen Studienfokus.

Studienart: Da es sich um eine vergleichende Studie (Ihr Produkt versus den Comparator) handelt, kommen nur vergleichende Beobachtungs- oder Interventionsstudien in Betracht. Sie wollen zudem von der Intervention ausgehend prospektiv die Outcomes erheben. Somit scheidet auch eine Fall-Kontrollstudie aus. In Folge dessen werden Sie entweder eine Kohortenstudie oder eine prospektive primäre Datenerhebung durchführen.

Datenquelle der Real World Data: Als Datenbasis für eine Kohortenstudie würden sich GKV-Abrechnungsdaten eignen. In diesem Fall haben diese den Vorteil, dass Behandlungsdaten ohne Opt-out-Möglichkeiten vorliegen und die Kostendaten bereits vollumfassend in den Daten enthalten sind. Nachteilig an den GKV-Daten ist, dass sie keine klinischen Outcomes prüfen können; da Sie aber ohnehin auf Re-Operationen fokussieren möchten und diese via OPS-Code und dem Zeitablauf der Behandlung auf Patientenebene identifizierbar sind, spielt dieser Nachteil für Sie nur eine untergeordnete Rolle. Ein Chart Review wäre hier nicht die beste Wahl, da Sie fürchten müssen, dass Ärzte, die häufiger Anwendungsfehler begehen, nicht freiwillig an dieser Studie teilnehmen möchten. Zudem können Sie nicht sicherstellen, dass die Re-Operation in der Patientenakte vermerkt ist, da Patienten bei einem nicht zufriedenstellenden Ergebnis auch die Arztpraxis gewechselt haben könnten und die zweite Operation bei einem anderen Arzt, der nicht an der Studie teilnimmt und dessen Akten Sie daher nicht auslesen können, dokumentiert sein kann.

Bei einer prospektiven Datenerhebung ist auch eine Studie als Pragmatic Trial denkbar. Da dies aber als klinische Interventionsstudie mit einem sehr hohen finanziellen, administrativen und zeitlichen Aufwand einhergeht, entscheiden Sie sich für die Studie mit Krankenkassendaten.

Da Sie Kontakt zu einer großen AOK haben und diese sich in einem Vorabgespräch interessiert an einer derartigen Studie gezeigt hat, beschließen Sie, die Analyse mit Krankenkassendaten vorzunehmen.

Methoden um Confounding und Bias auszuschließen: Um Confounder möglichst gut zu beseitigen, bietet sich eine Risikoadjustierung der Patienten in beiden Gruppen via Propensity Score Matching oder multivariaten Regressionsverfahren an. Die beiden Gruppen werden vor der Intervention durch ein Propensity Score Matching hinsichtlich der Variablen Alter, Geschlecht, Komorbiditäten und Vorjahreskosten per geschätzten Propensity Scores einem Matching unterzogen.

Darstellung der Studienlimitationen: Durch das Propensity Score Matching können nur solche Variable adjustiert werden, die in der Datenbank enthalten sind. Es kann nicht ausgeschlossen werden, dass sich die Patienten hinsichtlich ihrer klinischen Erkrankungsschwere unterscheiden. Zudem kann das Propensity Score Matching mit GKV-Daten zu Patientenausschlüssen führen, die die externe Validität der Studie einschränken, wenn für einzelne Patienten kein Matchingpartner gefunden werden kann [22].

Weitere Schritte: Nachdem Sie diese Schritte in der Studienplanung fertiggestellt haben, können Sie anschließend die Fallzahlplanung, die Aufstellung eines standardisierten Analyseprotokolls, inkl. statistischem Analyseplans abschließen, um danach mit der Studiendurchführung zu beginnen.

9.6   Herausforderungen und Limitation von RWE-Studien

Das Konzept sogenannter „Effectiveness", aus dem sich die Definition für „Alltag" und von „Real-Life"-Ideen und deren Wertschätzung ableitet, steht – vorsichtig ausgedrückt – auf wackligen Füßen. Ich persönlich halte es konzeptionell für schlichten Unsinn. Das bedeutet – und ich will das hier auch so klar zuspitzen – dass man den Nutzen im „Alltag" mit den dafür eingesetzten Methoden nicht nur nicht ermitteln kann, sondern gar nicht ermitteln sollte. [23]

Dieses Zitat des Leiters des Instituts für Qualität und Wirtschaftlichkeit im Gesundheitswesen drückt die Grundskepsis aus, die viele Akteure, die Ergebnisse klassischer RCTs gewohnt sind, gegenüber RWE haben.

Die grundlegende Kritik begründet sich im Wesentlichen auf die methodisch anspruchsvolle Risikoadjustierung zur Vermeidung von Confounding-Faktoren. Im Gegensatz zu RCTs können Sie bei RWE-Studien nie mit Sicherheit sagen, dass sich verschiedene Gruppen nur hinsichtlich Ihrer Intervention unterscheiden. Andere Arten der Verzerrung können bei RWE-Studien zudem auftreten.

Systematische Fehler Während ein gut designtes RCT die Randomisierung sicherstellt, dass sich die Studiengruppen nur hinsichtlich der Interventionen unterscheiden und keine Confounder den Vergleich verzerren, ist die fehlende Randomisierung der bedeutendste Nachteil von Beobachtungsstudien mit Real World Data. Die so entstehende Verzerrung wird als „Confounding" bezeichnet: Da die Zuteilung von Patienten in Behandlungsgruppen nicht zufällig erfolgt, entstehen durch die gemeinsame Therapiewahl von Arzt und Patient systematische Unterschiede zwischen Behandlungsgruppen. Diese können unabhängig von der Intervention den Outcome beeinflussen, können allerdings bei einer einfachen Auswertung fälschlicherweise der Intervention zugeordnet werden. Zwar wird oftmals mit statistischen Verfahren versucht, die Ergebnisse um diese Störeinflüsse zu bereinigen, jedoch ist dies nur möglich, wenn alle Störgrößen bekannt und auch in den Daten vorhanden sind. Das gilt z. B. für Komorbiditäten, die in vielen Registern nicht vollständig erfasst sind.

Weitere systematische Fehler sind der Recall Bias, der auf unvollständiger oder verzerrter Erkennung der Teilnehmer basiert und vor allem bei Fall-Kontrollstudien, bei denen die Exposition mittels Fragebogen erhoben wird, relevant ist.

Unvollständige und unplausible Daten Unvollständige Daten bergen zwei große Probleme: Erstens schränken sie offensichtlich die Auswertbarkeit des Datensatzes ein: Wenn wichtige Daten zu Outcomes oder Intervention fehlen, dann können einzelne Datensätze nicht verwendet werden. Dies schränkt die Fallzahlen aus Real-World-Data-Quellen oft ein und wird in der Auswertung zum Problem, wenn die Ausfälle in der Fallzahlplanung nicht ausreichend berücksichtigt wurden. Unvollständige Daten treten dabei in den verschiedenen Datenquellen sehr unterschiedlich auf: Während GKV-Routinedaten sehr vollständig sind, ist besonders bei Registern und bei Patientenakten mit vielen fehlenden Werten zu rechnen, da diese einfach nicht erfasst sind. Bei prospektiver Datenerhebung ist, analog RCTs, bereits während der Studiendurchführung eine regelmäßige Qualitätssicherung der erhobenen Daten empfehlenswert, um frühzeitig die Dokumentationsvorgaben ggf. weiter zu schärfen.

Das größere Problem bei fehlenden Werten ist, dass diese oft nicht zufällig fehlen („missing completely at random"): Wenn Daten fehlen, weil sich Patienten bspw. nicht mehr beim erhebenden Arzt vorgestellt haben und deshalb Werte zu Follow-up in Patientenakten oder Registern fehlen, so fehlen diese nur bei einem nichtrepräsentativen Teil der Patienten, eben bei denen, die nicht mehr zum Arzt gehen. Werden diese Patienten einfach aus der Auswertung ausgeschlossen oder Daten anhand des Erwartungswertes imputiert, so entsteht ein großes Potenzial der Ergebnisverzerrung und somit die Gefahr für falsche Schlussfolgerungen.

Fehlende allgemein anerkannte Standards Trotz zahlreicher Empfehlungen von Fachgesellschaften und ersten Initiativen der FDA, der EMA und der Europäischen Kommission, fehlen für Real-World-Evidence-Studien allgemein akzeptierte methodische Standards. Dies liegt zum einen darin begründet, dass das Thema RWE sehr heterogen ist: Von der Wahl der Datenquelle über vergleichende und nichtvergleichende Studien oder der Abgrenzung von retrospektiven zu prospektiven Studien sind die Studienarten vielfältig und schwer vergleichbar. Daher ist es schwer, echte Standards zu formulieren, die abstrakt genug sind, um auf verschiedene Studientypen zuzutreffen aber konkret genug, um über bloße Wahrheitssätze wie „Das Studiendesign sollte für die Beantwortung der Studienfrage geeignet sein" hinauszugehen. Hier ist wünschenswert und zu erwarten, dass sich in den kommenden Jahren für die wichtigsten Datenarten, wie z. B. GKV-Routinedaten und Registerdaten, weitere Best-Practice-Empfehlungen entwickeln werden, die letztlich auch von den HTA-Behörden akzeptiert werden.

9.7   Fazit

Bei der Planung Ihres Marktzugangs ist es von größter Wichtigkeit, sich frühzeitig mit den Anforderungen an die klinischen Prüfungen zu beschäftigen. Dies gilt zum einen in Hinblick auf Ihre Risikoklasse und die Konformitätsbescheinigung und zum anderen für die Anforderungen, die der G-BA bei einer möglichen Methodenbewertung stellt. Dabei gilt: Randomisierte, kontrollierte Studien sind weiterhin der Goldstandard, wenn es um den Nachweis des Nutzens eines Medizinproduktes geht. Im Rahmen der „besten möglichen Evidenz" sollten Sie daher grundsätzlich randomisierte Studien anstreben, wenn Ihr Produkt einen Patientennutzen nachweisen soll.

Daten aus der Versorgungsrealität, also Real World Evidence, können eine effiziente Ergänzung zu RCTs sein: Daten zur Sicherheit Ihrer Produkte sind am ehesten dem Versorgungsalltag zu entnehmen. Auch Langzeitwerte können oftmals besser mit Real-World-Daten erhoben werden als in klassischen klinischen Studien. Wenn sich der Vorteil Ihres Produkts insbesondere in einer hohen Effectiveness zeigen lässt, da es bspw. weniger Anwendungsfehler zulässt oder bei Patienten mit Multimorbidität oder mangelnder Adherence besser ist als Ihr Wettbewerber, sollten Sie überlegen, ob ein „pragmatic clinical trial" ein Ersatz für ein RCT sein kann. Suchen Sie hier früh Gespräche mit Ihrer Benannten Stelle und gegebenenfalls dem G-BA, um Klarheit zu erlangen!

RWE-Studien unterstützen Sie auch bei gesundheitsökonomischen Fragestellungen in Ihrem Marktzugangsprozess. Wenn Sie zeigen können, dass Ihr Produkt langfristig helfen kann, Behandlungskosten einzusparen, hilft Ihnen dies in der Kommunikation mit Behörden, Zahlern, aber auch mit Klinkern und Anwendern. Insbesondere für die Erstattung in Selektivverträgen werden gesundheitsökonomische Daten relevant sein. Die zusammen mit Krankenkassen produzierten Routinedaten im Rahmen von Selektivverträgen können wiederum als Real World Evidence dienen, um das Produkt auch in der Regelversorgung in die Erstattung zu bringen.

RWE-Studien sind schneller durchführbar, ressourcenschonender und kostengünstiger als RCTs. Die externe Validität sowie die Generalisierbarkeit und Repräsentativität der Ergebnisse sind sehr hoch. Außerdem sind die analysierten Populationen in der Regel größer als in RCTs, was eine hohe statistische Power ermöglicht.

Sie sollten daher retrospektive RWE-Studien im Allgemeinen nicht anwenden, um die klinische Wirksamkeit Ihres Produkts nachzuweisen. Dies wird in den meisten Fällen weder bei Medizinprodukten höherer Risikoklassen als klinische Prüfung ausreichen noch im Rahmen der Erstattungsentscheidungen und HTA-Berichte ausreichend sein. Allerdings können RWE-Studien dazu beitragen, den „unmet need" der Patienten herauszufinden, belastbare Zahlen und Fakten zur Zielgruppe und den Behandlungsprozessen liefern und dazu beitragen, Daten zur Sicherheit Ihres Produktes zu sammeln.

Die zentralen Herausforderungen bei RWE-Studien sind ein breites Spektrum an Datenqualität sowie der Mangel an Standards für die Bewertung dieser Studien. Nichtsdestotrotz zeigt eine aktuelle Studie, dass die meisten RWE-Studien eine hohe methodische Qualität haben und valide Messung der wichtigsten Variablen – Einflussvariablen, Kovariaten und Outcomes – aufweisen [14]. Da solche Studien meist auf objektiven Registerdaten basieren, haben sie außerdem eine höhere Generalisierbarkeit als RCTs, die überwiegend gesunde Personen in kontrollierten Bedingungen testen. Darüber hinaus beinhalten RWE-Studien Ergebnisse, die in den klinischen Studien typischerweise nicht enthalten sind. Dazu gehören Ergebnisse aus ambulanten Settings sowie Langzeitverläufe.

Den Erfahrungen der pharmazeutischen Industrie folgend, werden RWE-Daten in Zukunft eine wichtige Rolle bei Entscheidungen der Zulassung und der Erstattungsfähigkeit von Medizinprodukten spielen. Auch wenn klassische RCTs weiterhin der Goldstandard in vielen Bereichen bleiben werden, ist der Einsatz von RWE in drei Bereichen absehbar: Erstens werden RWE bei Medizinprodukten weiterhin wichtig bleiben, wenn RCTs nicht umsetzbar sind, sei es aus ethischen Gründen oder da der Nutzen produktbedingt nicht in RCTs nachweisbar ist. Zweitens ist die zunehmende Marktüberwachung nach Inverkehrbringen ein typischer Fall für Real World Evidence, der sowohl mit Registerdaten als auch device-eigenen Daten oder prospektiven Studien wie Anwendungsbeobachtungen einhergeht. Drittens ist zu erwarten, dass sich das Prinzip der Adaptive Pathways auch für Medizinprodukte durchsetzen wird und zukünftig, insbes. bei Medizinprodukten für seltene Erkrankungen, die gesammelten Real-World-Daten zur Wirksamkeit und Sicherheit bei schwer erkrankten Patienten zu einer erweiterten Zulassung für mehr Patienten führt.

Literatur

1. Abiomed (2018) Abiomed receives approval for expanded FDA indication for cardiomyopathy with cardiogenic shock. http://investors.abiomed.com/news-releases/news-release-details/abiomed-receives-approval-expanded-fda-indication-cardiomyopathy. Zugegriffen am 10.04.2018
2. Albertson TE, Murin S, Sutter ME, Chenoweth JA (2017) The salford lung study: a pioneering comparative effectiveness approach to COPD and asthma in clinical trials. Pragmat Obs Res 8:175–181

3. Arbeitsgruppe Erhebung und Nutzung von Sekundärdaten (AGENS) der Deutschen Gesell-schaft für Sozialmedizin und Prävention (DGSMP) und der Deutschen Gesellschaft für Epide-miologie (DGEpi) (2012) Gute Praxis Sekundärdatenanalyse (GPS), Leitlinien und Empfehlun-gen, 3. Fassung 2012. http://dgepi.de/fileadmin/pdf/leitlinien/GPS_fassung3.pdf. Zugegriffen am 30.09.2018
4. Berger ML, Sox H, Willke RJ et al (2017) Good practices for real-world data studies of treat-ment and/or comparative effectiveness: recommendations from the joint ISPOR-ISPE special task force on real-world evidence in health care decision making. Value Health 20:1003–1008
5. Deutsches Netzwerk für Evidenzbasierte Medizin (2011) Glossar zur Evidenzbasierten Medi-zin. https://www.ebm-netzwerk.de/pdf/publikationen/dnebm-glossar-2011.pdf. Zugegriffen am 30.09.2018
6. Doleac JL, Mukherjee A (2018) The moral hazard of lifesaving innovations: naloxone access, opi-oid abuse, and crime. https://ssrn.com/abstract=3135264. https://doi.org/10.2139/ssrn.3135264. Zugegriffen am 30.09.2018
7. Drabik A, Sawicki PT, Müller D, Passon A, Stock S (2012) Die Methoden der Evaluation von Disease Management Programmen im Kontrollgruppendesign am Beispiel Diabetes mellitus – Eine systematische Übersicht. Gesundheitswesen 74(08/09):496–501
8. Gemeinsamer Bundesausschuss (2018) Verfahrensordnung des Gemeinsamen Bundesausschus-ses, Stand: 12.04.2018
9. Goettsch W, Makady A (2016) GetReal – Project no. 115546 WP1: deliverable D1.3 glossary of definitions of common terms
10. Hampson G, Towse A, Dreitlein B, Henshall C, Pearson SD (2018) Real world evidence for co-verage decisions: opportunities and challenges, a report from the 2017 ICER membership policy summit
11. Institut für Qualität und Wirtschaftlichkeit im Gesundheitswesen (2017) Allgemeine Methoden, Version 5.0 vom 10.07.2017. https://www.iqwig.de. Zugegriffen am 30.09.2018
12. Kreis K, Neubauer S, Klora M, Lange A, Zeidler J (2016) Status and perspectives of claims data analyses in Germany-A systematic review. Health Policy 120(2):213–226
13. Leiner F, Wilhelm Gaus W, Haux R, Knaup-Gregori P, Pfeiffer KP, Wagner J (2012) Medizi-nische Dokumentation: Grundlagen einer qualitätsgesicherten integrierten Krankenversorgung Lehrbuch und Leitfaden. Schattauer, Stuttgart, S 86
14. Lim D. Payers wade into real-world evidence, but tread lightly. In BioPharmeDive, 18.01.2018. https://www.healthcaredive.com/news/spotlight-real-world-evidence-data-payers-miller-va-lue/516032/?_lrsc=7f3b5368-e7e7-4752-a53e-00e20defc19f&cid=soc:li:cor:em:elevate. Zuge-griffen am 30.09.2018
15. Miksad RA, Abernethy AP (2018) Harnessing the power of real-world evidence (RWE): a checklist to ensure regulatory-grade data quality. Clinical Pharmacology & Therapeutics 103(2):202–205
16. Robert Koch Institut (2018) Epidemiologische und klinische Krebsregister – Was sind die Unterschiede? https://www.krebsdaten.de/Krebs/DE/Content/ZfKD/Archiv/unterschiede_epi_klin_reg.html. Zugegriffen am 30.09.2018
17. Schubert T, Bischoff-Everding C (2016) Kennzahlen und Daten für die Versorgungssteuerung in Netzwerken. In: Eble S, Kurscheid C (Hrsg) Gesundheitsnetzwerke – Strategie, Konzeption, Steuerung. Medizinisch Wissenschaftliche Verlagsgesellschaft, Berlin, S 100–108
18. Schubert T, Vogelmann T, Pieper D, Neugebauer E (2015) Kosten-Effektivität eines telefoni-schen Versorgungsmanagement-Programms bei psychischen Erkrankungen aus Sicht der gesetz-lichen Krankenversicherung. Gesundheitsökonomie & Qualitätsmanagement 20(06):286–292
19. U.S. Food and Drug Administration (2017) Use of real-world evidence to support regulatory decision-making for medical devices. http://www.fda.gov/downloads/MedicalDevices/Device-RegulationandGuidance/GuidanceDocuments/UCM513027.pdf. Zugegriffen am 10.04.2018

20. U.S. Food and Drug Administration (2018) Real world evidence. https://www.fda.gov/Science-Research/SpecialTopics/RealWorldEvidence/default.htm. Zugegriffen am 30.09.2018
21. U.S. Food and Drug Administration (2018) Real world evidence, use of electronic health record data in clinical investigations – guidance for industry. https://www.fda.gov/downloads/Drugs/GuidanceComplianceRegulatoryInformation/Guidances/UCM501068.pdf. Zugegriffen am 30.09.2018
22. Vogelmann T, Schubert T (2013) Matching mit den vorhandenen Anwendungsroutinen des SAS Enterprise Guide. In: Muche R, Minkenberg R (Hrsg) KSFE 2013 – Proceedings der 17. Konferenz der SAS-Anwender in Forschung und Entwicklung (KSFE). Shaker Verlag, Aachen, S 395–408
23. Windeler J (2015) Real World Data – ein Gewinn für die Nutzenbewertung? Welchen Beitrag können Register und Routinedaten liefern? IQWIG Herbst-Symposium 2015. https://www.iqwig.de/download/HS15_Einfuehrung_und_Schlusswort_Juergen_Windeler.pdf. Zugegriffen am 30.09.2018
24. Woodcock A, Bakerly ND, New JP, Gibson JM, Wu W, Vestbo J, Leather D (2015) The Salford Lung Study protocol: a pragmatic, randomised phase III real-world effectiveness trial in asthma. BMC Pulm Med 10(15):160

Tobias Vogelmann, Volkswirt (Diplom) Tobias Vogelmann ist seit 2016 Geschäftsführer der Link-Care GmbH. Er berät Unternehmen der Medizintechnik und pharmazeutischen Industrie insbesondere in Fragen der Versorgungsforschung mittels Real World Evidence Daten und des Erstattungsmanagements. Sein Studium der Volkswirtschaftslehre absolvierte er an den Universitäten Mannheim und Lausanne und promoviert derzeit nebenberuflich zum Doktor der medizinischen Wissenschaft.

Glossar

ACI-M Matrixassoziierte autologe Chondrocytentransplantationen
AdHopHTA Adopting hospital based Health Technology Assessment in EU
ADVANCE_HTA Advancing and strengthening the methodological tools and practices relating to the application and implementation of Health Technology Assessment
AIFA Italian Medicines Agency
AIMD Active Implantable Medical Devices
AkkStelleG Gesetz über die Akkreditierungsstelle
AMG Arzneimittelgesetz
AMN Adrenomyeloneuropathie
AMNOG Arzneimittelmarktneuordnungsgesetz
AOP Ambulantes Operieren
ATMP Advanced Therapy Medicinal Products
BAO Bundesverbandes für Ambulantes Operieren
BENELUX Union für Belgien, Niederlande und Luxemburg
BfArM Bundesinsitut für Arzneimittel und Medizinprodukte
BGH Bundesgerichtshof
BMWi Bundesministerium für Wirtschaft und Energie
BSG Bundessozialgericht
BVA Bundesversicherungsamt
BverfG Bundesverfassungsgericht
BVMeD Bundesverband Medzintechnologie e.V.
CED Coverage with evidence development
COPD Chronisch obstruktive Lungenerkrankung
DACH Sprach- und Wirtschaftsraum Deutschland, Österreich und Schweiz
DMP Disease Management Programme
DNEbM Deutsches Netzwerk Evidenzbasierte Medizin e.V.
DRG Diagnosis Related Groups
EBM Einheitlicher Bewertungsmaßstab
ED Early Dialogue

© Springer Fachmedien Wiesbaden GmbH, ein Teil von Springer Nature 2019
T. Schubert, T. Vogelmann (Hrsg.), *Market Access in der Medizintechnik*,
https://doi.org/10.1007/978-3-658-23476-8

EMA European Medicines Agency

EMA-MA EMA Marketing Authorisation

ERP External Reference Pricing

EU Europäische Union

EUDAMED European Databank on Medical Devices

EUnetHTA European Network for Health Technology Assessment, European Network
for Health Technology Assessment

EWG Europäische Wirtschaftsgemeinschaft

EWR Europäischer Wirtschaftsraum

FDA Food and Drug Administration

G-AEP German Appropriateness Evaluation Protocol

G-BA Gemeinsamer Bundesausschuss

GDP Good Distribution Practise

G-DRG German-Diagnosis-Related-Groups-System

GewO Gewerbeordnung

GKV Gesetzliche Krankenversicherung

GMP Good Manufacturing Practise

GOÄ Gebührenordnung für Ärzte

HAS Haute Autorité de Santé

HEOR Health Economics and Outcomes Research

HTA Health Technology Assessment

HTABs Health Technology Assessment Bodies

HTA-EDWP HTA Early Dialogues Working Party

HTAi Health Technology Assessment international

HZV Hausarztzentrierte Versorgung

ICD-10-GM International Classification of Diseases German Modification

ICER Inkrementelle Kosten-Effektivitäts-Relationen

IGeL Individuelle Gesundheitsleistung

INAHTA International Network of Agencies for Health Technology Assessment

InEK Institut für das Entgeltsystem im Krankenhaus

INTEGRATE-HTA Integrated Health Technology Assessment for evaluating complex
technologies

IQWiG Institut für Qualität und Wirtschaftlichkeit im Gesundheitswesen

ISPOR International Society for Pharmacoeconomics and Outcomes Research

IV Integrierte Versorgung

IVD In-vitro Diagnostika

KBV Kassenärztliche Bundesvereinigung

KHG Krankenhausfinanzierungsgesetz

KMU Kleine und mittlere Unternehmen

KOLs Key Opinion Leader

KrHEntG Krankenhausentgeltgesetz

KV Kassenärztliche Vereinigungen

LSG Landessozialgericht

LVA Landesversicherungsämter der Bundesländer

MDD Medical Device Directive

MDK Medizinischer Dienst der Krankenkassen

MDR Medcal Device Regulation

MDS Medizinischer Dienst des Spitzenverbandes Bund der Krankenkasse

MEAs Managed Entry Agreements

MedTech Medizintechnik

MeMBV Medizinproduktemethodenbewertungsverordnung

MHRA Medicines and Healthcare Products Regulatory Agency

Morbi-RSA Der morbiditätsorientierte Risikostrukturausgleich

MPG Medizinproduktgesetz

NGO Nichtregierungsorganisation (Non-Governmental Organisation)

NHS National Health System

NICE National Institute of Health and Care Excellence (UK)

NIHR National Institut for Health Research

NIPN National Institute of Pharmacy and Nutricion (Ungarn)

NUB Neue Untersuchungs- und Behandlungsmethoden

OECD Organisation for Economic Co-operation and Development

OPS Operationen- und Prozedurenschlüssel

PASLU Patient Access Scheme Liaison Unit

PEI Paul-Ehrlich-Institut

PIP Poly Implant Prothèse

PMCF Post Market Clinical Follow-up

POP Database Planned and Ongoing Database

PPRS Pharmaceutical Price Regulation Scheme

PrüfvV Prüfverfahrensvereinbarung

PZN Pharmazentralnummer

QALY Quality Adjusted Life Years

R&D Research and Development

RCT Randomisierte kontrollierte Studie (Randomized Controlled Trial)

REA Rapid Relative Effectiveness Assessment

RIZIV-INAMI Landesinstitut für Kranken- und Invalidenversicherung (Belgien)

ROI Return on Investment

SC Standing Committee

SEED Shaping European Early Dialogues For Health Technologies

SEG Sozialmedizinische Expertengruppen

SGG Sozialgerichtsgesetz

SOC Standard of Care

SpiBu Spitzenverband Bund der Krankenkassen

TLV The Dental and Pharmaceutical Benefits Agency (Schweden)

TU Technische Universität

UDI Unique Device Identification

USg-HIFU Hochintensiv fokussierter Ultraschall

WDA(H) Wholesalers Distribution Authorisation for Human Use

WHO Weltgesundheitsorganisation (World Health Organisation)

WIdO Wissenschaftliches Institut der AOK

ZE Zusatzentgelt

ZLG Zentralstelle der Länder für Gesundheitsschutz bei Arzneimitteln und Medizinprodukten

Printed in the United States
By Bookmasters